寧波辨志文會文獻整理與研究

陳君靜　唐變軍　著

吉林大學出版社

图书在版编目(CIP)数据

宁波辨志文会文献整理与研究 / 陈君静,唐燮军
著.—长春:吉林大学出版社,2019.3
ISBN 978-7-5692-4437-3

Ⅰ.①宁… Ⅱ.①陈… ②唐… Ⅲ.①教育组织机
构—史料—宁波—近代 Ⅳ.①G527.553

中国版本图书馆 CIP 数据核字(2019)第 050881 号

书　　名:宁波辨志文会文献整理与研究
NING BO BIAN ZHI WEN HUI WEN XIAN ZHENG LI YU YAN JIU

作　　者　陈君静　唐燮军　著
策划编辑　黄国彬
责任编辑　许海生
责任校对　于洪涛
装帧设计　紫金港
出版发行　吉林大学出版社
社　　址　长春市人民大街 4059 号
邮政编码　130021
发行电话　0431-89580028/29/21
网　　址　http://www.jlup.com.cn
电子邮箱　jdcbs@jlu.edu.cn
印　　刷　北京虎彩文化传播有限公司
开　　本　787mm×1092mm　1/16
印　　张　21.25
字　　数　280 千字
版　　次　2019 年 3 月第 1 版
印　　次　2019 年 3 月第 1 次
书　　号　ISBN 978-7-5692-4437-3
定　　价　105.00 元

前 言
PREFACE

　　鑒於正史、方志、文集、筆記、佛典、道藏等傳世文獻已難以滿足科學研究的
迫切需要,轉而整理并出版那些尚未被發掘的地方文獻以嘉惠學林的這一取
徑,自上世紀下半葉以來,愈益成為學界熱潮。這就不但發掘出眾多像《天津商
会档案汇编》《徽州千年契约文书》這樣珍貴的原始檔案資料,而且有力地推進
了學術研究的廣度和深度,并由此湧現出《清代南部縣衙檔案整理與研究》《清
水江文書整理與研究》等諸多精品力作。

　　對我們倆來說,涉足地方文獻整理領域,多少有點偶然,畢竟在此前相當長
時期內皆偏重於"論史"。這一偶然,無疑源自對慈谿人陳訓正(1872—1943)生
前形跡的關注。也就在爲陳氏作傳的過程中,發現他生前曾先後斬獲辨志文會
1899年秋季課案"輿地"超等第一名、1899年冬季課案"輿地"超等第七名、1900
年夏季課案"輿地"超等第一名和"詞章"特等第一名,而爲搞清楚陳氏的這段往
事,我們順藤摸瓜,借助《申報》電子檢索系統,收集并整理了目所能及的幾乎所
有相關資料,并因此對寧波知府宗源瀚創辦辨志文會的用意及其變化、辨志文
會與上海求志書院的異同及其階段性發展特徵、辨志文會與近代浙東學術的內
在關聯諸問題,逐漸形成了清晰而又完整的認識,進而在寫成《辨志文會與清代
寧波的地方教育》一文的基礎上,著手整理與辨志文會有關的資料,最終撰就
《寧波辨志文會文獻整理與研究》。

　　類似於時下的絕大多數"文獻整理與研究"類成果,《寧波辨志文會文獻整
理與研究》內含既相互關聯又相對獨立的兩個部分。一是對《辨志文會課藝初

集》的點校和對《申報》相關報道的摘錄、考辨、補充,二是在彙總、排比、取捨不同來源資料的基礎上,探究辨志文會的來龍去脈,檢討其存續期間的歷史作用,評估它對近代浙東學術的價值和意義。

但與其他同類成果有所不同的是,《寧波辨志文會文獻整理與研究》是"研究"在前,"整理"在後。這一不同尋常的"出生"流程,其本身就是辨志文會内具較高研究價值的明證。換言之,在寫成并發表《辨志文會與清代寧波的地方教育》之後,假如辨志文會缺乏足夠的價值,我們應該不會再費時耗力,加以整理、出版。

相當長時期以來,學界内外往往將教會辦學看成是近代寧波教育史的核心甚至是惟一内容,這就不但自我放棄了對近代寧波教育史的近距離探究,而且從根本上抹殺了以辨志文會爲代表的寧波本土教育的主觀努力及其歷史作用。事實上,辨志文會的存續,既關乎清末二十多年間(1879—1903)寧波教育近代化進程,也是近代寧波科舉史的主體。對此,《辨志文會與清代寧波的地方教育》作有比較系統的考察和還算精到的分析。但與此同時,囿於篇幅且因當時識見有限,《辨志文會與清代寧波的地方教育》尚未及全面評估辨志文會對近代浙東學術的價值和意義,也不曾認真琢磨辨志文會的各類命題尤其是"算學""天文""輿地"諸題,因此錯失了合理詮釋寧波近代科技史的機會。正是諸如此類的抱憾,促使筆者勉力完成《寧波辨志文會文獻整理與研究》,進而冀望此書的付梓印行,有助於海内外同好對辨志文會這一歷史現象做跨專題、跨地域、跨學科的深入探究。

目　録
CONTENTS

第一章
辨志文會與清末寧波的地方教育

　　由時任寧波知府宗源瀚(1834—1897)創辦於光緒五年(1879)二月的"辨志文會",在當事者黃炳垕(1815—1893)的回憶中,名為"辨志講會":

　　　　己卯,甯守宗湘文觀察創立辨志講會,分設六齋,齋各一師,延余主講天文算學齋,今六年矣。①

　　而在太倉人唐文治(1865—1954)作於1921年的《黃元同先生學案》中,則又被稱作"辨志精舍":"寧波宗湘文先生建辨志精舍,聘先生主經學科,南方弟子從之者千餘人。"②此類看似言之鑿鑿的不同稱謂,如非記憶失誤所致,就是疏於考證的結果。這一則是因為包括實物遺存《辨志文會課藝初集》在內的更多材料,皆以"辨志文會"相稱;二則是由於《申報》的下列報導,充分表明"辨志文會"、"辨志精舍"雖皆為宗源瀚所發起,且後來兩者關係密切,但前者的問世時間明顯早於後者:

　　　　湖西灌基地方,前府憲宗湘文太守擬建辨志精舍,第是處浮厝累累,曾諭飭趕緊遷讓。其中有主之墳業已遷盡,尚有三十余穴無人承認,現經體仁等局奉陳(漱山)太守催飭,將插有竹簽之墳,限六月初旬一律遷往義山,弗再遲延云。③

---

① 《申報影印本》1884年10月6日黃炳垕《七旬初度自述》,上海書店1983年版,第25冊,第567頁。又可見其子黃維瀚所作《家君七旬初度敬乞詩文啟》,載《申報影印本》,第25冊,第603頁。
② 唐文治:《茹經堂文集》卷2,可見《民國叢書》第五編第94冊,上海書店1996年影印本。
③ 《申報影印本》1885年7月18日《甬上雜聞》,第27冊,第103頁下欄;又可見《申報》1885年7月13日《催領棺柩》,第27冊,第75頁上欄。考《申報》1882年3月24日《寧郡辨志文會二月分課題》"史學及掌故"第3題,名為"擬建辨志精舍祀王伯厚先生議",由此大抵可以推定辨志精舍的建造時間,不當早於1882年3月底。

· 1 ·

　　由此也不難推知：辨志文會大抵相當於學術交流平臺，而矗立在"湖西灌基"的辨志精舍，則是用於從事學術交流的實體建築物。①

　　事實上，學界內外不但迄今仍將辨志文會、辨志精舍（書院）混為一談，且其相關研究成果比較少見。這些成果，大抵可分為三類：一類是對辨志文會的常識性介紹，內容過於簡單且時有訛誤；一類是附帶論及，一類是尚未正式發表的專題考述（見表 1-1）。這其中劉明所作的《寧波辨志書院及其考課制度述論》，內分四個部分，①辨志書院之創設及運行，②考課制度之運行，③辨志書院考課之特點，④應課士子及考課影響。然而，該文雖考述全面，卻也存在這樣或者那樣的不足。是以不揣譾陋，始則剖析宗源瀚創辦辨志文會的真實用意，繼爾考察辨志文會與上海求志書院之間的異同，終乃在梳理辨志文會演進軌跡的基礎上，探討它在寧波近代教育史上的作用與地位。

表 1-1　述及辨志文會的既有成果及其分類

類別	成果名稱	刊物或出版社
常識性介紹	蔣廷龍《寧波竹洲辦學述要》	《寧波文史資料》第八輯，1990 年
	寧波市教委編《寧波市教育志》	浙江教育出版社，1996 年
	辜筠芳《寧波教育史》	浙江大學出版社，2011 年
附帶論及	唐曉明《晚清浙江書院教育的變革與傳承》	《寧波大學學報》（教育科學版）2009 年第 4 期（第 41～45 頁）
	魯小俊《清代書院課藝序言的地域書寫》	《西南民族大學學報》2017 年第 1 期（第 193～199 頁）
	魯小俊《清代書院的知識結構——以閱讀指南、課業設置和考課題目為考察視角》	《江西師範大學學報》2017 年第 5 期（第 106～114 頁）

---

① 考《申報》1904 年 5 月 25 日《教案已結》云："寧波訪事人云，去年寧海縣境匪人王錫彤聚眾鬧教一案，迭經寧郡各當道會同許九香觀察悉心商辦，迄無端倪……本月初三日，由寧紹台兵備道惠樹滋觀察會同許觀察及鄞縣周少軒大令，邀趙主教至辨志書院妥議，已彼此允洽，訂定條款，面同畫諾。"此處所指的辨志書院，理當就是辨志精舍。

（续表）

類別	成果名稱	刊物或出版社
附帶論及	陳婷《晚清西方天文學在中國的傳播與影響》	中國科技大學，2017 年博士學位論文
	劉明《〈格致書院課藝〉研究》	上海社會科學院，2015 年碩士學位論文
專題考述	劉明《寧波辨志書院及其考課制度述論》	《第二屆全國區域文化研討會暨中國現代文化學會年會論文集》，2016 年 10 月

第一節　宗源瀚創辦辨志文會的用意

在光緒五年二月宗源瀚組織辨志文會之前，寧波城內已有兩所"歸寧波府主政"①的學堂，即由其前任邊葆誠重修于同治三年（1864）、兼收秀才和童生的月湖書院，以及由邊葆誠創建于同治十年（1871）且僅限舉人入學的孝廉堂。對於上任次年即著手別為辨志文會的這一舉措，宗源瀚本人曾作如下解釋：

> 四明為文獻淵藪，通才碩彥彪炳前代，……而議者乃謂今之甬士不能如昔。吾觀甬士之掇科第、能文章者，豈少也哉？……而卒似未盡稱造物生才之意、饜國家求才之心，毋亦守土之責乎？今于孝廉堂、書院月課時藝之外，取《學記》'辨志'之語，別為辨志文會，……他日四明群哲踵起，出處皆有以自立，不肖如源瀚，且將附諸賢而彰焉，豈非厚幸與！"②

然而，地方官本就肩負培育、薦舉地方人才的職責，且宗氏雖曾在光緒五年三月初，先後前往孝廉堂、月湖書院主持"甄別"③考生事宜，但這並非他履新之年的工作重心（見表 1-2），因而宗氏的這一解釋難以令人信服。

---

① 《申報影印本》1892 年 3 月 14 日《四明要錄》、1893 年 3 月 30 日《甬江春浪》、1895 年 2 月 26 日《甬上新語》、1901 年 3 月 21 日《四明談薈》，第 40 冊第 387 頁下欄、第 43 冊第 509 頁下欄、第 49 冊第 295 頁下欄、第 67 冊第 429 頁下欄。

② 《申報影印本》1879 年 2 月 18 日宗源瀚《增設辨志文會示》，第 14 冊，第 145 頁下欄。

③ 《申報影印本》1878 年 4 月 4 日《牌示甄別》、1878 年 4 月 12 日《月湖書院甄別情形》，第 12 冊，第 298 頁上欄、第 325 頁下欄。

表 1-2 宗源瀚來甬任職首年(光緒五年)的主要工作

編號	行事	出處
1	農曆二月間,查賭,嚴屬打擊"逢考開賭"行徑	《申報》1878 年 3 月 6 日《寧郡查賭》、1878 年 3 月 12 日《賭寓滋事》、1878 年 4 月 2 日《紀寧波府懲賭事》
2	清查保甲,編列門牌,意欲借民治民	《申報》1878 年 4 月 5 日《政令虛懸》
3	農曆四月間,創立河工局,雇人逐日沿途打掃,並用小船載出水關	《申報》1878 年 5 月 2 日《清理街道》、1878 年 6 月 18 日《清除街道》
4	規定各煙攤至三更後一律不得買賣	《申報》1878 年 5 月 2 日《寧郡禁煙》
5	農曆五月間,調撥河工局經費,命范氏後裔悉心整理天一閣藏書	《申報》1878 年 7 月 5 日《寧事雜錄》、1878 年 7 月 24 日《整頓藏書》

宗源瀚在光緒四年(1878)正月來甬任職之前,歷署衢州、湖州、嚴州、嘉興四府。[①] 在《清史稿》編纂者看來,宗氏無疑是晚清地方大吏中"敏於吏事"[②]的典型,而近來的相關研究成果,亦謂宗氏"敢於擔當"[③]。諸如此類的解讀結果,雖皆不無道理,卻也並非宗氏的全部。誠如上表所示,當宗氏下車伊始,頗能勵精圖治,為此甚至自撰一聯懸於頭門,以示其殷殷求治之志:"此是公門,裏足莫幹三尺法;我無私謁,盟心常懍一條冰。"[④]儘管如此,宗氏所著力推行的部分政策,譬如清查保甲,甫一出臺便陷於難以落實的窘境:

> 新任寧波府宗太守現著各委員清查保甲,編列門牌。凡十家舉一牌長,十牌舉一甲長,諸甲長按柱由委員查察,遇有地方窩賭、窩娼、窩盜及一切不法事,地方官責成委員,委員責成甲長,甲長責成牌長雲。但甯地紳士無一肯應者,以此事有罰無賞,且官以治民,今欲民治民,亦何賴此官哉![⑤]

至如其興辦河工、清理街道之舉,雖立意良善,但在具體實施過程中卻嚴重

---

① [清]宗源瀚:《頤情館聞過集·守湖稿·敘》,載《四庫未收書輯刊》第拾輯第肆冊,羅琳主編,北京出版社 2000 年版,第 1 頁。
② 《清史稿》卷 452《宗源瀚傳》,中華書局 1977 年版,第 12578 頁。
③ 馮賢亮:《從國家到地方:清代江南的府縣秩序與行政控制》,《學術月刊》2010 年第 5 期,第 135—143 頁。
④ 《申報影印本》1878 年 3 月 19 日《楹聯示意》,第 12 冊,第 241 頁下欄。
⑤ 《申報影印本》1878 年 4 月 5 日《政令虛懸》,第 12 冊,第 302 頁上欄。

走樣變形，因而成為眾矢之的：

> 寧波范氏天一閣藏書向稱巨擘，乃兵燹以來，日漸殘缺，經宗太守命其後裔十余人核對書目，整理兩月，尚不及百分之一，然已動借河工局經費二百餘元。惟河工經費出自鋪戶房捐，故鋪戶皆曰："沿途設有捐桶，倘以此房捐作為燕豫秦晉賑款，無不踴躍樂輸，以此款糞除街道，雖曰不急之務，尚可稱為免生疾病各掃門前之意，乃以此先而挑去府後牆腳陳年土山，已費不資，今又挑運府署前陳年土山，似非半載不可，甚而以此整理范姓藏書，豈宜以眾戶之款，供范氏子孫膏火耶？"①

而在《論寧郡匿名揭帖事》作者看來，也正因為宗源瀚在河工局問題上處理不當，這就不但引發了鄞縣人拆毀河工局這一暴力事件，而且導致社會輿論對他的評價，出現了從"有膽有識"到"好名多事"的逆轉：

> 當宗守到任之初，甬人有來滬者談及新任太守，皆嘖嘖然稱道弗衰，以為有膽有識。至奉化事起，鄞人乘勢拆毀河工局，則無不眾口一詞，謂太守之好名多事者。……奉化鬧捐之事，雖曰宗守亦有難辭之咎，……亦不得專歸罪於宗守一人。惟河工設局而河道仍未開濬，清道有捐而街衢尚無潔淨，捐資既集，先行動工挑掘署前土山，此則授人以口實。②

不過，對於河工局的被毀乃至奉化鬧捐事件，宗源瀚固然負有不可推卸的責任，但他被汙名化的關鍵，正如《論知府一官兼及寧波事》一文所論，就在於宗氏事事親裁的行政風格，無意中侵犯了寧波士紳的既得利益：

> 考其蒞任後興辦各事，處處關心，無非為民，即偶有不檢，而心實無他也。何以寧郡之謗言四起，……昨與甯友偶論及此，友曰："是不能使人無疑也！然所以致此者，由來漸矣！邊守之在寧也，以鎮靜為能事，善與士類相交，禮遇紳衿，於書院較課之日極為認真，此外則優容大度，一委諸縣。……一旦繼其後者，若欲事事親裁，使縣中無徇情于紳士，無結交於縣中之隙，則有不強怒言、弱怒色哉？……彼鄉愚之民，安有識見，惟紳士之好惡

---

① 《申報影印本》1878 年 7 月 24 日《整頓藏書》，第 13 冊，第 82 頁上欄。

② 《申報影印本》1878 年 10 月 5 日《論寧郡匿名揭帖事》，第 13 冊，第 333 頁上欄。

是從,紳曰否否,民亦曰否否,於是怨聲作矣。"①

面對諸如"捐百姓之公資,沽一己之美譽,實為名教罪人"之類的任情褒貶和肆意詆毀,宗源瀚一度"對天長跪,立誓不再在寧波作官"②,但在該年十月去省城杭州述職返歸寧波之後③,其施政策略出現了明顯改變,轉而趨同於其前任邊葆誠,開始著力拉攏當地士紳。

其典型例證,一是在光緒五年初,撥款修理月湖書院,並特地指定院內部分房屋的用途:

> 寧波月湖書院近被看院人私作人情,初則任人設館,繼且租作民居,擁擠夾雜,屋宇損壞。現經宗太守撥款修理,特飭監院戴、沈兩訓導,查明院中講堂之東西兩廂屋、二堂之東西兩側屋,如暫無用處,准系在院肄業與課之生童設館,惟人數不得過多;後進正屋三間,留作山長暨監院到院時起居之地云。④

二是在光緒五年三月底,將疏浚河道事宜,交予當地士紳全權處理,《申報》1879年4月22日《濬河章程》載其事曰:

> 寧郡河道久未疏濬,……本擬開濬,旋因奉化人滋事,地棍乘勢毀局,以致延挨多日。茲聞江、張、盧三紳,念河工為水利攸關,並于救火有益,因會同水龍會司董,公具條規稟府,即經宗太守批准給示。局設炎帝宮,擇於三月念二日興工。凡丈量、監視、選雇人夫並一切收支銀錢,不經官吏之手。專責管局紳董暨各段水龍會董事、承值委員董事,均不支取薪水,其經費悉由房捐。

在這種背景下,從光緒五年二月初一日就開始正常運轉的辨志文會,也理當是宗源瀚旨在討好寧波士紳的重大舉措之一。事實上,宗氏之所以能連任至光緒

---

① 《申報影印本》1878年10月21日《論知府一官兼及寧波事》,第13冊,第385頁上欄。
② 《申報影印本》1878年10月2日《人言可畏》,第13冊,第321頁下欄。對宗氏立誓辭官之說,寧波官方曾登報予以否認,詳參《申報影印本》1878年10月12日《寧波府示》,第13冊,第357頁下欄。
③ 案,《申報》1878年11月13日《甬守晉省》云:"寧波府宗太守于十五日起行晉省,聞將面稟公事並求交卸云。"
④ 《申報影印本》1879年3月1日《驅禁占住書院》,第14冊,第185頁下欄。

十一年(1885)二月①,在很大程度上就源自他對寧波士紳態度的這次轉變。

第二節　辨志文會與求志書院的異同及其宗旨的轉變

在交代創設緣起之余,宗源瀚又在《增設辨志文會示》中,詳細列舉了辨志文會的十條章程。這十條章程,大抵可分為三類。

一是六齋分學:

> 文會分六齋,曰漢學,曰宋學,曰史學兼掌故,曰演算法,曰輿地,曰詞章。每齋延專精是學者為齋長,校閱課卷。

二是定期考核:

> "無論舉貢生監,俱准與試。……鴻才博學能兼各齋者,聽其兼作,但卷鬚每齋一本,不得並寫;……每年課朔二、三、四、五、七、八、九、十一月,閏月如之,逢歲科試、鄉會試酌停。……每月限二十五日繳卷,郡城即繳孝廉堂、月湖書院二處,監院、外縣均繳儒學,……逾限不收。"

三是物質獎勵和精神鼓勵:

> 每課每齋俱分三等,超等十名,第一名,花紅六元,第二、三名,各四元,第四、五、六名各三元,七、八、九至第十名各二元,特等十名,每名各一元,一等不拘名數,不給花紅。……每課佳作各齋選數篇刊刻,以備觀摩。……屢列前茅、行已有恥者,當歲時延見,聆議論察志趣,期得學行兼優之儒,訪明鄉里,遠以論薦大府,近亦備齋長之選。

辨志文會的這類規章制度,固然可以追溯到宋儒胡瑗(993—1059)以經義、治事分齋課士的教學實踐②,但主要還是效仿上海求志書院——由蘇松太道馮

---

① 考《申報》1885 年 4 月 1 日《寧波要聞》云:"宗太守丁艱一事,本館曾經列報,茲悉(二月)初九日各官紳均往弔唁,太守隨于初十下午卸事回籍。"是知宗氏於光緒十一年二月初十,因丁艱而離職。

② 有關胡瑗的分齋教學及其作用和影響,可詳參香港城市大學黃富榮《略論胡瑗的分齋教學法及其歷史命運》之考述,《宋史研究論叢》第 6 輯,河北大學出版社 2005 年版,第 415—434 頁。有意思的是,辨志精舍 1891 年春季課題"宋學"第三題,就是"擬仿湖學,置經義、治道諸齋議"。

煥光(1830—1878)捐資創辦於光緒二年(1876)——相關措置的結果(見表 1-3)。

表 1-3　辨志文會與求志書院的淵源

比較項	上海求志書院	寧波辨志文會
六齋 分學	經學、史學、掌故之學 算學、輿地之學、詞章之學	漢學、宋學、史學兼掌故 算學、輿地之學、詞章之學①
定期 考核	①每年二、四、七、十月之朔日,向全國舉貢生童散發由俞樾、張煥綸等各齋掌教所命題目,限諸生兩月內完成,並交卷至書院監院處;②諸生可選做一齋或數齋的題目,但須答完每齋題量的一半以上	①1886 年之前,每年至少七次,逢歲科試、鄉會試酌停;②鴻才博學者,聽其兼作,但須每齋一本,不得並寫,每月限 25 日繳卷,逾限不收
物質 獎勵	每齋內課,第一名獎銀六兩,第二名五兩,第三名四兩,第四名三兩,第五名二兩,第六名一兩;外課獎銀隨時酌定	超等十名,第一名六元,第二、三名各四元,第四至六名各三元,第七至十名各二元;特等十名,每名一元
精神 鼓勵	所取諸生如有文學格外優長者,備禮招致。願來滬者,授以各書,或留院肄業,或回家攻習,悉聽其便,隨時考其進益,優給膏火	每課佳作各齋選數篇刊刻,以備觀摩。屢列前茅、行已有恥者,當歲時延見,遠以論薦大府,近亦備齋長之選
史料 來源	馮煥光《上海求志書院章程四則》、韓鴻飛《續求志書院季課章程八條》(《萬國公報》卷 380、381)	宗源瀚《增設辨志文會示》(《申報》1879 年 2 月 18 日)

但與此同時,辨志文會雖於求志書院頗多借鑒,卻也不乏相異之處,並特出地表現為:

其一,兩者雖皆分為六齋,但無論齋名抑或實質均有所不同,且辨志文會顯然更強調經學教育,此一差異或許正如時人所論,乃學術文化具有地域特徵的表徵:

> 上海創設求志書院,有經學、史學、掌故、輿地、算學、詞章六齋,未幾而寧波亦設辨志文會,分漢學、宋學、輿地、史學兼掌故、天文算學、詞章六項。

---

① 辨志文會在實際運作過程中,其"史學兼掌故"有時單列"史學",而"算學"往往作"天文與算學"或"天算學"。

蓋上海因有龍門書院專課性理，故求志不設宋學，而辨志既以漢宋並列，遂並掌故于史學，又以天文為算學首要，故特標天文算學，其立名雖互異，要皆賅括一切，足與時文相輔而行。①

其二，在相當長時期內，參加辨志文會考核的秀才、童生，基本上來自舊寧波府下屬六縣，僅個別例外，因而無論規模抑或影響，均不及求志書院②；其三，辨志文會分超等、特等進行物質獎勵的這種形式，明顯是模仿寧波孝廉堂而非求志書院月課獎勵方式的產物；其四，假如說"講求實學，教育時賢"③是求志書院的辦學宗旨，則"逢歲科試、鄉會試酌停"④的這一規定，正好表明宗源瀚創辦辨志文會的初衷，就是通過服務科舉考試，拉攏寧波士紳。

刊刻於光緒六年（1880）五月的《辨志文會課藝初集》⑤，作為辨志文會最早的檔案材料彙編，既收錄了宗源瀚撰寫的《辨志文會課藝初集序》，也保存了辨志文會創立初期六齋齋長的姓名、籍貫與身份（見表1-4），以及由六齋齋長所出的86道題目和41位優秀考核者遞交的116份答卷。假如將《辨志文會課藝初集》收錄的這部分內容，與《申報》的相關報導加以綜合考量，則又不難發現：①從時間上來說，這86道題目無一不是光緒五年的試題；②辨志文會雖未嚴格遵照"每年課朔二、三、四、五、七、八、九、十一月，閏月如之"⑥的既有規章準時命題，但每次題量都固定為各齋三題（這其實也是辨志文會少有的未曾發生變更的傳統之一）；③參與辨志文會考核者，雖以寧波本地學子為主，但從一開始，就不僅僅限於甬士（見表1-5）。或許正是這一開放性，使得辨志文會在19世紀末20世紀初，成為上海《申報》惟一長期重點關注的寧波文教機構。

---

① 《申報影印本》1896年6月3日《書江西黃學使甄別經訓書院示諭後》，第53冊，第215頁上欄。

② 其顯著例證，便是時人殷之輅誤以為辨志文會與求志書院皆位於上海。其事詳參《申報影印本》1887年6月21日《格致書院丙戌秋課案出，忝列超等之末，詩以紀之並序》，第30冊，第1036頁下欄。

③ ［清］林華書院主人：《書〈上海求志書院章程四則〉後》，原載《萬國公報》第380卷，收錄於《中國近代教育史資料彙編——洋務運動時期教育》，高時良編，上海教育出版社，1992年版，第759頁。

④ 《申報影印本》1879年2月18日宗源瀚《增設辨志文會示》，第14冊，第145頁。

⑤ 《辨志文會課藝初集》在其扉頁用金文標示"光緒庚辰夏五開雕"。

⑥ 《申報影印本》1879年2月18日宗源瀚《增設辨志文會示》，第14冊，第145頁。

表 1-4　光緒五～六年間辨志文會六齋齋長姓名錄

齋名	齋長姓名	籍貫及其政治身份
漢學	黃以周	定海人，字元同，庚午（同治九年/1870）舉人
宋學	劉鳳章	鄞縣人，字藝蘭，歲貢生
史學	何松	慈谿人，字崍青，歲貢生
算學	黃炳垕	餘姚人，字蔚亭，庚午（同治九年/1870）舉人
輿地	馮一梅	慈谿人，字夢香，丙子（光緒二年/1876）舉人
詞章	陳繼聰	鎮海人，字駿孫，庚午（同治九年/1870）舉人

表 1-5　《辨志文會課藝初集》所錄題卷統計表

年　月　題型		漢學	宋學	史學	算學	輿地	詞章	合計
光緒五年	二月	3	2	2	3	2	2	14
	三月	1	2	0	3	1	2	9
	閏三月	3	3	3	3	1	2	15
	四月	2	3	2	2	2	3	14
	五月	1	1	2	1	3	1	9
	十月	3	2	3	1	2	3	14
	十一月	2	3	1	2	2	1	11
出題總量/道		15	16	13	15	13	14	86
答題總量/份		21	19	16	22	18	20	116
答題者數量籍貫/位		本地：慈谿 15　鄞縣 7　定海 7　鎮海 6　籍貫不詳但顯系甬人者 1						41
		外地：餘姚 2　烏程 1　績溪 1　江寧 1						
備注		①漢學題《〈周禮〉〈儀禮〉之名始於何時考》，乃齋長定海人黃以周所擬作；②宋學題，目錄中只顯示 15 份，而據正文統計，則有 16 份；③算學題的命題數、答卷數，均據目錄統計而成，正文中未收錄任何一份答卷。						

　　辨志文會成立未久便引發《申報》等新聞媒體的密切關注，這一良好的發展勢頭，既拉近了宗源瀚與寧波士紳的距離，又進一步膨脹了宗氏的成名意識，使之有意將辨志文會打造成為足以引領時代潮流的文化平臺，進而藉此確立他本

人在清代學術思想史、政治生活史上承前啟後的崇高地位,此則其所作《辨志文會課藝初集序》言之甚明:

> 風會者,一二人倡於前,舉世靡焉從之,……若夫一時風會,則國初尚義理心性之學,……中葉以往,河間、儀征兩文達,皆尚考據,以浩博為主,……鹹同以來,遭遇兵燹,人文殄瘁,而大勳如曾文正,軍中不廢講學,……嘗取經濟以配義理、考據、詞章,而推本于孔門四科。今雖文正往矣,而其流風所被,隱挽狂瀾。……己卯,予創設辨志文會,就古今人為學之方,分六齋以課士,……兩年以來,甬士爭自濯磨,或專一齋,或兼數齋,類能博觀約取、潛深研幾,彬彬乎,質有其文,方新而未已。……夫四明一州之地耳,源瀚於學又懵焉無所發明,茲何足以言風會! 然堂坳之波同于大海,目論者動謂人材限於科舉,退然不能有復古之望,是殆不然,予故於《課藝初集》之成,書其說于簡端,以諗夫世之有主持風會之責者。光緒七年春,上元宗源瀚敍。①

雖然宗源瀚未嘗成為足以與紀昀(1724－1805)、阮元(1764－1849)、曾國藩(1811－1872)等清代名臣媲美的"主持風會之責者",但辨志文會卻在各方人士的積極參與和大力支持下,從創辦之初服務科舉考試的工具,迅即轉變成為"欲士子於應試文字之外,致其心力,廣其識見"②的文化教育和學術交流平臺。

第三節　辨志文會的階段性發展及其特徵

據統計,《申報》有關辨志文會的報導和評論,最早始於光緒五年初,下迄光緒二十九年(1903)末;這其中,僅課題(亦即齋長的命題卷)就多達112篇(見表1-6)。也正有賴於《申報》的長期關注和持續報導,今人既得以考知宗源瀚創辦辨志文會的真實意圖,又可根據這112篇課題,大致瞭解辨志文會在1879－1903這二十五年間的演進軌跡及其階段性發展特徵。

---

① ［清］宗源瀚:《辨志文會課藝初集序》,載《辨志文會課藝初集》卷首,光緒六年鉛印本。光緒七年,此與"光緒庚辰夏五開雕"相矛盾,當是光緒六年之筆誤。

② 《申報影印本》1896年6月6日《論中國培養人材在振興學校變通選舉》,第53冊,第237頁上欄。

表 1-6　見錄於《申報》的辨志文會（精舍）歷年課題

階段	年份/年	課題	數量/個
辨志文會六齋月考	1879	二月、三月、閏三月、四月、五月、十月、十一月	7
	1880	三月、四月、五月、七月、八月、九月	6
	1881	二月、三月、四月、七月、閏七月、八月、九月、十月、十一月	9
	1882	二月、三月、四月、五月、十月、十一月	6
	1883	三月、五月、七月、八月、九月、十月、十一月	7
	1884	三月、五月、閏五月、七月、八月、九月、十月、十一月	8
	1885	二月、三月、四月、五月、十月、十一月	6
	1886	三月、四月、五月、七月、八月、九月	6
辨志文會六齋季考	1887	春季、夏季、秋季、冬季	4
	1888	春季、夏季、秋季、冬季	3
	1889	春季、夏季、秋季、冬季	4
	1890	春季、夏季、秋季、冬季	4
辨志精舍六齋季考	1891	春季、夏季、秋季、冬季	4
	1892	春季、夏季、秋季、冬季	4
	1893	春季、夏季、秋季、冬季	4
	1894	春季、夏季、秋季、冬季	4
	1895	春季、夏季、秋季、冬季	4
	1896	春季、夏季、秋季、冬季	4
	1897	春季	1
辨志文會五齋季考	1897	夏季、秋季、冬季	3
	1898	春季、夏季、冬季	3
	1899	春季、夏季、秋季	3
	1900	夏季、秋季、冬季	3
	1901	春季、夏季、秋季、冬季	4
	1903	秋季	1

　　從《申報》所載錄的課題來看，辨志文會在 1879－1903 年間的發展進程，大體上可分為四個階段：

①1879—1886 年,該階段因運作經費較有保障①,不但每年考核次數均不少於六次,而且運轉良好,也因此成為寧波"詩會"的效仿對象:

> 寧波自宗湘文太守創設文會以來,造就文材,士林欽仰。茲生員王定洋等覆議立詩會,酌定規條,聯名稟請提督歐陽軍門執騷壇牛耳。軍門批示云:……今與爾諸紳約,每年按四季分課,……繳卷過限不收。每課取准前列三十名,獎賞花紅,……其課題按會由本軍門懸牌署門,名榜亦實貼照牆揭曉。②

②1887—1890 年,此期由於經費短缺,不但考核次數降至每季一次,就連"花紅"也隨之減少,《申報》1887 年 3 月 3 日《辨志文會改章》詳載其事曰:

> 寧郡辨志文會經前任宗太守創設,已八年矣。每年課期,定於二、三、四、五、七、八、九、十、十一月。茲聞所存經費,去歲被人倒去,今歲不能遵照舊章,擬將改為春夏秋冬四期,而各齋花紅,亦須酌減。故與課諸君,大半赴杭省各書院肄業矣。

③1891—1897 年春,這期間,辨志精舍既是甬上四家官辦書院之一③,也成為設置、評閱課案的主辦方,故《申報》在報導時,往往冠以諸如"寧郡辨志精舍甲午春季課題"之類的名稱,但辨志精舍的實際運作程式與辨志文會並無二致,故疑兩者在此期間已然合二為一,亦即辨志文會的實體化。

④1897 年夏—1903 年末,辨志文會在此階段至少已譽滿兩浙,以至於會稽人顧家相(1853—1917)在任職萍鄉縣令期間,就有意效仿求志書院、辨志精舍

---

① 案,《申報》1879 年 7 月 7 日《籌畫公費》云:"鄞縣士紳前年在杭省設立鄉舉試館,……茲聞紳耆陳某等公稟宗太守,請即于蔡楊捐項內撥提數千串,以作試館歷久之費。無如宗太守已將蔡楊所繳之洋,除撥辨志文會、景賢義學存典生息七千元外,又撥體仁局量買義塚地洋三百五十元,……春夏以來辨志文會束修、花紅等項千餘元,所餘已覺無多,再四籌商,實無可撥,故紳等於此舉只作罷論矣。"

② 《申報影印本》1887 年 12 月 10 日《主持風雅》,第 31 冊,第 1054 頁上欄。另據《申報》1888 年 6 月 4 日《創立詩院》之報導,可知"詩會"成立次年,即在萬壽寺住持僧悟來的支持下,以寺內數楹房屋為基礎,擴建成為"言志詩院"。

③ 案,《申報》1892 年 3 月 14 日《四明要錄》云:"寧郡共有四書院:一曰崇實,歸寧紹台道主政,業於上月十九日開課;一曰辨志精舍,一曰月湖,均歸寧波府主政;一曰鄮山,歸鄞縣主政。此外,又有孝廉堂,亦歸寧波府主政。"並見《申報影印本》1895 年 2 月 26 日《甬上新語》,第 49 冊,第 295 頁下欄。

之章程,於鼇洲書院"常課外另設定志文課,專考實學,分經學、小學、理學、史學、掌故、輿地、政治、交涉、詞章、藝學諸門",並擬從 1899 年起付諸實踐①,與此同時,這一階段又可細分為兩期,前期(1897 年夏冬之際)的主要特徵,是辨志文會重又成為設置、評閱課案的主辦方②,而後期(1898-1903 年末)最令人矚目的現象,就是"宋學"齋處於實際停頓狀態,這或許也正是傳統學術在"西學"衝擊下日益邊緣化乃至不斷萎縮的一個縮影。

深入考察這 112 篇記錄辨志課題的報導,不難發現:①其中有部分命題卷存在重複出現的問題,例如辨志文會 1879 年十月份課題"漢學"類第 2 題"吳行人儀考",在時隔 16 年後再度面世,成為辨志精舍 1895 年秋季課題"漢學"類第 2 題。此外,包括"軍機處緣起""博文約禮說"在內的其他 15 道題目也存在類似問題(見表 1-7),且以"宋學"題居多,從而表明甬上"宋學"的衰落其實由來已久;②命題者既生長於寧波及其周邊,又身處外侮接踵而至的動盪時代,這就使得他們一方面十分留意浙東歷史地理和區域文化,並因此設置了諸如"述四明朱學"③"寧波府志源流"④"甬東山水頌"⑤之類的課題(見表 1-8),另一方面又非常關注中法戰爭、甲午戰爭、戊戌變法等重大時事(見表 1-9)。故在出題時,或要求與試者草擬《平倭露布》《討日本檄》等詩文以鼓舞士氣、民心⑥,或事後檢討國策而"問日本自明治以來國勢勃興,其故安在"⑦,或強烈建議"鄉會試參用西學議"⑧,或倡論"武科改試槍炮議"⑨。凡此種種,莫不是對家國命運的深切關懷。

---

① 《申報影印本》1901 年 7 月 23 日《江西萍鄉縣顧勵堂明府課士說略》,第 68 冊,第 500 頁上欄。
② 考《申報》1897 年 11 月 5 日《寧波辨志文會丁酉冬季課題》,其內"史學兼掌故"第 3 題名為"辨志精舍袝祀史忠定議",是知辨志文會雖再度成為設置、評閱課案的主辦方,但辨志精舍依然存在。
③ 《申報影印本》1880 年 5 月 12 日《寧郡辨志文會四月分課題》,第 16 冊,第 505 頁下欄。
④ 《申報影印本》1886 年 5 月 9 日《寧郡辨志文會四月分課題》,第 28 冊,第 725 頁下欄。
⑤ 《申報影印本》1899 年 8 月 21 日《寧波辨志文會己亥秋季課題》,第 62 冊,第 827 頁上欄。
⑥ 案,光緒二十年(1894)秋季課題詞章第 2 題,名為《擬平倭露布》;光緒二十一年(1895)春季課題史學兼掌故第 2 題,名為《擬〈討日本檄〉(駢體)》。
⑦ 《申報影印本》1900 年 11 月 17 日《寧郡辨志文會庚子冬季課題》,第 66 冊,第 461 頁上欄。
⑧ 《申報影印本》1897 年 5 月 11 日《寧郡夏季辨志課題》,第 56 冊,第 63 頁下欄。
⑨ 《申報影印本》1898 年 6 月 26 日《寧波辨志文會戊戌夏季課題》,第 59 冊,第 363 頁下欄。

表 1-7　重複出現的辨志課題

編號	名稱	首出	重出
1	吳行人儀考	1879 年十月份課題漢學類	1895 年秋季課題漢學類
2	軍機處緣起	1879 年十一月份課題史學類	1894 年夏季課題史學類
3	格物說	1880 年三月份課題宋學類	1889 年冬季課題宋學類
4	刻全謝山《七校水經注》序	1880 年九月份課題詞章類	1889 年冬季課題詞章類①
5	讀《契丹國志》書後	1881 年十月份課題史學類	1895 年冬季課題史學類
6	夜氣說	1881 年十一月份課題宋學類	1895 年冬季課題宋學類
7	讀《二程粹言》書後	1882 年十一月份課題宋學類	1885 年三月份課題宋學類
8	博文約禮說	1883 年十一月份課題宋學類	1886 年四月份課題宋學類
9	讀《腳氣集》	1884 年八月份課題宋學類	1897 年冬季課題宋學類②
10	問賈捐之議棄珠厓與曾銑議複河套，兩說若何？	1884 年十一月份課題輿地類	1888 年春季課題史學類③
11	六經不言無心說	1885 年四月份課題宋學類	1897 年冬季課題宋學類
12	釋學	1885 年十月份課題漢學類	1885 年十一月份課題漢學類
13	函谷關考	1887 年春季課題輿地類	1901 年春季課題輿地類④
14	擬蕭大圜《言志》	1888 年春季課題詞章類	1894 年春季課題詞章類
15	孟嘗平原信陵春申四君論	1890 年夏季課題史學類	1893 年夏季課題史學類⑤
16	海軍賦（擬古不限韻）	1891 年秋季課題詞章類	1892 年秋季課題史學類

---

① 重出時題為"全氏《七校水經注》書後"，名稱雖有出入，其實應無差異。
② 重出時題為"讀《腳氣集》書後"，名稱雖略有出入，其實並無任何差異。
③ 重出時題為"賈捐之議棄珠厓論"，兩相比較，雖有較大差異，卻也不無聯繫。
④ 重出時題為"函谷關舊址考"，名稱雖略有出入，其實並無任何差異。
⑤ 重出時題為"戰國四公子優劣論"，名稱雖有出入，其實應無差異。

表 1-8　與浙東歷史文化相關的辨志課題

編號	名稱	位置
1	問蓀湖以多蓀得名,至正、成化《四明志》均謂蓀即蘭花,而沈存中《夢溪筆談》則謂蓀即菖蒲,兩說當孰從?	1880 年十月份課題輿地類
2	述四明朱學	1880 年四月份課題宋學類
3	慈湖弟子考	1880 年七月份課題宋學類
4	浙東海防議	1880 年七月份課題史學類
5	擬陸士衡《答車茂安書》	1880 年八月份課題詞章類
6	天封塔賦	1882 年二月份課題詞章類
7	四明物產八詠	1882 年二月份課題詞章類
8	擬國朝四明經學諸儒小贊(各自為贊)	1882 年五月份課題詞章類
9	擬斥慈谿城陘附祀趙文華議	1882 年十月份課題史學類
10	讀王伯厚《通鑒地理通釋》書後	1882 年十月份課題輿地類
11	謹序《杖錫山漢隸歌》	1883 年三月份課題詞章類
12	鮚埼解	1883 年五月份課題輿地類
13	明州藏書目考	1883 年九月份課題詞章類
14	舟山海防策	1884 年七月份課題史學類
15	蛟川塞口議	1884 年八月份課題輿地類
16	宋《開慶四明志》海島烽燧二十六鋪,試詳考其所在	1884 年十月份課題輿地類
17	萬氏《歷代史表》書後	1885 年二月份課題史學類
18	四明山賦(不拘韻)	1885 年三月份課題詞章類
19	《水經注·沔水篇》南江至餘姚入海,試證明今地之所在	1886 年三月份課題輿地類
20	寧波府志源流	1886 年四月份課題史學類
21	月湖十洲古跡考	1886 年七月份課題輿地類
22	辨志精舍擬祀明州宋九生議	1886 年九月份課題史學類
23	漢勾章、鄞、鄮三縣疆域考	1893 年秋季課題輿地類
24	杖錫山漢隸拓本歌詠·水仙花(七絕,不拘首數)	1894 年春季課題詞章類

（续表）

編號	名稱	位置
25	丹山赤水洞天考	1895 年夏季課題輿地類
26	《漢志》句章渠水考	1895 年秋季課題輿地類
27	槐堂之學莫盛於甬說	1897 年春季課題宋學類
28	剡溪源流考	1897 年春季課題輿地類
29	招寶山望海歌	1899 年夏季課題詞章類
30	甬東山水頌	1899 年秋季課題詞章類
31	寧郡巡防營章程私議	1900 年秋季課題史學類
32	古鄞郡疆域考	1900 年秋季課題輿地類
33	甬東懷古（用杜工部詠懷古跡韻）	1900 年秋季課題詞章類
34	四明懷古八首（用漁洋水繪園修韻）	1901 年秋季課題詞章
35	寧郡中學堂碑記	1903 年秋季課題詞章類

表 1-9　關注時事的辨志課題

編號	名稱	性質	來源
1	臺灣防守策	輿地	光緒十年（1884）八月份課題
2	國朝乾隆以前綏靖四裔考略	史學	光緒十年（1884）九月份課題
3	問疏濬運河與興造鐵路兩策孰是	輿地	光緒十年（1884）九月份課題
4	新疆臺灣置省論	史學	光緒十三年（1887）冬季課題
5	鐵路利害論	史學	光緒十五年（1889）夏季課題
6	防倭策	史學	光緒二十年（1894）秋季課題
7	擬平倭露布	詞章	光緒二十年（1894）秋季課題
8	海戰不如海防說	史學	光緒二十年（1894）冬季課題
9	增設東三省郡縣議	史學	光緒二十年（1894）冬季課題
10	擬《討日本檄》（駢體）	史學	光緒二十一年（1895）春季課題
11	寇准論海防	史學	光緒二十一年（1895）夏季課題
12	效尤《堂外國竹枝詞》，述東西洋近事	詞章	光緒二十一年（1895）夏季課題
13	東三省邊防議	史學	光緒二十一年（1895）秋季課題

（续表）

編號	名稱	性質	來源
14	記石浦南田開墾	史學	光緒二十二年(1896)春季課題
15	南北洋賦(不限韻)	詞章	光緒二十二年(1896)春季課題
16	懷臺灣(五排四十韻)	詞章	光緒二十二年(1896)春季課題
17	重設海軍議	史學	光緒二十二年(1896)夏季課題
18	鄉會試參用西學議	史學兼掌故	光緒二十三年(1897)夏季辨志課題
19	旅順、威海守禦策	史學	光緒二十四年(1898)春季課題
20	上海創設女學堂記(駢體)	詞章	光緒二十四年(1898)春季課題
21	武科改試槍炮議	史學	光緒二十四年(1898)夏季課題
22	問日本自明治以來國勢勃興，其故安在	史學兼掌故	光緒二十六年(1900)冬季課題
23	商戰說	史學兼掌故	光緒二十六年(1900)冬季課題

除課題外，《申報》還刊登了辨志文會的 88 篇課案（見表 1-10）。此所謂課案，其實就是榮獲"超等"和"特等"者的姓名錄，雖數量偏少且部分課案本身就殘缺不全①，卻無疑是評判辨志文會歷史作用的主要依據。辨志文會的歷史作用，首先突出地表現為其課試既歷時久遠，又沾溉甚眾，在長達 25 年的不間斷考核中，至少有 12250 人次先後榮獲"超等"或"特等"（見表 1-11）。事實上，清末民初的幾乎所有甬上名士都曾參與其中，甚至連國學大師章炳麟（1869－1936），也曾在 1894－1896 年間先後 5 次參加辨志文會課試並得獎。② 尤需說明的是，參加辨志文會課試和與試者日後成長之間的關係，雖難予以精確評估，

---

① 例如《申報》1880 年 11 月 5 日《寧郡辨志文會五月分課案》云："此案由友抄來，秋蚓春蛇，幾致不能認，勉強照錄其姓名，容有舛錯，閱者鑒之。"又如《申報》1900 年 1 月 22 日《寧郡辨志文會秋季課案》云："寧波訪事友來函云：'此次辨志文會案發，適為風（兩）[雨]所侵，名字半多剝蝕。茲擇其可以辨認者，照錄于左。'"

② 《申報影印本》1895 年 4 月 11 日《寧郡辨志精舍甲午冬季課案》、1895 年 11 月 18 日《寧郡辨志精舍乙未夏季課案》、1896 年 11 月 9 日《寧郡辨志六齋丙申夏季課案》、1897 年 1 月 30 日《寧郡辨志精舍丙申秋季課案》、1897 年 4 月 8 日《寧波辨志精舍丙申冬季課案》，第 49 冊第 575 頁下欄、第 51 冊第 517 頁下欄、第 54 冊第 437 頁下欄、第 55 冊第 169 頁下欄、第 55 冊第 555 頁上欄。

但可以肯定的是，這一經歷對課題參與者積累考試經驗、豐富社會閱歷乃至結交同好、擴大知名度皆當有所裨益。

表 1-10　見錄於《申報》的辦志文會（精舍）歷年課案

階段	年份/年	課案	數量/个
辦志文會六齋月考	1880	三月、四月、五月、七月、八月、九月、十月	7
	1881	二月、三月、四月、七月、閏七月、八月、九月、十月、十一月	9
	1882	二月、三月、五月、六月、十一月	5
	1883	三月、四月、五月、十一月	4
	1884	三月、五月、閏五月、七月、八月、九月、十月、十一月	8
	1885	二月、五月、十月、十一月	4
	1886	三月、四月、五月、七月、八月、九月	6
辦志文會六齋季考	1887	春季、秋季、冬季	3
	1888	春季、冬季	2
	1889	春季、夏季、秋季	3
	1890	春季、夏季、秋季、冬季	4
辦志精舍六齋季考	1891	春季、夏季、秋季、冬季	4
	1892	春季、夏季、秋季、冬季	4
	1893	春季、夏季、秋季、冬季	4
	1894	春季、夏季、秋季、冬季	4
	1895	夏季、秋季、冬季	3
	1896	春季、夏季、秋季、冬季	4
辦志文會五齋季考	1897	春季、夏季	2
	1898	冬季	1
	1899	春季、秋季、冬季	3
	1900	春季、夏季	2
	1901	春季、秋季	2

表 1-11　辨志文會代表性課案之比較

類別	等級	1881年二月份課案	1889年春季課案	1893年春季課案	1899年春季課案
		備註:四個課案皆屬於辨志文會某一發展階段第三年的第一個課案			
漢學	超等	何宗鎬等10人	王亨彥等10人	施世傑等10人	陳漢章等10人
	特等	楊魯曾等10人	汪開祉等10人	王亨彥等10人	施世傑等8人
宋學	超等	朱逢甲等10人	黃家橋等10人	於夢奎善2人	0
	特等	包祖蔭等8人	林植梅等10人	沈重光等6人	0
史學	超等	秦在鎔等10人	朱逢甲等8人	謝行淮等10人	洪允祥等10人
	特等	黃維瀚等10人	姚曾榮等10人	於曾等10人	趙家藝等10人
算學	超等	林植梅等10人	盧雲鵬等10人	曹仰欽等10人	王汝成等10人
	特等	林際唐等10人	程萬里等10人	王汝成等10人	魏廷梁等5人
輿地	超等	何宗鎬等3人	汪開祉等10人	陳得善等10人	陳漢章等10人
	特等	秦在鎔等5人	王亨彥等10人	江起鯤等10人	王序賓等10人
詞章	超等	張美翊等10人	張景翰等10人	馮善征等10人	馮善征等8人
	特等	金士衍等10人	王英冕等10人	李進興等10人	裘紹良等8人
合計		106人次	118人次	108人次	89人次
結論		在辨志文會的歷年考核中,平均每期約有105人次被評為超等和特等,以此類推,25年累計共有12250人次			

　　若對這88篇課案加以系統整理,也就不難發現,有不少與試者是辨志文會的多年常客。譬如江蘇南匯人於曾(1854—1910),從1880年開始參加該年五月份課題並取得漢學類"超等"第一名的成績①,到1899年8月榮獲春季課案輿地類"特等"第一名為止②,在這20年內先後25次獲得漢學、輿地、史學的"超等"和"特等"。毋庸置疑,以于曾為代表的眾多積極分子參與的目的,理當

① 《申報影印本》1880年11月5日《寧郡辨志文會五月分課案》,第17冊,第509頁下欄。
② 《申報影印本》1899年8月21日《寧波辨志文會己亥春季課案》,第62冊,第827頁上欄。

是學術交流，而對部分與試者來說，賺取花紅才是他們參加課試的主要考量，此則晚清小說《文明小史》亦有所敘及：

> 這姚文通未曾考取拔貢的前頭，已經很有文名，後來瞧見上海出的報紙，曉得上海有個求志書院，寧波有個辨志文會，膏火獎賞，著實豐富，倘能一年考上了幾個超等，拿來津貼津貼，倒也不無小補。因此托人一處替他買了一本卷子，頂名應課。①

這段敘述雖語多戲謔甚至不屑，卻也表明辨志文會的花紅，客觀上已然成為當時部分與試者養家糊口、繼續學業的不可或缺的經濟來源。

1920 年冬，慈谿人陳訓正（1872－1943）在得知其恩公喻兆蕃病卒的消息之後，即刻寫就《哭萍鄉》《喻齋記》兩文加以悼念，並在這兩篇紀念性文章中，將寧波地方教育從重視科舉到興辦新式學堂的轉變，完全歸功於喻氏（曾任寧波知府和甯紹台海防兵備道），其《喻齋記》云：

> 海通以還，甬為中國五大商港之一……顧其士重邦獻，規舊白首窮舉業……當先朝初議改制……甬之人翻疑其事之未果真，恐恐然若猛獸毒蛇之將至。嗚呼！何見之愎而多乖也。自萍鄉喻公來守吾郡，稍稍用材望，推選各屬士，任以教化之事，於是朝之新令，乃始得行於甬……公至一年，富者相勸勉，助公興學，匝郡之竟，遂有學校三百餘所。夫甬自置郡，守者先後至，奚啻百數輩，卒不能奪其俗陋，而必待公乃興，風氣之自，果人為之與。②

然則陳氏此論，既嚴重低估了"廢八股，興學堂"這一教育政策的導向作用，也徹底抹殺了辨志文會的歷史貢獻。事實上，由於辨志文會在其成立之初，不但確立了分齋課士的原則，而且鼓勵鴻才博學者"兼作"③各齋課題，因而僅僅過了六年，就突破了傳統科目佔據絕對優勢地位的原有格局，出現了"風氣大

---

① 李寶嘉：《文明小史》，華夏出版社 1995 年版，第 1 頁。
② 《天嬰室叢稿》第一輯之五《秋岸集》，陳訓正著，可見沈雲龍主編的《近代中國史料叢刊》第 63 輯，臺灣文海出版社 1972 年版，第 239－240 頁。陳訓正的這一論調，又可見其領銜修纂的《鄞縣通志》第二《政教志》第四冊庚編上《教育（一）》，寧波出版社 2006 年版，第 767 頁。
③ 《申報影印本》1879 年 2 月 18 日宗源瀚《增設辨志文會示》，第 14 冊，第 145 頁。

開,講求曆算天學者,日新月盛"①的全新動向;時至 1897 年,象山人陳漢章
(1864－1938)在該年春季考核中,更是一舉奪得漢學"超等"第一名、宋學"超
等"第一名、算學"特等"第一名、輿地"超等"第一名、詞章"特等"第六名②這一
空前絕後的佳績。陳漢章的兼通五齋,既是他個人努力的結果,也未嘗不是辨
志文會近二十年來積極引導的產物。追本溯源,近代寧波地方教育的新陳代
謝,無疑始自且有賴於辨志文會的分齋課士。

---

① 《申報影印本》1884 年 10 月 12 日黃維瀚《家君七旬初度敬乞詩文啟》,第 25 冊,第 603 頁。
② 《申報影印本》1897 年 7 月 27 日《寧郡辨志文會丁酉春季課案》,第 56 冊,第 538 頁上欄。

第二章
增設辨志文會示

浙江補用道寧波府正堂加三級記錄三次宗，為出示曉諭事，照得：通經所以致用，服古乃可入官。原國家養士之本意，必須敦崇實學。除孝廉堂、月湖書院仍循舊月課時藝外，本府特增辨志文會，自本年二月起發題於郡城暨外縣各儒學。凡各屬各縣之人，皆可與課。已刊列《章程》，散給照辦。合先開列示諭，為此示仰各縣舉、貢、生、監人等遵照。凡願與課之人，自本年二月初一日起，在郡城附近者，即各赴孝廉堂、月湖書院領題。在外縣者，即就近赴各學領題。按照定章自備課卷，依期呈繳，逾限不收。切切特示。

第一節　計緣起章程

國家萬幾百度，博通人而理天下，人心風俗以士類為歸。朝廷養士以儲用，士之卓然有所表見者，其根抵必在學術。出為公輔，處為儒生一也。學必視其所志，姚惜抱之論，學分考據、義理、詞章三途，曾文正益以經濟，以配孔門四科。近日，上海求志書院分經、史、掌故、演算法、輿地、詞章以課士。為學之途雖不一，而範圍曲成，不外乎是功令。雖以時藝取士，而五經策問非淹貫者，不能奪席。自末流務趨便捷，遂若四書文外，可以束書不觀者。我朝碩輔魁儒大半出自科目，其進身未嘗不以時藝。而其所以稱物望而垂不朽者，必別有安身立命之地。非然者，朝榮夕悴泯沒無聞，白髮蒼顏，陰悔不學，始自傷其與草木同腐，蓋已晚矣！四明為文獻淵藪，通才碩彥彪炳，前代程畏齋之讀書分軍日程，王伯厚之困學紀聞，導引來哲，綱舉目張，流風所被。國朝鄞縣萬氏一門經學，全氏博聞兼綜。後來，徐柳泉亦淵雅賅博。鎮海之劉氏、樂氏，慈溪之姜氏、裘氏，象山之薑氏，定海之黃氏，皆通經訓，能文章，彬彬焉不愧儒林之選。而議者乃謂今之甬士不能如昔。吾觀甬士之掇科第能文章者豈少也哉？其切劘睥睨亦豈有所自畫，而不欲大過乎人哉？而卒似未盡稱造物生才之意，壓國家求才之心，毋亦守土之責乎？今于孝廉堂、書院月課時藝之外，取學記辨志之語，別為辨志文會，分六齋，仿考據義理為漢學，為宋學；取經濟致用之意，為史學兼掌故，為輿地、為演算法，而華之以詞章焉。夫此數門者，由粗求精，推本極末，舉非空文衍說所能窮其微妙。況所謂宋學者，研求性道尤重躬行，豈區區文字所能蹈襲。顧非文無以為課，非課無以見志。亭林顧氏好古，敏求而其精神所注，則在行已有恥。吾黨之士，由博返約必有確乎？其不可拔之操而後有泛應無不至當之學。矯世勵俗，矚然不淬。慶曆五先生、淳熙四君子之流風餘韻不又當於吾甬求之耶。源瀚譾劣，蚤歲以糊口而廢學，洎乎從軍速化，又終日困於案牘，此生殆無複仕優而學之時，自愧無以為諸賢引伸。六齋齋長必訪求近地通博有守之人，以相觀摩，俾知吾甬自有師貲，亦庶乎取行不速之意。昔河南吳公得一賈生，遂為治引第一。他日四明群哲踵起，出處皆有以自立，不肖如源瀚，且將附諸賢而彰焉，豈非厚幸與！

第二節　辨志文會章程

（1）文會分六齋。曰漢學，曰宋學，曰史學兼掌故，曰演算法，曰輿地，曰詞章。每齋延專精是學者，為齋長，校閱課卷。每齋每課三題，僅作一題者不錄。

（2）文會無論舉貢生監，俱准與試。與試者各習一齋，盡其所長，不必求多。鴻才博學能兼各齋者，聽其兼作，但卷鬚每齋一本，不得並寫。

（3）每年課朔、二、三、四、五、七、八、九、十一月，閏月如之，逢歲科試、鄉會試酌停。每月朔日發題，郡城即貼于孝廉堂、月湖書院，外縣均郵寄各學，交教官收掌，題到即飭門鬥，將題紙粘貼儒學頭門並各城門。遠鄉僻壤，當時分送，每課一次，每學門鬥給工食錢一千文。

（4）課卷各人自備，用白折紙六行二十格。卷面自書肄業某齋某縣舉人某生年幾歲。略似鄉試卷面式。

（5）每課每齋俱分三等，超等十名，第一名，花紅六元，第二、三名，各四元，第四五六名各三元，七八九至第十名各二元，特等十名，每名各一元，一等不拘名數，不給花紅。俟齋室造成經費充裕，住齋肄業再議膏火。

（6）每月限二十五日繳卷，郡城即繳孝廉堂、月湖書院二處，監院外縣均繳儒學，定限二十五日申刻收齊，次日郵寄至府署，逾限不收。收卷時各給收票一紙，票式附後，由各學照式刊刷填用。

（7）出案除貼府照牆外，各學仍各發一紙，同花紅併發，即貼儒學門首，與試者持卷票領取花紅並課卷。

（8）每課佳作各齋選數篇刊刻，以備觀摩。齋長即于題首印選刻二字，作者于領卷後即謄一通，次期與課卷一併交學匯送，違者花紅扣給。

（9）各學寄至府署飭禮房，將卷面姓名彌封鈐印，分送各齋長閱定甲乙，送府拆封填案。

（10）屢列前茅行已有恥者，當歲時延見，聆議諭察志趣，期得學行兼優之儒，訪明鄉里，遠以論薦大府，近亦備齋長之選。（《申報》1879 年 2 月 18 日）

第三章
辨志文會課藝初集

第一節　宗源瀚《辨志文會課藝初集序》

聚天下人之才力，不事驅迫而帖然胥出一途者，朝廷之科舉也，而一時之風會，亦往往如是。科舉之制，德行尚矣，其次不能不託之文字。文字之格遞變，而利祿所歸，代有其蔽，不獨八股然也。風會者，一二人倡於前，舉世靡焉從之，雖升降不同而有開必先，始乎至微，終乎不可控馭。本朝之獲科舉者，率以八股，沿之今日，且相詬病。

若夫一時風會，則國初尚義理心性之學，在位如李文貞、張清恪，其氣力足以旋轉一世，朝野之嚮學者趨焉。中葉以往，河間、儀徵兩文達，皆尚考據，以浩博為主。儀徵持節四方，從遊尤眾，在浙有詁經精舍，在粵有學海堂，皆望而知其幟志。雖其末流，講心性者或偏蔽而迂疎，尚浩博者亦支離而破碎，而其精醇之詣，固歷百年而如新也。咸同以來，遭遇兵燹，人文殄瘁，而大勳如曾文正，軍中不廢講學。其言曰："禮非考据不明，學非心得不成。"嘗取經濟以配義理、考据、詞章，而推本於孔門四科。今雖文正往矣，而其風流所被，隱挽狂瀾，宦迹儒修，動多觸會，非風氣之感發然與？

光緒戊寅，源瀚來守四明。四明山川，盤礴而秀發。其人文至今不衰，應科舉者，取青紫如反手；浙人推八股文之工者，必首甬上。已卯，予創設辨志文會，就古今人為學之方，分六齋以課士。每齋必延學之專精者，分主講席。每課與會輒數百卷，錄其尤者編之，以為同會觀摩。兩年以來，甬士爭自濯磨，或專一齋,或兼數齋,類能博觀約取、潛深研幾,彬彬乎,質有其文,方新而未已。[1]雖其中不盡甬士,而甬士為多。曩之但以八股推甬士者,淺之乎測吾徒矣!夫四明一州之地耳,源瀚於學,又憮焉無所發明,茲何足以言風會。然堂坳之波,同於大海,目論者動謂人材限於科舉,退然不能有復古之望,是殆不然。予故於《課藝初集》之成,書其說於簡端,以諗夫世之有主持風會之責者。光緒七年[2]春,上元宗源瀚敘。

【校箋】

[1] 已:原作"巳",蓋刊刻所誤。茲據文義,逕行改正。

[2] 光緒七年:《辨志文會課藝初集》扉頁題作"光緒庚辰(即光緒六年)夏五開雕",此云"光緒七年",顯然自相矛盾,當改為"光緒六年"。

第二節　辨志文會首年各齋齋長姓名錄

評閱漢學:定海黃以周(1828—1899),字元同,庚午(1870)舉人。[1]
評閱宋學:鄞縣劉鳳章(1838—?),字藝蘭,歲貢生。[2]
評閱史學:慈谿何松,字崍青,歲貢生。[3]
評閱算學:餘姚黃炳垕(1815—1893),字蔚亭,庚午舉人。[4]
評閱輿地之學:慈谿馮一梅(1849—1907),字夢香,丙子(1876)舉人。[5]
評閱詞章之學:鎮海陳繼聰(1822—1886),字駿孫,庚午舉人。[6]

【校箋】

[1] 洪煥椿《定海黃元同生平及其著作》:"先生諱以周,姓黃氏,初名以同,字經纂,改名後易字元同,儆季其號也……考式三,字薇香,歲貢生。博綜羣經,尤長三禮,說經不拘漢宋,擇是而從……(先生)守顧亭林經學卽理學之訓,以追討孔門之博文約禮……光緒五年,甯紹台道宗湘文觀察源瀚,建甯波辨志精舍,請先生為定名義規制,就古今人為學之方,分六齋以課士,每齋必延學有專精者,分主講席。於是漢學齋由先生自課,宋學、史學、輿地、算學、詞章各齋長,聘鄞縣劉藝蘭明經鳳章,慈谿何崍青明經松,馮夢香孝廉一梅,餘姚黃蔚廷孝廉炳

屋,鎮海陳駿孫孝廉繼聰分任之。"①

[2]《清代硃卷集成》浙江鄉試光緒乙酉(1885)科:"劉鳳章,譜名世桂,字企顏,號藝蘭,行二,又行十二。道光戊戌年正月初二日吉生,浙江寧波府鄞縣歲貢生,候選訓導……中式第八十名舉人。"②《鄞縣通志·文獻志》:"篤學好古,尤喜宋儒經説。生平搜輯鄉邦文獻,用力最勤。著有《四明藝文志》《甬上方言考證》等書。"③

[3]《光緒慈谿縣志·列傳附編》:"何松字峽青,歲貢生,保舉訓導。郡守宗源瀚稔松宿學,延校天一閣藏書,下榻郡廨,主講辨志文會。平居夙興看《周易》一卦,讀他經數卷,必精熟,能自背誦,然後進與人交。久而益摰,非有事故,終日據案不出户。所著《古經解鉤沉續編》《周易異文考》《説文引經異同考》《續書契綱錄》《史學彙編》《苟子校》《文選補注義證》《孔子弟子遺言》《天一閣校書記》《歷代帝王名臣像贊》《常惺惺齋文鈔》《夢璞居詩鈔》《常惺惺齋筆記》,皆待梓。卒年五十八。"④

[4]《光緒余姚縣志》卷二三《列傳十六·國朝三十八》:"黃炳垕,號蔚亭,晚號弄翁。幼凝靜有神解……比成諸生,益曉天算……同治初,恪靖侯左文襄左棠撫浙,奉命測造《沿海經緯輿圖》。知縣陶雲升屬炳垕測縣境,越六月,圖成,時稱精審。……考充同治九年優貢。是年,及其子維瀚同舉於鄉。明年會試,罷歸,杜門著述不復出。……惟上元宗源瀚守寧波,刱辨志精舍,分六齋課士,應其聘,長天文算學齋凡十餘年,遂開浙東算學。……越南兵興,海疆戒嚴,中樞檄取《測地志》,要頒諸統帥。光緒十四年……續修會典館,奉旨下直省測繪《烏里開方圖》,炳垕老矣,猶應巡撫崧駿聘,勉渡江,居兩閲月,參定其條例。十九年冬,卒於家,年七十有九。"⑤

---

① 洪焕椿:《定海黃元同生平及其著作》載《浙江省通志館館刊》創刊號,浙江省通志館編,杭州古籍書店1997年版,第89—91頁。

② 顧廷龍主編,《清代硃卷集成》第274冊,台灣成文出版社1992年版,第61—70頁。

③ 《鄞縣通志》第四《文獻志》甲編《人物》之《歷代人物類表第三·文學》,寧波出版社2006年版,第358頁。

④ [清]馮可鏞修,楊泰亨纂:《光緒慈谿縣志》列傳附編,《中國方志叢書》華中地方第213號,台灣成文出版社1975年版,第1240頁。

⑤ [清]周炳麟修,邵友濂、孫德祖纂:《光緒余姚縣志》,《中國地方志集成·浙江府縣志輯》(36),上海書店1993年版,第918頁下欄—919頁上欄。

[5]《清代硃卷集成》浙江鄉試光緒丙子(1876)科："馮一梅,原名黻蘭,字夢香,號蒙鄉,行五。咸豐辛亥年三月十三日吉時生。甯波府慈谿縣優廩貢生,民籍,肄業詁經精舍,奉委本省書局分校。著有《老子校勘記》二卷、《老子釋文校勘記》一卷、《內經校勘記》四卷、《述古堂經說》三十卷,未梓。……中式第四十名舉人。"①

[6]《清代硃卷集成》浙江鄉試同治庚午(1870)科："陳繼聰,字駿孫,號亞秋,行一。道光乙酉年十月十四日吉時生,甯波府鎮海縣歲貢生,民籍……中式第五十七名舉人……本房加批:首藝包孕宏深,發揮切實,文氣亦與馬悲、韓豪殆相伯仲。次舉重若輕,後二尤高曠有遠神。三筆力蒼勁,迥殊時艷,詩格律工穩,式場五藝皆佳策對,清晰兼有斷制,洵非績學好古之士不能辦也!"②

第三節　《辨志文會課藝初集》目錄及正文

《辨志文會課藝初集》的目錄,如表 3-1 所示。

表 3-1　《辨志文會課藝初集》目錄

類別	篇名	答題者姓名及其籍貫	備註
漢學題	乾元用九解	葉意深(慈谿)　包明照(定海)	
	《說文》引詩考	馮惟一(慈谿)　葉意深(慈谿) 姜莊臨(定海)	
	高禖說	林頤山(慈谿)	
	盥而不薦解	夏夢賢(定海)　何宗鎬(慈谿)	

---

① 顧廷龍主編,《清代硃卷集成》第 265 冊,台灣成文出版社 1992 年版,第 315—323 頁。
② 顧廷龍主編,《清代硃卷集成》第 258 冊,台灣成文出版社 1992 年版,第 137—144 頁。

（续表）

類別	篇名	答題者姓名及其籍貫	備註
漢學學題	釋《周易》往來例	黃維瀚（餘姚）	共計收錄21篇
	汝后稷汝作朕虞解	黃家橋（定海）	
	《周禮》《儀禮》名起何時考	黃以周（定海）	
	釋序内序北	何宗鎬（慈谿）	
	孟子游齊梁先後考	何宗鎬（慈谿）	
	召公不說周公說	林頤山（慈谿）	
	朱張解	林頤山（慈谿）	
	吳行人儀考	林頤山（慈谿）　黃維瀚（餘姚）	
	對胡氏《說文管見》問	林頤山（慈谿）	
	良馬四之良馬五之良馬六之解	林頤山（慈谿）	
	兩馬掉鞅解	何宗鎬（慈谿）　林頤山（慈谿）	
宋學學題	涑水弟子考	葉秉鈞（餘姚）	共計收錄20篇
	永嘉學派論	葉秉鈞（餘姚）	
	無極而太極解	葉秉鈞（餘姚）	
	讀程子《定性書》	葉秉鈞（餘姚）	
	原誠	葉秉鈞（餘姚）	
	主敬說	黃家橋（定海）　凌師夔（慈谿）	
	跋《讀朱隨筆》	費德宗（慈谿）　葉秉鈞（餘姚）　黃家橋（定海）	
	心性辨	黃家橋（定海）　楊魯曾（上下兩篇，慈谿）	
	河圖洛書說	黃家橋（定海）	
	述周程授受	林尊三（定海）	
	朱呂說詩論	張鴻桷（鎮海）	
	崇禮說	方岳年（鎮海）	
	跋《爾雅翼》	方岳年（鎮海）	
	永康學術論	陳貞賢（鎮海）	
	《學統》書後	方葆（鎮海）	

（续表）

類別	篇名	答題者姓名及其籍貫	備註
史學題	張禹孔光論	楊敏曾（慈谿）	共計收錄15篇
	問漢、唐、宋各有分科取士法，孰為最善？	林頤山（慈谿）	
	河間獻王學行考	費德宗（慈谿）　　林頤山（慈谿）	
	《包孝肅奏議》書後	費德宗（慈谿）	
	文廟櫺星門考	黃維瀚（餘姚）	
	戰國職官考	林頤山（慈谿）	
	晉以劉淵為左部帥論	葉意深（慈谿）　　凌師夔（慈谿）	
	諸葛武侯惜赦令論	王定祥（慈谿）	
	孫吳人才論	王定祥（慈谿）	
	雲台功臣無馬援說	袁堯年（鄞縣）　　張禾芬（慈谿）	
	《許慎傳》補遺	林頤山（慈谿）	
	《逸民傳》書後	張禾芬（慈谿）	
	山濤論	王定祥（慈谿）	
算學題	日月五星形體大小旋轉遲速論	楊兆鋆（烏程）	
	地球運行說	費德宗（慈谿）　　王恭壽（慈谿）	
	問：中曆至《授時》而法始密，《大統》悉本《授時》，與回曆並行，尚不及回曆之精，時憲參用西法，超軼前代，行之數百年，始有微差，其異同得失，可得而言歟？	楊兆鋆（烏程）	
	勾股測算本《大學》絜矩之道論	費德宗（慈谿）	
	線一尺十寸　面一尺百寸　體一尺千寸解	費德宗（慈谿）　　梁安周（江甯）	
	問算學家有隔河量地法，能詳述其理否？	費德宗（慈谿）　　張嘉福（慈谿）林際唐（定海）	
	古曆歲終置閏，今曆隨時置閏，得失疏密辨	李象緒（鄞縣）　　張祖衎（鄞縣）	
	歲星跳辰考	李象緒（鄞縣）	

（续表）

類別	篇名	答題者姓名及其籍貫	備註
算學題	問：黃赤大距古大今小，現測得二十三度二十七分，今歲閏三月初一暨十五兩日午正，太陽距赤道若干度分？甯波府城實高度幾何？試用弧三角法推之	李象縉（鄞縣）	有目無文
	有正方城，不知其周積。北門外有塔，比城高二十一丈，正對南北二門。從塔上測北門城，得八十度零二十分；測南門城，得八十八度十五分，問城大幾何？塔距城幾何？	周汝翔（績谿）	
	金銀合鎔長方磚一塊，厚二寸，濶六寸，長八寸，重九百八十一兩。問金幾何？銀幾乎？	費德宗（慈谿）　周汝翔（績谿）	
	六宗三要論	王恭壽（慈谿）　費德宗（慈谿）	
	斜弧三角垂弧形內形外解	費德宗（慈谿）	
	借根方本於立天元一論	費德宗（慈谿）	
	問：千歲日至可坐而致，試以時憲術上推唐宋，上元庚辰年天正冬至日，躔何宿何度？歲星何宮何度？具著於篇	沈春元（慈谿）	
輿地之學題	分野辨	黃維瀚（餘姚）　林際唐（定海）	
	測地繪圖說	黃維瀚（餘姚）	
	崑崙山考	林頤山（慈谿）	
	避諱改郡縣名考	孫晉祐（鄞縣）	
	轉附朝儛考	費德宗（慈谿）　何宗鎬（慈谿）	
	讀《山海經》書後	費德宗（慈谿）　林頤山（慈谿）	
	問《水經》何人所作？	范文榮（鎮海）	
	問《廣韻》所載州名為何代疆域？	林頤山（慈谿）　王慈（慈谿）	
	問：《山海經》"句餘之山多金玉"，天啟、雍正兩《慈谿志》均作"金錫"，當以何本為是？	林植梅（鄞縣）	

（续表）

類別	篇名	答題者姓名及其籍貫	備註
輿地之學題	滄浪之水解	黃炳煥（鄞縣）	有目無文
	問：蓀湖以多蓀得名，至正、成化《四明志》均謂蓀卽蘭花，而沈存中《夢溪筆談》則謂蓀卽菖蒲，兩說當孰從？	費德宗（慈谿）	
	陳嬰所封棠邑考	何宗鎬（慈谿）　林頤山（慈谿）	
	八陣圖遺址考	裘慶杓（籍貫不詳）	
詞章之學題	文翁化蜀賦（以立學校官自文翁始為韻）	王定祥（慈谿）	共計收錄20篇
	慶歷五先生詠（五古）	王定祥（慈谿）	
	嵇康寫石經賦（以石經古文寫於洛陽為韻）	王定祥（慈谿）	
	擬孔文舉《薦禰衡表》	王定祥（慈谿）　楊家駒（慈谿）	
	伏波將軍平呂嘉賦（以元鼎五年漢征南粵為韻）	王定祥（慈谿）	
	張清恪公從祀文廟頌	王定祥（慈谿）	
	離騷經賦（以變風為騷、旨近六經為韻）	王定祥（慈谿）	
	黃鶴樓胡文忠公像贊	范文榮（鎮海）	
	擬江文通《雜體》詩六首	王定祥（慈谿）　范文榮（鎮海）	
	招寶山新建礮臺記	楊家駒（慈谿）	
	竟陵王雞籠山集學士鈔書賦（以依《皇覽》例分為四部為韻）	張美翊（鄞縣）　劉慈孚（鎮海） 王定祥（慈谿）　袁堯年（鄞縣）	
	西湖張忠烈公廟碑文	劉慈孚（鎮海）　王定祥（慈谿）	
	擬吳梅村《圓圓曲》	王定祥（慈谿）	
	班超萬里封侯①賦（以威震絕域為國長城為韻）	張美翊（鄞縣）	

---

① 封侯：原本誤作“書侯”，茲據文意及正文改正。

漢學

乾元用九解

慈　谿　葉意深[1]

乾元用九之理至微，漢以來，說《易》者惟鄭君得其旨，而宋衷注，義猶相近，足資證佐。衷與鄭同時，蓋亦為費氏學者。其餘諸家之說，均未合也。王輔嗣曰："九，陽也；陽，剛直之物也。夫能全用剛直，放遠善柔，非天下至理，未之能也。"又曰："九，剛直之物，惟乾體能用之。"是明乾之六爻，純九也。果爾，是乾用九，非乾元用九矣，於本文已不可通。孔穎達《正義》守王氏之學，不足論。李氏《集解》所列諸說，自宋衷以外，余皆曲說。如劉瓛曰："總六爻純九之義，故曰用九。"其失與王氏同。何妥曰："陽消，天氣之常。是言用九陽消，六爻俱變也。"然則用六陰息，亦六爻俱變矣，何以言永貞也？李氏又自為之說曰："乾元用九，天下治也。言大寶聖君，若能用九天德者，垂拱無為，芻狗萬物，生而不有，功成不居。"其說多本《老子》，非儒者之言也，史氏《口訣義》曰："聖人用此，九陽之德，不可驕盈，為物頭首。"是誤解"不可爲首"之義也！《象》明言"首出庶物"，安得云"不可爲物頭首"也？此皆顯與經義不合。至荀、虞兩家最有名，其說不傳，然荀注"大衍"云："卦各有六爻，六八四十八，加乾坤二用，凡有五十。乾，初九潛龍勿用，故用四十九也。是非直離，乾元用九而二之，并若六畫之外，又有九一畫也。"虞注"雲行雨施"云："已[2]成既濟，又繫辭天下，何思何慮？"注云："既濟定，六位得正。"《說卦》"既成萬物"注云："乾道變化，各正性命。"成既濟定，其意以為乾之用九，必變成既濟也。然變成既濟，則為上水下火之卦矣，何以見羣龍也？是二家之說，亦有未合也。惟鄭君"用九"注云："六爻皆體乾，羣龍之象也。"舜既受道，禹與稷契，咎繇之屬，並在於朝，見《後漢書》注。義最精確。

按《乾鑿度》曰："《易》變而為一，一變而為七，七變而為九。"鄭君注："西方陽氣所終，究之始也。九者，氣變之究也，乃復變而為一。"注："此一，則元氣形見而未分者。"案，此一卽乾元也。又曰："一者，形變之始。清輕者，上為天。濁重者，下為地。物有始有壯有究，故三畫而成乾。"注：象一七，九也。夫陽則言乾成者，陰則坤成可知矣。乾坤相並，俱生物有。陰陽因而重之，故六畫而成卦。三畫已[3]下為地，四畫已[4]上為天。物感以動，類相應也。《易》"氣從下生"注："易本無形，自微及著，故氣從下生，以下爻為始也。"案，陽以一七九三畫而成乾，陰卽以二八六三畫二成坤，因而重之則乾，成為六畫之乾卦，坤卽成為六畫之坤卦矣。又曰："陽以七，陰以八為象，易一陰一陽，合而為十五之謂道。"注："象者，爻之不變動者。陽變七之九，陰變八之六，亦合於十五，則象變之數，若之一也。"注："九六，爻之變動者。"《連山》《歸藏》占象，本質性也；《周易》占變者，効其流動也。案，九六亦合於十五，其數一，其道一也。《周易》占變，則九六合於十五也。由是觀之，象卽爻也。鄭君"觀其彖辭"注："彖辭，爻辭也。"見《釋文》。《周易》占變，故稱九六；《易》氣從下生，則乾自初九，至上九而成乾卦；坤自初六，至上六而成坤卦。動則觀變，而卦不變也。用九、用六者，於乾坤既成之後，合兩卦言之。於乾曰用九，於坤曰用六也。合兩卦言之，乃於乾原其始，乾大始故無首，以乾之用九，統於乾元也，故曰"乾元用九"也；於坤究其終，坤代有終故永貞，以坤之用六順承於乾元也，故不曰"坤元用六"也。此鄭君釋乾元用九之例，猶可考見者也。

其云六爻者，皆體乾羣龍之象也者。謂既成乾卦也，由是而原其始，則乾元用九矣。舜既受道者，道極中之道，鄭君"易有太極"注云："極中之道。"見《文選》。謂乾元也。禹與咎繇稷契之屬，並在於朝者，謂用九也。以此推之，則上九猶在帝堯之世。故鄭君以上九為堯之末年，四凶在朝，見《正義》，然則乾元用九者，證諸人事，惟舜可以當之也。若言天象，則乾元者，北辰也。以道言之，謂之太極；以神言之，謂之太一。鄭君《乾鑿度》注云："太一者，北辰之神名也。居其所，曰太一；常行於八卦日辰之間，曰天一。居其所，故勿用；常行於八卦日辰之間，則用九用六也。"此鄭君釋乾元用九之象，猶可考見者也。

惟用九曰無首，象曰不可為首，未見鄭君明訓。案，《集解》引宋衷曰："萬物之始，莫能先之，不可為首。先之者凶，隨之者吉。"蓋乾元首出庶物，羣龍無有首於乾元者，故曰見群龍無首也。是舜既受道之義也。羣龍雖並有天德，不可謂為天德之首，故曰不可為首也，猶禹與稷契咎繇之屬，雖並有君德，不可便謂其為君也。觀此，益知鄭義之確矣！

夫鄭義，皆折衷於聖人也。《論語》云："譬如北辰，居而眾星共之。"包氏曰："德者無為，猶北辰之不移，而眾星共之。"鄭君"確乎其不可拔"注云："拔，移也。"見《釋文》。是北辰之不移，卽乾元之確乎不拔也。眾星共之，卽用九也。所謂乾元用九，乃見天則也。《論語》又云："無為而治者，其舜也與！"何氏曰："言任官得其人，故無為而治。"夫無為而治，乾元也；任官得其人，卽用九也。是其說皆折衷於聖人，故證之於經而靡有不合也！

【校箋】

[1] 葉意深：《光緒慈谿縣志》卷二十一《選舉下·國朝·舉人》："光緒十五年己丑恩科：……葉意深字緩卿，現官江蘇金匱知縣。"（頁 1525）

[2] 已：原本誤作"巳"，茲據唐李鼎祚《周易集解》改正。

[3][4] 已：原本誤作"巳"，茲據文意改正。

乾元用九解

定 海 包明照

《易·文言》兩言乾元用九，說者多不得其解，由誤解乾、坤二用也。以二用為發明尚占之義者，蓋據魏伯陽《參同契》"二用無爻位，周流行六虛"而云，然六虛者，初二三四五，上六爻之位也，二用常周流乾坤之間，而為占法所從起，此伯陽說也。申之者謂："凡陽爻皆自乾來，陽爻百九十二占，得陽爻者皆用九；凡陰爻皆自坤來，陰爻百九十二占，得陰爻者皆用六。二用之通例如此，特於乾坤發其凡。"此說未為不通，然細繹聖傳之意，實不盡然。乾惟六爻皆九，故用九；坤惟六爻皆六，故用六。乾體純陽，六爻皆君象，以健行為義，其德莫大於元，故曰"乾元用九"；坤體純陰，六爻皆臣象，以順承為為義，其德莫善於貞，故曰"用六永貞"。四德皆具，特揭其重者以明之，聖傳之意如是。不然，釋乾，何不曰"用九之吉，天下治也"，釋坤，何不曰"坤元用六，以大終也"。此可見其義之各有所屬，而非六十四卦所得以一例推也。諸家或以用九為陽變陰，因以乾元為剛柔相濟之道。信如是，則乾元當以用六為吉，而用九何以吉邪？且經曰"見羣龍，本無陽變為陰之象"，傳曰"見天則，亦無剛濟以柔之義"，為此說者，不幾同於鑿空也邪！

《說文》引《詩》攷[1]

慈 谿 馮惟一[2]

謹案許書之要，在明文字之本義而已；發明許書之要，在善推許書每字之本義而已。經史百家，字多改倡，許書以"說""解"名，不得不專言本義。本義明而後餘義明，引申之義亦明，叚借之義亦明。形以經之，聲以緯之。凡引古以證者，於本義，於餘義，於引申，於叚借，於形聲，各指所之，罔不就理。然必形、聲、義三者正而後可行、可言，亦必本義明而形、聲、義三者可正也。

戴東原曰："以字攷經，以經攷字，經與字未有不相合者。卽經與字有不相謀者，則轉注、叚借為之樞也。夫不通眾經，不能治一經，況此書為義理之統匯，而以寡聞眇見之胸，用其私智小慧，妄為穿鑿，可乎？"故許子引《經》之處，惟《詩》居多，而又不以一經之義為盡，如引《詩》而兼《易》兼《禮》兼《傳》者是也。又有《詩》與《書》互易者凡兩見，與《傳》易者一見，則傳寫之譌耳！

夫許書之例不明，不能治其書，亦復不能治經也。案其例專說本義，而本義與《詩》別者，非引申，卽叚借也，有本義隱而引申、叚借明者，必表之，或引之以會意，或引之以發明。從某之義，或二字竝言之，如此解獨言之，則又如彼解。或《詩》止此義而其字猶有餘義焉，必加詳之。或但訓《詩》語其他可不及者，或以《詩》為釋辭而不復釋者。且許子引《詩》，義宗毛公者也，然亦不廢三家。三家之詩，眂毛有異形、有異聲、有異義究之。許為字書，毛無其字而三家有之，則不能不引也；外此又有特申毛傳者，此皆許子引《詩》之例也。

許子曰："雜而不越，據形系聯，引而申之，以究萬原。"此仍不相雜廁之言也。而如欲舉其引《詩》之字，彙而分系《詩》其例之下，顛倒錯亂，不明其始終。亥亥而生子，復從一起之義，其不失原佀也，蔑矣！也不敢惜楮墨之徒費。竊擬諸許子之分別部居，斤斤焉守而弗失。雖不能同條共貫，庶幾"雜而不越"，以為字書不得不如是耳！

嘗攷[1]字學至漢，通借繁多，不可究詰。學者不識何字為本字，何義為本義。雖有《倉頡》《爰歷》《博學》《凡將》《訓纂》《急就》《元尚》諸篇，揚雄、杜林諸家之說，而其篆雜亂無章，其說零星閒見，不能使學者推見本始、觀其會通。許蓋有見於此，故為之依形以說音義，而製字之本義昭然可知。本義既明，則用此字之聲而不用此字之義者，乃可定為假借，本義明而叚借無不可明矣！夫六書終以假借，意有專屬也。故曰："叚借明，而治經之道得焉。"何獨《詩》哉，而引《詩》之處不必盡系諸《詩》，又有取其義并取《詩》中一二字者，別為補遺，以見許書有功於經，其義且無盡，非敢謂補闕也。

【校箋】

［1］攷：《目錄》作"考"。

[2]《光緒慈谿縣志》卷二十一《選舉下·國朝·貢生·光緒朝》："馮惟一，號貫子，十七年副貢。"

《說文》引《詩》考

慈　谿　葉意深

《說文》引《詩》之例，視他經為多，故疑義益滋。

引《詩》例稱"《詩》曰"，然有稱"《詩》云"者，有但稱"《詩》"者[1]，有稱"《詩》所謂"者[2]，并有不箸經名，實引《詩》者。[3]

引《詩》例舉全句，亦有合兩句為一者[4]，有舉兩字者[5]，引《詩》主發明本義，亦有引以廣本義者[6]，有引以釋他字之義者[7]，有引詩後又釋一義者[8]，有連引《詩》釋義者[9]，引《詩》說音，有引《詩》後更說一音者[10]，亦有連引《詩》說音者[11]，有引《詩》後更引他經者[12]，有引詩後又引《爾雅》釋《詩》者[13]，有引《詩》後約舉古義以釋《詩》者[14]。

《敘》云："《詩》，毛氏。"然所引多與今本《毛詩》異。有辭異者[15]，有句異者[16]，其異字有音義同者[17]，有今《詩》用叚字者[18]，有今《詩》用或字而許於正字下引之者[19]，有今《詩》用正字而許於或字下引之者[20]，有今《詩》轉寫譌者[21]，有本書轉寫譌者[22]。本書所引，亦互有異同。有同部兩引，與今《詩》同者[23]，有同部兩引，與今《詩》異者[24]，有同部兩引，一同一異者[25]，有兩引俱與今《詩》異者[26]，至有四引而兩異者[27]。蓋所引多有《三家詩》，亦有引《三家詩說》者[28]，更有非《毛詩》亦非《三家詩》者，則引逸《詩》[29]，引《詩傳》為《詩》[30]，引他經而誤為《詩》[31]。今略舉疑義，用比例法，著為考。

【原注】

[1] 此兩例，多見他字讀法中。

[2] 頁部"淨"，《詩》所謂"淨首"。

[3] 魚部"卓"烝然卓卓，魿鱣鮪鮁鮁。"

[4] 日部"昌"，《詩》曰："東方昌矣。"

[5]《詩》所謂"螓首"。言部"詁"，《詩》曰："詁訓。"

[6] 攴部："敤，解也。《詩》曰：'服之無敤。'敤，厭也。"

[7] 士部"壻"："詩曰：'女也不爽，士貳其行。'士者，夫也。"

[8] 草部"藋",《詩》曰:"莫莫葛藋,一曰秬邑。"

[9] 水部"湑",《詩》曰:"有酒湑我。"《詩》曰:"零露湑兮。"

[10] 王部"珏",《詩》曰:"瓜瓞菶菶。"一曰若"蛤蚌"。

[11] 衣部"裻",《詩》曰:"葛藟裻之。"一曰若"靜女其袾"之袾。

[12] 木部"樕"引《詩》"薪之樕之",又引《周禮》;豸部"貜"引《詩》"獻其貜皮",又引《周書》。

[13] 犬部"獢",《詩》曰:"載獫獢獢。"《爾雅》曰:"短喙犬,謂之獢獢。"

[14] 衣部:裻,裻衣。《詩》曰:"衣錦裻衣,示反古。"

[15] 玉之瑱兮,邦之媛兮:今《詩》兩"兮"字並作"也"。

[16] 能不我慉:今《詩》作"不我能慉"。

[17] 咺與愃、憂與諝之類。

[18] 叚鴗為蒿、叚肩為豣之類。

[19] 示部"禊"引《詩》"祝祭于禊",今《詩》"禊"作"祊",乃"禊"之或字。

[20] 蓐部"薅"或從休,《詩》曰:"既茠荼蓼。"今《詩》正作"薅"。

[21] "克岐克嶷",今《詩》"嶷"作"巖",乃蒙上岐字,誤從山。"湜湜其止",今《詩》"止"作"沚",乃蒙上湜,湜字誤增水旁。

[22] 有驈有皇,"皇"作"騜";黍稷重稑,"重"作"種"。

[23] 金部"錢"下、"鏄"下,並引"庤乃錢鏄"。

[24] 禾部"穎"下、"穟"下,並引"禾穎穟穟"。

[25] 水部"汜"引"江有汜","沱"引"江有沱"。

[26] 枖枖妖妖、呭呭詍詍之類。

[27] 网部、目部並引"施眾濊濊",與今《詩》同。水部引作"瀎瀎",大部引作"濊濊"。

[28] 鼎部"鼒"引魯《詩》說鼒:"小鼎"。

[29] 糸部"絢",《詩》云:"素以為絢兮。"

[30] 兀部"虺"讀若虙羲氏,《詩》曰:"不醉而怒謂之虺。"

[31] 角部"衡",《詩》曰:"設其楅衡。"乃《周禮》文。心部"册",《詩》曰:"相時册民。"乃《商書》文。

《說文》引《詩》考

定　海　姜莊臨

　　《說文》之引經也，有證字義者，有證字形者，有證字音者，而《詩》為音均之書，故所引尤多。

　　其引以證字義者，如：玉部（瑱、琚、玖、瑤），艸部（芄、藿、藟、蔦、芩、蔞、苗、薆、蕨、芃、薈、芼、薅、芃、苢、蕡、菲），牛部（犉、犁），口部（呱、喤、嘽、啍、哇、嗉、嘒、嘌、噲、呶、嘵、嗸、吡、唁、嘆），辵部（遲、達），足部（踧、踽、蹲、踖），言部（說、藹、訾、謔），門部（闋），殳部（役），攴部（斁、牧），目部（盼、睘、相、睠），羽部（翟、翻、翯），鳥部（鶴、鷖、鴬、鴬），叀部（疐），肉部（臠），角部（觼），可部（哿），鼓部（馨），虍部（虞），食部（饎、餡、饙、飫、餴），缶部（罄），早部（覃），夂部（旻），韋部（韘、韠），木部（棟、桔、樧、楑、枚、楗、杕、栵、檖、楅），生部（甡），橐部（橐），邑部（邰），日部（晛、曀），鼎部（鼏），禾部（秠），瓜部（瓞），广部（痛、瘔），巾部（幝），白部（皎），人部（俅、儦、儺、倭、佶、俁、僴、伾、倬、俶、偕、伙、侐、佑、倪、信、价、侜、佌、偄、仳），衣部（裦、襏、裒），面部（靦），彡部（鬓），鬼部（魃），山部（猇、岵、屺），豸部（犯），豸部（貔），馬部（駉、駽、驖、駜、駫、驕），犬部（尨），火部（熯、熇、烘、煇、威），大部（奕），心部（惛、愬、懆、惴、怬、怤、忡、悄、憬），水部（瀏、濊、洸、淪、潅、沚、潭、氾、汕、涵、濃、汽、浼、潗），永部（永），雨部（霡），門部（闠），耳部（耽），手部（控、攬、捄、拮、挃、捆、捄），女部（娍、媛），戈部（戩），瓦部（甓），弓部（弨），糸部（絿、緌、縐），蟲部（蜩），土部（坻、塊），田部（疃），力部（勘），金部（鏄、鎗、錓），斤部（戕、斯），車部（輶、軝、較），耳部（陝）。

　　諸篆之所引，是此引《詩》之不異字也。引異字以證字義者，如：骨部（體），巾部（幀），馬部（驕），火部（焜），心部（忱、怒），水部（湜），手部（搴），女部（媢、娑、娑），糸部（綢），蟲部（虺），黽部（鼆），土部（圮、壇），金部（鉥），酉部（醶）。

　　諸篆所引之《詩》，是有引異字，而實為《詩》之本字者，如：示部（祊），玉部（玭、瑲、瑲），士部（壿），艸部（蕙、薺、薦、莠、蕑、菽、葵、藻、葇），口部（嶷、咄、咠、嗔、唸），足部（蹐），言部（諶、誐、訌、讉），弜部（弼），攴部（敊），爻部（棥），目部（眣），羽部（翳），隹部（萑），鳥部（皦），步部（殖），肉部（膽），刀部（刉），角部（觥），曰部（晉），鼓部（鷪、鼕），食部（餞），來部（來），夂部（憂），木部（椮、槮），弓部（轇），邑部（邠），禾部（稙、穉、穎），曰部（臽），林部（棥），广部（瘣），网部（罞），丵部（糳），人部（佖、偏、儍、佪、佻、僻、俄、催），匕部（攲、印），衣部（禧、襦、褻、祥），欠部（歊、欿），彡部（彣），髟部（髣），山部（岨），广部（废），厂部（厤），豕部（豣），豸部（豻），馬部（駓、駹、駾），犬部（猲），火部（烰、羑），炎部（經），心部（愿、怵、壓、恢、怖、怛），水部（淲、灆、灡、凄、漫），夊部（㳫），雨部（霝），手部（攦、抒、𢬵、摡），糸部（縷、緷），虫部（蟥、蜀、蠣），土部（堀、𡎝），金部（鍠、鏓、鐊），車部（軜）。

諸篆所引之《詩》，是其有間用三家《詩》之異字以證字義者，如：艸部（藿），口部（呬），走部（趃），足部（躓），言部（謍、詍、讄），目部（瞱、睍），攴部（籞），𡈼部（𤎟），禾部（稬），广部（瘃），人部（俟、傅），鬼部（魖），馬部（鷽），犬部（獩），水部（湝、瀑），永部（羕），夊部（渾），女部（娠、娸、嬙、嬒），斤部（所）。

諸篆之所引，是此皆許氏引《詩》以證字義者也。若引以證字形者，如絲部之"繕"，引《詩》"六繕如絲"，此證繕從絲之意，與"祝"篆之引"兌為口""藶"篆之引"艸木麗於地""亶"篆之引"豐其屋""庸"篆之引"先庚三日""蘇"篆之引"厥艸惟繇"同。他若玉部之"瑤"，士部之"壻"，木部之"杚"，馬部之"駉"，心部之"悇"，亡部之"𢡜"，諸篆所引之《詩》，雖說本篆所從之義，而象形之意亦寓其中。

其引以證字音者，如：玉部（珒），口部（嘒），走部（趆），言部（譯），目部（眹、眅），瞿部（矍），叒部（受），肉部（腏），角部（觲），衣部（袋），鬼部（魖），山部（島），焱部（㶎），大部（奯、㚔），手部（撥、擘），金部（鈔），己部（㠱）。

諸篆所引之《詩》，而概著之以"讀若"者，證其音之同也。又有引《詩》以說叚借者，如：夕部（夃），日部（晤），宀部（宎），人部（侗、伎），衣部（袾），頁部（頒），心部（愃），水部（洍、砅），戈部（戥），土部（坡）。

諸篆之所引，是非同音即同部，故本字之義，亦於此可參。若薾部之"薂"，引《詩》作"茠"之類，非叚借，乃或字也。至一篆而引二詩者，如水部"湑"下云："有酒湑我。"又曰："零露湑矣。"衣部"袋"下云："讀若'葛藟縈之'，一曰若'靜女其袾'之'袾'。"段氏云："'若'上當有'讀'字。"一證義，一證音也。又有一《詩》而二、三引之者，如：呭與詍篆，嘖與傅篆，趆與踖篆，謍與㙐篆，躓與寘篆，馨與窒篆，穎與穖篆，綵與縶篆，襲與祥篆，袾與娸篆，永與羕篆，杚與娸篆，薈與嬒篆，蓳與垔篆，鑿與鍠篆，擘與㠱篆，矍與愿憬二篆，眅與罘䍐溅。

諸篆之下，所引或異字，或不異字，無非引之以證音義也。若糸部"絢"，篆即引"素以為絢"以解字義，此又一例也。明夫此，則誤合二句為一句者，如"呬"

下引"犬夷呬矣","昌"下引"東方昌矣","趦"下引"威儀秩秩";誤合二章為一句者,如"昪"下引"昪昪幡幡",此蓋臨文偶誤,不足為許病。卽或他書誤作《詩》詞,如"衡"篆引"設其楅衡"《周禮》語,"思"篆引"相時思民"《尚書》語,或引《詩傳》而誤作《詩》文,如"齀"篆引"不醉而怒謂之齀",又有非《詩》全文而亦偶為《詩》曰"者,如"糅"篆之"不糅不來","駷"篆之"駷牝驪牝",此亦一時之誤,又不足為許病。

其或引《詩》而刪字,如"詁"篆下云"《詩》曰詁訓",段氏玉裁云:"卽抑告之話言。""頯"篆下云"《詩》所謂頯首",段氏云:"卽蝼首之異文。""湝"篆下云"真河之湝"。引《詩》而若改字,如"舀"下引"或簸春之誤或舀","驍"下引"驍驍牡馬"段氏云:"四牡驍驍之誤。""熠"下引"熠熠燿之誤宵行","晏"下引"以晏父母"段氏云:"歸寗父母之異文。""潰"下引"敦彼淮潰","紓"下引"素衣其紓",此則意屬成文,偶然筆誤,更不足為許病。

惟毛部"璊"下詩曰:"毳衣如璊。"案《詩》作"璊",璊玉頳色。若作"璊"字,義不可通。此六字係後人妄增。馬部"騜"下,《詩》曰"有騜有騜",許書無"騜"字,當從《詩》作"皇",此一字係後人妄改。倘執此以咎許氏,則陋甚矣!學者能知此,可以治《說文》,亦可以治經。

高禖說

慈 谿　林頤山[1]

《禮記·月令》:"仲春之月,元鳥至。至之日,以大牢祠于高禖。"注:"元鳥,燕也。"燕以施生,來巢人堂宇而孚乳,嫁娶之象也,媒氏之官以為候。高辛氏之世,元鳥遺卵,娀簡吞之而生契,後王以為媒官嘉祥而立其祠焉。變媒言禖,神之也。王居明堂,《禮》曰:"禮之禖下。"謹案,《呂氏春秋·仲春紀》及《詩·大雅·生民》、《正義》引《月令章句》,本《續漢書·禮儀志》注引《禮記》盧注:"本高媒,字並作高。"《詩·生民傳》箋《商頌元鳥》,傳乃變作郊。據《呂氏春秋》注,郊音與高相近,而《正義》鄭目録云《月令》本《呂氏春秋》十二紀首章,故蔡邕、盧植本及今鄭注本,並依《呂氏》變郊作高也。注云:"變媒言禖者,注意媒氏之官,以元鳥至為候,又以吞卵為媒官嘉祥,變媒言禖,禖以媒省得聲。"《說文·示部》:"禖從示,某聲。"案,不云從示媒省聲者,疑《說文》傳寫誤耳。《呂氏春秋》注:"周禮:媒氏以仲春之月合男女,因祭其神於郊,謂之郊禖。"《續漢書·禮儀志》注引盧注:"古者,有媒氏之官,因以為神。"朱訓導《說文通訓》未檢注上文有媒氏之官云云、媒官云云，而誤改變"媒言禖"之"媒"為"媵"，知必有為朱訓導所誤者，謹證引、辨駁若此。據《正義》鄭目錄云："《月令》於《別錄》屬明堂陰陽記，今注引《王居明堂禮》，亦變媒言禖，疑《月令》《王居明堂禮》並在《漢書•藝文志》禮家明堂陰陽三十三篇中。"《月令》"孟春之月，天子居青陽左个"，注："凡此皆所取於殷時而有變焉，非周制也。"然則《月令》《王居明堂禮》所言禖神，乃是殷人祠娀簡為禖神，案《月令》與《周禮》不合處，悉與《王居明堂禮》合，故鄭君引《王居明堂禮》，自《月令》注以外，止禮器注一見，而《月令》注引《王居明堂禮》凡九見，以是知《月令》《王居明堂禮》皆非周制也。明堂位，《正義》鄭目錄云"此於《別錄》屬明堂陰陽"則又是周制矣。而《詩•魯頌》閟宮亦稱禖宮，又是周人祠姜嫄廟為禖宮也。《詩•魯頌•閟宮傳》："閟，閉也。先妣姜嫄之廟。"孟仲子曰："是禖宮也。"箋："閟，神也。姜嫄神所依，故廟曰神宮。"箋易傳訓，訓閟為神。閟可訓閉，不得訓神。神道幽閟，箋特轉訓閟宮為神宮，據《月令》注以變媒，言禖為神之義，知箋言神宮，仍是伸傳禖宮義。《月令》注所稱後王，指契之後王言；《魯頌》箋所稱神宮，指周之禖宮言。且孟仲子周末時人，宜知周姜嫄廟祠高禖事。蓋周七廟，一祖二祧四親廟，左昭右穆，別無位置姜嫄廟之所，自宜立姜嫄廟於郊以為禖宮，兼之大禘祫、四時，祭並不及姜嫄，若不以祠高禖祠之，則《周禮•春官•大司樂》享先妣，注：先妣，姜嫄也。姜嫄無所祀，是以特立廟而祭之，謂之閟宮，閟神之。果屬何享而享？先妣在天神、地示、四望、山川之後，又可為《詩•大雅•生民》箋："禋祀上帝於郊禖"、《正義》以"禋祀上帝"為祭天之證。《御覽》禮儀部《五經異義》："仲春後，祀郊禖，禖亦祭天。"而鄭無駁，是鄭不惟與毛義合，并與許義合矣！總之，鄭學博大精深，必須融會《詩》箋、《禮》注，容或畧窺門徑，斷非淺人所得襲而取之者矣！

【校箋】

[1] 林頤山：《光緒慈谿縣志》卷二十一《選舉下•國朝•舉人》："光緒十五年己丑恩科：……林頤山號晉霞，壬辰進士。"

盥而不薦解

定　海　夏夢賢

《說文》云："盥，澡手也。"引《春秋傳》："奉匜沃盥則易之盥"，訓沃盥。虞翻注云："然說與許合，然沃盥之訓，於《易》義無取。"虞解薦字云："羞，牲也。盥與薦連文，則盥亦薦類。盥古通祼，訓灌。"《國語·周語》："王祼鬯。"韋注云："祼，灌也。"《毛詩》："文王祼，將於京。"《傳》云："祼，灌鬯也。"而鄭君康成注："《周禮·大宗伯》以肆獻祼享先王。"又，《考工記·玉人》："祼圭尺有二寸。"竝云祼之言灌。大行人王禮再祼而酢，鄭司農注亦云"祼讀為灌"，說與鄭君康成合，則盥當作灌，與盥疊韻，故段盥為灌，與祼雙聲，又段祼為灌也。此經馬注讀盥為灌得之，而以盥為近爵，灌地以降神，非也。觀卦義取賓禮，無祭祀之說，讀四爻觀國之光利，用賓於王，則其義可知。馬以為降神，蓋因《象辭》"聖人神道設教"而誤，但《象辭》之神，訓"速卽神而明之"之謂，故虞翻注"神道設教"，謂神明其德教也。馬又云："祭祀之盛，莫過於初盥。及神降薦牲，其禮不足觀也。"其意以祭祀之禮，灌而未薦，其禮足觀，則是盥而未薦，非盥而不薦也。王肅以馬說未安，因於薦上增一觀字，讀為盥而不觀薦，踳謬滋訛，其說尤非禮郊特牲，灌以圭璋。注云："灌謂以圭瓚酌鬯，始獻神也。"又《周禮·典瑞》以"祼賓客"注云："爵行曰祼，則降神有灌，禮賓亦有灌，自古而然。"《易》云"盥者"，《郊特牲》，所謂"諸侯為賓，灌用鬱鬯"是也。云盥而不薦者禮器，所謂諸侯相朝，灌用鬱鬯，無籩豆之薦是也。故鄭君此經注云："諸侯貢士於天子，卿大夫貢士於其君，必以禮賓之，唯主人盥而獻賓，賓盥而酢。主人設薦，俎則弟子也。"然則"盥而不薦"謂賓主盥而獻酢，不親薦俎也。

盥而不薦解

慈谿　何宗鎬

觀盥而不薦，此古人賓祭之通禮也。自馬融、王弼讀"盥"為"灌"，且引《論語》"旣灌而往，吾不欲觀"以為之證，而《易》之大義乃晦。《說文》云："盥，澡手也。從臼，水臨皿。"是"盥"為沃手義，無灌鬯之訓也。馬、王以為禮盛於灌，至薦簡略不足復觀，則是先王祭祀，第於灌鬯之初猶有誠意，及薦羞之後，皆不誠敬矣。不知禘自"旣灌而往"者二語，孔子為魯禘非禮而發，非為先王祭祀而發，不當引以為證。

《集解》引虞翻曰："坎為水，坤為器。艮手臨坤，坎水沃之，盥之象也，故觀盥而不薦。"此解"盥"字是矣，而"不薦"誼，則略而不言，且亦引《論語》"旣灌不欲觀"之說，以為下觀其德而順其化，仍未免鶻突，非塙解也。

案，盥者，將祭而潔手也，賓與主人之事也；薦者，奉酒食以祭也，有司之事也。《鄉飲酒禮》疏引鄭君《易注》云："諸侯貢士於天子,卿大夫貢士於其君,必以禮賓之,主人盥而獻賓,賓盥而酢。主人設薦,俎則弟子也。"鄭君此說,主賓禮言,與《鄉飲酒禮》文合,證之祭禮,其例亦然,《特牲禮》曰："主人降及賓盥出。是賓、主人皆盥也。贊者錯俎,佐食升肵,俎是薦者,有司也。"《集解》亦引鄭注曰："坤為地,巽為木為風,九五,天子之爻。互體有艮,艮為鬼門,又為宮闕,地上有木,而為鬼門。宮闕者,天子宗廟之祭也云云。"此專指祭祀解者。王氏厚齊輯鄭《易注》,兼采兩說,本屬可通。《象傳》曰："聖人以神道設教。"則以祭祀解者,是也。六四曰："觀國之光利,用賓于王。"則以賓禮解者,亦是也。

釋《周易》往來例

餘　姚　黃維瀚

《周易》說卦傳,"數往者順,知來者逆",往來之說,所由始也。而其例初無明文,間嘗釋之。

其例凡三:有十二卦往來之例,有六十四卦往來之例,有一卦中自相往來之例。解經者既各創其例,則讀《易》者亦當各通其例也。

論消息之義,消乾為坤,自姤至否,則為大往小來;息坤為乾,自復至泰,則為小往大來。如一歲中之暑往寒來、寒往暑來,一日中之日往月來、月往日來焉。消息之義,外卦為往,內卦為來,與為終始屈伸相感,此十二卦往來之例也。京氏言之,虞氏從之。

論卦變之說,如隨之剛來下柔,謂卦自否來,否之乾上,來居坤初,而下柔賁之,柔來文剛,剛上文柔;謂卦自泰來,泰之坤上,來居乾二以文剛。又分乾二,上居坤上以文柔。卦變之說,之內為來,之外為往,互相錯綜,變化無窮,此六十四卦往來之例也。荀氏、虞氏言之,朱子《本義》從之。

若夫應比之象,如蹇初三四,上迭言往來,初以往應四而蹇,三以往應上而蹇,皆為歷險也。退而來復其位,則初譽三喜,故曰往蹇來譽。往蹇來反,四與上皆身歷險地,故竝曰往蹇,而四來比三,上來應三,則得陽剛之助,可以濟險,故來連日當位,實來碩日,志在內,應比之象。以外交內為來,以內交外為往。反復其道,進退有恆,此一卦中自相往來之例也。

荀氏、虞氏、鄭氏九家《易》,蜀才注詳言之,後之朱漢上、項平甫、吳草廬、俞石澗,亦從之。凡諸例者,說雖不同,要與交《易》、變《易》之義相發明,釋《易》者會其通焉而已。

汝后稷"汝"作"朕虞"解

定　海　黃家橋

《虞書》命弃曰："汝后稷。"命益曰："汝作朕虞。"后當訓主，朕當作俟，明乎此而古義始箸。鄭君注云："始者洪水時，眾民厄於饑，汝居稷官，種蒔百穀以救活之。"鄭意以此經為舉弃前功也。弃為稷官，自堯時已然。《中候握河紀》"堯即政七十二年，封稷、契皋陶，賜姓號"是也。孔穎達云："稷之功成，實在堯世。其封於邰，必是堯封。"故毛、鄭皆以為堯。《魯頌》箋云："后稷長大，堯登用之，使居稷官，民賴其功。後稷為大司馬，天下皆以后稷稱焉。"案，后稷是後起之號，而當命之之時。"汝后稷"本訓"主稷"，與"汝共工"同例。共工謂供此工事，《史·五帝本紀集解》引馬注曰："共理百工之事是也。"后稷謂主此稷事，《漢·百官公卿表》注引應劭曰"后，主也"是也應注"后"訓"主"是，又云"為此稷官之主"，亦非。后非官名，稷非人名，而此經曰"讓於稷契"，曰"暨稷播"，曰"稷降播種"，並舉稷為言者。鄭君注云："時天下賴后稷之功，故以官名，通稱是也。"《周本紀》曰："弃，黎民始饑，爾后稷播時百穀，封弃於邰，號曰后稷。"[1]是因主稷，而後號為后稷，則后稷是後起之號也。宋本《列女傳·姜嫄傳》用此文作"汝居稷"，是尤可證后稷當訓主稷矣。鄭君注："汝居稷官。"蓋亦據異本以釋之也。宋本《國語》曰："昔我先王，世后稷，以服事虞、夏。""世后稷"，亦謂世主稷官也。淺人不得其解，遂於《國語》刪去"王"字，陋矣！

舊說以朕虞為朕之虞官，蓋泥於尒疋"朕予""朕我"之訓耳。近莊氏述祖以為"朕"當作"俟古"訓，字益作"脿"虞，謂作訓虞之官也。古字訓、馴、順多通用；五品不遜，伏生《大傳》作"不訓"，《五帝本紀》作"不馴"，《索隱》云："《史記》'馴'字，徐廣皆讀曰'訓'。訓，順也。"此可見訓、馴、順之義通也。經曰："疇若予上下草木鳥獸。"《五帝本紀》作："誰能馴予上下草木鳥獸？"《秦本紀》："大費佐舜調馴鳥獸，鳥獸多馴服。"是為柏翳並與訓虞之義合。王莽更名"水衡都尉"曰"予虞"，舊說多沿其謬，《地理志》曰"柏益為舜朕虞"，漢《百官公卿表》亦曰"益作朕虞"，並以朕虞為官名。舊說豈可通耶？讀古人之書，當實事求是，庶不為俗說所惑已。

【校箋】

[1]《史記》卷四《周本紀》原文爲："帝舜曰：'弃，黎民始饑，爾后稷播時百穀。'封弃於邰，號曰后稷，別姓姬氏。"

《周禮》《儀禮》名起何時考

定　海　黃以周擬作

《周禮》《儀禮》之名，昉自何世乎？曰六篇之禮，古名《周官》，自西漢之末，《周官》列為經而屬之於《禮》，於是有《周禮》之名。十七篇之禮，古祇稱《禮》，對《記》言曰《禮經》，合《記》言曰《禮記》。自西晉之初，《禮記》之名為小戴四十九篇所奪，於是有《儀禮》之名，何以言之？荀悅《漢紀》曰："劉歆奏請《周官》六篇，列之于經，為《周禮》。"陸德明《敘錄》曰："劉歆始建立《周官經》，以為《周禮》。"或者以為《後漢書》言鄭眾傳《周官經》，後馬融作《周官傳》，鄭康成作《周官注》，是時未有《周禮》之名。此語未之深考。鄭君《周官序》："《禮經》戴記注，言周禮甚多。後漢《盧植傳》亦竝言之。"武虛谷曰："班氏於王莽一傳之中，凡莽及臣下施於詔議、章奏，自號曰《周禮》，必大書之。而自為史文，乃更端見例，復仍其本名曰《周官》。"《食貨志》："莽乃下詔曰：'夫《周禮》有賖貸。'"及後云："又以《周官》稅民。"是亦一志而兩見，由其意觀之，固未有箸明於此也。《郊祀志》："莽改南北郊，祭祀猶稱《周官》。時未居攝，不敢紊易。"《莽傳》："徵天下通藝，及張純等奏之稱《周官》，亦皆在未居攝之時。"是則《周官》之易名《周禮》，其在居攝之後可知矣，荀悅之言，洵不誣也。

張忠甫《儀禮識誤》曰："古未有《儀禮》之名，後漢學者見書中有儀有禮，遂合稱之為《儀禮》。"或者以為後漢《鄭康成傳》言所箸書有《儀禮》十七篇，標題亦曰《儀禮》，鄭氏注："是儀禮之名，實起于康成。"此語亦未之深考十七篇之標題。漢無儀字，鄭君本傳曰"鄭所注《周易》《尚書》《毛詩》《儀禮》《禮記》《論語》《孝經》"，段懋堂以為此不應遺《周官》，疑儀、禮、禮、記四字，乃周、官、禮、禮、記五字轉寫誤之。竊謂本傳李注云"謝承《書》載元所注與此略同"，不言注《孝經》惟此書獨有。李注惟言注《孝經》有異，不言謝《書》有《周官》，是李注《漢書》時尚作《周官》，《禮》不誤也。

尋鄭注經之例，凡引十七篇文，皆直舉篇名，不云《儀禮》。其不舉篇名者，則曰《禮記》，如《召南詩》箋引少牢禮文，云"《禮記》主婦髪鬌"是也。其渾括十七篇，則曰《今禮》，如禮器注"以曲禮三千為《今禮》"是也。《今禮》即《禮記》，《禮記》者，今文家之名也。古文《禮》五十六篇，《記》百三十一篇，各自為書不合，高堂生所傳十七篇，附記於《禮》。當時有《禮記》之名，故鄭箋《詩》用其名，注戴記又謂之《今禮》，謂今文家所傳十七篇之《禮記》也。

然段氏又謂郭注《爾雅》，引十七篇文，皆系之《禮記》，是東晉尚不云《儀禮》。此說亦未之深考。《儀禮》之名，當起於西晉。西晉以前，祇謂之《禮記》，不獨鄭箋為然，李巡、孫炎注《爾雅》，亦當如是。郭注引十七篇之文，《禮記》《儀禮》名本錯出，如《釋草》一篇，"蕪竹"下引《儀禮》，"廣梟實"下則曰《禮記》。《釋詁》《釋言》又引《禮記》各一。其曰《禮記》者，即襲孫、李舊注而未改者也；其曰《儀禮》者，郭璞自注，從時所稱也。是時，小戴四十九篇之記盛行，以《禮》為"三禮"之總名，十七篇《禮記》之名亦為四十九篇所奪，乃別號之為《儀禮》。其所以號為《儀禮》者，則鄭君釋"威儀三千，曲禮三千"為"即十七篇之禮也"，則《儀禮》之名，必出於鄭君之後可知矣！

鄭小同處魏末，其撰《鄭志》，引十七篇文，亦不云《儀禮》。至晉元帝時，荀崧上疏請置鄭《儀禮》博士，當時已盛稱《儀禮》，故疏有是名，則《儀禮》之名，起於西晉亦可知矣。或者又引《隋志》載一字石經有《儀禮》九卷，《隸釋》載熹平石經有《儀禮》殘碑，以為《儀禮》之名，雖不出於鄭康成而實始于東漢，此亦未之深考。

《隋志》："一字石經七種，三字石經二種。"其論曰："漢鑴七經，皆蔡邕書。"又云："魏立一字石經。"其說自相矛盾。洪适《隸釋》鑒漢魏之字法，詳《公羊》之題名，《公羊傳》題名有堂谿典、馬日磾等八人姓名，皆蔡邕同時寫石經者。援《水經》以駁范《書》，據范書《儒林傳》："熹平四年，詔諸儒正定《五經》，刊於石碑，為古文、篆、隸三體書法以相參攷。"則熹平石經似為三體石經。據《水經》，光和六年立石於太學，其上悉刻蔡邕書。魏正始中，又刻古、篆、隸。三字石經則三體石經，為魏所立，而熹平所立，實一字石經也。近儒皆從其說，顧亭林、萬季野、全謝山、臧玉林、朱竹垞、翁覃溪、馮柳東皆同。以為一字石經熹平所立。然石經之見於范《書》者，據帝《紀》及儒林、宦者《傳》皆云五經，據蔡邕、張馴《傳》又云六經，及讀《盧植傳》云："時始立太學《石經》，以正《五經》文字，植上書曰：'臣少從馬融受古學謂古文《禮》，頗知今之《禮記》謂十七篇特多回冗，願詣東觀專心研精，合《尚書》章句，考《禮記》失得，庶裁定聖典，刊正碑文。古文科斗，近於為實。"[1]乃知熹平時蔡邕所立，實祇五經，後從盧植所請，刊立《禮記》，合之為六經。《隋志》以為七經，則誤也。其續刊在光和六年，當如《水經》所云；盧植奏請之時，適有南夷之叛，植出拜盧江太守，歲餘復徵，靈帝卒從其請，立之。本傳不言，略也；前儒誤以《禮記》為四十九篇，《戴記》且謂盧植所請，卒不立，與陸、戴所記不合。其六經之《禮》為《禮記》，當從《盧植傳》所言。陸機《洛陽記》、戴延之《西征記》竝以熹平石經為《禮記》，與《盧植傳》合，但植所奏請《禮記》，非四十九篇之戴記，乃漢魏所稱十七篇之《禮記》，觀《隸釋》所載殘碑自知。十七篇之《禮記》為今文，其古文在中秘，植以今文多舛誤，必以古文相校，乃得其實。此與《儒林傳》言康成習《小戴禮》，此《小戴禮》亦指十七篇之《禮》，非謂《小戴記》也，故其下文又言注小戴四十九篇《禮記》。後以古經校之，取其義長者、順者同一意恉，故云"願詣東觀，考《禮記》、古文科斗"也。

西晉以來，《禮記》之名為四十九篇之專稱，十七篇別號《儀禮》，熹平石經之《禮記》，亦遂改從當時之號，此《隋志》所以有《儀禮》九卷之目也。一字石經之《儀禮》，必非漢人舊題，可以《洛陽記》《西征記》為佐證，而斷之以《盧植傳》。盧植奏請刊立《禮記》，非四十九篇之《禮記》，可以《詩》鄭箋、《爾雅》郭注引《禮記》為佐證，而斷之以本傳上下文。然則《禮疏》引"經禮三百、曲禮三千"之异文，以為《周禮》之异名七、《儀禮》之別名五，其說若何？曰：此大謬也！經禮者，曲禮之綱；曲禮者，經禮之目。《周官》詳官制，不足當《禮經》之綱；《禮經》記大經，不可為《周官》之目。經禮三百，必非《周官》之三百六十屬；曲禮三千，必非《禮經》之十七篇。鄭君此注，前儒多以為非矣！東漢以來，稱《周官》為《周禮》，儒者猶非薄其名；西晉以來，稱十七篇為《儀禮》，學者習焉而不以為非，回惑孰甚焉！

【校箋】

[1] 范曄《後漢書》卷六四《盧植傳》所載，與此有异，其詞云："時始立太學《石經》，以正《五經》文字，植乃上書曰：'臣少從通儒故南郡太守馬融受古學，頗知今之《禮記》特多回冗。臣前以《周禮》諸經，發起秕謬，敢率愚淺，為之解詁，而家乏，無力供繕[寫]上。願得將能書生二人，共詣東觀，就官財糧，專心研精，合《尚書》章句，考《禮記》失得，庶裁定聖典，刊正碑文。古文科斗，近於為實，……宜置博士，為立學官，以助後來，以廣聖意。'"

釋序內、序北

慈谿　何宗鎬

《儀禮·公食大夫禮》：“公立于序內，西鄉。注：“不立阼階上，示親饌。”胡培翬《正義》曰：“君位當在阼階上，今立於東序之內，則視阼階上為少北也，以其設饌在戶西，序內與戶西稍近，故注云：‘不立阼階上，示親饌。’”燕禮，射人升賓。賓立于序內，東面。敖氏云：“序內，東面鄉，君也。然則君位亦在東序內，明矣！”吳氏廷華云：“入序稍深，故曰內。”一為東序之序內，一為西序之序內也，序北則經無連文。要之，有序南，焦循《羣經宮室圖》曰：“序端之南曰序南。”卽有序北。

《士冠禮》：“主人之贊者，筵於序東，序稍北西面。”此指東序之序北也。鄉射禮記：“西序之席北上。”此指西序之序北也。案，《爾雅·釋宮》：“東西牆，謂之序。”李如圭《儀禮·釋宮》：“堂之東西牆，謂之序。”郭氏曰：“序者，所以序別內外也。”《禮記·內則》疏引崔靈恩《三禮義宗》云：“宮室之制，中央為正室。正室左右為房，房外有序，序外有夾室。”夫房外有序，謂房之南外也；序外有夾室，謂堂之東西序外也。崔氏言房外有序，序外有夾室，而不言房之左右為夾，則固不以夾與房並列矣。古人謂房之南，謂房外。《士昏禮》：“席於房外南面。”注：“房外，房戶外之西。”又云：“母南面於房中。”可證也！堂上之東西序牆在房南，東序在房戶之東，西序在房戶之西，故曰房外有序。

近人論夾室，以宋楊氏《復儀禮圖》為據，圖夾室於東房之東、西房之西，與房室並列，蓋由誤解崔氏“房外有序”。一誤遂覺觸處窒礙耳，且信如房與夾室並列之說，則所謂序內者在何處？何以賓主可立？所謂序北者，更在何處？何以可陳筵席也？竊謂序之見於經而可考者，曰序端。序端者，序之起處也。序端之南曰序南，序南之東西卽夾南也。曰東序西嚮，曰西序東嚮，以堂上之相向者名之也。曰序內，謂在序端之內，入序稍深者也；曰序北，謂堂中以北。近東者謂之東序下，近西者謂之西序下。《士喪禮》皆饌于西序下南上，鄭注：“中以南謂之堂。”盛氏《世佐》曰：“南上以貝為上，稻米以下，次而北也。”東序下近戶東地，西序下近牆西地也。蓋對外而言則曰內，其實自南而北者，皆謂之內也；對南而言則曰北，其實自外而內者，皆謂之北也。

孟子游齊梁先後考

慈　谿　何宗鎬

《史記·孟子列傳》云："孟子道既通，游事齊宣王，宣王不能用，適梁。"趙氏岐本此以注《孟子》云："孟子去齊，老而之魏，故王尊禮之曰父。"其注"齊宣王問齊桓晉文之事"云："孟子冀得行道，故仕於齊，齊不用而去，乃適於梁。"建篇先梁者，欲以仁義為首篇，因言魏事，章次相從，然後道齊之事也。周氏廣業《孟子出處時地考》申之云："《孟子書》先梁後齊，此篇章之次，非游歷之次也，趙氏注可謂明且盡矣。"案，此說焦氏循《孟子正義》取之，然顧亭林《日知錄》、王白田集任《翼聖孟子考》、江慎修《羣經補義》、施樸齋《孟子年譜》、錢研溪《十駕齋養新錄》，皆以為孟子遊歷先梁後齊，其言均埆鑿有據。近讀定海黃徵居子《周季編畧》，益信《史記》之果有誤，而趙注誤信《史記》之不可從也。

謹案《編畧》云，周顯王乙未，孟子適宋；滕世子宏將之楚，過宋，見孟子。丁酉，孟子自宋反鄒。戊戌，滕侯[1]用孟子之言，欲行井田之法。慎靚王元年辛卯，魏王任用惠施諸臣以來，五十戰而二十敗，所殺喪不可勝數，大將愛子為敵所禽，至是厚幣聘賢，孟子至魏。是時魏王巳[2]稱王，故孟子稱之曰王。孟子年五十三，故王稱之曰叟。史表此事於顯王三十三年者，司馬子長知孟子適魏，在惠薨前一年，不知惠有改元後之年，遂移之魏王三十五年也。《魏世家》云"襄王追稱惠王"，其失正同《通鑑》諸書，知惠有稱王改元之事。孟子至魏之年仍依年表，於是改孟子王字皆作君字，其失於《史記》同。且如是，則孟子至魏，年止三十七，不應稱叟，居魏十八年，何其久耶！壬寅，魏王罃薨，孟子居魏一年，以新主立，不似人君，遂適齊。至是，年五十有四。是年，齊宣王問"齊桓晉文之事"。甲辰，孟子之母仉氏卒於齊，歸葬於鄒。丙午，孟子反齊，為客卿。赧王元年丁未，齊伐燕，孟子自齊致為臣而歸，戊申，孟子適宋。庚戌，孟子適魯，不遇而歸。丁卯，燕使樂間迎孟子，孟子不往。壬申，孟子卒。觀此，則不特孟子之蹤跡歷歷可數，即齊梁諸國之君之世次，亦無或不明。何至如《通鑑》，移湣王前十年為宣王之年以合《孟子》？又何必如閻氏《百詩議》，以燕噲讓國至燕昭自立事，移在前十數年，合孟子游齊之歲乎？又案，《日知錄》引衛高說，以為孟子遊歷先後，雖不可考，以本書證之，當自宋歸鄒，由鄒之任之辟，之滕而後之梁、之齊，其說與《周季編畧》同。若狄氏，孟子編年於周顯王乙未，書孟子去齊至宋，以為孟子兩至齊而不知適宋，則以滕事推之，可知至齊、去齊，則無所證據。考古者所以當擇精核之書也！

【校箋】

[1]候：顯系"侯"字之誤刻。

[2]巳：顯系"已"字之誤刻。

召公不說周公說

慈谿 林頤山

《書·君奭》序："召公為保，周公為師，相成王，為左右。召公不說，周公作《君奭》。"《正義》鄭云："周公既攝王政，不宜復列于臣職，故不說。"《史記·燕世家》《漢書·王莽傳》《稽康集·管蔡論》，以召公不說，為在周公踐阼之時。據《王莽傳》引《說曰》云云，即當時博士說知為今文說也；鄭注與《燕世家》《集解》引馬注，以為在復列臣位之時，與今文說異。當是古文說《荀子·儒效》《淮南子·氾論訓》，或即為古文說所本。謹案《禮記·檀弓》："天下其孰能說之"，鄭注："說，猶解也。"是不說，猶不解也。《史記·燕世家》"召公疑之"，"疑之"之義，與不解相近。《燕世家》《集解》引馬注，以召公疑周公為"苟貪寵"，但召公大賢，不應疑周公苟貪寵。據《召誥》《正義》引鄭注："召公見周公有反政之期，而欲顯之。"知鄭意以周公攝政反於王，召公與諸侯出取幣，欲因大會顯周公，使不復列於臣職。《召誥》："太保乃以庶邦冢君出取幣，偽傳召公與諸侯出取幣，欲因大會顯周公。"今周公為師，復列於臣職，召公不解其意，故曰"不說"。不說者，即《荀子·儒效篇》"周公鄉有天下，今無天下，君臣易位"是也。夫周公攝王政，原未嘗為君，有何君臣之位之可易？斯又《荀子·儒效》所謂"天子不可以假攝為耳"，然《禮記·明堂位》及《書·大誥》"竟若假攝為之矣"。

《明堂為》[1]鄭注："周公攝王位，天子周公也。"《大誥》《正義》引鄭注："王謂攝也。周公居攝命大事，則權代王在。"鄭君之意，豈真以周公攝位，權代王為天子！而《易·大有》《集解》引鄭注："若周公攝政，朝諸侯于明堂，乃改明堂位。周公攝位，為攝政明堂位。"《正義》引鄭"發墨守"，乃云："隱為攝位，周公為攝政，雖俱相幼君，攝政與攝位異。"鄭君既明云攝政與攝位異矣，及注明堂位與大誥，乃自相違錯，是豈鄭君作注，初無定見乎？蓋作注，有順文箋釋之一例，不得不爾者。

周公攝位為天子，依記文有位，字天子，字而注之。周公權代王，亦依大誥文有王，若曰字而注之也。假如鄭君《書》注不皆宗《伏傳》，《伏傳》有不可盡信處。《伏傳》注必順文箋釋,而《書》注則自有折衷也。卽《書》有不可盡信處,《書》注亦必順文箋釋,而"發墨守"一條,則自有折衷也。《孟子》曰:"盡信書,則不如無書。"故鄭君作注,有直破其說者,若《伏傳‧六宗》注引《周禮》之例,必引經文以正誤;有未敢直破其說者,若《大誥》注權代王明堂位、注攝王之例,又必順文箋釋以存疑。此鄭學之宗旨,累千載而不悟也!後儒解經,凡遇經文有不可盡信處,必欲經文以就我,遂不免有附會穿鑿之弊。蓋未足與言鄭學矣。然則《書‧大誥》《禮記‧明堂位》以周公為[1]攝王位,鄭君不盡信其說,可破與? 斯又不然! 周公攝政卽攝位,此成王尊周公之意也,亦卽召公顯周公之意也。而周公則曰:"小子同未在位,誕無我責。""小子",周公自謂;"同未在位",明已攝政,非攝位也,以攝位尊我,實以責我;"誕無我責",正解不說之意。召公以為周公攝王位,不得復列于臣職,故序有周公為師、召公不解之說。周公以為已攝王政,不妨復列于臣職,故《書》有未在位無責之言。召公意在尊周公,非有猜忌;三[2]公意在守臣節,非苟貪寵。一疑一解,正見周召協恭和衷之盛德。

《禮記‧文王世子》:"仲尼曰:'周公攝政,記文有與《禮經》《周官》違者。'"鄭注屢舉經文以正其失,而《月令》"斷薄刑"注援《祭統》以破之,於明堂位攝位之文,不援《文王世子》"周公攝政"以破之,其注《書‧大誥》又襲用明堂位說,以為西周君臣固以周公為攝位也。《春秋》為正名定分之書,故又發明攝政與攝位之異,以為此周公之典也,周公固不自以為攝位也。孔子曰:"夫言豈一端而已[3]哉,夫各有所當也!"此類是也。荀子曰:"不得此一害彼一,謂之智。"是在通儒。

【校箋】

[1] 為:據下文"及注明堂位與大誥"云云,當是"位"字之誤。《禮記》中《明堂位》篇。

[2] 三公:據文意,當改作"周公"。

[3] 巳:顯系"已"字之誤刻。

朱張解

慈　谿　林頤山

《論語‧微子》《釋文》"朱張並如,字眾家,亦為人姓名。"《釋文》又云:"王弼注:'朱張字子弓,荀卿以比孔子。'案,《荀子》《非相》《非十二子》《儒效》等篇,以仲尼、子弓並稱,無朱張明文。今王弼注乃云'朱張字子弓'者,《說文‧弓部》'張,施弓弦也',不遇仿《放部》'施丝樂,施字子旗,施者,旗也'例而附會之。王弼《易注》《老子注》率皆空疏,知《論語注》亦非確有依據也。鄭作"侏張",

云"音陟留反"。謹按"罰陳，防有鵲巢"鄭《箋》："女眾讒人，誰偋張，誑欺我所美之人？"《釋文》："偋，陟留反。"《詩》及《論語》《釋文》以侜與偋並音"陟留反"，即知鄭亦以侜張與偋張並訓誑欺，不必為人姓名。《爾雅·釋訓》："侜，張誑也。"據《釋文序錄》，後漢人不作音釋文，不應有"鄭作'侜張'，云'音陟留反'"之文，疑"鄭作侜張云"下脫"誑也"二字。

鄭據雅訓為義，而《釋文》依義音之，但《詩》鄭箋以偋張誑欺刺讒人，而《論語》鄭本乃以侜張例逸民者，美惡不嫌同辭。柳下惠、少連之侜張，例以箕子之佯狂，而義自可通。箕子為之奴，《集解》馬融曰："箕子佯狂為奴。"《史記·田叔傳》《集解》徐廣曰："佯或作詳。"《蘇秦傳》《索隱》："詳訓詐。"《說文·欠部》"欺"亦訓欺詐。《莊子·知北游》《釋文》："李云狂屈侜張。"李以狂屈訓侜張，讀狂為誑，佯狂亦應讀狂為誑，侜張、偋張、佯狂，並有欺誑義。《詩》讒人之偋張以欺誑所美之人，箕子之佯狂，柳下惠、少連之侜張，乃降志辱身，仕於庸君之朝，由然與之偕以欺誑所不美之人，即《孟子》所謂"柳下惠不恭"是也。不降其志，不辱其身，伯夷、叔齊與！《集解》鄭曰："言其直己[1]之心。"不入庸君之朝，則柳下惠、少連降志辱身，鄭必以為入庸君之朝，可知謂柳下惠、少連。《皇疏》："二人竝仕魯朝，堯曰舉逸民。"《皇疏》："逸民，民中超逸不仕者。"若依《集解》苞氏義，朱張為人姓名，與柳下惠、少連並是逸民，則一仕一不仕，《皇疏》已[2]自相矛盾，而鄭義乃適與之合，其必《皇疏》襲用鄭義，以侜張二人仕魯朝，不類於逸民伯夷諸人，不入而仕庸君之朝，又可知《憲問》其次辟色。《皇疏》但臨時觀君之顏色，顏色惡則去，作者七人矣。《皇疏》鄭云："伯夷、叔齊、虞仲，辟世者；柳下惠、少連，辟色者。庸君之顏色不惡，柳下惠、少連仍不辟而竝仕魯朝，與箕子佯狂為奴、入商紂之朝，自是一例。故雖作者七人，鄭注獨不及夷逸。其為人、姓名與否，注文久已[3]脫逸，幸有《釋文》存。鄭本"朱張"作"侜張"，及《皇疏》"二人竝仕魯朝"，猶得知鄭注以辟色不辟世之"侜張"與辟世之逸民對文並舉，我則異於是，無可無不可。《集解》馬融曰："亦不必進，亦不必退，惟義所在。"

此節經文，是字並承上逸民侜張，言不可字承上逸民、伯夷諸人，言可字承上侜張、柳下惠、少連。言伯夷諸人，不入庸君之朝，退而不可為柳下惠、少連；入庸君之朝，進而可為孔子。時而入庸君之朝，時而不入庸君之朝，不必進而可為，不必退而不可為，惟斷以義之所在。異於逸民之一于退侜張之一于進。鄭君融會上下經文，以定侜張詁訓，義愈奧而愈見其精，洵非《集解》苞氏等所能窺其奧奧也！至若孔子論列諸人，次柳下惠、少連於虞仲、夷逸之前，特因"降志辱身"句，便文相連貫。惜未得見夷逸，鄭注為之旁推而及焉爾。

【校箋】

[1] 己：原本誤作"巳"，茲逕予改正。

[2][3] 己：原本誤作"巳"，茲逕予改正。

吳行人儀考

慈　谿　林頤山

《禮記·檀弓下》："吳侵陳，夫差謂行人儀。"注："行人，官名。"謹按鄭注："不詳儀為何許人。《國語·吳語》有行人奚斯，斯、儀聲不甚近，恐非即行人儀也。"倘以斯、儀為聲之轉，則奚斯為儀，猶"壽夢"為"乘特"急言、徐言之不同。錢宮詹證引，殊未碻。《春秋釋例》："吳萊後序《世族譜》，本之劉向《世本》。"《世族譜》："吳有申叔儀，而無行人儀，疑申叔儀即行人儀。"《左哀十二年傳》"吳申叔儀乞糧于公孫有山氏"注："舊相識，疑申叔儀為吳行人之官，往時嘗使魯，與公孫有山氏相識，稱其職則為行人儀，稱其氏則為申叔儀。"《世族譜》："楚申氏，申叔時、申叔跪。"楚申叔氏既出自申氏，而程公說《春秋分記》："楚之申氏，申公巫臣之後，屈氏別族。"《左成七年傳》："申公巫臣置其子狐庸，使為行人于吳。"然則行人儀即申叔儀，為楚申公巫臣之後，殆官有世功，後世仍為吳行人與！

吳行人儀考

餘　姚　黃維瀚

案《檀弓》本文"吳侵陳，陳大宰嚭使於師，夫差謂行人儀。"洪氏邁謂："惟吳有大宰嚭，而陳無之。記禮者簡策差互，故更錯其名。宜依本文，互易為正。"是說也，竊以為不然。閒嘗攷之《吳語》，吳王夫差既勝齊人於艾陵，乃使行人奚斯釋言於齊。錢竹汀以切音之法求之，謂奚斯即《檀弓》之行人儀。何以言之？奚、斯疊韻，并言之則成"儀"字，如勃鞮之為披觰、婁之為鄒者，是魯公子奚斯，亦作公子魚，魚、儀聲相近，於以知行人奚斯之即為行人儀也。

或者謂吳有行人儀，則陳當有大宰嚭，陳安得有大宰乎？不知春秋之時，吳、楚僭王，皆有大宰。宋、陳備列三恪，宋有大宰，安必陳無大宰！即謂吳、陳大宰皆以名譆,或以為議,然春秋時,有同國而同名者,如晉范宣子為士匄、士文伯亦為士匄是也;有同官而同名者,如鄭有行人子羽、衛亦有行人子羽是也。然則吳有大宰名譆,安必陳有大宰不名譆乎?孔《疏》謂吳大宰譆與陳大宰譆名號同而人異者,其說豈曰無據。以吳證吳,就經解經,儀之為吳行人,又何疑焉?

對胡氏《說文管見》問①

慈谿 林頤山

胡氏云:"隸變篆文,不能成字,以同聲字代之者,如引《孝經》'上下有別'、《易》'突如其來如'之類。"謹按,后部"听"、卤部"恩",胡氏云:"《說文》分部以形為經,亦有以聲為經者,如后部'听'、卤部'恩'之類。"例猶相類引《孝經》'上下有別'、《易》'突如其來如',即例亦絕不相類,《去部》:"去,從到子,《易》曰:"突如其來如,𠫓或從到古文子,即易突字。"𠫓為去之或體。《說文》據所見,本《易》"突如"或作"𠫓如",既與系部"紕"讀若。《禹貢》:"紕珠,玉部。紕或作蠙。"《夏書》紕從虫賓一例,案,《書·禹貢》《釋文》:"蠙"字又作"紕"。紕即蠙之誤也。《大戴記·保傅》注"紕亦作蠙",是其證。而突為去之借字。《說文》據詁訓改經文,《穴部》"突"訓"犬從穴中暫出",不訓"不孝子,不順",忽出依《易》"突如"本字,詁訓當即《去部》之去字,且《繫傳》本即易突字在去部"去"字下,不在"𠫓"字下,則並不必引《系部》《紕玉部》紕蠙之一例,而直與《魚部》鮑饐魚、《革部》鞄柔革工。《周禮》曰:"柔革之工鮑氏。"鮑即鞄為一例。案,《口部》:"叫,嘑也。"《昭部》:"昭,一曰大呼也。"《春秋公羊傳》:"魯昭公叫然而哭。"《車部》:"輒,車耳也。"《耳部》:"耴,耳下垂也。"《春秋傳》曰:"公子輒其耳下垂,故以為名。"《說文》雖未明云"叫即昭""輒即耴",其實例與"鮑即鞄"同。至若引《孝經》"上下有別",《說文》為自已[1]之注作引證,例不得與引《易》"突如其來如"連類而及。

《八部》:"兆八,從重八。八,別也。"《孝經說》曰:"故上下有別。"《說文》注以'八'訓,別又引《孝經》,說'上下有別'以證注之,訓'別'與。

《士部》:"壻,夫也。《詩》曰:'女也不爽,士貳其行。'士者,夫也。"

《貝部》:"買,從网貝。《孟子》曰:登龍斷[2]而网市利。"

《网部》:"罷,從网能,言有賢能而入网,而貫遣之。《周禮》曰:'議能

---

① 有關胡秉虔《說文管見》的學術價值與影響,可參見魯一帆所作《胡秉虔〈說文管見〉之管見》,文刊《南陽師範學院學報》2010 年第 4 期,第 66—72 頁。

之辟。'"

《卮部》："卮，一名觛，所以節飲食。《易》曰：'君子節飲食。'"

《車部》："轚，車轄相擊也。《周禮》曰：'舟輿轚互者。'"

乃是引經證注，於引《易》"突如"外，又別有一例。果使"隸變篆文，不能成字，以同聲字代之"，則《羊部》"乖"下云"兆，古文別"，何乖字注！既隸變成字兆，字注獨不能成字乎？且厶字注明云："凡厶之屬，皆從厶。"何獨引《易》"突如"為隸變，不能成字乎？兆、厶字猶為不經見之隸，而堳、買、罷、卮字，又明是經見之隸，豈亦不能成字乎？兆別、厶突、鞄鮑、轚擊為同聲字，可以代之，而堳士、買网、罷能、卮節，又明是不同聲字，豈亦可以不同聲字代之乎？

唐張參《五經文字》、唐元度《九經字樣》，例有隸省、隸變之不同。隸省者，隸依篆文而省也；隸變者，隸依篆文不能成字而變也。惟其依篆文不能成字，因謂之隸變。胡氏乃既云"隸變篆文"，又云"不能成字"，并隸變亦不得其解，蓋不獨引《孝經》、引《易》之說之紕繆矣！

【校箋】

[1] 已：疑當改作"己"。

[2] 龍斷：《說文解字》卷六下作"𡑧斷"（徐鉉校定，中華書局 2013 年版，頁 127 上欄）。

良馬四之良馬五之良馬六之解

慈　谿　林頤山

《詩·鄘干旄》："良馬四之良馬五之良馬六之傳，願以素絲紕組之法御四馬。驂馬五轡，四馬六轡。"箋："四之者見之數，五之者五見之，六之者六見之。"謹案，《邶·簡兮》"執轡如組"，《傳》"御眾有文章"，言能治眾。《正義》：御眾似執轡簡兮傳以執轡比禦眾幹旄傳亦以禦馬執轡比禦眾古者禦馬之法駕馬必有其序。《左桓三年傳》《正義》："初駕馬者以二馬夾轅，是四轡也；又駕一馬，謂之驂，是五轡也；又駕一馬，謂之駟，案，亦謂之兩驂。鄭太叔于田，兩驂如舞。箋："在旁曰驂。"是六轡也。四之五之六之傳義，"既以為四轡五轡六轡之數箋《易》、傳《義》，乃不以四之五之六之為轡數，而以為見賢之數。《大戴記》注、《初學記》陳主政《廣詁》引引《魯詩傳》："譬猶染絲，染之藍則青，染之朱則赤。"《論衡·無形》詩曰：

"彼妹者,子何以與之?傳言譬猶練絲,染之藍則青,染之丹則赤。"《論衡》所引詩傳,蓋卽魯詩傳也。據《儀禮·士冠禮》注"朱則四入",與《周禮·考工記·鐘氏》"五人為緅"注"淳[1]其六入",與知《魯詩傳》以染絲之四入五入六入,與見賢之四見五見六見,然則箋用《魯詩》以易傳義矣!

解成覆案《傳箋正義》,覺所解猶未盡其義,《御覽》七百七十三引應劭《漢官儀》引《詩說》:"馬四者,示有四方之志。均之駕四馬,而云四之五之六之者,《詩》特變文以協韻,傳又卽互文以見義。四之六之訓四馬,則五之亦四馬可知,五之六之訓五轡六轡,則四之亦四轡可知。《公羊隱元年傳》疏《古毛詩》說:"天子至大夫,同駕四,皆有四方之事;士駕二,《傳》義干旄、干旟、干旌,皆衛之。卿大夫所建,得駕四馬,具有四轡五轡六轡,因以四之五之六之為四轡五轡六轡之數。箋易《傳》義,仍宗天子至大夫同駕四、士駕二說,干旄、干旌為卿大夫所建,卿大夫駕四馬,四之六之雖得訓四轡六轡,而卿大夫出軍建旗,非見賢時所當建。《周禮·春官·司常》:"州里建旗于旟,當為州長之屬所建儀禮鄉射。"記注:小國州長,士不命衛,非小國則州長為命士。士駕二馬,無驂馬,不得訓五之為驂馬五轡,因而通改四之五之六之為四見五見六見之數。此鄭君據《禮》說《詩》,實事求是,宗古《毛詩》說,又兼參《魯詩》,非若王肅《述毛》《釋文·序錄》:"王肅《述毛》非毛。"與《王度記》誤併為一也。《正義》引異義《毛詩》,說天子至大夫同駕四,士駕二。案,《禮王度記》:"天子駕六,諸侯與卿同駕四,大夫駕三,士駕二,庶人駕一。"淳[2]之聞也,《王度記》"大夫駕三",經傳無所言,自古無駕三之制。《禮記·檀弓上》《正義》:"若依《王度記》則有一驂馬,若依《毛詩》說,則有二驂馬。"鄭君不宗《禮王度記》說而宗《古毛》詩說,駕四駕二不駕三,故鄭太叔于田箋有"在旁曰驂"之義。許君不宗古《毛詩》說而宗《禮王度記》說,駕六駕四駕二駕一又駕三,故《說文·馬部》有"驂駕三馬"之訓。在許、鄭各有師承,自是竝行不悖,獨《正義》引王肅云:"駕三馬則五轡。經言:'驂則三馬之名。'"王肅欲與鄭君為難,乃襲取許君所宗《禮王度記》說,以淆衛宏等所受古《毛詩》說,直令兩漢淵源溠為一壑,借指喻馬屈丹伸赤,肅說謬妄,於茲益信。

【校箋】

[1] 淳:原作"廟諱",茲據文意逕改。

兩馬掉鞅解

慈　谿　何宗鎬

《左宣十二年傳》："樂伯曰：'吾聞致師者，左射以菆，代御執轡，御下，兩馬、掉鞅而還。'"杜注："兩，飾也；掉，正也。"示閒暇。疏引服氏曰："兩，飾也；掉，正也。"惠氏棟曰："鄭注《周禮·環人》引作'挆馬'。《釋文》引徐先民云：'兩'或作'挆'。"案，此則"兩"本"挆"字，故服、杜訓為飾。謹案，《說文》"兩"本作"𠓥"。"兩"下云："𠓥，平分也。""𠓥"下云："𠓥，平分也。"知"𠓥"為平分之義，則"兩"字不必改作"挆"，而"飾"字義自見。《說文》："飾，㕞也。"《釋名·釋言語》："飾，拭也。"《周禮·司尊彝》注："涗酌者帨，拭勺而酌也。"《釋文》作"飾"，今本作"拭"，是"飾""拭"古今字。《封人》"飾其牛牲"注："飾謂刷治，潔清之也。牛牲欲其潔，故以刷治者，潔清之也。馬欲其毫齊，故以平拭之者，分其毫也。兩馬者，正謂分其毫而平拭之，故服、杜皆以飾訓兩也。"六朝人尋繹服義，不得其解，以飾是刷治，故於"兩"加"手"證成之，《釋文》所云"或作挆者"，是也；《疏》謂"隨宜刷刮"，亦此意。案《玉篇》《廣韻》皆無"挆"字，知舊本祇作"兩"，無作"挆"者。鄭氏注文"兩"作"挆"者，或亦後人所改。

兩馬掉鞅解

慈　谿　林頤山

《左宣十二年傳》："御下，兩馬，掉鞅而還。"注："兩，飾也；掉，正也。"《正義》："兩飾，掉正，皆無明訓。"[1]服虔亦云是相傳為然。《釋文》："兩馬，徐云'或作挆'。"謹案，《周禮·夏官·環人》注："《春秋傳》曰'挆馬掉鞅'。"與徐邈所見本並作挆。據《春官太祝》注引《左傳》"閔天不弔"，杜本"閔"作"湣"[2]。《哀十六年傳》《釋文》："不云湣[3]，或作閔。"《考工記·慌氏》注引《左傳》"鄆人湜㠱"，杜本"湜"作"漚"；《哀八年傳》《釋文》："不云漚，或作湜。"則《釋文》徐云"或作挆"，乃徐邈確有所見本，非依據《環人》注引作"挆"也。《環人》疏："挆猶飾也，掉猶正也。"賈疏："本服杜注。"加一猶字，知是轉訓，非本訓，卽《正義》所謂"兩飾，掉正，無明訓"者。《說文·手部》有掉字，無挆字，掉為本字。手部："掉，搖也。"車馬奔馳，馬鞅撩亂，不正御馬者必搖動其鞅而鞅始？正掉之訓，正是轉訓也。兩為借字，《糸部》"緉"，一曰絞也。"絍"，馬飾；"䋆"，馬髦飾。《說文》："凡馬飾，若紅 䋆。"字類從糸旁，兩亦應從糸旁。今《周禮》注及徐邈所見本,從手旁作"挔"者,"挔"為"緉"之或體。《左傳》作"兩",乃"緉""挔"之借字。故服、杜竝以"兩"訓"飾"也,"緉"訓"絞","絞"又訓"飾"。《文選·赭白馬賦》注:"絞,裝飾也。"殆亦轉訓,與《春官·巾車》注"纓""今馬鞅以罽飾之",又注"飾""韋為纓馬鞅",卽是馬之飾正鞅,又卽是飾馬之事,則不得分兩馬掉鞅為二事矣!

【校箋】

[1] 正義:據《史記》卷四《周本紀》(頁 125),可知此《正義》顯系《集解》之誤。

[2][3] 淳:原作"廟諱",茲迴改。

宋學

涑水弟子考

餘 姚 葉秉鈞[1]

宋儒溫文正公、涑水司馬子,小程子稱之與張子、邵子竝,朱子又合周、程張、邵五子竝稱"六先生",固儒者之宗也。涑水之學,大段篤實,故一時及門弟子,俱尚躬行,不務講論;惜姓名不傳者多,惟見於史傳及散見於諸子集中者,可約考焉。

劉安世,字器之,大名人。學於涑水,舉進士,不就選。涑水問之以"漆雕吾斯之",未能信對,復從遊數年。涑水示以一言曰"誠",示以目曰"不妄語"。自此力行數年,而後言行合一、表裏相應。為言官時,犯顏敢諫,有"殿上虎"之目。涑水疑《孟》,安世喜讀《孟》,其學更非依傍門牆者比。諡忠定,學者稱元城先生。

范祖禹,字夢得,華陽人,忠文公從孫也。舉進士甲科,不事進取,從涑水編修《資治通鑑》。書成,涑水薦為秘書正字。時荊公柄國,尤愛重之,而祖禹不一往謁。歷官侍講,遷右諫議。所進《唐鑑》,例與《通鑑》相符,伊川先生謂"三代後,無此議論",東坡稱為"講官第一"。元祐末,洛、蜀黨人互相攻擊,祖禹師涑水,獨不立黨,竝遊洛、蜀間,惟《中庸論》五篇頗近洛學,而《淵源錄》以為兼師伊川,則仍鮮于綽之誤也。諡正獻,學者稱華陽先生。

晁說之,字以道,昭德人。元豐中,進士。湛深經術,從涑水遊。涑水著《潛虛》未成，命說之補，說之謝不敏，然說之著有《易元星紀譜》，足以傳涑水太元之學矣！說之又從康節弟子楊賢寶，傳先天之學；從泰山門人姜至之，講《洪範》。為學不名一家。晚年頗流佛氏，惟自號景迂生，不敢背師門之傳，與劉、范鼎足，為涑水三大弟子，學者稱景迂先生。

歐陽中立，袁州人。初試部郎，上書言新法不便，以涑水弟子坐廢，遂不復起。其門人私諡節孝先生。

樊資深，字逢源，以制科入仕，官潞州別駕。剛介博洽，居家力行任邮之惠，執贄涑水門下。

田述古，字明之，安邱人，徙居河南。為安定高弟，窮經講學。時涑水、百源、明道、伊川俱在洛，述古從之遊，涑水每與華陽講學，必召述古與俱。述古確好《易》，手自注之，人莫測其底蘊焉。

尹材，字處初，洛人。遊涑水、百源之門。涑水入相，薦為學官。其從子為程門尹和靖先生。

張雲卿，字伯紀，洛陽人。學問該博，與田明之、尹處初均為百源所稱，謂之“洛中三賢”，次第及涑水之門。

李陶，字唐父，蜀人。從涑水於洛時，稱其在涑水門下，最賢而通經。

邢居實，字惇夫，陽武人。學於孫莘老，而以涑水為宗師。惜年僅二十，未克盡其所造。

牛師德，字祖仁，著有《先天易鈐》《太極寶局》二卷，蓋為邵子之學而專於術數者，惟師德自言“從溫公，傳康節之學，亦涑水弟子”云。

若夫涑水家學，子康、從子宏，皆克世其傳。私淑則有陳瑾、唐廣仁、黃隱。隱官國子司業時，力排王氏《新語》、火《三經》版，獨宗涑水，洵涑水功臣也。至於涑水續傳，則為陸道鄉、賀朱、韋齋松、李兌、嚴[2]異，而道鄉為象山父，韋齋為紫陽父，朱陸之盛，淵源遙接，夫亦於涑水有光矣！

【校箋】

[1] 光緒《開化縣志》卷四《官師志·師儒二》：“葉秉鈞，餘姚舉人，江山訓導兼理。”《德化县志》卷十三《选举志》：“同治元年壬戌恩科並補行辛酉正科……葉秉鈞，第五十四人。”

[2] 嚴：原誤作“巖”，茲逕予改正。

永嘉學派論

餘 姚 葉秉鈞

有宋一代,道學奮起,而吾浙之學,則始於永嘉。慶歷時,伊洛未出,安定、泰山、徂徠、古靈甫興,而王儒志先生講學永嘉,以道自任[1],所著《儒志編》,實足闡孔孟之旨,而與程朱之言遙相符合。繼之者奧塘林氏,而經行丁氏參之。天下於是知有永嘉之學焉!

不數十年,周、許諸儒出,而永嘉之學遂盛。所謂太學中"永嘉九先生"者,周浮沚、許橫塘等六人均伊川弟子,趙彥昭等三人則私淑伊川者也。又有鮑敬亭等七人,亦遊伊川之門。或謂中有二陳氏未及程門者,誤也。當是時,四方言理學者多宗二程,而永嘉諸子俱羣起而歸洛學一派,即洛學亦半賴永嘉諸子響應韻和,以大振於海內,則永嘉之學謂非道學之嫡派乎?

然自此而其派又紛然雜出矣!其出於程門袁道潔之傳者,為薛艮齋,專以經制言事功,則永嘉別派也。其出於許橫塘之門者,為林竹軒,竹軒兄弟四人,學務心悟,為象山之先河,永嘉之又一派也。惟鄭景望為永嘉宗派,景望私淑浮沚,其高弟為陳止齋、葉水心。止齋天性沈潛,克紹師門,更加純粹。水心天性高明,論學稍異;永嘉之學,漸流功利,水心出而一洗之。且其時學術,總為朱、陸、水心鼎峙其聞,又自成一派。

及水心門人陳潛室,受朱子之學,葉西山又與之同門,而永嘉始尚朱學,漸祧艮齋一派矣。

總之,永嘉之學開于王氏、丁氏,盛於程門,終於朱,而出入於陸。程朱為道學嫡派,朱陸又分為兩大派,而永嘉之人,皆先後出而輔翼之。至今吾浙言學者,必溯永嘉,實不敢忘其祖云。

【校箋】

　[1] 任:原誤"在",茲逕予改正。

無極而太極解

餘 姚 葉秉鈞

周子《太極圖說》,首著"無極而太極"一語,朱子、陸子往復辯論,幾近萬言,陸子終不然之，朱子則解為“無形而有理”，後人遂疑朱子分理、氣為二。厥後解者，不一其說，惟王魯齋謂：“此是太極，《圖說》只當就圖上說太極，無形無象，不可成圖。而非圖則無從橅寫，不得已[1]畫為圖，又先明其無形無象，故於圖首發此一語。”許白雲謂：“太極者，孔子名其道之辭；無極者，周子形容太極之妙。”二說俱宗朱子，而疏解特為簡捷。

　　蓋周子作圖，祇名《太極》，《圖說》始揭出“無極”二字，則所謂“無極”者，原就“太極”言之，非“太極”之前更有“無極”也，“太極”本“無極”也。云者謂：“太極本然無極，非太極本於無極也。”抑又聞之：“周子《太極圖》本於《河圖》；蕺山劉子於《河圖》改方為圓，於理更當。”其論“無極”“太極”，大約謂：“理寓於氣之中，一陰一陽之謂道，卽太極也，名為太極而實無太極之可言，所謂無極而太極也。”於周子本義似更脗合，故劉子《人極圖說》首云：“無善而至，善師其意云。”又考“無極”二字，始於《老子》，吾儒中惟邵子屢言之，《老子》所云“無極”只作“無窮”解，邵子言“無極”，復言“無極”之前，“無極”二字之有主名，實自邵子始。後人拘文牽義，引此釋彼，修史者不察，遂於周子《圖說》中，增其語為“自無極而為太極”，何其謬也！

　　或曰河上公有《無極圖》，魏伯陽得之以著《參同契》，鐘離權得之以授呂洞賓。自洞賓而陳圖南而種放而穆修，迄於周子，乃改作《太極圖》，而又以原於《無極圖》，故曰“無極而太極”。大抵因周子偶以“無極”二字形“太極”，傅會之甚者，更援儒而入於老。後學讀先儒書，原不敢妄參臆見，然沈潛其義，參考眾說，安可沿俗解而不求的解哉！

【校箋】

　　[1] 已：原誤“巳”，茲逕予改正。

讀程子《定性書》

餘　姚　葉秉鈞

　　周子《太極圖說》言動靜，復言主靜。蕺山劉子謂主靜之靜，非動靜封待之靜，則知主靜之學，固統動靜而一以貫之者也。當時明道程子，卽本此旨以作《定性書》。

　　《定性書》者，因張子問“定性未能不動，猶累於外物”而作也。夫萬物不同，而無理外之物；萬理不同，而無性外之理性。譬則鏡也，物形也，理影也，影不離形，鏡無匿影，物在外而理在性中，猶形在外而影在鏡中，鏡不以屢照而不明，則性自不以泛應而不定也。

故定性之功，由於循理。理不外寂與感，離寂事感，因感求寂，則動固不定，靜亦不定也。常寂常感，常感常寂，斯動亦定，靜亦定矣。然讀《定性書》者，迄未能得其指歸。惟有明胡氏柏泉《疏解》，特為明確分作四層，以盡其義，大畧謂："心普萬物而無心，是天地之定；情順萬物而無情，是聖人之定；廓然大公，物來順應，是君子之定；第於怒時，遽忘其怒，觀理是非，是吾人之定。"吾人希君子，君子希聖人，聖人希天地，故定性自治怒始。昔張思叔詬詈僕夫，伊川曰："何不動心忍性！"忍性者，吾人定性之工夫也。由是以希君子，如顏子之不遷怒是也，更進而希聖人，如孔子之不怨不尤，其至矣乎？

若夫自私以求定，是寂定也，佛氏以之；用智以求定，是鎮定也，老氏近之。佛老以不動為定，惟靜乃定，吾儒隨動靜而定，惟定故靜。程子《定性書》得統於周子主靜之學，而盡發其蘊，誠性理之原、道學之宗也！後之為學者，熟讀是書。入德之門，無以逾於此矣！

原　誠

餘　姚　葉秉鈞

誠，實而已[1]矣。其在天也為實理，其在聖人為實德，其在賢人為實學，其在常人為實心。是以天道有元亨利貞，人性有仁義禮智，無非一誠之所貫也。自夫人氣稟不齊，物欲交蔽而本性漸以梏亡。而當夫偶然觸發，則惻隱、羞惡、辭讓、是非之心未嘗不在，特不能實用其力擴而充之，斯隨發隨隱耳。然其偶然觸發時，即聖人亦不過如是，惟其誠也。獨聖人之心，純一不雜，無始終，無內外，而初非一時一事之誠，遂以至誠歸之聖人。

且夫所謂誠者，固不外乎仁義禮智而誠通誠復之理。當於喜怒哀樂，驗之不見。夫天道乎，由元而亨而利而貞，貞下復起元，不變其常。所謂誠也，不見夫人情乎，忽喜忽怒，忽哀忽樂，循環無端，發而中節；所謂誠也，仁義禮智，或有梏亡，喜怒哀樂，必無息絕，因其喜怒哀樂，以歸於仁義禮智，存誠之功在是矣！

若夫古人之言誠，始於伊尹而明於孔子。曾子本之以作《大學》，極之齊治、均平而要於誠意；子思子本之以作《中庸》，反覆於天道、人道而歸於誠身；孟子又申其旨，曰"思誠"。厥後千餘年，周子作《通書》而言誠愈詳，小程子以"無妄"為誠，明儒劉子謂"無妄"尚在誠之先，誠與偽對。惟朱子之說，統前統後，徹上徹下，於《中庸》三十三章以一"誠"字括之，其說詳在《或問》中，而《大學·誠意章》，尤為一生精力專注處。學者讀朱子之書，亦可知誠之為道矣。是故誠無大小，一念之誠，可以動天，一言一行之誠，可以動物。精而極之，贊化育，參天地，無非誠也。誠也者，實也。常人充其實心，可以希賢人之誠；賢人充其實學，可以希聖人之誠；聖人之誠，則全乎天之實理而為實德也！故有志於學者，當自務實始。

【校箋】

[1] 巳：原誤"巳"，茲逕予改正。

主敬說

定　海　黃家橋

《禮·少儀篇》曰"祭祀主敬"，特就事之大者言之耳。而《曲禮》篇首曰"毋不敬"，則統凡事而言之。敬之見於《論語》者二十有二，皆就事言敬，則敬非閉目靜坐、絕物屏思之謂矣！易文言傳，敬以直內。直內者，言乎其為主也。程子云："學者先務，固在心志。有謂屏去聞見，屏去思慮，則是須坐禪入定。人心不能不交，萬物亦難使之不思慮，若欲免此，惟是心有主。如何為主？敬而已矣！人能動容貌、整思慮，則自然生敬。"又云："主一之謂敬，無適之謂一，即隨事專一，謹畏不放逸。"是程子不以靜坐為主敬也！

《中庸》言"戒慎恐懼"，自所睹以至不睹，自所聞以及不聞，敬該"動靜"言也。朱子云："道者，日用事物當行之理，無物不有，無時不然。"是以君子之心常存敬畏，雖不見聞，亦不敢忽。敬固該"動靜"言矣！又《答劉涓叟》云："某舊見李先生，嘗敎令靜坐，後來看得不然，只是一個敬字好方，無事時敬於自持，及應事時敬於應事，讀書時敬於讀書，便自然該貫動靜。"又《答潘子善》，亦云然。是朱子不以靜坐為主敬也！

真希元曰："氣之橫決，軼於奔駟，敬則其銜轡也；情之橫放，甚於防川，敬則其隄防也。學者而知勉焉，戒於思慮之未萌，恭於事物之既接，無少間斷，則德全矣。"陸稼書云："居敬窮理，如太極之有兩儀，不可偏有，輕重窮理而不居敬，則玩物喪志而失於支離。居敬而不窮理,則將堵見聞、空善惡,其不墮於佛老,師心自用而為倡狂恣睢者,幾矣!"真、陸皆謹守程朱學者也,其言居敬與程朱之言,互相發後之為禪學者,絕物屏思而以為■敬,不其謬歟?

主敬說

慈谿　凌師夔[1]

孔子言"盡性"而孟子言"存心",心何以存?以敬持事而心存矣!性何以盡?以敬存心而性盡矣!夫心,本虛也,有性則實。性本靜也,因心而動。謂心必於虛乎不可謂心,必於實乎亦不可謂心,偏於靜乎不可謂心,偏於動乎亦不可。心也者,無物則虛,有物則實,實而仍虛,於是有小心;無事則靜,有事則動,動而仍靜,於是無放心。自程朱肇興,為學以居敬為主,其言曰:"敬者,主一之謂;一者,無適之謂。"旨哉!蓋一則無所欺而己心克,一則無所慢而人心應,一則無所愧而天心見。勿雜以二,勿擾以三,常惺惺之道也。反是而在此一心,在彼一心,彼與此以地分而心擾;前此一心,後此又一心,前與後以時判而心搖。卽能攝心於已[2]搖,斂心於已[3]擾,而攝焉斂焉之心與搖焉擾焉之心,交戰於一心中,尚可謂得主而有常乎?主之云者,謂吾心中整齊嚴肅。方其存養不懈者,敬也,而酬酢不亂者亦敬;當其虛靈不昧者,敬也,而操持不失者亦敬。窮以理而物受其範,見以天而人秉其則。《記》曰"毋不敬",孔子曰"克己復禮為仁",蓋敬卽為禮,無己可克,盡性也,存心也,一以貫之矣!

【校箋】

[1]《光緒慈谿縣志》卷二十一《選舉下·國朝·貢生·光緒朝》:"凌師夔字賡虞,十年甲申貢。"

[2][3] 已:原誤作"巳",茲逕改正。

跋《讀朱隨筆》

慈谿　費德宗[1]

平湖陸稼書先生罷官後,聖祖仁皇帝特旨,起為江蘇學政,而先生已卒,人皆榮之而又深惜。先生之學問、文章,具詳國史館《本傳》《三魚堂全集》,而此書之作,則其讀《朱子大全集》時,擷取精蘊、隨筆標記者也。儀封張清恪為刊於福州,始行於世。凡《朱集詩賦劄子》廿九卷,以前人所共知者不復置論三十卷始,至別集五卷止,分條纂録,各加按語以申之,無不精當,視《贅言》為更勝。

論者謂先生之學,一以朱子為宗,在近儒最為純正。是編大意,尤在闢異說以羽翼紫陽。故於儒釋出入之辨,金溪、姚江之弊,凡朱子書中有涉此義者,無不節取而發明之。其剖析疑似、分別異同,頗為親切,非徒口耳佔畢者。余讀先生之書,亦以為然而不覺,喟然有感焉!

金溪之學,一傳而為慈湖、姚江之學,一傳而為龍溪,此先生所以篤守朱學也。龍溪入於禪,取釋氏之言以徵,飾說《王門宗旨》一書,即陽明亦不料其蹉跌至此也!慈湖雖近於禪,大段尚未甚誤,此非為鄉先正阿所好也,蓋平允之論也。先生鑒姚江流弊,故排姚江不遺餘力,謂:“姚江攻朱子如是,吾攻姚江亦如是。所謂出乎爾者,反乎爾者也。”以書達睢陽,睢陽不以為然,然亦無以難之也。吾恐沿先生之流者,必有失之甚者矣。

昔漳浦藍鼎元亦宗朱學,直詆慈湖為小人,而無所忌憚於虖。吾不知鹿洲所學何如,而亦為此言也。同時有楊園張氏,刻苦如先生,而和易則過於先生。吾謂學者當守先生之篤信,而效楊園之和易,則不至激切偏蔽,亦可為涵養性情之地也!今論先生之書,而并及慈湖,蓋以著吾鄉之學派,異於朱者,自慈湖始。若鹿洲所言,則又未免過甚矣。

【校箋】

[1]《光緒慈谿縣志》卷二十一《選舉下·國朝·貢生·光緒朝》:“費德宗號可遵,十一年乙酉府學拔貢,戊子副貢,長興訓導,現調永嘉。”

跋《讀朱隨筆》

餘　姚　葉秉鈞

國朝聖祖仁皇帝,表章朱子之學,康熙五十二年,特詔儒臣刪定朱子之書,御纂《朱子全書》六十六卷。由是海内之士,咸知朱子為理學正宗,而本朝篤信朱子者,莫如稼書陸子。

陸子立說著書,於朱子毫釐不背,而《讀朱隨筆》一書,尤在於闢異端以羽翼朱子,故於《朱子大全集》中摘其精蘊,分條纂録,各加案語以申之,於儒釋出入,辨之最悉。惟竟以金谿、姚江為異端,則未免已甚。

國初三大儒,皆兼宗程朱、陸王之學。厥後兼宗程朱、陸王者,亦多卓然有以成其學,似不得以金谿、姚江為楊墨佛老之比。歷觀三代以後,名儒惟程伯子一人,無有議之者,其餘均不免互相辨駁,而始於朱陸異同,終於朱王異同,學術遂顯分門戶。鄙見竊謂諸儒之說,要皆不出孔孟之言,必指為若者異學,不轉視異端與吾儒太似耶。特陸子之意在於尊朱,故凡與朱子異者,卽指為異學。後之學者,於學術源流,茫未見及,旣不克如陸子之篤信朱子,而亦排擊陸王不遺餘力,因之為陸王者,轉而排擊朱子,則是《讀朱隨筆》適滋儒門之爭端也,抑亦陸子所不料矣!

跋《讀朱隨筆》

定　海　黃家橋

是編,平湖陸清獻所撰,而儀封張清恪為之鋟板以行者也。清獻以朱子之志讀朱子之書,每讀一篇,必反覆玩味,得其會通,然後及於次篇。有先儒見到之言,讀之若平淡,而實關學術之得失者,必重申之;有後人依託之言,讀之若無病,而實開學術假借之途者,必力辨之。

夫自嘉、隆以來,人自為學,家自為師,陽儒陰釋之徒,改頭換面之說,紛紛雜出,雖有顧涇陽、高景逸,能尊程朱而黜陳王,猶不免偏於主靜、近於禪學,他何論哉!清獻之學,繩尺考亭,嘗謂:"孔孟之道,至朱子而大明。其行事見《年譜》《行狀》,其語言載《文集》《語類》,其示學者切要之方,則見於《四書集注》或《問小學》《近思錄》。學者舍是而欲求孔孟之道,猶航斷港絕潢而望至海,必不能矣!"生平於朱子書用功最深,熟思潛玩,有以抉其奧而掇其精,是編所錄,正其服膺朱子處也。所箸《四書大全》《松陽講義》《三魚堂文集》等書早已梓行,獨是編及《問學錄》《讀禮志疑》尚藏於家。張清恪搜訪出之以授梓,其所以表章之者,至矣!

心 性 辨

定　海　黃家橋

存乎人者,謂之心;賦於天者,謂之性。孟子言"性善",舉人心所固有者以明之,曰:"惻隱之心,仁之端也;羞惡之心,義之端也;辭讓之心,禮之端也;是非之心,智之端也。""端"待擴充,非謂有是心而遂足以盡性也。孟子又言:"盡其心者，知其性也。"何謂"盡"，窮究物理，以擴充其善端，即《易傳》所謂"窮理盡性"也。自後儒有"明心見性"之說，而心流於寂滅、性淪於虛無，豈孔孟之所謂"盡"者，果如是哉！《論語》言心，自從心所欲，不踰矩，始聖人心與矩一，猶以矩自印，雖曰不勉而中，抑亦聖心之不敢自是也，況下焉者，可不密課其心乎！夫心有仁義禮智之美，是謂良心，孟子言"放其良心"者，承"上仁義"言之也；仁義禮智根於心，是謂本心，孟子言"失其本心"者，承"上禮義"言之也。君子以仁存心，以禮存心，非離事物而空言心也！惟天下至誠，為能盡其性，非屏去思慮，而可以言盡也。心之官，主乎思；思則得之，不思則不得也。禪家以閉目靜坐為上乘，以昭昭靈靈為心之本體，直似無所用心而可得。所謂性者，聖賢無是學也。黃東發曰："古人之所謂存心者，存此心於當用之地。後世之所謂存心者，攝此心於空寂之境。造化流行，無一息不運，人得之以為心，亦不容一息不運。然則為明心見性之說者，非特不知盡性，抑且不知存心！"

心性辨上

慈　谿　楊魯曾[1]

烏乎！自認心為性，相率而倡知覺之說，於是謂"良知即天理"，又謂"無善無惡"，乃所謂"至善"。使夫不善學者，悖理滅倫以自放於準繩之外，勢不至胥天下而惟釋之，歸不止而一二攻其失者。又復以靜坐為主，是與知覺言性者又何以異？故平湖陸清獻公，以涇陽、景逸為未能盡脫姚江之藩籬者①，此也。

彼釋氏屏棄一切，而索之清靜寂滅之中，雖其間間有絕異之才，亦或有所會悟，即至作佛成祖，亦僅為超然世外之人耳，曾何與心性之學哉！巨儒者出，反從而昌明之，則既視人倫庶物初無與於我之事，而又專以知覺為主，謂人身有生死而知覺無生死，故其視天下一切皆幻而惟此為真，而當世賢者，又思求其無生死者，此所以羣趨而不能舍是，何也？彼之所謂性，以知覺言也，吾之所謂心也；彼之所謂心，以知覺之發動言也，又吾之所謂意也。心性之辨不明，而為釋為儒之界，又烏乎定？

【校箋】

[1]《光緒慈谿縣志》卷二十一《選舉下・國朝・貢生・光緒朝》："楊魯曾

---

① 此可與前文黃家橋《跋〈讀朱隨筆〉》相互參看。

字省齋，聿燕孫，二十三年丁酉府學拔貢，知縣，分發江蘇。"

心性辨下

慈谿 楊魯曾

夫性者，心之理也。仁義禮智，所謂性也，發為惻隱、羞惡、辭讓、是非者。所謂情也，其以仁愛、以義惡、以禮讓、以智知者，則謂之心。故張子曰："心統性情者也。"邵子曰："性者，心之郛郭。"朱子曰："說性，先說心，便教人說得總腦。"是知心也者，氣也；性也者，理之寓於氣者也。先儒辨之，亦既深切著明矣。虞廷不言性，而一則曰"人心惟危"，再則曰"道心惟微"；人心卽氣質之性也，道心卽義理之性也，雖不言性而性之旨已具。夫子言"性相近"，實兼斯二者。孟子以性善為宗，是本夫子"繼善成性"之旨，專發明義理之性以溯其源，此闢告子輩之以心為性也！至宋洛閩諸大儒出，更言氣質之性，使人知此心之知覺得與性相混者，皆不離乎氣質，而義理之性益尊，此闢釋氏之以心為性也。

然則洛閩諸大儒所謂氣質者，何也？蓋無氣質，則無人，無人則無心，性具於心，無心安得有性之善？天人賦禀之際，賦乃謂之命，禀乃謂之性，所賦所禀卽在氣質之中。故《中庸》言天命之性，非謂天賦之以氣質，而必諄諄然命之以性也。若從賦禀以前而言性，則是犬之性猶牛之性，牛之性猶人之性，何獨至於人而始善也。且從賦禀以前而言性，卽釋氏所謂如何，是父母未生前本來面目也。蓋自以知覺言性者有二：前有告子，生之謂性之性；後世有釋氏，作用是性之性。彼告子者，幸為孟子所排，而釋氏之明心見性，所謂彌近理而大亂真者，雖闢之而未盡，而又復宗之初，不知良知之非性而無善無惡，尤不足以言性也。學者於張、邵諸書[1]熟復而詳玩焉，固可恍然於治其心與性者矣！

【校箋】

[1] 諸書：原誤作"諸諸書"，茲逕改正。

河圖洛書說

定海 黃家橋

《易·繫辭傳》曰："河出《圖》，洛出《書》，聖人則之。"劉向父子以及班固、關朗、邵雍諸儒，皆謂《圖》數十而《書》數九矣。而劉牧好奇逞臆，獨互易之，平湖陸氏據朱子之說以辨之曰：“《河圖》以五生，數統五，成數而同處其方；《洛書》以五奇，數統四，耦數而各居其所。《河圖》以生成分陰陽，《洛書》以奇耦分陰陽，則《河圖》者虛其中而《洛書》者總其實。其象其數皆昭然若白黑，雖曰《圖》之理未嘗不可通於《書》，《書》之理未嘗不可通於《圖》，而各有條理，豈劉牧之所得亂哉！

　　近世儒者又厭《圖》《書》之數不易究，欲一切廢之，其好奇逞臆更甚於劉牧。吾以為《河圖》《洛書》者，有朱子之《易學啟蒙》在，舍是而別為說，皆不知量而侮聖人之言者也！案，陸氏駁劉甚是，惜其說猶未盡也。夫《河圖》左旋相生，四九西方金生一六北方水、三八東方木生二七南方火是也；《洛書》右轉相克，履足一六之水克右肩二七之火、戴肩九四之金克左足三八之木是也。《河圖》對待以立體，《洛書》流行以致用，二者之不同，人皆知之，而不知有其同者焉。《圖》數雖主乎十而縱七橫八合十五，縱九橫六合十五，其內四三二一合中五亦十五；《書》數雖主乎九而二四肩合戴九為十五，六八足合履一為十五，左三右七合中五亦十五。《圖》體方而用仍圓，靜中有動；《書》體圓而用仍方，動中有靜。而況求子於母，則金生水、水生木、木生火、火生土，各有其胚胎，歸貞於元，則一還九、七還三、二還八、六還四，各歸其原。本伏羲依《圖》以畫卦，而未始不可以衍疇，大禹因《書》以衍疇，而未始不可以畫卦，此劉歆所以有“《河圖》《洛書》相為經緯，八卦九章相為表裏”之說也。《易傳》又言：“參天兩地而倚數。”參者，奇數；兩者，耦數。參兩合而為五，五者，《圖》《書》之中數，《易》得之為太極，《範》得之為皇極。太極、皇極，雖有天人之分，而其為極至之理則一。然則《圖》《書》之脗合無間，尤在居中之五。此陸氏所未及言，數理者不可不知也。

述周程授受

定　海　林尊三

　　昔者孔孟沒，異說熾，正道晦，歷千百餘年。至有宋，性理之學大明，集其成者朱子，倡其始者周子，得其傳者程子，其淵源有自也。明道之始，受學于周子也。令其尋孔、顏樂處，所樂何事？及再見也，吟風弄月以歸，是周子之道範，明道已約畧領之矣！而其授受之真原，尤在《太極圖》一書。《太極圖》立象盡意，剖晰精微；易通之言，無非發明。此圖之蘊，朱子謂先生不由師傳，默契道體，根極領要，建圖立說，實為先生書首，良有以也。

周子所著，書多散佚，惟《太極圖說》與《易通》並出程氏，以傳于世。嗣後程子，言德言性，言誠言敬，詞若有異，而其指歸實與周子一也。其尤顯明昭著者，莫若《明道定性書》一篇。闡聖學之秘，實與《太極圖說》相表里，而伊川《好學論》其次也。周、程授受之淵源，大略如此。

同時有張子著《西銘》，亦發明此意。厥後朱子集諸子之成，而性理之學于以大明，孔孟之道亦于以不墜云。

朱呂說詩論

鎮　海　張鴻桷

朱子撰《詩集傳》，呂氏撰《家塾讀詩記》，一去小序而不用，一專宗小序，二子說詩，判然不同矣。說者謂朱子初稿亦用小序，後與東萊相爭，因改從鄭夾漈說，詆諆小序而以己意解詩。竊以為朱子初用小序，見於其自述中及其孫鑑《詩傳遺說注》，信矣；若謂與東萊相爭，因有所改，則不必然之事，吾見其誣乎前賢而已！

夫朱子嘗病讀詩者知有序而不知有詩，又以《後漢書·衛宏傳》言宏作《毛詩序》，謂"豈得為與經並出"，此其所以廢序之意也。說詩之書，集中所載答東萊者屢矣，今讀之，皆虛心陳述，無纖毫意氣，其間如云："竊承讀詩終篇，想多所發明，恨未得從容以請云。""小序之說，未容以一言定，更俟來誨云。""尊意見得不如此處，卻望仔細一一垂諭，更容攷究云。""近來看得前日之說，猶是泥裏洗土塊，畢竟心下未安穩清脫，便中求所定者節目處一二篇一觀，恐或有所警發也。"凡此，豈相爭之言哉？

陸氏釴《讀詩記序》曰："朱說，《記》采之；呂說，《傳》亦采之。二子蓋同志友也，非若立異說以求勝。善學者，審異以致同；不善學者，反同以求異。"數語可謂深得二子之心。抑朱子序呂書，謂其取己少時淺陋之說，心有未安，方將相與反覆其說以求真。是之歸而伯恭父已下世矣，痛乎言之，此豈有所爭於前者哉！

夫有宋一代，攻序之尤者，莫如夾漈；尊序之至者，莫如范處義。學者志趣不同，無妨各行其說，曷為而有所爭，爭而因有所改，而於撰述之事在我，顧茫無定見哉，況其出自講學之儒邪！昔人謂毛公近古，語可徵信，故其釋鴟鴞合於《金縢》，釋北山蒸民合於《孟子》，釋昊天成命合於《國語》，"碩人清人，黃鳥皇矣"合於《左傳》，《由庚》諸篇合於《儀禮》。《將仲子》《野有蔓草》《褰裳風雨》《有女同車》，鄭卿賦之，不必其為里巷狹邪之作，則序說之宜從與否，亦自有公論矣！若夫《詩傳》，本歐陽之旨，明吳才老之叶韻，以《周禮》六義，三經而三緯之；《詩記》博采諸家，存其名氏，翦裁貫穿，間出已見。世有好學深思者，當無不心知其意，而有以別白於二書。茲無論焉，論夫舊說之誣乎前賢者。

崇禮說

鎮　　海　方岳年

崇禮即崇德也。《論語》言"道之以德，齊之以禮"，其名則異，而其實固無異也。解者謂："君之躬行倡率則為德，民之持循矩矱則為禮。"此豈有二者乎？以孝悌言，立愛惟親，道以孝德矣，又制為溫凊定省之節文；立敬惟長，道以[1]悌德矣，又定為應對進退之儀則。此豈有二者乎？昔之言五德者，曰仁曰義曰智曰信而並及於禮，是禮之為德也；五德亦曰五性，是禮之可以"德性"稱也。

《春秋傳》曰："民受天地之中以生，所謂命也。是以有動作禮義、威儀之則以定命也。"此非明明以德性言禮耶？《中庸》本《禮經》，故所言多及於禮。禮義三百，禮之大經也；威儀三千，大經中之委曲也。與《春秋傳》言禮義、威儀，無二也。自禮義譌為禮儀，說者遂並以禮之細小目之，失經怡矣！道之育物配天，大矣至矣，而何莫非三百、三千之所流貫耶？君子凝道之功，不外修德，而修德之功，實不外崇禮。其自尊德性、道問學、致廣大、盡精微、極高明、道中庸、溫故知新以來，無一非致力於禮，無在非加功於禮，豈猶不積為敦厚乎？積為敦厚，豈猶不可謂崇禮乎經？故揭禮義、威儀於前，而著崇禮於後也！崇禮蓋即崇德也。

子張之問崇德也，子曰："主忠信，徙義崇德也。"樊遲之問崇德也，子曰："先事後得，非崇德與？"此猶概言之也，其詳則《中庸》"尊德性"數語盡之矣！抑人知仁之為德性也，顏淵問仁，子語之以"克己復禮為仁"，又因請目，而語之以"非禮勿視，非禮勿聽，非禮勿言，非禮勿動"。甚矣，禮之於人，如是之重且大也，何說《中庸》者之淺言禮耶！

夫以"尊德性"為極乎道體之大，以"道問學"為盡乎道體之細，以"致廣大""極高明""溫故敦厚"為"尊德性"中事，以"盡精微""道中庸""知新崇禮"為"道問學"中事，說非不可，而如淺之乎言禮何？蓋崇禮可以統上諸事，今析為問學中一事，其義轉偏而多所遺漏矣！黃勉齋之學，一傳而為饒雙峰，謹守朱子注說者也，已於禮儀字致疑，特饒說仍不能融會上下文耳。竊謂言宋學者，不容有所背,亦不必有所阿,由雙峰之所疑,而更求其可信,斯為善言宋學矣!

【校箋】

[1] 道以:原作"道以以",茲疑其一"以"乃衍文而遂刪之。

跋《爾雅翼》

方岳年

是書都為三十二卷,宋羅端良願所著。端良登乾道二年進士第,通判贛州,復知南劍州,遷知鄂州,卒於官,故人稱羅鄂州云。

南渡後,文章有先秦西漢風者,多推鄂州。朱子亦謂其文有經緯,嘗欲附名集後,又謂"羅端良止此可惜",蓋其取重於時者久矣。是書之成,在淳[1]熙改元之歲,自序謂"其涵如海,其負如山,宇中所有,目擊而存玩,化無窮以觀我生",誠非虛語。大氐考據精博,體例謹嚴,以視陸農師《埤雅》一書,有過之無不及也。蓋農師之學出於王荊公,故所引多《字說》中義,其支離駁雜,實所不免,羅書則庶乎可以翼《爾雅》矣!

書中王伯厚《後序》外,有方回《跋》、洪焱祖《跋》、顧璘《跋》,又有都穆《序》,皆能道其所得,無溢美之詞。顧余不多其書之善,而多其後世子孫之能守而弗失也!鄂州書成未刊,旋致湮沒。厥後訪求,一得之於其從曾孫裳手鈔副本,再得之於其遠孫惟美,三得之於其十六世孫文殊。此非所謂先志是承、以克永世者耶!至陳氏定宇,嘗刪削其書,別為節本,執續出之新說,繩舊據之古義,以蝨負山,以蠡測海,多見其不知量,抑又可無論已?

【校箋】

[1] 淳:原作"敬避",茲迴改。

永康學術論

鎮 海 陳貞賢

宋之南渡,理學盛行。陳同甫先生崛興於永康,其學專以讀書經濟為事,而以談性命為迂緩。嘗曰:"研窮義理之精微,辨析古今之同異。探原於秒忽,較理於方寸。以積累為工,以涵養為主。晬面盎背,則於諸儒,誠有愧焉!至於堂堂之陣,正正之旗,風雨雲雷,交發而並至,龍蛇虎豹,變見而出沒,推倒一世之智勇，開拓萬古之心胸，自謂差有一日之長，此其學之好為大言，未免近於粗莽，固有職所共知也。若夫王霸義利兼行之說，其駁而不醇，更可想見。”

蓋三代以上之事功與漢唐之事功，迥[1]乎不同。三代之得天下，殺一不辜，有不為也，祇知有義而已，豈以此為利乎？審如同甫之論。漢祖、唐宗功可並與商湯、周武，有事理乎？此朱子之所以不與之也！雖然，當宋都臨安，士大夫高談心性，狃於偏安而不知振作，同甫大聲疾呼，思有以矯之，倡為事功，使當世知聖賢之學在於幹濟有為，而非麻木不仁、無關痛癢者比。同甫誠當代人豪哉！至其對策，迎合時主，掄取大魁，晚節頗有慚德，亦其急功近利之流弊也！

世言永康學無所授，然同甫在太學，嘗與陳止齋輩為芮祭酒門人，又《祭鄭景望龍圖文》稱之曰“吾鄭先生”，則同甫亦在鄭氏之門矣！言其學術無師承者，亦非也。

【校箋】

[1] 迥：原作“迴”，茲據文意改。

《學統》書後

鎮　海　方　葆

此書計五十六卷，分五門，曰正統、翼統、附統、雜統、異統，康熙間環川熊文端公所編。公《自序》外，潼川王新命、吉水李振裕、門下倪燦，皆為之序。三先生極贊此書之有功理學，各自為類，既嚴儒、墨之分，人自為傳，又極搜羅之富，俾後生小子法之戒之，思齊內省之功，其在斯乎？其在斯乎！而公之自序，亦備述衛道苦衷。數易草稿，書之成，幾及一紀，亦可以見其集益之廣而用力之久已。

顧蒙讀之，而竊有疑焉。夫顏、曾、思、孟以及二程、周、朱，列之正統是也，而閔、冉科居德行，端木卒聞性道，有子言似夫子，言子、卜子後俱設教以傳尼山之道，何為竟置之翼統乎？他如伯牛亦在德行之科，子路學已升堂，曾晳言志見契，原思安貧有恥，子羔居喪稱孝，子賤詣臻君子，子張志趣高明，漆雕功修邃密，皆聖門卓卓者，乃竟入之附統，并不得如廣川、昌黎諸儒之列於翼統，有是理乎？即象山、白沙、陽明三先生，學派與程朱不同，而其出自洙泗，源實一也，降居雜統，似亦太甚。由此觀之，公自謂“可以對越往哲、昭示來茲而無愧”，恐有未盡然者焉！

雖然，公當國初之時，姚江之學流弊已極，公特有意矯抑揚明，不得不屈閔、冉諸大賢矣，此皆公之苦心，故[1]遂至於位置失宜耳。而究之公，是書出，當世咸知崇尚宋學，其羽翼道統，實亦有功云。

【校箋】

[1] 故：原作"心故"，茲疑"心"乃衍文而遲刪之。

史學

張禹孔光論

慈谿 楊敏曾

世以張禹、孔光為通經之士，而深惜其大節之汙。以予觀之，二人者，特章句之鄙儒耳，烏足以言通經之士乎哉！

夫自漢興百年，武帝始好儒，一時待從之臣，類能以文顯，彬彬盛矣！故讀《儒林》一傳，多有特立獨行之士出於其間，卽或瑕瑜不相掩，從未有顯犯名教之不韙，而深貽經訓之羞者。有之，自張禹始。

禹，成帝時為帝師，禮遇之隆，羣臣莫敢比。其時，外廷籍籍言王氏，帝密以訪禹，禹恐百歲後，子孫為王氏所並，因援《春秋》《論語》以解之，帝雅敬禹，遂不疑王氏。然則漢之亡，禹之力也。孔子曰："鄙夫可與事君也與哉？"又曰："一言可以喪邦。"禹之謂矣！其他為子求官，以絲竹娛弟子，至朱雲欲齒以上方劍，而仍漠然不知羞愧，此人情之尤鄙者，雖光，亦所不屑為也！

今夫孔光之才，過於張禹，而其心亦險於張禹。光少明經，以循謹稱於時。史載其不言溫室樹一事，至哀帝卽位，欲追尊丁傅之位，光侃侃爭論，卒以是罷去，雖古節士，不是過，乃起復。後專為莽用者，何也？夫遺詔授以丞相之位，其恩不可謂不渥，萬方之事錄於一人，其任不可謂不重，況以明經稱於時，其所見古來忠臣義士，足以感激人心者，不可謂不眾。然而光，智人也，自知物望所歸，與莽同事久，莽知之，悉欲終守薛方之節，必不可得。而莽又凶人也，從則相，否則死耳。此其間，光蓋審之熟矣。然則不言溫室樹者，非果循謹也，畏禍也！其爭丁傅之號者，非甘刀鋸之誅也，知哀帝非殺戮諫臣者也！至於莽而技窮，遂俯首從命之恐後。當其起復之時，猶以建皇極、格君心為言，吾不知所謂皇極者何事，君心之當格者又何事？先聖先師之言，僅供奸人之附會，可歎也！至於稱疾辭位，史稱其憂懼，而不知光正自謂計之得也，以為榮寵極矣。如此，將後之尚論者，謂我之事莽，出於不得已之計，而非與世之懷二心者比。然則光之心，較禹何如耶？

士君子處世，必有剛强不撓之概，然後可以犯天下之大難；必潛心於經者久，然後有以涵養其性情，而激發其志氣。嘗讀史至唐，見宦官專橫，劉蕡以布衣對策指斥，下第而歸；又嘗觀宋高宗任秦檜，胡忠簡請斬其頭謝天下，至於竄逐遐方，檜死後，乃召用。當其時，宦官與賊檜，勢不在莽下，二公者，豈知身之必不死，而姑為嘗試哉？其所養者純，其所激者盛也！

雖不言經，謂之知經也可！然則當帝造訪之時，使禹密言王氏不可用，其子孫未必無噍類；又使莽未為大司馬之時，光已前死，如禹後之人，且讀其傳而想望其風采，至於事已決裂，而說者猶以通經目之。昌黎曰："士不通經，果不足用。"觀二子之不足用，則於經可知矣。予懼後人將以二子為經病也，故援昌黎之言以告之。

問漢、唐、宋各有分科取士法，孰為最善

慈　谿　林頤山

西漢孝武以後，策明經，分三科。《漢書·王嘉傳》："以明經甲科射策。"[1]外此，若文學，若賢良，若察廉，若孝廉，若茂材，若方正，無定科。[2]獨孝元時，以明經科外，分質樸、敦厚、遜讓、有行者為四科。[3]及至東漢，復西漢舊制，乃有以明經科外分三科，合為四科。[4]蓋兩漢取士，雖不專重明經科，而究之設科射策[5]，皆郡國徵舉勸駕[6]，有不若唐、宋之懷牒而進者。[7]

[1] 案，《儒林傳》："博士，置弟子員；歲課，甲科為郎中，乙科為太子舍人，丙科補文學掌故。"即《孔光傳》所謂"博士選三科"也。《困學紀聞》："兩漢崇儒，考公孫宏曰：'傳授之師，則五經博士也。'知明經三科，即是弟子員。"

[2]《漢書·鼌錯傳》："以文學遷博士。"《董仲舒傳》："治《春秋》，為博士，以賢良對策。"《公孫宏傳》："以賢良徵為博士。"《平當傳》："補文學。察廉，以明經為博士。"《王吉傳》："學明經，舉孝廉，為郎。舉賢良，為中尉。"《貢禹傳》："以明經，為博士。舉賢良，為令。"《龔勝傳》："學明經，三舉孝廉，不得補吏。舉茂材，為令。"《鮑宣傳》："學明經，舉孝廉，為郎。"《蓋寬饒傳》："以明經，為郡文學。

舉孝廉,為郎。舉方正,對策高第。"《師丹傳》:"舉孝廉,為郎。元帝末,為博士。"案《漢書》本紀,必有詔,而後設科,是賢良、孝廉等無定科,而先舉明經科,而後舉賢良、孝廉等科,殊有定例也。《平當傳》"補文學"云云,未詳何故。

[3]《元帝紀》:"詔丞相、御史舉質樸、敦厚、遜讓、有行者。"注:"始令丞相、御史舉此四科。"

[4]《通典》:"《漢官儀》:'建初元年詔書,辟士四科。一曰德行高妙,志節清白;二曰經明行修,能任博士;三曰明曉法律,足以決疑,能案章覆問,才任御史;四曰剛毅多略,遭事不惑,明足照姦,勇足決斷,才任三輔令。'《後漢書·黃瓊傳》:'瓊以前左雄所上孝廉之選,專用儒學文吏,乃奏增孝悌及能從政者為四科。'案,《漢官儀》'二曰經明行修,能任博士',即西漢明經科也;《黃瓊傳》'儒學文吏',即《左雄傳》'諸生試家法,文吏課牋奏'也。諸生試家法,又即西漢明經科也。"

[5]見《儒林傳》贊。

[6]《漢書·高帝紀》:"必身勸,為之駕。"注:"文穎曰:'有賢者,郡守身自往勸勉,令至京師,駕車遣之。'"

[7]《新唐書·選舉志》:"皆懷牒自列於州縣。"

唐制,有秀才、明經、進士、明法、明字、明算六科。[1]宋則有進士、明經、明法科,而無秀才、明字、明算科。[2]其明經科,即本漢之明經科。[3]唐六科外,又有制科[4],或云六十三科[5],或云七十六科[6],宋亦增置至九科[7],又皆廢置不常,即本漢之明經科外,又有賢良、孝廉等科[8],而徵舉、勸駕之法蕩然無復存矣。然則法漢唐宋之分科,漢郡國徵舉、勸駕,猶存《周禮》賓興遺法。[9]其法簡質而不易行,賢良、孝廉等科,唐宋相承用之,亦或舉或廢,不常行。惟漢之明經科,歷唐宋,互有損益,為歲舉常選之科。[10]宋雖別設博學宏詞科[11],而開國時已停唐之明字、明算二科[12],舍小學而專談經義,早已啟南宋空疏之漸。擇其法之善而可行者,莫如唐之六科。

【校箋】

[1]唐劉肅《大唐新語》:"隋煬帝制明經、進士二科。國家因隋制,增置秀才、明法、明字、明算,并前,為六科。"

[2]《宋史·選舉志》:"設進士、明經、明法等科。"案,《宋志》又云:"神宗取

明經，人數增進士額。"是併明經為進士科也。宋葉石林《避暑錄話》："唐制，取士用進士、明經二科。本朝初，用進士。其罷明經，不知自何時。嘉祐三年，始復明經科。則仁宗以前，本無明經科，止有進士科矣。"

[3]《新唐書·選舉志》："明經之別，有五經，有三經，有二經，有學究，有一經，有三禮，有三傳。"《宋史·選舉志》："九經，五經，開元禮，三史，三禮，三傳。"案，與《漢書·儒林傳》"能通一藝以上補文學掌故缺"同。

[4]《新唐書·選舉志》："其天子自詔者曰制舉，以待非常之才。"

[5]《唐科名記》："六十三科。"

[6]宋晁公武《讀書志》："《唐制舉科目圖》一卷，凡七十六科。"

[7]宋徐度《卻埽編》："國朝制科，初因唐制，有賢良方正、能直言極諫，經學優深、可為師法，詳明吏理、達於教化，凡三科。景德中，又詔置賢良方正、能直言極諫，博通墳典、達於教化，才識兼茂、明於體用，武足安邊、洞明韜略、運籌決勝、軍謀宏遠、材任邊寄，詳明吏理、達於從政等，凡六科。天聖七年，又置高蹈邱園、沈淪草澤、茂才異等，凡三科。

[8]《舊唐書·馬懷素傳》："擢進士第，又中文學優贍科。"《歸崇敬傳》："擢明經，舉博通墳典科。"《邵氏聞見錄》："富公初游場屋，穆伯長謂之曰：'进士不足以尽子之才，当以大科名世。'公（逐）[遂]以贤良方正登第。"案，与汉之先举明经科而后举贤良、孝廉等科者同。

[9]見《大司徒》。

[10]《新唐書·選舉志》"明經之別"云云，此歲舉之常選也。

[11]《宋史·選舉志》："紹聖初，置宏詞科。高宗立博學宏詞科。"

[12]《新唐書·選舉志》"凡《書學試說》《文字林》"云云，"《算學》《試九章》"云云。案，書學、算學即明字、明算二科也。

河间献王学行考

慈　谿　费德宗

六藝[1]遭秦火之餘，聖學幾乎滅絕。大漢開元，高帝於干戈戎馬間，起修禮樂，讓而未遑。孝文、孝景，治術日臻，而又陷溺於黃老之邪說。於虖，聖學弗光久矣！

王子分藩，河間就國。禮賢下士，勤學聚書。此千百年來所罕覯，況當邪說從衡、七畧未著之先者乎！謹桉[2]獻王，景帝之庶，栗姬所出。前二年立，立二十六年而薨[3]。

當是時，六藝[4]散而復集，王喜脩學好古，得書多與漢廷等。《景十三王傳》曰："書皆古文。先秦舊書《周官》《尚書》《禮》《禮記》《孟子》《老子》之屬，皆經傳說，記七十子之徒所論也。"鄭君《六藝[5]論》："河間獻王古文《禮》五十六篇，其十七篇與高堂生所傳同，而字多異。"《記》百三十一篇，又《周禮》六篇，鄭亦繫之獻王，與本傳合。陸德明《釋文敘錄》云："河間獻王好古，得古《禮》，獻之。"或曰："獻王開獻書之路。"時有李氏，上《周官》五篇，失《事官》一篇，購之不得，取《考工記》以補之。或者，疑詞也，不知班、鄭已有明據，無所容疑也。《周官》為周公致太平之道，傳列諸書之首，明王所得，厥功甚偉。毛萇親為博士作《故訓傳》，獻王號之曰《毛詩》；《公羊》《穀梁》已[6]立學官，《左氏》猶在人間，皆未顯著，乃立《毛氏詩》《左氏春秋》博士。王之識，何卓卓也！

王自著書，《藝文志》有《對上下三雍宮》三篇。與毛生等共采《周官》及諸子，作《樂記》，授王禹，名曰《王禹記》二十四篇。又《河間周制》十八篇，注："似河間獻王所述。"[7]采輯禮樂古事，增至五百餘篇。[8]近時戴吉士作《傳經考》，刻石、祠壁皆未摻錄，豈如顏芝本《孝經》，疑其非歟？然史俌王舉六藝[9]入朝，獻雅樂，對詔策，所問三十餘事，悉不傳，則皆不得而知矣。此王之所學，有如此者。

《史記·五宗世家》："景帝前二年，用皇子為河間王。好儒學，被服、造次必於儒者，山東諸儒多從之游。"語雖簡畧，能括王一生之大凡。《漢書傳》："王實事求是，修禮樂，被儒服，四方道術之士，不遠千里。是時，淮南王安亦好書，所招致，率多浮辨，相區天壤。卽楚元王交，亦莫之能逮也！"又《史記集解》引《漢名臣奏》杜業奏曰："河間獻王經術通明，積德累行，天下雄俊眾儒歸之。孝武帝時，獻王來朝，被服、造次必於仁義，問以五策，獻王輒對無窮。孝武艴然難之，謂獻王曰：'湯以七十里，文王以百里，王其勉之！'王知其意，歸卽縱酒聽樂，因以終。"信斯言也！知其恪恭畏敬，固非信陵之比；而不享其年，惜哉！故其時中尉常麗目聞曰："王身端行治，溫仁恭儉，篤敬愛下，明知深察，惠於鰥寡。"而大行令奏諡法曰："聰明睿知曰獻。"固可與劉子卷、魯侯具後先媲美也！此王之立行，有如此者。

又按[10]司馬光《資治通鑒》，其論曰："景帝十四子，栗太子廢，獻王為長，嚮若遵大義而屬重器，則帝王之治復還矣！”朱子《綱目》：“河間王來朝，獻雅樂，對詔策，為全書之特筆。”劉友益《書法綱目》：“不皆卒諸侯；德卒於國，何以書？賢之也，賢其獻雅樂、對詔策也！”黃文潔《日抄》偁其於諸王中最賢，其學甚正，當時士大夫尠有及之者。嗟乎，諸賢之推崇如此，而學問之優、德業之懋，古今無異議者，班固謂“大雅不羣”，溫公謂“六藝[11]之功臣”，猶未足盡之矣！

當漢之季，諸侯王動以百數，率多驕淫失道，沈溺放恣，未有如獻王之矯矯者。夫士以通經致用，治國治家胥本乎道，未有晏安鴆毒，可保富貴者也！若獻王者，庶幾無愧，而況聖道賴以不墜、後學得所效瀍乎！同治間，河南學臣費延釐，奏請從祀文廟。詔曰：“可。”於以見聖朝崇尚碩學。猗與偉與，謹為攷其學行，臚陳若此，使萬世窮經之士有所勸。

【校箋】

[1][4][5][9][11] 六藝：原作“六萩”，茲徑予改正。

[2][10] 按：原作“桉”，茲徑予改正。

[3] 案，《漢書‧武帝紀》：“元光五年正月，河間王德薨。”《綱目》作六年，誤。

[6] 已：原作“巳”，茲徑予改正。

[7] 見儒家。

[8] 見《禮樂志》。

河間獻王學行考

慈谿　林頤山

《史記‧五宗世家》：“河間獻王好儒學，被服、造次必於儒者，山東諸儒多從之游。”《集解》引《漢名臣奏》杜業奏：“獻王經術通明，積德累行，似詳於學而畧於行。”《漢書‧景十三王傳》：“獨中尉常麗，奏王身端行治，溫仁恭儉，篤敬愛下，明知深察，惠於鰥寡，又似止詳於行。”《史記集解》：“獻王朝，問以五策，輒對無窮，孝武觕然難之，謂獻王曰：‘湯七十里，文王百里，王其勉之！’王知其意，歸即縱酒聽樂，因以終。”蓋王遭孝武疑忌，不得大展其所行。以故，本傳紀載王好儒學事，大旨有三，而行轉因學而見。

一曰得古書。《漢書》本傳：“是時所得書皆古文，先秦舊書《周官》《尚書》

《禮》《禮記》《孟子》《老子》之屬，皆經傳說記，七十子之徒所論。"案《釋文序錄·鄭六藝論》："後得河間獻王《古文禮》五十六篇[1]、《記》百三十一篇[2]、《周禮》六篇[3]，止有《周官》《禮記》而不及《本傳》《尚書》《孟子》《老子》。"《匡謬正俗》董勛曰："諸奇書《左傳》《周禮》之屬，悉從河間王所得。"《史記索隱》[4]："今文《孝經》，獻王所得顏芝本。"則《左傳》《孝經》又出本傳所得書以外，其得古書之可考者如此。

二曰立博士。《漢書》本傳："學舉六藝，立《毛氏詩》《左氏春秋》博士。"案《儒林傳》："毛公，趙人，治《詩》，為河間獻王博士。"[5]張倉、賈誼、張敞、劉公子為《左氏傳》訓故，以授趙人貫公，為河間獻王博士[6]，則即本傳所稱毛氏左氏博士，而《藝文志》："毛公之學，自謂子夏所傳，而河間獻王好之，未得立。"《春秋左氏》卷首《正義》："河間獻《左氏》，議立左氏學。公羊之徒上書訟，左氏學不立。"乃是武帝時，京師國學，止立《詩》魯齊韓、《春秋》公羊博士，猶未及立毛氏博士。其立博士之可考，都如此。

三曰獻樂對策。《漢書》本傳："武帝時，獻王來朝，獻雅樂，對三雍宮及詔策所問三十餘事。"案《藝文志》："河間獻王與毛生等共采《周官》及諸子言樂事者，以作《樂記》，獻八佾之舞，與制氏不相遠。"[7]知所獻雅樂，即本《周官》、諸子。《藝文志》儒家："河間獻王《對上下三雍宮》三篇。"《三輔黃圖》五："漢辟廱，在長安西北七里，河間獻王來朝，獻雅樂，武帝對之三雍宮，即此。"知對三雍宮，即因長安辟廱。《說苑·君道》兩引河間獻王言。[8]《建本》又兩引河間獻王言[9]，其言皆論堯、舜、禹、湯、管仲治術，或即詔策所問三十餘事之軼文。獨《春秋繁露·五行對》："河間獻王問，溫城董君對[10]：'河間獻王所稱悅目、悅耳、悅心。'[11]《韓（諸）[書]外傳》引作'《傳》曰'云云[12]，知非策問中語，或即兼見《藝文志》所稱《河間周制》十八篇中語。"[13]但《藝文志》云"似河間獻王所述"，而本傳不載。其獻樂、對策及所著書之可考者，如此。

凡此，皆因學以見其行。而《漢書》本傳稱其"修學好古，實事求是"，誠非淮南王安所能比。司馬溫公贊河間獻王："若屬重器，煥然帝王之治復還。"朱子嘗引胡氏言："使河間獻王為君，董仲舒為相，汲黯為御史大夫，則漢治必盛。"茅氏鹿門謂："六藝之書，至始皇一大阨。至河間獻王，則又一解。"其學行見重於諸先儒之可考者，又如此！

【校箋】

[1]《藝文志》：“《禮古經》者，出於魯淹中。《禮記》卷首《正義》：‘武帝時，河間獻王得古《禮》五十六篇，獻之。’”

[2]《隋書・經籍志》：“漢初，河間獻王又得仲尼弟子及後學者所記一百三十一篇。”

[3]《釋文序錄》：“河間獻王開獻書之路，時有李氏上《周官》五篇，失《事官》一篇，乃購千金不得，取《考工記》以補之。《禮記》卷首《正義》：‘《漢書》說河間獻王開獻書之路，得《周官》五篇，失《冬官》一篇，乃購千金不得，取《考工記》以補其闕。’”

[4]據東原《集傳經考》引。

[5]陸璣《毛詩疏》：“毛萇為河間獻王博士。”《釋文序錄》：“小毛公為河間獻王博士。”

[6]《釋文序錄》：“賈誼授貫公，為河間獻王博士。”

[7]《伏生大傳》：“《咎繇謨傳》引《樂經》，疑卽河間獻王所本。”

[8]《說苑・君道》：“河間獻王曰：‘堯存心於天下’云云。河間獻王曰：‘禹稱民無食’云云。”

[9]《說苑・建本》：“河間獻王曰：‘湯稱聖王之道者’云云；河間獻王曰：‘《管子》稱倉廩實’云云。”

[10]《春秋繁露・五行對》：“河間獻王問溫城醫董君曰：‘《孝經》曰’云云。”

[11]《春秋繁露五・行對》：“王曰：‘善哉衣服容貌者’云云。”

[12]《韓書外傳一》：“《傳》曰：‘衣服容貌者’云云。”

[13]《藝文志》儒家：“《河間周制》十（八）篇，似河間獻王所述也。”

《包孝肅奏議》書後

慈谿　費德宗

《孝肅奏議》十卷，為其門人張公載所編，凡三十一門。謹案《四庫提要》云：“門分三十。”豈其誤合《明體》《明禮》為一乎？[1]又曰：“田《敍》亦偁十卷。”據以駁《宋志》之誤。不知陳伯玉《書錄題解》亦作十卷，則其誤固顯然也。前明正統、嘉靖、萬曆時，凡四刻，皆有《敘》與《跋》。[2]

公登天聖五年進士，當是時，仁宗享國日久，天下無事，雖有契丹、元昊、儂智高，而韓、范、狄青諸賢具在，不足為憂也。余謂最重者，莫如早建皇子一事。卽公之大節見於奏議者，亦莫如此一事。[3]顧羣臣亦有進言者，賢如魏國，帝且不答。得公一言，而喜曰：“徐當議之。”非公之德，足以格君之心，烏乎及此？史偁公數請立皇嗣，及陳教養宗室之法。今攷《集》中僅錄一疏，豈尚有遺漏未編與？使有遺漏，田氏之編，又誤矣。[4]當公之建言時，帝曰：”卿欲立誰？”公謂：“臣年行六十，且無子，非邀後福者。”蓋公亦撫養猶子，故其言切實，能動帝聽有如此。《宋史》本傳：“子名誕。”與張氏所偁“大祝君字”相應。[5]而公之《家訓》，則名“珙”。按吳曾《能改齋漫錄》所載，自“後世子孫”至“非吾子孫”都三十七字，其下押字又“仰珙”。刊石豎於堂壁，都十四日。吳曰：“珙者，孝肅之子也。”詳審如此，必無誤。其或後日改名歟？為坿考於此。【其後兩頁，原書闕。】

【校箋】

[1] 今合肥李氏刊本“明禮門”目錄亦誤。“體”，《集》中不誤。

[2] 正統丙辰，豫章胡儼《敘》；嘉靖乙卯，滁陽胡松《敘》，豐城雷遠《跋》；萬曆己丑，溫陵朱天應《跋》；甲寅，閩漳戴熺《敘》。

[3] 疏見“致君門”。此外，“應詔”“任相”“言災異”“明體”“明禮”“戒漸”“慎命令”“論功”“論賞”“慎差”“除選舉”“擇官”“省官”“去刻薄”“抑僥倖”“慎刑”“正刑”“明禁”“去妖妄”“按劾”“辯理”“民事”“寬恤”“戒興作”“興利”“言財利”“議兵”“議邊”“糧道”“求退”，都三十一門。

[4] 公劾張方平、宋祁兩疏未編入，汪氏應辰曾議之。

[5] 《爾疋釋詁》：“誕，大也。”張《敘》偁奏議得於嗣子大祝君。

文廟櫺星門考

餘　姚　黃維瀚

文廟之有靈星門，非古也，由宋始也！“靈星”之誤為“櫺星”，非今也，由元始也。案，靈星卽天田星。東方角，宿二星，左角為天田，其南為太陽道，右角為將，其北為太陰道。蓋天之三門也。《詩·絲衣篇》小序云：“繹，賓尸也。”《高子》曰：“靈星之尸也。”自漢高祖始詔天下祀靈星，祭天者先祭靈星焉。《宋史·禮志》："仁宗天聖六年，築南郊壇外壝，周以短垣，置靈星門。"夫郊壇所以祭天，其門名靈星者，取角宿三門說，象天體也。至景定間，始移用之于文廟，殆以聖配天，所以尊天者，尊聖焉云爾。而《元志》誤"靈"為"欞"，則失其意。後儒曲為之解，謂靈星為天田、置門於文廟前者，取先養後教之意，已與命門之義相左矣！然猶知取名於靈星，則其本意猶未亡也。逮後承而用之，不察其始，以為取義於"疏通"，與窗欞之"欞"等，則全失其古義，不亦謬與？《韻會》"欞"同"櫺"，今直書為"櫺"云。

戰國職官考

慈　谿　林頤山

《漢書·百官表》止載秦官，不及六國、東西周。《國策》《史記注》已[1]知秦所置官，六國、東西周已有之，特錯舉一二，語焉不詳。今考《國策》《史記》及大小《戴記》、周秦諸子等書所載戰國職官，匪特秦所置官多與《漢表》合，卽六國、東西周所置官，亦類與《漢表》秦官合。故雖誰創誰因，不能盡考其原委，而六國、東西周所置官與《漢表》秦官合，止據《漢表》以約取之；不與《漢表》秦官合，又必據《周禮》《春秋傳》等書以備徵之也。但職官必有所屬而尊卑始分，《周禮》有六官之屬，《漢表》秦官亦有屬官，杜元凱《春秋釋例》無職官例，獨《春秋傳》無官屬可考。其合於《周禮》者，類考於周則依《周禮》序官所屬為次；其合於《漢表》者，類考於秦則依《漢表》秦官所屬為次；其不合於《周禮》《漢表》而合於《春秋傳》或並不合於《春秋傳》者，分考於周、秦等國，亦止詳前以畧後，則東西周、秦、齊、楚、趙、韓、魏、燕、宋、衛、中山，仍依劉中壘所錄《國策》三十三篇為次，而《國策》外，若魯、鄭、滕、鄒、巴、蜀之職官，旣可比類以從，卽戰國時職官、列爵之等，亦可連類而及矣。《漢書·百官表》："漢承秦，制二十等爵。"及位三公、位上卿，秩若千石，班孟堅不別立表。謹援其例，考之如左。

周

相、相國

　　謹按，《呂覽·審應》："公子逪相周。"《公羊隱五年傳》："三公者何？天子之相也。"秦、齊、楚、趙、魏、韓、燕、宋、衛、中山、魯、鄭，或單稱相，詳見秦，則猶依周舊官矣。《周官》以三公為相，不名相國。《周本紀》有周相國，詳見秦。

保傅、太傅、師

謹按,《呂覽·博志》:"甯越學十五歲,周威公師之。"注:"周威公,西周君。"《周官》:"三公為相,亦為太保、太傅、太師。"《呂覽·直諫》:"葆申曰:'先王卜以為葆吉。'"注:"葆,太葆。"《說苑·正諫》"葆"正作"保",是楚猶依周置太保也。《趙策》:"趙王立周紹為傅。"又:"肥義傅王,燕策太傅。"鞠武《華陽國志·蜀志》:"蜀王遯走,其傅退至逢鄉。"是趙、燕、蜀猶依周置太傅也。《呂覽·察賢》:"魏文候師卜子夏。"是魏猶依周置太師也。《大戴記》:"保傅:太保、太傅、太師,三公之職。"注:"《周禮》說,與此同。"據《周禮·地官序》官保氏疏引鄭《志》,知鄭以周公未作《周禮》以前三公為太保、太傅、太師,《周禮》則別有師氏、保氏,非復三公為之也。今盧注云"《周禮》說,與此同",既非後鄭義,當是杜、鄭、賈、馬義矣。《周禮·地官·序官二》"鄉公一人"注:"六鄉則公有三人。三公者,內與王論道。"

右三公,《周禮》序於教官之屬。

太子傅、世子傅

謹按,《周官》:"三孤為少保、少傅、少師。"《呂覽·壅塞》:"齊王欲以髡傅太子。"《韓詩外傳三》:"魏翟黃曰:'君欲置太子傅。'"《孟子·滕文公上》注:"然友,世子之傅。"是齊、魏、滕猶依周置少傅也。《大戴記》:"保傅置三,少皆上大夫,曰少保、少傅、少師,是與太子宴者也。"注:"卿也,謂之孤。"《周禮·考工記》"九卿治之"注:"三孤佐三公論道。"

右三孤,《周禮》序於事官之屬。

將軍、大將軍、大將、上將、軍將、右軍、左軍、中軍

謹按,《周官·制軍》:"六卿為六軍,大國三軍,軍將皆命卿。"《淮南道應》:"夜解齊將軍之幬帳。"《楚世家》:"使一將軍西受封地。"又:"將軍景缺。"又:"將軍景陽。"《張儀傳》:"楚將軍屈匄。"《白起傳》:"秦殺其將軍項燕。"《淮南道應》:"楚王予以將軍之節。"《趙世家》:"秦虜將軍趙莊。"又:"廉頗將軍。"又:"將軍司馬尚。"《韓非子·十過》:"趙令將軍先至晉陽。"《魏世家》:"將軍公子卬。"《商君傳》:"魏將軍龐涓。"《魯仲連傳》:"魏將軍晉鄙。"《韓非子·外儲》:"魏襄王養之以五乘將軍。"《燕世家》:"將軍市。"《新序·雜事》:"燕騎劫為將軍。"《孟子·告子下》:"魯欲使慎子為將軍。"

《華陽國志·巴志》："巴將軍蔓子請師於楚。"是齊、楚、趙、魏、燕、魯、巴，倒軍將為將軍也。《趙世家》："趙祒為右軍，許鈞為左軍，公子章為中軍。"是趙分三軍為右軍、左軍、中軍也。《孫武傳》："齊以田忌為將。"《說苑·尊賢》："齊將田瞶。齊使申孺將。齊使田居將。齊使眄子將。"《呂覽·處方》："齊令章子將。荊令唐蔑將。"《韓非子·內儲》："衛君，荊將。"《吳起傳》："魏文侯以為將。"《韓非子·外儲》："左吳起為魏將。"《說苑·復恩》："吳起為魏將。"《中山策》："樂羊為魏將。"《韓非子·說林》："樂羊為魏將。"《說苑·貴德》："樂羊為魏將。"《淮南·人間》："魏將樂羊。"《呂覽·無義》："魏使子印將。"《韓非子·內儲》："宋石，衛將。"齊、楚、魏、衛，或不言將軍，而單言將。《說苑·指武》："田單為齊上將軍。"《魏世家》："太子申為上將軍。"《信陵君傳》："魏王以上將軍印授公子。"《燕世家》："以樂毅為上將軍。"《楚世家》："大將軍屈匄。"齊、魏、燕、楚又不言右軍、左軍、中軍，而言上將軍、大將軍。據《呂覽·樂成》："魏攻中山，樂羊將文侯曰：'令將軍視之。'"《說苑·復恩》："魏攻中山，樂羊將文侯曰：'令將軍視之。'"知將即將軍。據《趙世家》："大將李牧。"《趙奢傳》："趙以李牧為大將軍。"知趙之大將即大將軍，則齊、楚、趙、魏、燕、衛、魯、巴制軍命將，雖名號間有不同，其實猶依周置之矣。《周禮·夏官·序官》："凡制軍，王六軍，大國三軍，次國二軍，小國一軍，軍將皆命卿。"

右制軍、命將，《周禮》序於政官之屬。

太宰

謹按，周官也。《韓非子·內儲》"戴驩為宋太宰"，則宋猶依周置太宰矣。《周禮·天官·序官》"乃立天官冢宰"注："冢宰，太宰。"

醫

謹按，周官也。《孟子·公孫醜下》："王使人問疾，醫來。"《韓詩外傳十》："鄭醫秦，越人。"則齊、鄭猶依周置醫官矣。《周禮·天官·序官》"醫師"注："眾醫之長。"

館人

謹按，《周官》有掌舍、掌次幕人，即館人也。《孟子·盡心下》："滕，館人。"據《儀禮·聘禮》注："管，猶館也。"古文管作官，《易》："隨釋文官蜀，才作館。"館人掌次舍、帷幕。疏："天官有掌舍掌次幕人，諸侯兼官。"故摠言之，則滕置館人,猶依周置之矣。《周禮·天官·序官》:"掌舍幕人,掌次注舍行所解止之處,幕帷覆上者,次自脩之處。"

內

謹按,《周官》有內宰,即內官也。《韓策》:"公仲好內。"據《齊世家》"內寵",《集解》杜預曰:"內官之有權寵者。"則韓置內官猶依周置之矣。《周禮·天官·序官》"內宰"注:"宮中官之長。"

□

謹按,《西周策》:"陽□與焉。"□為豎之俗字,亦周官也。《周禮·天官·序官》"內豎"注:"豎,未冠者之稱。"

右《周禮》治官之屬。

司徒

謹按,周官也。《魏策》:"魏之司徒。"又:"使司徒執范痤。"《呂覽·應言》:"孟卬求司徒於魏王。"據左桓六年傳:"晉以僖侯廢司徒。"則魏自分晉以後,又依周置司徒矣。《周禮·地官·序官》:"乃立地官司徒。"

封人

謹按,周官也。《呂覽·開春》"韓封人子高"注:"職在封疆,故謂之封人。"則韓猶依周置封人矣。《周禮·地官·序官》"封人"注:"聚土曰封,謂壝堳埒及小封地疆也。"

監門

謹按,《周官》有司門、司關,即監門也。《齊策》:"監門閭里。"《楚策》:"上蔡監門。"《韓非子·內儲》:"上蔡監門。"《甘茂傳》:"下蔡監門。"《秦策》:"梁監門子。"《韓詩外傳二》:"魯監門之女。"據《信陵君傳》,侯嬴為大樑夷門監者,侯生曰:"嬴乃夷門抱關者。"《孟子·萬章下》:"抱關擊柝。"注:"監門之職。"知監門抱關,即《聘禮疏》所謂諸侯兼官者。詳《館人下》。則齊、楚、魏、魯置監門,猶依周置司門、司關矣。《周禮·地官·序官》"司門司關"注:"司門若今城門校尉,關界上之門。"

虞人

謹按,《周官》有山虞、澤虞,即虞人也。《韓非子·外儲左》:"魏文侯與虞人期獵。"據《聘禮疏》諸侯兼官詳《館人下》,則魏置虞人,猶依周置山虞、澤虞矣。《周禮·地官·序官》:"山虞、澤虞。"左哀十四年傳注:"虞人掌山澤之官。"

舍人

謹按，周官也。《齊世家》："使賓客、舍人出入後宮。"《齊策》："楚有祠者，賜其舍人。"《楚世家》："有遺其舍人酒者。"《張儀傳》："蘇秦說趙王，告其舍人。"《平原君傳》："門下舍人。"又："勝之舍人。"《廉頗傳》："藺相如為繆賢舍人。"《藺相如傳》："舍人相與諫。"《說苑·奉使》："魏舍人趙倉唐。"又："魏文侯使舍人毋擇。"《韓非子·外儲右》："潘壽見燕王曰：'私門之舍人。'"則齊、楚、趙、魏、燕，猶依周置舍人矣。《周禮·地官·舍人》"舍人"注："舍猶官也，主平宮中，用穀者。"

右《周禮》教官之屬。

太師

謹按，周官也。《呂覽·君守》："鄭太師文，終日鼓瑟。"則鄭猶依周置太師矣。《周禮·春官·序官》"太師"注："凡樂之歌，必使瞽矇為焉，命其賢知者以為太師。"

太卜、卜者

謹案，周官也。《東周策》"趙太卜"，《田完世家》"卜者出"，則齊、趙猶依周置太卜矣。《周禮·春官·序官》"太卜"注："卜，筮官之長。"

筮、筮史

謹案，《周官》有筮人，卽筮與筮史也。《趙世家》"王召筮史"，《韓世家》謂"陳筮"，則趙置筮史，韓置筮，猶依周置筮人矣。《周禮·春官·序官》"簭人"注："問蓍，曰：'筮其占易。'"

太史、史

謹案，《呂覽·不屈》："匡章曰：'請令周太史更著其名。'"是周官也。《田完世家》："太史敫。"《呂覽·士容》："唐尚為史，說惠王。"注："魏文侯之孫。"《韓策》："史舍。"《宋策》："使史占之。"《新序·雜事》："宋康王使史占之。"則齊、魏、韓、宋，猶依周置太史矣。《周禮·春官·序官》"太史"注："史官之長。"

內史

謹案，周官也。《趙世家》"徐越為內史"，則趙猶依周置內史矣。《周禮·春官·序官》："內史。"

御史

謹案,周官也。《藺相如傳》:"召趙御史。"《趙策》:"使臣獻書於大王御史。"則趙猶依周置御史矣。《周禮·春官·序官》"御史"注:"御猶侍也,進也。"

右《周禮》禮官之屬。

司馬、大司馬、左司馬、左右司馬

謹案,周官也。《西周策》:"司馬翦謂楚王。"《新序·節士》:"張儀貨司馬子椒。"《楚策》:"遣昭常為大司馬。"又:"使左司馬營壁地。"《說苑·尊賢》:"楚相國、將軍,為左、右司馬。"據《左襄十五年傳》:"蓮子馮為大司馬。"《文十年傳》:"公復遂為右司馬,子朱文之無畏為左司馬。"則楚有大司馬、右司馬、左司馬,猶依周大小司馬,分置為三矣。《趙策》:"使左司馬。"則趙有左司馬,亦必有右司馬,猶依周置大小司馬矣。《周禮·夏官·序官》:"乃立夏官:司馬、大司馬、小司馬。"

庶子

謹案,《周官》有諸子,卽庶子也。魏有中庶子、御庶子,詳見秦,則魏猶依周舊官矣。《周禮·夏官·序官》"諸子"注:"或曰庶子。"

圉人

謹案,周官也。《呂覽·淫辭》"荊莊伯問圉人",則楚猶依周置圉人矣。《周禮·夏官·序官》"圉師、圉人"注:"養馬曰圉。"

右《周禮》政官之屬。

司寇

謹案,周官也。《趙世家》"李兌為司寇",則趙猶依周置司寇矣。《周禮·秋官·序官》:"乃立秋官司寇。"

士師

謹案,周官也。《孟子·公孫丑下》謂蚳鼃曰:"子之辭靈邱而請士師。"則齊猶依周置士師矣。《周禮·秋官·序官》"士師"注:"士,察也。主察獄訟之事者。"

行人

謹案,周官也。《趙策》:"趙王,行人見之。"則趙猶依周置行人矣。《周禮·秋官·序官》:"大行人,小行人。"

主客

　　　　謹案，《周官》有掌客，即主客也。《滑稽傳》："齊以髡為諸侯主客。"據《夏官》注："諸子或曰庶子例。"詳庶子下。則齊置主客，猶依周置掌客矣。《周禮·秋官·序官》："掌客。"

　　　　右《周禮》刑官之屬。

司空

　　　　謹案，周官也。《呂覽·開春》："韓氏城新城，段喬為司空。"《衛策》："司空狗。"則韓、衛猶依周置司空矣。《周禮·考工記》疏《鄭目錄》云："立司空，使掌邦事。"

匠人

　　　　謹案，周官也。《淮南·人間》："高陽魋問匠人。"注："高陽魋，宋大夫。"則宋猶依周置匠人矣。《周禮·考工記》攻木之工"匠"疏："匠人為宮室、城郭、溝洫之等。"

冶者

　　　　謹案，《周官》有冶氏，即冶者也。《韓非子·外儲左》"冶者謂燕王"，則燕猶依周置之矣。《周禮·考工記·攻金之工》"冶"疏："冶氏，為戈戟。"

玉人

　　　　謹案，周官也。《新序·雜事》："玉人獻寶，楚王誅之。"《韓非子·說難》："楚厲王使玉人相之。"則楚猶依周置玉人矣。《周禮·考工記》刮摩之工"玉"疏："玉人，造圭璋之等。"

廥夫、嗇夫

　　　　謹案，《東周策》"廥夫空"，是周官也，廥為嗇之借。《魏策》："為見者嗇夫。"則魏猶依周置之矣。《儀禮·覲禮》"嗇夫承命"注："嗇夫，蓋司空之屬。"

　　　　右《周禮》事官之屬。

上卿、亞卿、卿、三卿、上大夫、列大夫、長大夫、國大夫

　　　　謹案，《周禮·考工記》"九卿朝焉"注："六卿、三孤為九卿。"但"春官大宗伯"注，以六命為卿，八命為三公，九命為上公，三公有上公，九卿獨無上卿者；序官有中大夫、下大夫，無上大夫，上大夫即是卿，故《周禮》無上卿也。若諸侯之卿，有頫聘竝會之序，爵位又不得不分，故《禮記·王制》："卿

- 91 -

有上中下也。"次國之上卿云云。《孟子·公孫丑下》:"為卿於齊。"《楚策》:
"趙以為上卿。"《韓詩外傳四》:"趙以為上卿。"《虞卿傳》:"為趙上卿。"
《新序·雜事》:"魏召翟黃,拜為上卿。"《燕策》:"使臣為亞卿。"《華陽國志
·巴志》:"楚以上卿禮葬,巴亦以上卿禮彼。名號雖間有不同,其實亦依
《周禮》也。"《荀卿傳》:"齊尚修列大夫之缺。"《荀子》卷末:"臣向言齊襄王
時,尚修列大夫之缺。"《韓詩外傳九》:"梁王曰:'寡人以上大夫之祿要先
生。'"據《孟荀傳》,髡以下皆曰列大夫;《田完世家》作上大夫,知列大夫即
上大夫。據《韓非子·內儲》:"吳起令曰:'任之國大夫。'"《呂覽·慎小》
"作長大夫"注:吳起為魏西河守。"長大夫、上大夫。"知國大夫、長大夫皆上大
夫。據《說苑·復恩》:"髡為上卿。"《田完世家》《孟荀傳》作上大夫、列大
夫,知國大夫、長大夫、列大夫,皆即上大夫卿。《王制·諸侯》"上大夫卿"
注:"上大夫曰卿。"然則頻聘蒞會之序,諸侯之卿分上中下;制祿爵之等,諸
侯之卿不分上中下,據鄭《注》義。上大夫即是卿。齊、楚、趙、魏、燕、巴,亦猶
依周置之矣。《孟子·告子下》:"髡曰:'夫子在三卿之中。'"齊猶依周,大
國置三卿矣。《周禮·天官·序官》注:"王之卿六命。"《禮記·王制》注:
"《周禮》:公侯伯之卿,三命;子男之卿,再命。"

五官大夫、即墨大夫、蓋大夫、平陸大夫

謹案,《周禮·序官》:"中大夫、下大夫,是天子大夫也。"《天官·太宰》
"設其參傅其伍"注:"參謂三卿,伍謂大夫五人,是諸侯三卿五大夫也。"《齊
策》:"五官之計。"《韓非子·十過》:"趙襄子曰:'五官之藏。'"《荀卿傳》:
"墨翟,宋大夫。"據《禮記》"曾子問"注:"五官大夫,典事者。"知齊、趙五官,
宋大夫為五大夫,非三卿矣。《田完世家》:"即墨大夫。"《田單傳》:"即墨大
夫出與戰。"《孟子·公孫丑下》"蓋大夫"王驩注:"治蓋,大夫。""平陸大夫"
注:"治邑,大夫。"據《地官·載師》注:"公邑,天子使大夫治之,其中大夫如
州長,下大夫如縣正。"而《儀禮·鄉射禮》注:"以諸侯州長為士。"即諸侯縣
正,亦為士。齊借王使大夫治公邑,知中大夫、下大夫治之,亦非上大夫卿
治之矣。《周禮·天官·序官》注:"王之大夫,四命。"《禮記·王制》注:"公
侯伯之大夫,再命;子男之大夫,一命。"

士大夫

謹案,大夫詳見上士。則上士、中士、下士,天子與諸侯同也。《中山

策》：“中山君饗都士大夫。”據《周禮》，中山為小國，士不命，但不可例於戰
國時耳。《周禮·天官·序官》注：“王之士，以三命而差。”夏官大宗伯注：
“列國之士，一命。”

右《周禮》爵位、命數。

秦

相國、丞相、左右丞相、相

謹案，《秦策》：“有非相國之人者乎？”《史記·穰侯傳》：“穰侯為相國。”
《呂不韋傳》：“尊不韋為相國。”《呂覽·無義》：“樗里相國。”是秦有相國也。
《秦本紀》：“樓緩為丞相。”《呂不韋傳》：“不韋為丞相。”《李斯傳》：“李斯為
丞相。”《新語·辨惑》：“趙高駕鹿從行，王曰：‘丞相何為駕鹿？’”是秦有丞
相也。《秦策》：“衛鞅為相。”《范雎傳》：“范雎為相。”《呂覽·報更》：“張儀
至秦，惠王相之。”是秦相國、丞相，或單稱相也。《周本紀》：“周令其相國之
秦。”《西周策》：“相國御展子。”鮑注：“楚相。”《始皇紀》：“相國昌平君。”《索隱》：“楚
相。”《說苑·尊賢》：“楚相國、上將軍。”《趙世家》：“相國公仲連。”又：“肥義
為相國。”又：“相國樂毅。”又：“相國廉頗。”《樂毅傳》：“趙王以相國授樂
毅。”《趙奢傳》：“廉頗為假相國。”案，《趙世家》“假相大將武襄君”，疑戰國、秦漢言假，猶
之後世言權也。《呂覽·知度》：“趙相國曰。”《韓世家》：“韓相國謂陳筮。”《西
周策》：“韓相國公仲。”《周本紀》：“見韓相國。”《集解》：“相國，秦官，諸國共放秦
也。”《韓非子·外儲左》：“郢人遺燕相國書。”

秦有相國而周、楚、趙、韓、燕亦有相國。

《趙策》：“官之丞相。”《魏世家》：“是欲得丞相璽也。”《趙世家》：“燕王
令丞相栗腹。”秦有丞相而趙、魏、燕亦有丞相。《田完世家》：“騶忌子受相
印。”《新序·雜事》：“騶忌見齊宣王，拜以為相。”《孟嘗君傳》：“孟嘗君相
齊。”《孟子·告子下》：“儲子為相。”《呂覽·知士》：“齊宣王迎靖郭，君請相
之。”《韓非子·內儲》：“靖郭君相齊，州侯相齊。”《韓詩外傳七》：“宋、燕相
齊。”《春申君傳》：“楚王以黃歇為相。”《荀子》卷末：“臣向言楚相春申君。”
《平原君傳》：“平原君相趙。”《范雎傳》：“趙相虞卿。”《吳起傳》：“魏置相，相
田文。”《韓非子·說林》：“白圭相魏。”《外儲右》：“薛公相魏昭侯。”《說苑·
臣術》：“魏季成子為相。”《韓詩外傳三》：“魏文侯欲置相。”《淮南子·氾

論》：“孟卯相魏。”《韓世家》：“韓相俠累。”《申不害傳》：“韓昭侯用為相。”《韓非子·說林》：“張譴相韓。”《內儲》：“公叔相韓。”《燕策》：“與其相子之為婚。”《韓非子·內儲》：“子之相燕。”《宋世家》：“可移於相。”《呂覽·淫辭》：“宋王謂其相唐鞅。”《韓非子·內儲》：“陽山君相衛。”《燕策·望儲》：“相中山。”《中山策》：“司馬喜相中山。”《新序·雜事》：“司馬喜相中山。”《韓非子·內儲》：“中山相樂池。”《淮南·道應》：“公儀休相魯。”《淮南·齊俗》：“顏闔，魯君欲相之。”《鄭世家》：“繻公殺其相子陽。”《呂覽·觀世》“鄭子陽”注：“子陽，鄭相。”《華陽國志·蜀志》：“蜀王遯走，其相退至逢鄉。”《犀首傳》：“佩五國相印。”《蘇秦傳》：“佩六國相印。”

秦相國、丞相，或單稱相，而齊、楚、趙、魏、韓、燕、宋、衛、中山、魯、鄭、蜀，亦或單稱相。

據《春申君傳》：“黃歇為相，朱英曰：‘君名為相國。’”《荀子·疆國》：“荀卿子說齊相曰：‘今相國上得專主。’”《韓詩外傳七》：“曹相國為齊相。”知相為相國之通稱。據《呂不韋傳》：“莊襄王元年，以呂不韋為丞相；三年，尊呂不韋為相國。”知相國為丞相之尊稱。《秦本紀》：“武王二年，初置丞相。”《漢表》以為秦置左右各一人，而《齊世家》“崔杼為右相”，《左襄二十五年傳》“齊慶封為左相”，則秦武王以前，齊已置左右相各一人，至秦武王亦置左右丞相各一人，獨《秦本紀》“甘茂為左右丞相”，《樗里子傳》“甘茂為左右丞相”，疑甘茂時又合左右丞相為一人，因而名左右丞相，嗣後又分左右丞相各一人，因而名丞相不名左右丞相，而不得知其孰左孰右者，書缺有間耳。《漢表》：“相國、丞相皆秦官，掌丞天子，助理萬機，秦有左右。”注應劭曰：“丞者，承也；相者，助也。”

國尉

謹案，《始皇紀》：“尉繚為國尉。”《正義》：“若漢太尉、大將軍之比。”《白起傳》：“遷為國尉。”《正義》：“太尉。”據《正義》以國尉為太尉，而《趙奢傳》“趙以許歷為國尉”，則趙倣秦置國尉，亦即秦之太尉矣。《禮記·月令》“命太尉”注：“秦官，則有太尉，今《史記》作國尉者，疑始皇兼并天下以後，又改國尉為太尉也。”《漢表》：“太尉，秦官，掌武事。武帝曰冠將軍之號。”

丞相、御史、御史、侍史

謹案，《秦本紀》：“令丞相、御史。”《始皇紀》：“令丞相、御史。”據《漢表》

"御史大夫掌副丞相"，知丞相、御史乃是秦御史大夫也。《藺相如傳》："秦御史前書曰：'某年某月。'"《孟嘗君傳》："侍史主記君所與客語。"據《漢表》："御史大夫領侍御史。"知秦置御史，齊仿秦置，侍史乃是侍御史也。《漢表》："御史大夫，秦官，掌副丞相。内領侍御史員十五人。受公卿奏事舉劾。"

太傅

謹案，《漢表》以太傅為古官，不言"秦因之"者。荀悅曰："秦無三公官。"見相國、丞相注。據《漢表》"太傅位在三公上"，知秦無三公，故無太傅也。然《始皇紀》《集解》引《說苑》："始皇立茅焦為傅。"《大戴記·保傅》："趙高傅胡亥。"則秦又明明有太傅矣！豈《漢表》"古官"下脫"秦因之"三字，而荀悅遂誤解之與？《漢表》："太傅，古官，位在三公上。"

將軍、上將軍、尉裨將

謹案，《秦本紀》："將軍芊戎。"《始皇紀》："蒙驁、王齕、麃公為將軍。"又《穰侯傳》："秦昭王以為將軍。"是秦有將軍也。《白起傳》："白起為上將軍，王齕為尉裨將。"據趙有"裨將"，知"尉"字衍也。抑"裨將"字衍與？則又名上將軍、尉裨將而前後左右不可考矣！《漢表》："前、後、左、右將軍，皆周末官，秦因之，皆掌兵。"

史

謹案，《呂覽·立宥》："惠王失所以聽矣，此史定所以得行其邪也？"注："史定，秦史。"是秦有太史也。《漢表》："奉常，秦官，屬官有太史。"

博士

謹案，《儒林傳》："伏生為秦博士。"《淮南·道應》"盧敖"注："始皇召為博士。"是秦有博士也。《淮南·道應》"公儀休"注："故魯博士。"則魯亦做秦置博士矣。《漢表》："奉常，秦官，博士屬焉。博士，秦官，掌通古今。"

博士僕射

謹案，《李斯傳》"博士僕射周青臣"，是秦有博士僕射也。《漢表》："僕射，秦官。自侍中、尚書、博士、郎皆有。"注："僕射隨所領之事以為號。"

右秦官。太史、博士、博士僕射，皆奉常屬官。

郎中令

謹案，《華陽國志·蜀志》"秦誅郎中令嬰等"，是秦有郎中令也。《漢表》：“郎中令，秦官，掌宮殿掖門戶。”

中大夫

　　謹案，《始皇紀》“中大夫令齊等”《正義》：“秦官。”是秦有中大夫也。《韓非子·內儲》：“齊中大夫有夷射者。”《外儲》：“左襄主曰：謂趙襄子。我將為中大夫。”《呂覽·知度》：“趙以為中大夫。”《范睢傳》：“魏中大夫須賈。”《索隱》：“中大夫，秦官，魏亦有中大夫也。”則齊、趙、魏亦倣秦置中大夫矣。《漢表》：“郎中令，秦官，屬官有中大夫，無員，多至數十人。”

郎

　　謹案，《說苑·正諫》“秦幸郎嫪毐”，是秦有郎也。《漢表》：“郎中令，秦官。屬官有郎，掌守門戶，出充車騎。”

郎中

　　謹案，《秦策》：“臣處郎中。”《刺客傳》：“秦諸郎中執兵。”《韓非子·外儲右》：“甘茂相秦，郎中曰。”是秦有郎中也。《楚策》：“仕臣為郎中。”《趙策》：“郎中不知為冠。”《趙世家》：“郎中甚妬之。”則楚、趙亦倣秦置郎中矣。《漢表》：“郎中令，秦官，屬官有郎中，無員，多至千人。”

謁者

　　謹案，《范睢傳》：“秦使謁者王稽。”《說苑·正諫》：“孟嘗君西入秦，謁者曰。”是秦有謁者也。《齊策》：“齊王使謁者入。”《韓非子·說林》：“靖郭君謂謁者。”《淮南·人閒》：“靖郭君謂謁者。”《新序·雜事》：“靖郭君告謁者。”又：“齊有婦人，自詣宣王，謂謁者。”《韓非子·說林》：“有獻藥於荆王者，謁者操之以入。”《呂覽·淫辭》：“荆莊伯令謁者駕。”《韓非子·外儲左》：“薛公相魏，謁者言：‘客在門。’”《韓策》：“公仲之謁者。”則齊、楚、魏、韓，亦倣秦置謁者矣。《漢表》：“郎中令，秦官，屬官有謁者，掌賓讚受事。”

　　右秦官，中大夫、郎、郎中、謁者，皆郎中令屬官。

衛尉

　　謹案，《始皇紀》“衛尉竭”，《集解》：“秦官。”是秦有衛尉也。《漢表》：“衛尉，秦官，掌宮門衛屯兵。”

正

　　謹案，《禮記·王制》“正聽之”注：“正，秦所置。”是秦有正也。《漢表》：“廷尉，秦官，掌刑辟有正。”

行人

　　謹案，《趙策》有行人，詳見周，抑倣秦置之與？《漢表》：“典客，秦官，屬官有行人。”

　　右秦官，行人為奉常屬官。

門尉

　　謹案，秦置也。《韓詩外傳七》：“宋燕相齊，召門尉陳饒等二十六人。”《說苑・尊賢》：“宗衛相齊，召門尉田饒等二十七人。”則齊亦倣秦置門尉矣。《漢表》：“宗正，秦官，門尉屬焉。”

　　右秦官，門尉為宗正屬官。

尚書

　　謹案，《趙策》：“文信侯相秦，臣事之，為尚書。”_{鮑注：“秦少府屬官。”}是秦有尚書也。《漢表》：“少府，秦官，屬官有尚書。”

左弋

　　謹案，《始皇紀》“佐弋竭”_{《集解》：“秦時，少府有佐弋。”}佐、左，古今字。是秦有左弋也。《韓非子・外儲左》“衛人有佐弋者”，則衛亦倣秦置佐弋矣。《漢表》：“少府，秦官，屬官有左弋。”

佽飛

　　謹案，卽佐弋也。《呂覽・知分》“荊有次非者”，《後漢書・馬融蔡邕傳》注竝引作“佽飛”，楚改秦“佐弋”為“佽飛”，不自漢武始矣。《漢表》：“少府，秦官，屬官有佐弋，武帝更名佐弋為佽飛。”

司空

　　謹案，《趙策》“文信與司空之趙”，_{鮑注：“不韋吏。”}是秦有司空也。《漢表》：“少府，秦官，屬官有司空。”

監

　　謹案，《秦本紀》：“因景監。”《正義》：“監，閹人。”是秦有監也。《漢表》：“少府，秦官，屬官有監。”

宦者

　　謹案，《呂不韋傳》“拔其鬚眉為宦者”，是秦有宦者也。《廉頗傳》“趙宦者令”，則趙亦倣秦置宦者矣。《漢表》：“少府，秦官，屬官有宦者。”

　　右秦官，尚書、左弋、佽飛、司空、監、宦者，皆少府屬官。

中尉

　　謹案,《華陽國志·蜀志》"秦中尉田真黃",是秦有中尉也。《趙世家》"荀欣為中尉",則趙亦倣秦置中尉矣。《漢表》:"中尉,秦官,掌徼循京師。"

師傅

　　謹案,《商君傳》:"刑其傅公子虔,黥其師公孫賈。"《史記》作"師傅",《漢表》作"太子太傅、少傅"者,疑秦并天下以後,改"太子師傅"為"太子太傅、少傅"也。《漢表》"古官"下不言"秦因之",疑脫"秦因之"三字,與上所考太傅同例也。《漢表》:"太子太傅、少傅,古官。"

中庶子

　　謹案,《刺客傳》:"秦王寵臣中庶子蒙嘉。"《新序·雜事》:"秦皇帝任中庶子蒙嘉之言。"據杜佑《通典》:"秦官有中庶子。"知《漢表》脫一"中"字也。《漢表》:"太子太傅、少傅,屬官有庶子。"

踐石

　　謹案,即洗馬也。《趙策》"踐石以上"鮑注:"禮洗王石,注乘馬石。"則趙置踐石,即倣秦置洗馬矣。《漢表》:"太子太傅、少傅,屬官有先馬。注:'先'或作'洗'。"

舍人

　　謹案,《始皇紀》:"李斯為舍人。"又:"為呂不韋舍人。"《呂不韋傳》:"嫪以為舍人。"是秦有舍人也。齊、楚、趙、魏、燕有舍人,詳見周,抑倣秦置之與?《漢表》:"太子太傅,屬官有舍人。"

　　右秦官,庶子、先馬、舍人,皆太子太傅、少傅屬官。

將行

　　謹案,《韓非子·內儲》"選其客以為將行",是秦有將行也。《漢表》:"將行,秦官,或用中人,或用士人。注:'中人,奄人。'"

內史

　　謹案,《始皇紀》"內史肆",《秦策》"其令邑中,自斗食以上至尉、內史",是秦有內史也。《趙世家》有內史,詳見周,抑倣秦置之與?《漢表》:"內史,周官,秦因之,掌治京師。"

尉

　　謹按,《秦策》:"其令邑中,自斗食以上至尉、內史。"內史與尉並稱,知是主爵中尉矣。《漢表》：“主爵中尉，秦官，掌列侯。武帝更名右扶風，治內史右地。”

都尉

　　謹按，《趙策》：“亡一都尉。”《白起傳》：“陷趙軍，取四尉。”據《虞卿傳》“亡一都尉”曰：“軍戰不勝，尉後死。”則趙倣秦置都尉，或單稱尉，知皆秦護軍都尉矣。《漢表》：“護軍都尉，秦官。”

侍中

　　謹按，《說苑·正諫》“嫪毐與侍中博飲”，是秦有侍中也。《漢表》：“侍中見奉車都尉下得入禁中，秦制。”

　　右秦官，自相國、丞相至侍中，皆京畿官屬。

侯

　　謹按，《華陽國志·蜀志》：“秦惠王封子通國為蜀侯，卽秦徹侯也。”《漢表》：“秦制，徹侯食國。”

相

　　謹按，《華陽國志·蜀志》：“秦封蜀侯，以陳壯為相，卽秦徹侯之相也。”《漢表》：“秦制，徹侯所食國，令長名相。”

少庶子、御庶子

　　謹按，《秦策》“少庶子甘羅”，是秦有少庶子也。《魏策》：“痤有御庶子公孫鞅。”據《呂覽·長見》：“痤曰：‘臣之御庶子鞅。’”與《魏策》並作“御庶子”，知《商君傳》作“中庶子”者，乃“御庶子”之誤。魏倣秦“少庶子”置“御庶子”，而《通典》：“秦官，中庶子外又有庶子，當卽少庶子，又卽魏之御庶子矣。”《漢表》：“秦制：徹侯有庶子。”

右秦官，為徹侯所食邑官屬。

御史

　　謹按，秦置也。《魏策》“安邑之御史”，則魏倣秦置監御史矣。《漢表》：“監御史，秦官，掌監郡。”

守

　　謹按，《范睢傳》：“王稽為河東守。”《秦本紀》：“任鄙為漢中守。”《集解》：“郡守，秦官。”是秦有守，卽郡守也。《田完世家》：“盼子守高唐，黔夫守徐州。”《韓詩外傳十》：“齊宣王曰：‘檀子守南城，盼子守高唐，黔夫守徐州。'”《說苑·指武》：“吳起為苑守，曰：‘將尊楚國之爵。’”《韓非子·內儲》：“董閼于為趙上地守。”《魏世家》：“西門豹為鄴守。”《吳起傳》：“吳起為西河守。”《魏策》：“縮高之子為管守。”《韓非子·內儲》：“吳起為魏西河守，李悝為魏上地守。”《韓詩外傳九》：“魏文侯曰：‘將立西河守。’”則齊、楚、趙、魏，亦做秦置郡守矣。《漢表》：“郡守，秦官，掌治其郡。”

太守

謹按，即郡守也。《趙策》：“萬戶之都，封太守。”知秦置郡守，趙已更名為太守，不自漢景始矣。《漢表》：“郡守，秦官，景帝更名太守。”

都尉

謹按，《白起傳》“荊人殺七都尉”，今《漢表》作“郡尉”者，疑秦并天下以後，改都尉為郡尉，漢景又更名郡尉為都尉也。《漢表》：“郡尉，秦官，掌佐守，典武職甲卒，景帝更名都尉。”

縣令、令

謹按，《秦本紀》：“縣，一令。”《商君傳》：“縣置令、丞。”《呂覽·應言》：“秦宜陽令許綰。”《新序·雜事》：“閻樂為咸陽令。”是秦有令，即縣令也。《新序·雜事》：“齊田單為即墨令。”《楚策》：“城渾說其令。”《荀卿傳》：“為蘭陵令。”《荀子》卷末：“臣向言荀卿適楚為蘭陵令。”《趙策》：“千戶封縣令。”又“平原津令”“平原令”。《呂覽·知度》：“趙以任登為中牟令。”《韓非子·外儲左》：“壬登為中牟令。”《魏策》：“西門豹為鄴令。”《韓非子·內儲》：“西門豹為鄴令。”《呂覽·樂成》：“史起為鄴令。”賈誼《新書·退讓》：“梁邊縣令。”《韓非子·內儲》：“衛嗣君之時，有縣令發蓐而席，弊甚。”《韓非子·內儲》：“龐，敬縣令也。”又：“卜皮為縣令。”則齊、楚、趙、魏、衛亦做秦置縣令矣。《漢表》：“縣令、長，皆秦官，掌治其縣。萬戶以上為令，減萬戶，為長。”

丞

謹按，《商君傳》：“縣置令、丞。”是秦有縣丞也。《漢表》：“縣令、長，皆秦官，有丞。”

尉

謹按，《秦本紀》“尉斯離”，《正義》：“郡尉，郡尉更名都尉。”不單稱尉，其單稱尉者，縣尉也。賈誼《新書·退讓》：“梁邊縣令與楚鄰界，梁亭、楚亭皆種瓜,楚令竊梁瓜,梁亭覺之,因請其尉。"則魏亦倣秦置縣尉矣。《漢表》:"縣令、長,皆秦官,有尉。"

長吏、三百石吏

謹按,《李斯傳》"拜斯為長吏",是秦有長吏也。《燕世家》"自三百石吏以上",據《漢表》"四百石至二百石為長吏",則燕亦倣秦置長吏矣。《漢表》:"秩四百石至二百石,是為長吏。"

小吏

謹按,《李斯傳》:"年少時,為郡小吏。"少、小聲相近而通,是秦有少吏也。《漢表》:"百石以下,是謂少吏。"

吏、守隄吏、田部吏

謹按,《呂覽·去私》:"秦惠王曰:'令吏弗誅卽長。'"吏,少吏也。《呂覽·貴直》:"齊王問吏至忠,荊王歸,請賞於吏。"《趙奢傅》:"趙之田部吏也。"《韓非子·十過》:"趙氏殺其守隄之吏。"《呂覽·開春》:"韓氏城新城,有一縣,後二日,段喬執其吏。"《無義》:"續經因告衛吏。"賈誼《新書·春秋》:"鄒穆公倉無粃,吏以請。"《新序·雜事》:"鄒穆公倉無粃,吏以為費。"則齊、楚、趙、韓、衛、鄒亦倣秦置長吏、少吏矣。《漢表》注:"吏,理也,主理其縣內也。"

斗食

謹按,《始皇紀》"斗食以下",《秦策》"斗食以上",是秦有斗食也。《漢表》:"百石以下,有斗食、佐史之秩,秦制。注:'斗食,月奉十一斛。'"

亭

謹按,卽亭長也。賈誼《新書·退讓》:"梁亭、楚亭皆種瓜,楚令竊梁瓜,梁亭覺之。"則楚、魏亦倣秦置亭長矣。《漢表》:"十里一亭,亭有長,秦制。"

三老

謹按,秦置也。《趙世家》:"三老,年八十,月致其禮。"則趙亦倣秦置三老矣。《漢表》:"十亭一鄉,鄉有三老,掌教化,秦制。"

嗇夫

謹按,《魏策》有嗇夫,詳見周,抑倣秦置之與?《漢表》:"鄉有嗇夫,職聽訟,收賦稅,秦制。"

右秦官,自監御史至嗇夫,皆郡縣官屬。

大夫

謹按，《韓詩外傳九》："秦王爵其兄為大夫。"是秦爵有大夫也。《漢表》："爵五大夫，秦制。"

五大夫、五校大夫

謹按，《秦本紀》"五大夫賁"，《呂覽·無義》"樗里仕秦五大夫"，是秦爵有五大夫也。據《白起傳》："使五大夫王陵攻趙，陵兵亡五校。"知《秦策》"五大夫王陵"作"五校大夫王陵"，乃因下有"五校"字而衍一"校"字耳。《楚策》："五大夫不可收也。"《趙策》："爵五大夫。"《呂覽·無義》："續經仕五大夫。"注："五大夫，爵也。"《魏策》："吾仕之以五大夫。"則楚、趙、魏亦倣秦置爵矣。《漢表》："爵九五大夫，秦制。"

左庶長

謹按，《秦本紀》"拜鞅為左庶長"，《商君傳》"為左庶長"，《白起傳》"為左庶長"，又"左庶長王齕"，是秦爵有左庶長也。《漢表》："爵十左庶長，秦制。"

庶長

謹按，《秦本紀》"庶長鼂""庶長疾""庶長章""庶長封""庶長壯""庶長奐"，《趙世家》"庶長國"，趙倣秦所置爵並單稱庶長，與《左襄十一年傳》"秦庶長鮑""庶長武"同。據《漢表》，秦爵有左庶長、右庶長、駟車庶長、大庶長，但不知其孰左孰右孰駟車孰大也。《漢表》："爵十左庶長，十一右庶長，十七駟車庶長，十八大庶長。"

右更

謹按，《樗里子傳》"爵右更"，是秦爵有右更也。《漢表》："爵十四，右更，秦制。"

大良造、大梁造

謹按，即大上造也。《秦本紀》"衛鞅為大良造"，又"犀首為大良造"，又"大良造白起攻魏"，《東周策》"大良造"作"大梁造"，猶《漢表》作"大上造"。良、梁、上，聲相近而通也。《漢表》："爵十六，大上造，秦制。"

通侯

謹按，即徹侯也。《楚策》"通侯執珪"，楚倣秦爵，徹侯更名為通侯，不自漢避武帝諱始矣。《漢表》："爵二十，徹侯，秦制，避武帝諱，曰通侯。"

右自大夫至徹侯，皆秦官之爵。

上卿

謹按,《秦策》"與之上卿",又"封千戶以為上卿",《甘茂傳》"秦王賜之上卿",《說苑·正諫》"秦立焦為仲父爵上卿",《漢表》"御史大夫、前後左右將軍,不言爵上卿,而言位上卿",似爵即是位,然二十等秦爵,止有大夫官、大夫公、大夫、五大夫,無上卿,則秦爵外,又別有所謂位者。漢爵承秦制,位亦應承秦制。《北堂書鈔》設官部引《釋名》:"漢置十二卿:一太常、二太僕、三衛尉、四光祿勳、五宗正、六執金吾、七大司農、八少府、九大鴻臚、十廷尉、十一大長秋、十二將作大匠。"大僕、衛尉、宗正、少府、廷尉皆秦官,太常、光祿勳、執金吾、大司農、大鴻臚、大長秋、將作大匠,即秦官奉常、郎中令、中尉、治粟內史、典客、將行、將作、少府,而秦官御史大夫、前後左右將軍不在十二卿數中,知御史大夫、前後左右將軍位上卿,奉常、太僕、衛尉、郎中令、宗正、中尉、治粟內史、少府、典客、廷尉、將行、將作、少府殆即位十二卿與。《漢表》:"御史大夫,秦官,位上卿。前後左右將軍,皆周末官,秦因之,位上卿。"

右為秦官之位。

三百石

謹按,秦秩也。《韓非子·外儲右》:"燕王因自三百石以上,皆效之子之。"則燕亦倣秦置秩矣。《漢表》:"秩至四百石至二百石,是為長吏,秦制。"

右為秦官之秩。

客卿、客將軍

謹按,《秦策》"拜為客卿",《秦本紀》"客卿胡傷""客卿竈",《楚世家》"秦遣客卿",《張儀傳》"秦以為客卿",《穰侯傳》"客卿壽燭",《范睢傳》"秦拜為客卿",《蔡澤傳》"秦拜為客卿",是秦有客卿也。《蘇秦傳》"齊以為客卿",《樂毅傳》"燕以為客卿",又"趙以為客卿",則齊、趙、燕亦倣秦置客卿矣。據《孟子·公孫丑下》"為卿於齊",又公孫丑曰"仕不受祿",知客卿乃仕不受祿者。《呂覽·高義》:"墨子曰:'若越王聽吾言,周吾道,翟比於賓萌。'"注:"賓客也,萌民也。"萌、泯聲相近,《一切經音義》一:"萌,古文泯。"訓萌為民。竊意萌、卿聲亦相近,或可訓賓萌為客卿與!《魯仲連傳》"魏使客將軍辛垣衍",其將軍以客稱者,義亦取此。

右秦官,有爵位,無秩。

齊

太子傅、將軍、將上、將軍、醫監門、舍人、卜者、太史、士師、主客卿、列大夫、上大夫、上卿、三卿、五官、卽墨大夫、蓋大夫、平陸大夫

  謹按,詳見周。

相、相國、侍史、中大夫、謁者、門尉、舍人、守令吏、客卿

  謹按,詳見秦。

右師

  謹按《孟子·離婁下》"右師往弔"注:"右師,齊貴臣。"據《趙策》"左師觸龍",則齊有右師,必有左師;趙有左師,亦必有右師。春秋時,宋已置之矣。《左文七年傳》:"宋公子成為右師,公孫友為左師。"

祭酒

  謹按《荀[2]卿傳》:"三為祭酒。"《荀子》卷末:"臣向言荀卿,嘗三為祭酒焉。"據《漢書·伍被傳》:"吳王賜號,為劉氏祭酒。"知漢置祭酒,齊已有之矣。《續漢志》:"博士祭酒一人。"

市掾

  謹按《田單傳》:"為臨菑市掾。"據《漢書·蕭何傳》:"為沛主吏掾。"注:"正曰掾,副曰屬。"知漢置掾、屬,齊已有之矣。《續漢志》:"公府掾,比古元士三命。"

日者

  謹按《墨子·貴義》:"北之齊,遇日者。"是齊置日者也。《文選·辯命論》:"豈日者、卜祝之流乎?"注:"占候時日,謂之日者。"

  右齊官。

楚

保將、軍將、大將軍、監門舍人、司馬、大司馬、左司馬、左右司馬、圉人、玉人、上卿

  謹按,詳見周。

相國、相、郎中、謁者、㳂飛舍人、守令吏、五大夫、通侯

  謹按,詳見秦。

柱國、上柱國

謹按《東周策》：“官為柱國。”鮑注：“楚卿。”《楚世家》：“柱國昭陽。”《齊策》：“楚昭陽曰：‘官為上柱國。’”《楚策》：“上柱國子良。”是楚有柱國，卽上柱國也。據《呂覽・淫辭》“荊柱國壯伯”注：“柱國，若秦之相國。”知楚已有相國，詳見秦。柱國卽相國之尊號矣。《後漢書・崔駰傳》注：“柱國，楚官，猶秦之相國。”

令尹、小令尹

謹按《齊策》：“惟令尹耳。”鮑注：“楚相。”《楚世家》：“今君已為令尹矣。”又：“以左徒為令尹。”《吳起傳》：“楚使令尹。”《屈原傳》：“以子蘭為令尹。”賈誼《新書・春秋》：“楚惠王有疾，令尹入問。”《韓非子・存韓》：“荊令尹患之。”《淮南・道應》：“吳起為楚令尹。”是楚有令尹也。《韓非子・說林》：“白圭謂宋令尹。”則宋亦做楚置令尹矣。《韓策》：“楚封小令尹。”《甘茂傳》：“封小令尹。”則楚仿《周禮・六官》，有大小令尹外，又置小令矣。《左宣十二年傳》注：“宰，令尹。”《正義》：“《周禮》六卿，太宰為長；楚臣，令尹為長。”又：“楚少宰，官名。”然則宰為令尹，少宰卽為小令尹矣。

莫敖

謹按《楚策》：“莫敖子華。”是楚置莫敖也。《左桓十一年傳》注：“莫敖，楚官名。”

三閭大夫

謹按《屈原傳》：“三閭大夫。”據《離騷序》：“三閭之職，掌三族三姓，曰昭屈景。”知卽楚公族大夫矣。《左宣二年傳》：“公族大夫。”《正義》孔晁注：“《國語》云：‘掌公族及卿大夫子弟之官。’”

左徒

謹按《楚世家》：“以左徒為令尹。”《屈原傳》：“為楚左徒。”據《正義》“今左右拾遺之類”，知楚左徒猶唐左拾遺也。《新唐志》：“門下省，左拾遺六人。中書省，右拾遺六人。”

中謝、中射

謹按《呂覽・淫辭》：“荊威王好制。有中謝，佐制者。”《韓非子・說林》：“有獻藥於荊王者，中射之士曰：‘可食乎？’”謝、射聲相近，楚中射卽中謝也。《張儀傳》：“陳軫舉中謝，對楚王。”《索隱》：“中謝，蓋侍從之官。”

涓人

謹按《呂覽·淫辭》：“荊莊伯令涓人。”據《墨子》：“號令中涓及婦人侍。”前者知中涓與婦人並稱，楚涓人卽中人，又卽奄人也。《國語·吳語》“涓人”疇注：“涓人，今中人。”《漢表》注：“中人，奄人。”

新造□

謹按《楚策》：“新造□。”鮑注：“楚官。”

典令

謹按《楚策》：“今王有典令。”豈卽楚之守令與？

右楚官。

上官大夫

謹按《屈原傳》：“上官大夫，據楚爵，上執珪。”即執珪。知上官大夫亦卽官大夫，豈卽秦爵六之官大夫與？

執珪

謹按《東周策》：“爵為執珪。”《齊策》：“楚昭陽曰：‘爵為上執珪。’”《陳軫傳》：“仕楚執珪。”《說苑·善說》：“楚莊辛曰：‘爵為執珪。’”是楚爵執珪，卽上執珪也。《淮南·道應》“封之執圭”注：“楚爵，功臣賜以圭，謂之執圭，比附庸。”

右楚爵。

趙

傅將軍、右軍、左軍、中軍、大將、大將軍、舍人、太卜、筮史、內史、御史、左司馬、司寇、行人、上卿、五官

謹按，詳見周。

相國、丞相、相國尉、中大夫、郎中、行人、宦者、中尉、踐石、舍人、內史、都尉、尉守、太守、令、縣令、田部吏、守堤吏、三老、五大夫、庶長、客卿

謹按，詳見秦。

左師

謹按，詳見齊。

守相

謹按《趙策》：“以為守相。”是守相，趙已置之，不自漢始也。《漢書·循吏傳》：“刺史，守相。”

相室

　　謹按《趙策》："相室曰。"《韓非子‧外儲》："相室諫曰。"是趙有相室也。
《虞卿傳》《正義》："相室，謂傅姆之類。"

　　右趙官。

<h1 style="text-align:center">魏</h1>

師、太子傅、將軍、將、上將軍、司徒、監門、虞人、舍人、史、中庶子、禦庶子、嗇夫、
上卿、上大夫、國大夫、長大夫

　　謹按，詳見周。

丞相、相、中大夫、謁者、舍人、中庶子、禦庶子、禦史、守令、縣令、尉亭、嗇夫、五
大夫、客將軍

　　謹按，詳見秦。

犀首

　　謹按《秦本紀》："陰晉人犀首。"是人名，非官名也。然《秦策》"與魏犀
首戰"，《秦本紀》《集解》："犀首，官名。"《索隱》："若虎牙之類。"《犀首傳》
《集解》："司馬彪曰：魏官名，若今虎牙將軍。"則六朝人有以犀首為魏官者
矣。其雲虎牙將軍者，《漢書‧宣帝紀》："田順為虎牙將軍。"

持節尉

　　謹按《魏策》："使為持節尉。"是魏有持節尉，不自漢武初置也。《漢
表》："司隸校尉，周官，武帝初，置持節。"

　　右魏官。

<h1 style="text-align:center">韓</h1>

內封人、筮史、司空

　　謹按，詳見周。

相、相國、謁者、吏

　　謹按，詳見秦。

典衣、典冠

　　謹按《韓非子‧二柄》："韓昭侯罪典衣、典冠。"蓋韓氏分晉，猶依晉置
複陶也。左襄三十年傳："趙孟使為君複陶。"注："主衣服之官。"

右韓官。

燕

太傅、將軍、上將軍、舍人、冶者、亞卿
　　　　謹按，詳見周。

相國、丞相、相、舍人、三百石吏、三百石客卿
　　　　謹按，詳見秦。

宋

太宰史、匠人大夫
　　　　謹按，詳見周。

相
　　　　謹按，詳見秦。

令尹
　　　　謹按，詳見楚。

大尹
　　　　謹按《宋策》"謂大尹曰"，是宋置大尹，春秋時已有之也。《左哀二十六
　　年傳》大尹注："近官，有寵者。"
　　　　右宋官。

衛

將、司空
　　　　謹按，詳見周。

相左弋縣令吏
　　　　謹按，詳見秦。

中山

士大夫
　　　　謹按，詳見周。

相

謹按,詳見秦。

戰國職官,自東周至中山,《國策》止載十二國。而魯、鄭、滕、鄒、巴、蜀,戰國時,舊域猶存其職官,亦應備考。謹據《史記》及周秦諸子等書,以補《國策》之所遺。

魯

将军监门

　　謹按,詳见周。

相博士

　　謹按,詳见秦。

郑

医太师

　　謹按,詳见周。

相

　　謹按,詳见秦。

滕

世子傅、馆人

　　謹按,詳见周。

邹

吏

　　謹按,詳见秦。

巴

将軍、上卿

　　謹按,詳見周。

蜀

傅

　　　謹按，詳見周。

相

　　　謹按，詳見秦。

【校箋】

　　[1] 已：原誤"巳"，茲逕予改正。

　　[2] 荀：原誤"苟"，茲逕予改正。

晉以劉淵為左部帥論

慈　谿　葉意深

　　自古天下大患，決裂於一朝。被其患者，恒數十年或一二百年不止。然其積之有漸，前之人以他務未遑圖此，及後時有可乘，則又苟安目前，不亟消弭積釁，為百世久長之計；而其時左右持祿固寵之流，且從而搆成之，至於既成，遂一發而不可制。竊嘗觀晉武帝咸甯五年以匈奴劉淵為左部帥事，而有以知之。

　　自漢建武初，匈奴南單于入居西河美稷，種族日繁。屬董卓亂，遂屯河內。魏武時，分其眾為五部，於是五部之眾皆著晉陽汾澗之濱，而氐、羌、鮮卑、羯、胡，又錯處幽、雍間，其足為中國患已著。當司馬氏秉政，日思代魏、平吳蜀，不暇及此。及蜀亡，晉遂受魏禪。至咸甯五年，天下已略定。越明年，吳平。設於其時，不縱淵歸部，命將移師西北，分屯幽、并、雍三州諸要塞，用郭欽、江統之策，徙戎塞外。淵在京，日謹伺之，有逆謀，命一力士禽斬之，易易耳；若其畏威守法度，則俟五胡畢徙，乃遣之出塞附舊部。度淵與石勒輩，雖梟雄桀黠，亦為呼韓邪而止，安能蹂踐中原，盡長淮以北而有之哉！

　　乃晉武甫定天下，即事遊宴；而一時在朝士大夫，多深中何、王之毒，氣息奄奄無人意。夫以淵之才，使之將五部匈奴，而居并州扼塞鞏固之地，不待孔恂、楊珧、齊王攸決其不可，即李憙及王渾夫子，雖甚庸劣，當亦知其漸不可制。然且日左右之必諷帝畀以重任者，蓋正欲出虎於圈而縱之山林，冀他日假其威以為聲援也！

方樹機能寇邊，李憙請討之，可謂識大體者。及涼州陷，帝任馬隆為討虜將軍，隆請選仗武庫而御史劾之。先是，帝問將於憙，憙以淵對，然後知憙之請討樹機能，亦為淵地耳，非果識大體者。御史劾隆，必憙所指使，以隆請為將中憙與淵所忌也。王渾父子為淵腹心，尤顯著。時張華號稱博物，然善伺人主意旨，晉王決計平吳，故杜預上表，策吳可討狀，華不憚排眾議而贊成之；并州之患，抑豈不知，直以淵為帝所悅，遂緘默不一語耳！

嗚呼！晉君臣處全盛之時，競尚風流，苟利目前富貴，而劉氏一倡，五胡坌起，卒使神京板蕩，遺子孫青衣之羞，而中原士大夫家，素以門第相高，至此乃並為彊胡戮辱。自是以降，海內鼎沸者幾二百年，其為患也大矣！夫唐用安祿山，幾危社稷；宋倚遼、金及元，卒移其祚。匪我族類，其心必異，豈不信哉！故當時郭欽、江統兩君子，皆本此立說，實足防患於未然，惜朝廷不用，以至於此。奈何唐、宋之君，猶不以晉為鑒，而續蹈其覆轍也？！

晉以劉淵為左部帥論

慈　谿　凌師虁

國家興亡之故，雖曰人事，豈非天意哉！自曹魏分匈奴為五部，處之內地，迄將武咸甯[1]五年，《綱目》書以"匈奴劉淵為左部帥"，發明曰："五胡之亂兆此矣！"因由是而永康十年，書以"劉淵為匈奴北部都尉"，孝惠元康元年，書以"劉淵為匈奴五部大都督"，至永興元年，書"劉淵自稱大單于"，書"劉淵自稱漢王"，永嘉二年，書"漢王淵稱皇帝"。按西晉紀年特五十二耳，兼并後不二十餘年間，而聰、曜稱尊，懷、湣受辱，論者咸歸罪於晉武之縱淵，以為禍由自致，不知此正天之巧於亡晉也！

史稱晉武宏噐大度、帝王之量，特平吳後，日即荒淫耳。然劉淵左部師之命，猶在吳伎未入宮之前。斯時也，晉武正勵精以圖治，何以孔恂、楊珧諫之於始而晉武不悟？齊王攸諫之於繼，而晉武仍不惜卒聽王渾之邪說，以隳宣、景之霸圖？此非晉武所自主也，蓋天奪其魄矣！

夫帝業之興，非人力所能為。其間曰偏安，曰割據，特數州耳，亦數主耳。若并天下而有之，正統而外，又有閏位，曰秦曰隋，晉又其一也。魏篡漢而天以晉報之，晉篡魏而天不能以漢報之，乃不能以漢報而仍不啻以漢報，何者？淵為劉氏甥，嘗為安樂公上尊號也，青衣戎服、行酒洗爵之恥，為歷古帝王所未有，即閏位如秦、隋，亦未嘗有之。嗚呼，彼蒼蒼者，早默持之矣！於淵乎何尤？於晉武乎何尤？蓋晉之篡魏以滅漢，景、文之罪為大而宣次之，而武又次之，惠、懷、湣皆無辜也。《易》曰："積不善之家，必有餘殃。"此天道之常，又何疑於有國者乎！且天之厭晉為已甚也，僅一傳耳，而孝惠以昏庸著，八王以殘忍聞，卽晉武不寵淵於前而聰與曜不披猖於後，天下獨無劉淵其人乎？然惟晉滅亡之禍，卽兆於隆盛之時，故曰巧也。吾誰欺，欺天乎？

厥後，石氏羯、姚氏□、苻氏氐、慕容氏鮮卑，繼劉淵而興，為中原之大患。天不惟欲西晉之亂，而并不欲東晉之安，故既有劉淵，復有劉裕，天所為報復之者，若有意，若無意，吁，可畏哉！論者不察，謂晉之劉氏同於唐之安氏，不知安氏之禍，罪在於元宗之恃危為安，劉氏之禍，罪在於魏晉之欺凌，而淵與聰、曜，皆假手焉！《綱目》大書而特書之，以是為天之亡晉也，卽以是為天之亡魏也！

【校箋】

[1] 宵：作者凌師夔為避諱，改作"敬避"，茲予回改。

諸葛武侯《惜赦令》論

慈谿　王定祥[1]

武侯相蜀十四年，史稱其"軍旅屢興，赦不妄下"，以為識治之良才。嗚呼，信哉！夫慈父無姑息之子，仁君無姑息之民。是故愛其子者，賊其子；殺其民者，全其民。赦令之無益於治，古人論之詳矣，而行之於蜀漢之時，則不惟無益，而害彌甚。此公所以慎惜之也！

公之言曰："治世以大德，不以小惠；若劉景升、季玉父子，歲歲赦宥，何益於治？"余嘗考之《蜀志》，建興十二年以前，惟昭烈與後主卽位時兩書大赦，自公歿後，赦不絕書，而蜀隨以亡。然則赦令之無益於國也，固如是哉！昔者，先主嘗謂："周旋陳元方、鄭康成之間，治亂之道，每見啟誨，未嘗一言及於赦令。"夫此猶論其常也。而至承積弱之後，當用武之時，又復號令不明，威刑不肅，不戢自焚，何以能國？蜀自劉璋闇弱，文法羈縻，君臣上下，陵替甚矣。

公之《惜赦令》也，蓋卽與法正論治蜀之意。所謂威之以法，法行則知恩；限之以爵，爵加則知榮。榮恩並濟，上下有節，為治之要，於斯而著者也。夫莠賊不去，則禾稼不殖；姦宄不治，則善良不安。《書》曰："樹德務滋，除惡務盡。"又曰：

"文王作罰,刑茲無赦。"是故,以仲康之賢,討羲和而猶必威克厥愛;以子產之賢,治鄭國而猶必猛以濟寬。匡衡、吳漢當漢之盛,猶皆以赦為非,況在武侯之時哉!

吾觀街亭之失,公非不欲免馬謖之死,有蔣琬之諫,亦可因以自解,而卒揮涕而誅之者,豈不以四海分裂,兵交方始,若復廢法,何用討賊之故與!且夫無赦之國,其刑必平。彼李嚴、廖立,終身放廢,聞公之歿,至於涕泣,感憤不能自已,則又可見公之嚴於法而寬於情,無枉罪,無濫刑,正不必以區區赦令行其小惠也!延熙九年之大赦也,孟光於眾中直責費禕,禕但顧謝踧踖而已。夫以費禕之賢,猶不能用孟光之言以承武侯之志,是則蜀之所以終於不振,而公之卓識,為不可及也夫!

【校箋】

[1]《光緒慈谿縣志》列傳附編:"王定祥字縵雲,父光成,增廣生。定祥生而不羈,光成嚴督之,年十五成諸生,壹意詞章,不喜解經之學……學使瞿鴻禨兩按甯波,定祥丁母艱,未與歲科試,鴻禨重其名,光緒十四年提試優行科,旣試秋闈,定祥疾作,遽歸,卒於家。後十日鄉榜發,獲雋,聞者惜焉。著有《映紅樓詩文槀》。卒年三十四。"①

孫吳人才論

慈　谿　王定祥

論天下之人才,必當明天下大勢;大勢明而後人才之高下,可得而定。孫權論周瑜之雄烈,謂惟呂蒙、陸遜能繼之,而轉以荊州資先主為魯肅之短。嗚呼,此正權之昧於大勢,而吳之所以終限於江東者也!陳壽錄之,以為優劣允當焉,豈通論哉!

昔者,曹丕問東吳之臣,趙諮對曰:"聰明特達者八九十人,如臣之輩,車載斗量,不可勝數。"此特張大其辭耳!吾則以為魯肅死後,江東無人久矣。何者?呂蒙之才,不過能取荊州;陸遜之才,不過能敗先主;瑜固萬夫之雄哉,而志短量小,才有餘而識不足,故非魯肅之深謀大畧比也!

肅以臨淮一少年,初見孫權,卽規以帝王之業,誠知漢不可復興,操不可卒

---

① ［清］馮可鏞修,楊泰亨纂:《光緒慈谿縣志》列傳附編,《中國方志叢書》華中地方第213號,台灣成文出版社1975年版,第1240—1241頁。

滅，計惟鼎足江東，以觀天下之釁。此與武侯隆中之對，何以異哉！赤壁之戰，首定大計，而苟非合力於劉，則必不能破曹。既破曹矣，而不資劉以地，亦不足以多操之敵，而樹己[1]之援。故肅之結好先主，勸借荊州，誠計之大者。為吳也，非為劉也。當時諸臣既不足以知之，即以周瑜之高見，猶以猥割土地以資業之之為非，至欲留先主於吳而自斷其左右臂。惟周瑜之見如此，而於是權遂以呂蒙之取荊州為大功，陸遜之敗先主為得計。嗟乎，豈知蜀之禍，非吳之福哉！

夫假道之計行，而虞虢偕亡；合從之約散，而六國並滅。故武侯之謀蜀也，一則曰東和孫權，再則曰以為犄角，誠以兩雄相並，而後荊吳之勢強，天下之事可圖也！昭烈惟不能用武侯之言，絕盟好而長冦讎，以致敗軍於秭歸，而隆中之所謂"向宛洛，出秦川"者，徒為虛語；孫權惟不能用魯肅之言，爭一州而失大計，以致甘心於降魏，而肅之所謂"總括九州，克成帝業"者，其與稱臣納貢、受盟拜爵，榮辱何如？

邢貞，一匹夫耳，敢於傲睨都亭，坐車自若。張昭曰："豈以江南寡弱，無尺寸之刃乎？"呼嗚，公等碌碌，江南誠何有也！是故，周瑜拒操之議，亦止一役之利鈍，非能心紆六合而目睨四海也！惟將軍"不可降操"之言，則正與武侯、田橫壯士之論，同見其大！吾故以為使肅而在，不特無襲取荊州之舉，即武侯他日伐魏，肅亦必乘時規取，外以助其聲威，內以成吾大業；魏未必不滅，晉未必能興，天下事正未可料。惜乎天之既促其壽，而又無如肅之知大勢者繼之也！

武侯之歿也，蜀雖微弱，尚有姜維、蔣琬、費禕諸人，故猶能屢伐中原以承其志；魯肅之歿，吳無人焉，故取荊州之外，絕不聞其出江東一步。彼以為得荊州以固江東也，豈知荊州既得，江東愈危，亦幸而曹丕不用劉曄之言而襲其後耳！不然，蜀攻其外，魏襲其內，東吳之亡，豈待王濬[2]之樓船乎！

吾觀建興以來，吳蜀繼好，則濡須、江陵之役，魏師無功；鐘會伐蜀，吳不力救則蜀亡，而吳亦隨之。然則成敗之故，雖曰天命，豈非人事哉！孫策將死，顧謂權曰："舉江東之眾，決機於兩雄之間，與天下爭衡，卿不如我；舉賢任能，各盡其心以保江東，我不如卿。"是則權之足以守小，不足以圖大，策早知之也。然吾惜其當時顧命，僅有張昭、周瑜輩，故策第以"吳越之眾，三江之固，足觀成敗"告之，使肅而已仕吳，得與其間，策之言，當不止此。彼張昭者，方以"年少粗疏，不可重用"毀魯肅，此其見曾孫權之不若，亦何怪其有迎降之勸哉！夫以張昭、周瑜，世所盛稱，猶所見之如是，亦復何論其他乎！

建安二十二年,《綱目》特書:"孫權陸口守將魯肅卒。"夫外臣之卒,何以書?誠以肅不死,三分之局未定也! 吾故論孫吳之人才,必以魯肅為第一;而自肅之死,直以為江東無人也已矣!

【校箋】

[1] 己:原誤"巳",茲逕予改正。

[2] 濬:原誤"□",茲逕予改正。

雲台功臣無馬援說

鄞　縣　袁堯年[1]

漢明帝圖畫光武功臣于[2]雲台,凡二十八將,又益以王常、李通、竇融、卓茂,總三十二人。其詳載于[3]《後漢書》,而馬援不與焉。

論者曰:"以其為椒房親也。"非也! 夫以援之功彪炳天壤,上至公卿、大夫,下至販夫、牧豎、兒童、走卒,無不知有馬伏波者,雲台圖像又孰得而疑其私也! 且攻破隗囂、斬滅征側,其事蹟皆付諸史館,將以椒房之故,亦沒其文而不書乎? 抑從其實而書乎? 史館既從實而書,何獨于[4]雲台而執避嫌之說乎? 此不必中人以上知之!

然則援之所以不與者,何也? 曰:伏波晚年,被誣罔之讒,至收新息候印綬,名滅爵絕,國土不傳。其時上書訟冤者,厪[5]雲陽令朱勃一人而已! 明帝踵光武之成見,故闕而弗列。論者不求其故,致有是說耳! 獨東平王知其意,為言于[6]帝曰:"何故不畫伏波將軍像?"帝笑而不言。如避椒房之嫌,東平王又曷為言于[7]帝耶? 帝又易為笑而不言耶? 由是觀之,有以知其必不然矣!

【校箋】

[1]《鄞縣通志·文獻志》:"袁堯年字曜臣,號滌軒,清光緒十四年優貢候選教諭。性豪放,好瀏覽羣籍,每與人商榷古今,輒侃侃不竭。少日嘗與同縣士結社論文,有所謂徵社十二子者,以君為眉目。入民國,往來滬甬間,賣文自給。年六十八卒,遺命以道服斂,可見其志矣! 著作有《循陔室內外集》,又手訂其族先名鈞者所輯《鄞氏學遺書》二十三種,凡七十九卷,為之校補,上學使者刊行之。"①

---

① 《鄞縣通志》第四《文獻志》第一冊甲編《人物》之《歷代人物類表第三·文學》,第361頁。

[2]〔3〕〔4〕〔6〕〔7〕于：原誤"虧"，茲逕予改正。

〔5〕厘：原誤"□"，茲逕予改正。

雲台功臣無馬援說

慈 谿 張禾芬

秦漢以來，世資戰力。光武中興，感會風雲者，各佐命立功之士，英姿茂績，不得而湮沒也。永平三年，顯宗追念建武功臣，乃圖畫二十八將於南宮雲臺，繼又益以四人，而獨不及伏波將軍、新息候馬援。有說乎？

史臣曰："以椒房之親故也！"噫，此亦史臣一偏之見，未窺其深耳！援以再世不顯，特結主知，出其才智忠勇，效用一時，定謀立節，削平夷羌，雖寇、鄧高勳，耿、賈鴻烈，不是過也！圖畫功臣，所以著庸；援之忠節，誠天下所仰，一旦與於雲台之列，安有以避嫌遠疑之說，訾議其間哉！

夫光武任援，不可謂不重，卒以姜菲貝錦，讒間忠良；援既疾終，又以梁松之譖，追收印綬。薏苡之謗，震及妻孥，至不敢以喪還舊塋，藁葬城西。同郡朱勃，詣闕訟冤，詞甚激切，然僅得報歸鄉里。自是而後，終建武之朝，更無為之平反者。顯宗雖明，未必果知其無罪；即使知之，而既為先帝所不容，傳一世而遽以功臣列之，其如暴先人之短何？援夫人歿，猶及明帝之世，祗令修封樹、起祠堂。至建初中，始追復候封，賜諡忠成。

彼圖像時，援之功罪，固未嘗別白也。史載東平王蒼嘗問及此，帝笑而不答，史遂以椒房之說附會及之。後有論者，猶謂光武未嘗簡賢，援必以女為太子妃，故啟帝疑。說本《困學紀聞》引《讀史管見》。信如是，援之功不掩罪，其自取之矣。不知馬后入宮，在援卒之後，安得以寡聞尠見，菲薄古人哉！

《許慎傳》補遺

慈 谿 林頤山

自古補史傳有二例，有改易原書以補所遺者，如褚少孫補《史記》是也；有不改易原書而為之注，以補所遺者，如裴松之《三國志注》是也。然褚少孫補所闕十篇外，間有列傳中補史公以後事，幾於真贋無分，而裴松之則以注補志，依據晉宋以前舊籍，俾後之考史者得以參互校證。若者為裴注所當補，若者為裴注所不當補，例較褚少孫為尤善。

故《後漢書·儒林傳》,許君之先世後裔古學師弟子,及所□官有太尉南閣祭酒,所著書有《淮南子注》《孝經古文說》《一切校書東觀教小黃門》等,本傳不載,軼事為范蔚宗所遺,亦未敢改易原書,而搜采舊籍,夾註於本傳之中,止據平時所見以補之。許君《五經異義》,類有鄭駁,無駁者悉從許說。《三禮》鄭注,亦類引許說。《儒林傳》例宜大書其事,為後人宗許,鄭學所取准。孟子曰:"誦其詩,讀其書,不知其人,可乎?"謹仿裴松之《三國志注》補《三國志》例,以補范《書》之所遺。

許慎字叔重,《呂覽·節喪》高注:"慎,重也。"《服虔傳》:"虔字子慎,初名重。"蓋古者名字,具有解詁也。案許氏先世,本傳不載,《新唐書·宰相世系表》:"秦末有許猗,隱居不仕。曾孫毗,漢侍中、太常。生德,字伯饒,安定、汝南太守,因居平輿。"《續漢書·郡國志》:"豫州汝南郡有平輿縣。"汝南召陵人也。《續漢書·郡國志》:"豫州汝南郡有召陵縣,今河南郾城縣東四十五里有召陵故城。"《春秋釋例·土地名》:"楚召陵,潁川召陵縣。召陵縣,漢屬汝南郡,晉屬潁川郡。介於汝、潁之間。"《周禮·考工記》梓人疏鄭云:"觶字角旁,著氏汝潁之間。師讀所作謂:"《說文》諧聲,用方言也,故《說文》所採方言,汝南居多。"案,許氏始遷汝南召陵,本傳不載,《說文》後敘:"自彼徂召,宅此汝瀕。"《繫傳·召》謂:"汝南郡召陵縣,後世所居。"性淳[1]篤,少博學經籍,《論語·泰伯》:"篤信好學。"皇疏言:"篤厚誠信而好學,道也。"案,許君所治何經,所習何家,本傳不載。陳編修所訂《五經異義疏證本》所引,有易孟京說、施讎說、下邳傳甘容說、古尚書說、賈逵說、今尚書歐陽夏侯說、古毛詩說、今詩齊魯韓說、治魯詩丞相韋元成說、匡衡說、古春秋左氏說、奉德侯陳欽說、侍中騎都尉賈逵說、今春秋公羊穀梁說、公羊董仲舒說、大鴻臚時睦說、古周禮說、今戴禮說、今大戴禮說、講學大夫淳[2]于登說、古孝經說、今論語說及禮王度記、盛德記、明堂月令、魯郊禮、叔孫通禮、古山海經、鄒書公議郎尹更始、待詔劉更生議石渠等說。《說文·敘》:"其偁易孟氏書、孔氏詩、毛氏禮、周官春秋、左氏、論語、孝經皆古文也。"明楊慎《六書索隱說文》引有孔子說、楚莊王說、左氏說、韓非說、淮南子說、司馬相如說、董仲舒說、京房說、衛宏說、揚雄說、劉歆說、桑欽說、杜林說、賈逵說、傅毅說、譚長說、王育說、戶彤說、張林說、黃顥說、周盛說、逯安說、歐陽僑說、甯嚴說、爰禮說、徐巡說、莊都說、張徹說。馬融常推敬之,《馬融傳》:"融嘗欲訓《左氏春秋》,及見賈逵《注》,乃曰:'賈君精而不博。'"賈、馬、許並傳古學,馬不甚推敬於賈,而獨推敬於許。許之所以見服於馬者至矣。案古學師承，本傳不載，《魏書·江式傳》"逮卽汝南許慎古文學之師。"江總《借劉太常說文詩》："許慎詢景伯。"《說文》載許沖上書："臣父慎，本從逮受古學。"《說文》書成於永元十二年，而永元十一年，賈逮與魯丕、黃香說經相難，《說文》書成之日，賈逮尚在，故許沖又云"考之於逮也"。《說文》六引"賈侍中說"，不言"賈逮"者，弟子不敢名其師也。時人為之語曰："五經無雙許叔重。"《楚辭·守志》："嗟英俊兮未為雙。"王注："雙，匹也。"《史記·淮陰侯傳》："國士無雙。"《漢書·儒林傳》："自韓嬰、申培、后蒼、孟卿、庸生、江翁外，大都專治一經，而兼治數經者不多見。"至《後漢書·儒林傳》，兼治數經者始多，然惟許、鄭兩大儒為最者，而許尤為鄭之先進，時人因有"五經無雙"之語也。案，時人從學弟子，本傳不載，《西南夷傳》："尹珍自以生於荒裔，不知禮義，乃從汝南許慎受經書。"晉常璩《華陽國志·南中志》："毋斂人尹珍，字道真，以生退裔，未漸庠序，乃遠從汝南許叔重受五經。"《漢外黃令高彪碑》："師事口口尉汝南許公。"口口當卽"故""太"二字。許沖上書"臣父故太尉慎"，是其證。為郡功曹，《續漢書·百官志》："每郡皆置諸曹。"本注："諸曹如公府曹，無東西曹。有功曹史，主選四者[3]功勞。"謂為汝南郡功曹也。案，功曹事蹟，本傳不載，《汝南先賢傳》："慎為功曹，奉上以篤義，率下以恭寬。"舉孝廉，《百官志》本注："凡郡國，歲盡遣吏上計，并舉孝廉。"知舉孝廉，在為功曹後也。衛宏《漢官舊儀》："丞相設四科之辟，以博選異德名士。第一科曰德行高妙、志節清白。"補西曹南閤祭酒，《釋文左傳序録》稱"司空南閤祭酒陳元"，蓋東漢三公府西曹下本有此官，得此一證，非惟當日之官閥顯然，可為范《書》"舉孝廉"三字增一佐據，而許君之德行高妙、志節清白，又可為范《書》"性淳[4]篤"三字增一佐據矣。《儒林傳》"擢高第，為講郎，校書東觀"，當在舉孝廉後。案，"校書東觀"，本傳不載，許沖上書："前旨詔書校書東觀，教小黃門孟生、李喜等。"再遷除洨長。原注："洨音侯交反。"《朱穆傳》注："遷，徒也。"《漢書·景帝紀》注："凡言除者，除故官，就新官也。"《續漢書·郡國志》："沛郡有洨縣。"《百官志》："每縣邑道大者置令一人，千石；其次置長，四百石；小者置長，三百石。"《周澤傳》："辟大司馬府署議曹祭酒，數月，徵試博士。中元元年，遷黽池令。"令、長，一也。許君由孝廉辟大尉南閤祭酒，由祭酒遷洨長，故范《書》云"再遷除洨長"，與《周澤傳》官階悉合。許沖上書不言故洨長，而言故太尉南閤祭酒，就內官言也。案，太尉南閤祭酒，本傳不載，許沖上書"臣父故太尉南閤祭酒慎"，《百官志》"太尉"

本注：“掾史屬二十四人，黃閣主簿錄省眾事。”又博士祭酒本僕射，中興轉為祭酒。《漢官舊儀》“丞相考”：“召取明經一科，明律令一科，能治劇一科。”東漢令、長，皆取選於三公府辟除；許君當日以太尉南閣祭酒除洨長，亦其舊制然也。卒於家。《禮記・曲禮下》：“壽考曰卒。”案，所卒之年，本傳不載，張懷瓘《書斷》：“叔重，安帝末年卒。”許沖上書：“今慎已病。”蓋至安帝末年，始卒也。初，慎以《五經》傳說臧否不同，《論衡・正說》：“前儒不見本末，空生虛說；後儒信前師之言，隨舊述故。苟名一師之學趨，為師教授。”《儒林傳》：“鄧后稱制，學者頗懈。時樊準、徐防，迤言儒職非其人。自安帝覽政，薄於蓺文，博士倚席不講。”許君蓋有感憤時俗之意也。案，“感憤時俗”，本傳不載，《魏書・江式傳》：“慎嗟時人之好奇，歎俗儒之穿鑿。”於是撰為《五經異義》，《隋書・經籍志》：“《五經異義》十卷，許慎撰。”案，《五經異義》有《鄭駁》，本傳不載，據《謝該傳》載：“河東人樂詳，條《左氏》疑滯以問該例。”則《鄭駁》亦應備載。《新唐書・藝文志》：“許慎《五經異義》十卷，鄭淳[5]駁。”許君從賈侍中受古學，故異義多從古文；鄭君則囊括網羅，意在宏通，而兼從今文說，此其所以有《鄭駁》也。又作《說文解字》十四篇，大徐本《敘目錄・後敘》：“許沖所上書：‘別自為卷，合十五卷。’”小徐本分十四卷為二十八卷，又敘目錄一卷。《後敘》：“許沖所上書一卷，部敘二卷，通論三卷，袪妄一卷，類聚一卷，錯綜一卷，疑義一卷，系述一卷，合四十卷。”《顏氏家訓・書證》：“《說文》檢以六文，貫以部分，其為書隱括有條例；鄭淳[6]注書，往往引以為證。”案，鄭傳《說文》，本傳不載，據《衛巨集傳》載巨集作詩序：“鄭眾、賈逵傳毛詩，例則鄭傳《說文》，亦應備載。”《周禮・考工記》冶氏注：“許叔重《說文解字》云：‘銒，鋌也。’”《儀禮・既夕記》注：“許叔重說：‘有輻曰輪，無輻曰輇。’”《禮記・雜記上》注：“許氏《說文解字》云：‘有輻曰輪，無輻曰輇。’鄭傳說文學三禮注，三致意焉。”知《鄭駁》《異義》各抒所見，亦猶向、歆父子有《左》《穀》之不同與！皆傳於世。《禮記・明堂位》：“天下傳之久矣。”注：“傳，傳世也。”案許君有《古孝經說》，本傳不載，許沖上書：“慎又學《孝經》孔氏古文說。古文《孝經》者，孝昭帝時魯國三老所獻，建武時給事中議郎衛宏所校，皆口傳，官無其說，謹撰具一篇，并上擊傳。”《後漢書・杜林傳》：“林嘗得古文漆書《尚書》，後以傳衛宏及徐巡，慎又從宏受也。”又案，許君有《淮南子注》，本傳不載，《隋書・經籍志》：“《淮南》二十一卷，許慎注。”《文選注》《藝文類聚》《一切經音義》《太平御覽》引許注，皆與今本高注異。又案，許君後裔，本傳不載，《說文》卷末：“召陵萬歲里，公乘艸莽臣。沖稽首再拜，上書云云。"中黃門饒喜昌詔書賜召陵公乘許沖布四十匹。《擊傳》："漢因秦制，二十等爵，公乘等八。"

【校箋】

[1][2][4][5][6] 淳：原作"廟諱"，茲迴改。

[3] 四者：《續漢書•百官志》原文作"署"①，此誤當系刊刻所致。

《逸民傳》書後

慈 谿　張禾芬

嗚呼，士之貴賤，豈不以其時哉！蘇轍氏有言："物之所受於天者異，則其自處必高。自處既高，則必趨然有所不諧於世俗。"是故，莘野之尹，傅險之說，設非商家側席旁求。雖懷堯、舜君民之志，不過獨善於畎畝之中而已！亦孰能猥自貶抑，以苟就流俗之寵榮耶？接輿、沮溺、荷蓧丈人，幸得列名大聖之門，而其他之銷聲於巖阿林曲者，可勝道哉！

余讀《後漢•逸民傳》，蓋未嘗不歎光武之賢、范氏之識而諸君子之幸遇其時也！秦政暴戾，視士若仇。高帝雖嘗下詔求賢，然輕士慢侮，故其初所與共成功者，大抵市井屠販之子為多，而超軼絕塵者，率隱遯而不前。以子長之良史，四皓之高節，僅附見於《留候世家》中，則其時之逸民，不甚見重於上也必矣。

蔚宗創立名目，發沈冥之幽光，垂千古之逸範，蓋自以身丁擾攘之秋，所如不偶，又不克自致寰區之外，而諸君子之高騫可風，又值世宗之恢廓近名，故不覺向往深之耳！雖其所錄多所闕署，或駁雜不純，要其大旨，不背謬於孔氏。

世道日下，以寵相高，以權相軋，是以志節之士，以珪組軒裳為累。范升之詆伯況，閭陽之毀儒仲，適以成其高耳。夫賢人君子，抱道懷仁，欲有所樹立，以著不朽於後世，豈真親禽魚而樂泉石哉！顧義有所不可，則脫然遐舉。

桓靈之際，王綱日馳，而士大夫爭勵風節。一干清議，終身不齒，卽黨錮禍興，往車雖折而來軫方遒，逸民之力也！其流風餘韻，所興起者遠矣！世主不察，欲以區區爵賞勢力籠絡豪傑，此所以鴻飛□而釣采華名者至矣；士不自量，欲以疏食水飲之身傲睨萬乘，此所以有不為君用之法，而仕途坎阱之禍烈矣！

---

① 《續漢書》志第28《百官志五》，中華書局，1965年，第3621頁。

王介甫云："士縱之則貴，拘之則賤。賤故尚勢，利而昧善。惡貴，故尊行義而矜廉恥。諸君子之不降志，誠美矣；然非世宗肅宗寬厚之主，則亦烏能遂其林壑之性，而守其耿介之操也乎？"

山濤論

慈　谿　王定祥

自魏文帝慕通達，而天下賤守節。於是東漢節義之風，蕩焉無存。何晏、鄧颺輩崇尚虛無，競為浮誕，士大夫爭慕效之，遂成習俗。迄晉之亡，禍未[1]有艾。論者以為王夷甫諸人，不得不受其責，而要之隨俗浮沈，取名當世，違心飾行，竊位希榮。

若山濤者，未始非階之屬也。濤當魏晉之間，天下多事，身為大臣，非無先見之明、過人之識，而乃知而不言，言而不盡，優游養望，唯諾取容，以退讓為名，高置國事於度外，吾不知其居心何等也！

羊祜既陳伐吳之計，而又謂："吳平之後，當勞聖慮，有所付授，願審其人。"蓋逆知吳之必平，而晉之君臣必懈於治也！故當危病垂絕之際，猶諄諄以後事為念。杜預還鎮襄陽，以為天下平安、忘戰必危，而乃益修武備，申嚴戍守，蓋亦承祜之意。

以山濤之明見，亦既知外寧必有內憂，則當吳土初平、凡百草創，誠宜朝夕進盡忠言，彌縫其闕，匡救其失，以戢武帝侈大之心，而措國家磐石之安，庶幾老成謀國之心以盡也！奈何求退之表數十上，而不聞諄切告誡之言；罷州郡之兵，不直陳其利害，而但與盧欽私論，以為不宜；武帝荒淫，三楊用事，僅託之於規諷，而未嘗犯顏有所諫爭？《春秋》責備賢者，濤其能免君！

【校箋】

[1] 未：原誤"末"，茲逕予改正。

詞章

文翁化蜀賦並序以立學校官自文翁始為韻

慈　谿　王定祥

有西蜀公子，問於錦里先生曰："夫以蜀之僻在邊陲，號稱巖邑，俗類蠻夷，民多剽急，當黎雲雅雨之鄉，雜渝舞巴歌之習，問誰為之化成？問誰為之撫輯？問誰為風雅之主持？問誰為羣黎之宰執？明經飭行者，誰為品題？開敏有才者，誰為引汲？下縣子弟，誰為之招徠？學官諸生，誰為之獎挹？遂乃地擅多才，人能自立，政教風行，士林雲集！吾子居近梓鄉，學綜秘笈，盍導我以未聞，而廣我所不及乎？"先生於是唱然歎曰："嘻！子殆日沾化宇而不覺耶？抑親被教澤而如瞀耶？蜀本偏隅，民未知學，是蓋我太守文翁之德政，而吾民之胥承其寵渥也。夫千金之璧，非良工不能成其璞；大廈之材，非匠石不能善其斵。是故，或陶以禮，或風以樂，或揚其清，或激其濁。親儒術之雍容，化邊氓之鄙樸。於是各知奮興，爭自淪濯。俗變榛狉，民無偏駁。子亦曾聞其事歟？吾請為左右揚推之。昔大漢受命之初，乍息干戈，未興學校。書亡秦火之餘，典失《周官》之鈔。談黃老者，高清靜而無為；習申韓者，以刑名相枉橈。是以育才則典闕靈鼉，論學而功慚半豹，博士則僅得備員，太常亦未隆禮貌。蓋潤色之不遑，故簡易以相效。聖聖繼承，聰明仁孝，六條共遵，三最頻較。爾乃桐鄉上蔡，朱召則四布循聲；渤海穎川，龔黃亦競傳德教。而究之極政，平訟理之能終莫，奏戶誦家絃之效。維我蜀郡，有賢宰官，愛民以德，敷教在寬。慨民風之未靖而士習之不端，因更變其政令以力挽夫狂瀾。夫以蜀地之僻、蜀道之難，教不通于中國，民日卽於雕殘，苟非勸學而興禮，何以長治而久安？而乃特開廣廈，號召儒冠，身先為帥，善可相觀。飾之以經術，鼓之以文翰。買刀布以資其遊學，省用度而授之館餐。士皆成就，民益交歡。恩已同夫棠舍，教乃比於杏壇。既而察其才能，舉其秀異，定其等差，別其品類。或為之除更繇，或以之補郡吏，或稱為孝弟力田，或使在便坐受事。學舍重修，英才畢致，石室談經，琴堂問字。或行縣而相從，或按部以偕至，或負笈而來遊，或出錢以為贄，莫不蒙公之福而拜公之賜。迨夫澤徧岷峨，學比洙泗，國無遊民，政堪臥治，而後知公之所以化吾蜀，而蜀之所以好文雅者，其來有自。猗歟良牧，共頌神君。既仁風之普被，遂茂績之升聞。天子方崇儒術，重典墳，求賢若渴，待治綦殷，謂成規之可法，宜向化之同欣，遂命郡國，共設藻芹，風聲所樹，向學彌勤。於是天下之士，皆謂學官之立，實文翁為之始云。彼夫經學，則嚴遵何武，詞賦則相如、子雲，彬彬其選，矯矯不羣，皆吾蜀之冠冕，亦名世之人文，又孰非公之導其先路而揚其清芬！夫其文開鼉藻，教啟蠶叢，人多儒雅，士盡淹通。既化民而成俗，遂道一而風同。豈一時之私惠，將三代以比隆。而不見夫講堂肅穆，祠宇恢崇，祭祀不絕，享禮彌丰。

采蘋蘩兮薦明德，承筐篚兮頌公功。俎豆衣冠，來束修之子弟；歌衢擊壤，走伏臘之村翁。穆穆仰先民之德，廩廩懷君子之風。此其所以為循吏之首，而垂令聞於無窮。則豈特留去思，歌遺愛，而等於俗吏之倥怱乎哉？先生之辭未已，公子乃爽然若失曰：今而知聖人之教之無間於遐邇也，賢者之澤之淪浹於肌理也。夫不登泰岱者，不足以言山；不經滄海者，不足以言水。抑余所謂'履地而不知地之親，戴天而不知天之恩'也。敬承明指，頓開蒙鄙，敢為之頌其所以。乃作頌曰：帝得人兮民受□，吏治清兮王道始。壽我名兮造我士，德無極兮恩無已。[1]頌明良兮歌喜起，于胥樂兮千萬紀！

【校箋】

[1] 已：原誤"巳"，茲逕予改正。

慶歷五先生詠有序

慈　谿　王定祥

人才皆應運而生！方其盛也，或同時濟美，或接踵並起。宋當慶歷之隆，佐治則韓、范、富、歐，倡學則周、程、張、邵，天下之士，莫不興起，於是吾郡有五先生者出焉。五人者，皆高尚不仕，未見厥施而躬行不怠，所在俱化，至今吾郡被其遺澤，可不謂盛歟！幸逢聖朝，食德服疇，凡百君子，宜何如奮勉也！爰著於篇，以識不忘。

王先生致

鄞江起甬東，學行稱桑梓。四明有儒宗，先生為之始。
立言足傳後，安貧不求仕。無職而愛民，仁者固如是。

楊先生適

楊公負經濟，泊然安其素。養親耕隴畝，治經鄙章句。
徒步謁賢守，一屈不復顧。峩峩大隱山，千載如相晤。

杜先生醇

杜子居石臺，隱約無人知。鄞慈始建學，先生為之師。
伊誰使之然？荊公強起之。吁嗟執拗者，心折已如斯。

樓先生郁

正議絕仕進,志操何高潔!掌教三十年,門牆多俊傑。

子孫踵世科,大防尤超絕。我讀攻媿書,溯洄仰先哲。

王先生說

長史鄞江徒,獨能傳師學。有弟登巍科,隱居惟教讀。

家訓垂清白,賢聲相繼續。至今桃源鄉,惆悵思芳躅。

嵇康寫石經賦并序以石經古文寫於洛陽為韻

慈　谿　王定祥

石經始於漢熹平,而魏之正始繼之。相傳正始石經皆邯鄲生所書,然衛恒《筆勢攷》既云其祖敬侯嘗寫《尚書》,而《晉史·趙至傳》又言至嘗在洛陽太學,觀嵇康寫石經古文,嵇紹《序》亦云,是則正始所立,固不盡出於邯鄲一人也。

夫中散當魏晉之交,風裁峻整,意致高潔,其被難時,太學諸生請以為師者,至三千人。度其人品,當遠出邯鄲上,況敬侯哉!今者遺經斷石,既就湮沒,而考證諸家,亦第知子叔伯儒,未有言及嵇生者,蓋幾等於《廣陵散》無復傳也!夫嵇生,固不必以石經著,而要之古人文字,泯滅不彰者,豈少也哉?覽古之士,所以致慨也,爰命筆而為之賦。

客有過西晉之舊京,訪東觀之故跡,尋太學之遺經,想名流之手澤,則見夫寂寞橋門,荒涼瓦礫,蘚暈塗黃,苔痕鎖碧。因憑弔而興懷,遂撫今以追昔。緊譙國之高賢,曾寫經而勒石。來問字之奇童,集觀光之上客。金石千年,滄桑一擲。嗟軼事以俱湮,撫殘碑而倍惜。乃進鴻都,主人而告之曰:"子亦知夫魏之季世,有中散大夫嵇康者,來此而寫石經乎?"粵稽東漢,降及桓靈,經書刓謬,典籍飄零。許中郎以正字,始刻石而題銘。雖已免夫亥豕之誤,猶未備乎科斗之形。洎乎正始重建,樹之明廷,法兼篆籀,體別畦町。銀鉤兮鐵畫,岳峙兮淵渟。傳者謂皆出於邯鄲生一人之手筆,為能擅絕技而無失典型,豈知事或貽訛,典還忘祖!陋考訂於諸儒,謬流傳於故府。蓋是時寫石經者,嵇生實與其數焉。

吾想夫落紙雲煙,下筆風雨,意匠經營,神明規矩。或龜文而龍鱗,或鴻飛而鶴舞。或象懸針,或類張弩。或如夏后之鐘,或似岐周之鼓。無筆不奇,有文必古。方將與中郎而抗行,更何論邯鄲之學武哉!爾其象窮皇古,妙合典墳,書成一體，筆掃千軍，格既殊於二篆，技何論乎八分？提筆四顧，觀者如雲，驚其奇傑，歎其不羣。則有代州名士，洛下郎君，幼遭世變，遠歷河汾，親其麗藻，挹其清芬，徘徊不去，諮詢惟殷。謂非常之風器，必名世之人文。既幸見其所見，亦願聞其所聞，因而敬諏姓名，惀慕風雅，覿面匪疏，相隨不舍，遂同歸於山陽之廬，而棲遲於溫原之野。或從遊於竹林，或共鍛於柳下。斯固遇合之出奇，抑亦嘗鑒之非寡。夫其三體初成，四方傳寫，勒之貞珉，庇以廣廈，舉國來觀，喧闐車馬，巍乎煥乎，炳也麟也，亦豈料今日之蔓繞，龜趺碎同雀瓦，極目淒迷，有如是者。而況豐碑既沒，故事都虛，傳聞失實，記載尤疏。典既闕於金匱，文不備於石渠，問誰為景貞所觀之本，問誰為侍中所述之書？類有似乎向注郭竊，訛豈僅於帝虎魯魚！縱使書非一手，事或相於，而何以衛覬尚傳一經之說，中散獨無片石之儲？悵高名之竟掩，惜遺址之成墟。徒令懷古者感念前賢，摩抄殘碣，躑躅而欷歔。主人於是仰而歎，俯而笑曰：“噫！子殆以文士目嵇生，而因惜其聲華之蕭索乎？”夫其曠達為懷，簡任自若，負瓌奇之姿，抱縱橫之略，論著養生之篇，書有絕交之作。蓋當魏晉之間，而別深其寄託者也！是以跡類隱淪，性甘淡泊。既無心以出山，仍翻然而去洛。憇逸趣於琴書，媚閒情於溪壑。雖復不容於時，終罹矰繳，而要之志節彌堅，才名不作。彼石經之傳不傳，固不足為其重輕，而何必傷其漼落！若夫山公傳《啟事》之牘，參軍有《頌酒》之章，步兵則詠懷潦倒，子期則思舊慨慷，同一時之寄興，固可聽其存亡，皆諸賢之餘，事雖泯滅，其奚傷？今卽殘經莫辨，斷石俱荒，而中散之風流如昔，亦何加損於豪芒？而不見夫餘子何限，聲名渺茫。既沒世而不稱，亦雖美而勿彰。”客乃憮然為間，悅乎若忘。慚管蠡之識見，窺賢哲之行藏。時則掩斂宮牆，沈沈夕陽。謝主人兮返駕，聊染翰以倘佯。

擬孔文舉《薦禰衡表》

悉 谿　王定祥

　　臣聞夢發傅巖，兆動渭濱，龍吟雲起，虎嘯風生，是以高帝下求賢之詔，世宗有疇咨之命，廣延茂士，並建豪英。伏惟陛下，聖德嗣興，萬幾兢業，宵衣旰食，以求俊乂，天生賢哲，用光漢京。竊見平原處士禰衡，字正平，年二十四，風節超邁，才器英偉，博極典墳，旁及藝事，目之所見，感而遂通，心之所得，道與之合。方之於古，子產博物，左史敏妙，誠無以過。制行高潔，植操貞毅，皎若霜雪，猛於鷹隼。楊震之清，孟嘗之廉，汲黯之忠，朱雲之直，以衡觀之，又何讓焉！方今國步艱難，賢邪不別，誠令舉錯得宜，開張聖聽，庶幾夙夜以匡王業。盈廷唯諾，一士諤諤，使衡束帶立朝，必能振式頹靡，矯枉習俗。夫處士虛聲，君子之所恥；避人忘世，賢聖之所悲。衡非肥遯鳴高，盜名欺世，若蒙單車就徵，必當幡然戾至。鷥翔鳳翥，彰聖代之得人；龍躍蛟騰，豈沈淵之有伏。如衡之才，不可多得。荊山之璞，良工所寶；豫章之材，匠石所需。臣融備位闕廷，職司耳目，果有所見，敢不以聞！伏願如前者路粹、嚴象之事，特恩授職，俾以自効，天下幸甚！臣無任激切，惶悚之至。謹表。

擬孔文舉《薦禰衡表》

慈　谿　楊家駒[1]

臣聞側陋奮庸，共鯀遠徙，邦之底定，永賴元良。往昔逆卓恣虐，炎運中□，帝眷我漢，俾伏斧鑕，陰鷙思逞，實繁有徒。臣每念至，憂心如疚。陛下孜孜靡慝，廢寢忘餐。獷牙在疚，無與肆力。平陂迭運，畸人間出。天地祖宗，爰茲式憑。竊見處士平原禰衡，字正平，年二十四，懷文抱質，婞節孑立。博覽宏達，靡不畢貫。雅稱好古，探奧遺筌。每有所作，援筆立就。累簡萬言，機無或滯，祕思泉湧，恢之彌廣。相如《子虛》，揚雄《甘泉》，方之蔑如也。遭世塗炭，勁節弗撓。歝時高蹈，不為威怵。瞯然自矢，樂為迂闊。脂韋詫譽，僉謂為狂。抗懷宣聖，沸途知歸。游夏一體，殆非所安。忠謇性成，縻軀不惜。憤世遭屬，恒思效節。假之斧柄，必足有為。方今列侯間釁，犬牙橫噬，規謀割裂，莫奉朝請。假衡秉軺，陳其利害，抵掌談頃，可下百城。衡性剛方，介不終日。素嚴鷹鸇，無禮必逐。昔汲黯立朝，淮南戢志；鮑宣乘驄，王氏側目。使衡獬冠，罔俾專美。又衡英才天縱，逾冠知立，搏翮天衢，允蔚國華。閭邱咇角，齊宣載以後車；甘羅龍文，秦王召為侍中。在古為烈，方今斯陋。羽蟲三百，鳳為之長。如衡拔萃，譽毛斯瞻。苟得借翰晨風，耀頴帝室，如金在鑄，如泥在埏。凡夫結綠垂棘之美，夜光璠璵之珍，靡不聞聲希景，不脛而至。皇綱弛而復振，帝典缺而復肅。千載一會，臣所翹企。臣知衡積素，凡所稱揄，匪涉濫舉，謹撮其概以聞。

【校箋】

[1] 楊家駒：《光緒慈谿縣志》卷二十一《選舉下·舉人》：“光緒十五年己丑恩科：……楊家駒字壽孫，泰亨子，順天中式，現官刑部候補主事。”

伏波將軍平呂嘉賦並序以元鼎五年漢征南粵為韻

慈谿　王定祥

閒嘗遊嶺嶠,過羊城,訪朝漢臺遺址,未嘗不歎尉佗之才。以彼之雄畧而能識時,執自卑詘以服事漢,故得長守其土地。及讀《漢書・南粵傳》,又竊思其後之所以亡,由於服事不誠,心懷疑貳,內釁外患,以至滅絕。

彼呂嘉者,在粵為亂臣,在漢為畔賊,宜天討之必加,而死亡之立至也!衛尉路博德假伏波之節,合江淮之眾,將兵十萬以臨粵境,期年而平,雖曰征戰之功,豈非順逆之故歟!夫順天者昌,逆天者亡,前車可鑒,古今一轍。彼潢池弄兵、夜朗自大者,何為也哉?爰即平呂嘉之事,而為之賦。

昔漢武皇帝,元狩季年,既平瀚海,遂極昆侖。大將軍北封狼居,博望侯西通烏孫。滇蜀向風而附景,宛夏慕義而歸仁。光被八極,威振九垠,薄海內外,悉主悉臣。天子於是臨朝受賀,大赦改元,謂四夷之向化,宜萬國之來賓。蕞爾南粵,世受國恩,胡職貢之久闕,亦風諭之不聞。況復發兵拒使,竊號稱尊。蛙竟肆於井底,螳敢當夫車輪。如天討之勿彰,將國法其何存?廼命伏波將軍路博德,帥主爵都尉、歸義侯等,興四路之師,臨百粵之境,實總元戎,往鋤強梗。夫其所向有功,臨陣以整,勳久著於邊陲,勳早銘夫彝鼎。賜書羨陸賈之行,繫頸慕終軍之請。出桂陽而捷趨,合江淮而統領巴蜀。發夜郎之兵,零陵鼓下瀨之艇,掣電轟雷,旗參鉞井。十萬樓船,縱橫馳騁,斯固尅期而氛祲全消,指日而烽烟可靖。彼小丑之跳梁,應亦聞風而知警矣。且夫粵自亡秦失政,尉佗啟宇,絕道興兵,乘時竊取,并象郡及桂林,守湟谿與橫浦,表海稱雄,負山險阻。我高皇帝以天下初定,中國勞苦,是以釋之不誅,剖符通使,使為南粵主焉。雖復高后臨朝,信讒齊怒,別異蠻夷,禁絕商賈,而文帝又賜以詔書,特深填撫。誠宜懷德畏威,奉法守土,倚漢如天,呼使為父。而奈何釜已泣魚,峒還負虎,自大一州,妄希九五,以致來踰嶺之雄師,而集橫江之樓艫哉!爾其孫謀不淑,臣職多愆,僭尊號而如故,奉朝請以俄延。一傳再傳,更十餘年,徒遣子以入衛,終怙惡而不悛。釁由帷薄,既起戈鋌。況復狐疑相杖,猶豫不前,遂致逆臣之中畔,空思舉國以內遷。彼姦回之釁匿,久欺主而自專。負其桀黠之性,逞其跋扈之權。既擁兵以肆逆,復植黨而樹援。敢謾辭以謝罪,竟滅使而冠邊。皇赫斯怒,威震南天。六師移討,五嶺平填。夫固顯戮之必及,而亦天譴之自干。羌乃師出期年,功成一旦。尋陬先降,石門中斷。既得粟而挫鋒,遂合軍以進戰。敵方坐困於孤城,我乃各據其四面。陷陣摧堅,出奇布算。東南則縱火燒兵,西北則設營觀變。破竹之埶已成,倒戈之情益見。遂使降以招降,畔以制畔,因反嘅而入營,皆相率以歸漢。力盡兮埶窮,旗靡兮轍亂。雲散兮風飛,瓦解兮冰泮。收儋耳於黃圖,定番禺於赤縣。穴中之螻蟻何逃,海上之鯨鯢奚竄?廼呂嘉則尚思遠遁,猶煽餘腥。挾建德而北去,率親屬以宵行。以游魂於窮島,而肆毒於荒冥。豈知兔窟徒營,鷗巢已[1]傾,龍伯用命,鮫人效靈,遂復遣其降將,令其進征。禽蚩尤於涿鹿,埋長狄於駒城。全吞渤澥,生斫蛟鯨。瘴海一洗,蠻煙四清。昔之鼠狐竊據,蚌鷸持衡,魑魅嘯聚,蠻觸紛爭,莫不隨沙蟲以殄瘁,聞風鶴而銷聲。蓋巴蜀零陵之軍未下,而南粵已平矣!假使服事惟謹,職守無愆,拱皇輿於極北,奉正朔於日南,不改朝漢之志,時凜約法之嚴,則必君恩永沛、聖澤常沾,亦既安其藩服,而奚快乎并兼?又使誅首惡以待命,冀皇度之包涵,或分棄其前患,以幾幸乎恩罩,亦豈至崇朝而滅,聚族以殲,終駢首而就戮!嗟噬臍,其何堪,曾不若甌駱早降,猶得封侯而受賞,蒼梧內屬,不因同姓以俱裁。

惡貫既盈於貳負,明刑豈逭於萤廉。於時元凶就禽,羣醜撲滅,振旅班師,獻俘傳馹,遂宣示於邊庭,而縣頭於北闕。星掃鑱槍,風馳甌脫。康居重譯而來朝,單于欵關而詘膝,咸航海而梯山,共沐日以浴月。威武聿宣,聲教四迄。則有相如、枚皋之徒,抽豪簪筆以獻賦,而作頌曰:

於維我皇,纘鴻烈兮。東被西漸,罔不率兮。

蠢茲南粵,敢狷獮兮。爰整戎行,彰撻伐兮。

桓桓將軍,仗鈇鉞兮。師不久暴,遂平粵兮。

萬邦交儆,胥服悅兮。鞏我皇圖,永無越兮。

【校箋】

[1] 已:原誤"巳",茲逕予改正。

張清恪公從祀文廟頌并序

慈谿 王定祥

今皇上御極之五年,特允禮臣之請,以儀封張清恪公從祀孔子廟廷。崇正學,光祀典,禮也。

維公篤學力行，以昌明斯道為己任，置得失利害於不顧，卒以清節直行，受聖祖皇帝特達之知，又蒙世宗皇帝天語褒題，允宜升祔黌序，以光大典。

海濱下士，誦法儒先，夙仰懿德，謹拜手稽首，而獻頌曰：

維嶽之精，維河之靈，山川鐘毓，名儒挺生。

異學是闢，先民是程。正誼明道，日光月晶。

當其撫閩，首事講學。成俗化民，不疾而速。

創建鼇峯，大開廈屋。刊布儒書，搜刻著錄。

閩學重興，比於鄒魯。維公之功，實導先路。

移節江南，羣邪搆怒。維公守志，不易厥素。

天子明聖，無微不彰。維公亮德，積久必光。

既承恩命，遂值玉堂。外掌度支，內肅官常。

維公之節，壁立千仞。維公之教，百世猶奮。

睢州正大，當湖切近。以公觀之，如驂斯靳。

思樂泮水，於穆辟雍。明禋既備，俎豆載崇。

仰邀典禮，聿著豐隆。是用作頌，以識景從。

離騷經賦并序以變風為騷旨近六經為韻

慈谿　王定祥

屈原既放，憂愁幽思而作《離騷》。《離騷》者，猶離憂也。而獨謂之經者，經常也，屈原雖處變而不失其常也。或曰："其詞意有合於經旨。"於是原弟子宋玉、景差之徒，既為《九辨》《二招》以傷其遇、述其志，而唐勒復統其大意，作賦以明之。其詞曰：

夫何皇天之不佑兮，竟忠直而遭譴。惜宗臣之放逐兮，望帝闇而空戀。既靈脩之數化兮，復羣邪之橫煽。信蹇諤之為患兮，紛內美其徒擅。嗟孤芳之獨抱兮，亦余心之所善。雖流離而失所兮，終守經而不變。冀明主之一悟兮，託空文以自見。其辭若何往復無窮，其旨若何悃欵以忠。聲哀屬而彌長兮，思纏緜而愈恫。疾讒諂之蔽明兮，怨邪曲之害公。述脩姱之峻潔兮，明道德之廣崇。曾余行之皎皎兮，而天心之夢夢。夫孰察其中情兮，託遺響於悲風。□依經以立義兮，終舉筆而不忘規世。既莫足與美政兮，亦皇皇其何為？嗟余情之信芳兮，唯昭質其猶未虧。合比興而寄意兮，假諷喻以陳辭。緊葝菲之可采兮，願下體之無遺。胡蕙茝之申替兮,怨美人之所貽。溯高陽而述伯庸兮,厥初生民之詩也。覽皇輿而懷前哲兮,匪風下泉之思也。既婉言而莫喻兮,傷余懷之鬱陶。依前聖以節中兮,效陳謨之禹皋。稱堯舜而懲桀紂兮,旨特嚴夫貶褒。黜貪婪而崇耿介兮,亦裒鍼之獨操。哀眾芳之易謝兮,恐鵜鴂之先號。豈蘭臭之同好兮,徒井渫之心勞。將乘龍以御天兮,駟玉虬而遊翱。彼作《易》者之多憂患兮,茲更演其義而為《騷》。排閶闔以遙望兮,終嫉妬而蔽美。極神遊而目想兮,望瑤臺而濟白水。聊求女以寄情兮,令蹇脩以為理。或信美而無禮兮,或邈遠而難跂。懷朕情而莫發兮,欲遠集而無所止。來違棄而改求兮,仍不易其素履。折瓊枝以繼佩兮,雜杜蘅與芳芷。秉松筠之貞操兮,又何乖乎《禮經》之微旨。嗟所如之不合兮,亦誰知其心之所蘊?唯志潔而行芳兮,斯指遠而言近。既君心之莫挽兮,忳鬱邑以憂忿。宗國無可去之義兮,吾願集蓼而避堇。雖九死其猶未悔兮,任葅醢而薺粉。終不能降心而變節兮,蒙世俗之塵垢。指江水之滔滔兮,吾其效彭咸之忠憤。長太息而掩涕兮,信非罪而見逐。懷故鄉而徙倚兮,望君門而慟哭。胡我生之不辰兮,遘陽九之百六。招巫咸而問天兮,命靈氛以穆卜。曰勉遠逝而孤疑兮,余亦何忍而改其初服。豈余身之憚殃兮,恐國本之顛覆。故雖死而不容自疎兮,奚惜夫赴清流而葬魚腹。痛斯文之所由作兮,念斯人而淚零。世溷濁而不分兮,何獨清而獨醒。終矢志而靡佗兮,守先民之典型。斯固可與日月爭光兮,豈僅辭旨之不畔於遺經。招魂兮重淵,渺渺兮湘靈。傷謠諑之多方兮,蔽我后之聰聽。荃蕙化而為茅兮,蘭芷變而不馨。惟若臣之孤直兮,猶見斥於明廷。攬遺編而寫哀兮,嗟天道之冥冥!

黃鶴樓胡文忠公像贊

鎮　海　范文榮

昔漢留侯[1],恂恂婦人。指揮談笑,計滅暴秦。

惟公儒臣,一麾出守,攘定荊衡。

虎失嵎負,武昌斯拔,九江斯奪。

安慶孤城,王師斯達。

士騰嘯矣,賊相弔矣。指日蕩平,巢窟燎矣。

惜哉一簣,天不假年。鞠躬盡瘁,庶幾昔賢。

上游既定,冠氛漸微。金陵孤注,乃克合圍。

嗚呼胡公,功在天下。再拜高樓,我懷賢者。

蒼蒼大別,滾滾江流。謂公不壽,公巳[2]千秋!

【校箋】

[1] 侯:原誤"候",兹逕予改正。

[2] 巳:原誤"巳",兹逕予改正。

擬江文通《雜體詩》六首

慈谿　王定祥

陳思王植贈友

飛蓋遊帝城,馳情望禁蹕。鵷鸞壯九重,鳲鵲開雙闕。

瓊蕊霏玉除,涼風散芬苾。零露承金莖,秋氣薄林樾。

佳人期不來,日暮心淒切。銀燭輝華筵,短歌發清越。

眷此平生懷,素履寡儔匹。退哉二三子,相期崇明哲。

劉文學楨感遇

龍門有孤桐,挺質數十尋。名材遇良工,製為綠綺琴。

裝以七寶匣,飾以雙南金。一彈再三歎,悠悠太古心。

古調誰見賞,歘然逢知音。拂拭生光彩,珍重逾璆琳。

幸得隨君子,恩情日以深。

王侍中粲懷德

憶昔遭世變,驅車適江漢。川廣不可越,長途信浩瀚。

風波一失所,忽復星霜換。離鄉三十載,遊子空腸斷。

回首望伊洛,狐兔各奔竄。元宰奉皇靈,一麾平禍亂。

枯槁亦滋榮,栖託得所願。並轡遊鄴中,清讌極遐觀。

少壯幾何時,衰老承恩眷。黽勉互歌歡,振衣忘日旰。

嵇中散康言志

嗟余少薄祐,抗心希古道。所學無常師,潔身以為寶。

莊老竊所期,嚴鄭從吾好。跰足散塵襟,步屧拾瑤草。

志願與我違,沈憂傷懷抱。處高良獨難,孤生不自保。

仰視浮雲飛，飄忽隨風杳。歲月忽已晚，立身苦不早。
人生苟有情，安得不速老！

阮步兵籍詠懷

長松鬱高岡，幽蘭滋空谷。結根雖異地，生意各自足。
嚴霜壓茂草，狂風振林木。本乏歲寒姿，忽已變榮辱。
志士敦晚節，美人傷局促。良為遲暮憂，窮達復何卜？

張司空華離情

涼風一夕起，秋意散昏濁。低首入羅幬，燦燦深閨燭。
之子在萬里，賤妾守縈獨。零露滋紅蘭，金風吹佳菊。
顏色幾時好？萎謝空金屋。顧茲生百憂，婉孌我心曲。

擬江文通《雜體詩》六首

鎮　海　范文榮

陳思王植贈友

人生重交遊，安能常悒悒？幸逢國家盛，禮賢若不及。
圭璋喜特達，冠蓋集京邑。賤子相追隨，英俊許拱揖。
從容文讌間，雅義發篇什。露下冰井臺，幽蘭一朝湮。
俯仰時序改，涼風淒以急。眷惟二三子，忠信固所執。
交期緬古道，儻亦念車笠。

劉文學楨感遇

松柏當春陽，顏色何寂寞。經冬冰雪嚴，青青照巖壑。
視彼蒲柳姿，望秋先零落。猥以樗櫟材，謬蒙施丹艧。
顧念聖主恩，此生欣有託。敢謂文墨職，無由舒忠謇。
弩力報聖明，涓埃亦已薄。

王侍中粲懷德

昔年遭喪亂，乾坤正風塵。回首瞻宮闕，蕭條徧荊榛。
戰伐何時已？羈旅傷我神。飄梗嗟泛泛，倚棹涇渭濱。
落日望長河，天地浩無垠。俯仰身世間，客子屢酸辛。

否泰見乘除，氣象一朝新。遭逢聖明朝，孤寒氣獲伸。

紱冕崇好爵，金璧錫殊珍。禮羅徧郡國，英豪奮臣鄰。

君子重知己[1]，寵遇況絕倫。勉旃矢報稱，夙夜事一人。

嵇中散康言志

六合何侷促，舉足輒途窮。顛倒作奇想，軼出塵寰中。

鵬搏九萬里，偃息扶桑東。逍遙雲海間，浩蕩乘長風。

鸎鳩笑其後，燕雀豈知鴻？曠哉達人心，鄙夷一世空。

不見魯東門，九韶奏絲桐。眩視而悲鳴，爰居竟昏瞢。

阮步兵籍詠懷

鳶飛嘗戾天，魚躍亦于淵。飛躍不相謀，趨向各有專。

飛騰快雲漢，沈潛喜淪漣。萬物皆有得，幽微孰喻焉。

精衛不憚煩，誓將滄海填。

張司空華離情

素月流中天，簾櫳有清光。佳人中夜起，撫琴暗斷腸。

露溼苔徑綠，風生桂堂涼。行人去不返，草木為誰芳？

八月蕭關道，萬里已[2]嚴霜。刀尺深閨夢，迢遞向河梁。

【校箋】

　　[1][2] 己：原誤"巳"，茲逕予改正。

招寶山新建礮臺記

慈　谿　楊家駒

　　洪維皇上御極之元年，八絃嚮風，五緯順軌。文軫通於裒毳，威靈懾乎梯航。固已玉燭調龢，帀宇戴麗鴻之澤；金甌鞏固，敷天蜚通駿之聲。木居海處之酋，咸循令甲；沙度繩行之道，悉豐夷庚。金鏡長清，盡息防秋之警；玉環遠獻，全消猾夏之萌。又何必險扼崑崙，嚴北門之鎖鑰，勢聯龕赭，作東海之藩維？聲霹靂而岳搖，樹碉樓以壘伏哉！然而兵可百年不用，慮難一日不周。蔡逢時防海編《圖》，獨先兩浙；侯繼國練兵輯《志》，尤重四明。誠以吾甯獨瀕居於澤國，最難弭盜，多負固於海隅。嘯聚蜂屯，萬里悉崔苻之藪；勾連虎踞，一呼能鼓噪而來。苟非備設要衝，銅柱立中流之砥，不且計疏捍禦泥丸，隳函谷之封乎？此所以招寶山之巔，有新礮臺之建也！

歲在乙亥，議增此臺，楊中丞實相其宜，杜司馬迺監其制。於是畫圖授匠，刻日興工。申令聿昭，子來齊赴。鍛鑕去滓，擊硫而地轉雷霆；麗土揚燎，熾火而山飛列缺。通百步廿四件之灑，幻陣雲屯；參一母十四子之奇，神機電縱。有基勿壞，漲玉礫以成圍；無石不堅，奠金湯而永固。瞭賊嘴，形排齒齒，退蛟鼉以逡巡；鉤金塘，影寫鱗鱗，臥虹霓兮緜亘。期無浹歲，告厥藏功。從茲虎帳增雄，施石砦而衛垣益密，一任鯨魚肆虐，架梅花而落地騰空。則斯臺也，足以誇天府之雄，效地維之順。威萬國而使之拱北，導百川而悉與向東者也！矧夫招寶山者，孤懸鼇柱，屹立蛟門。南對金雞，絕巘真為天設；北當巾子，外人除是飛來。鞏雉堞於西嶼，威遠之嚴城可倚；控虎蹲於東麓，寶陀之堅壘誰摩？浪淘日夜，乾坤巍然重鎮；地坼東南，吳越界以候濤。沙路縈紆，蕃舶於焉棲託；潮痕早晚，估艘之所往來。戚少保狗頸蠡魔，藉資駐紮；胡總制鸛門獻馘，賴有憑依。第觀乎雙闕離奇，七洲溯湃，日本與琉球並峙，登萊偕沂密齊收，莫不粲若列眉，明如視掌。此地放開眼孔，彼虜在吾目中。洵越角之咽喉，抑浙東之屏翰歟！

猶憶山之舊有礮臺也，乃常總戎進功之所刱造，為陳觀察之驥之所募修。四十尺臺位崇高，平分鼎足；二千觔礮聲威重，丕蕩波心。非不傑構經營，獨據建瓴之勢；亦復機謀廣運，宏宣捍海之功。然自島寇繹騷海疆，蹂躪妖蹇，斗闕勢吞黃木之灣，盜走湟池，刧換紅棉之寺，雖盧都督力摧蕭顯，旋復誅鉏，卽俞忠襄計獲蘇譚，終攖斧鑕，而昔之瓊宮梵宇，嚴柵崇墉，吐納風濤，憑凌星斗，固已叢生荊棘，半沒榛蕪也已！方今六合盧牟，八荒詟慄，璇璣齊政，經臚括白阜之圖，玉策恢綱，營衛整黃軒之律。效順極火羅瑣里，執雉而朝；懷柔徧渴刺樂浪，乘螺畢至。昇平交頌，瀛源無烽燧之驚；王享偕來，海甸有雨風之好。猶復礮規擴舊，運機器於西洋；臺址增新，策籌邊於南渤。益使帝圖式廓，帶礪跨百粵而遙。試看皇極咸遵，衡玉協允重之正。豈第氛消鯨島，億萬年永靖嚴疆，從教杜界蛟川千百族，共登祍席。

竟陵王雞籠山集學士鈔書賦 以依《皇覽》例分為四部為韻

鄞　縣　張美翊

則嘗尋南朝之勝境，溯西邸之清徽。此地有崇山峻嶺，其人皆博帶褒衣。

捃羅廣而異書集，招致殷則賢士歸。簡冊紛然，落葉如掃。冠裳粲若，狂花亂飛。豈豫章土山，桐竹之陰罨藹。似江夏府第，琴書之韻依稀。訂八友為心知，真不愧虛懷好善；統百家而手校，其無忘雜服博依。

齊竟陵王子良者，情耽石室，慶衍銀潢。侍世祖而克供子職，為司徒而夙懷官方。作經唄新聲，從此宗風熾盛；定律文舊注，咸知國法周詳。用開獻書之路，爰立遊客之堂。刻燭聯吟，騁奇才於文字；設瓜會飲，傳勝事於壺觴。古齋不少圖書，祕捃秦漢；別館亦饒水木，境儗羲皇。

有雞籠山焉，列岫雲連，層巒霧闇，地厭勝而金埋，碑紀功而石礲。東山脈接，謝公之別墅長荒；北岳路通，周子之草堂久擯。當五代之繁華，開千巖之黲澹。瞰建康之闕，嵐氣橫空；俯元武之湖，波光怒撼。此後藏書建閣，待求遺籍於四方；即今躡屐登峰，已小眾山於一覽。

王於是選勝移家，卜居列第。侈樓臺之壯觀，結金石之深契。會知名士，林泉之過往皆聞；讀未見書，竹素之流傳勿替。九華之門洞開，雙髻之岫平睨。魚解吞墨，喙澗水而亦香；鶴徠聽經，立階苔而欲唳。擅花木池亭之景，正宜置驛通賓；彙經史子集之全，端在發凡起例。爾其集學士以鈔書也，或檢遺編於篆隸，或攷殘籍於典墳。或希志馬班，定紀傳之制；或追蹤酈鄭，精訓詁之文。是八幕賓，共譜聯牀風雨；學寫書吏，試看落紙煙雲。捃魯壁之敚簡，拾秦灰之餘芬。疑義資其讎校，異辭擴其見聞。非蕭宗室祕寫巾箱，取攜良便。惟王撫軍奇探科斗，今古攸分。且夫建文選之樓，詞章之宏藪也；營芳林之苑，賓客之上儀也。好寫甾真，獻王愿之拾殘補闕也；借書刊謬，齊王攸之博學慎思也。屏藩之封既擴，攷校之事允宜。分門則絫其部目，纂藁必限以歲時。沈約、任昉之徒，與之為友；虞《志》、荀《錄》而外，能自得師。從茲箸作等身，彙眾長以畢貫；敢謂丹黃滿目，薄小技而不為？

徒觀其勝景迎人，幽居得地，遠通牛首之山，上有雞鳴之寺。梵音清靜，拓元圃而延僧；盛會豪華，入平臺而遣使。既登覽之皆閒，亦典章之具備。分庭揖客，珠履班聯。閟閣緗縑，瑤函字祕。序甲乙丙丁之次，藏副本而品待分三；崇詩書禮樂之文，攷王制而教先立四。聖天子鳳宸懋修，螭廷稽古，彙金繩玉牒之編，拓東壁西園之宇。盛三雍以造士，俊選皆升；搆七閣而收書，菁英並聚。士也富擁文林，精探藝府。潛居博覽，典窺二酉之藏；文治光昭，績仰五辰之撫。竊願分班帝禁，入翰苑而賦獻萬言；何當珥筆御廷，侍經筵而書觀四部。

竟陵王雞籠山集學士鈔書賦 以依《皇覽》例分為四部為韻

鎮　海　劉慈孚

客有訪臺城之遺跡，仰帝子之芳徽。碑尋剝蝕，峯上翠微。思朱門兮悵悵，倚碧樹而依依。探幽躑躅，弔古嗟欷。情移泉石，事溯宮闈。聚典籍於室中，鉅冊徵宏文之富；羅名賢於海內，虛懷為眾望所歸。此其愛才若渴，嗜學忘饑，洵風流儒雅，今古所希矣！

則有如齊竟陵王子良者，譽傳江左，派出天潢。人本金枝玉葉，度還鳳峙鸞翔。職兼上相，眾號賢王。學富五車，勤三餘以佔畢；書披萬卷，漱六藝之芬芳。拈韻語而詩催參佐，談元理而旨挹軒皇。固已[1]雍容有儒者之象，著作登大雅之堂。當其移居雞籠山也，勝境是棲，重門常揜，喜退食之餘閒，矚進供夫清覽，頻深好古之思，頗有惜陰之感。情以孤而斟懂，趣以冷而彌澹。百城徒擁夫縹緗，六籍急須於鉛槧。欲分別夫部居，宜名流之招攀。於是築精廬，開甲第，發徵書，陳聘幣，應召者隊隊登車，造邸者紛紛連袂。士固多才，王能忘勢。訂文字之交，結芝蘭之契。出善本以校讎，借前賢為比例。類可分夫甲乙丙丁，體還備夫真草篆隸。則見其鈔書也，毫揮風雨，紙落煙雲，神不外散，墨有餘芬。由彼百家諸子，上追帝典皇墳，以及蘭台祕本，石室舊聞。才人之集，史氏之文，罔不鐵畫銀鉤，正容以寫，牙籤玉軸，徐列以分。

是時學士亦可攷焉。張融最工標格，江斅妒好文辭，賈淵世傳譜學，劉繪雅擅風儀。王儉乃僧達之後，謝□係希逸之兒。周彥倫逸情瀟灑，陸慧曉詩骨清奇。褚彥緒少持高節，孔稚圭獨抱幽姿。其人類皆詞壇傑出，藝苑譽馳。能聚居以磨礪，亦及時以修為。

若夫王邸之在是山也，蘿徑謝喧，黛峯滴翠。石搜謝傅之墅，鐘聽南朝之寺。足供笑傲閒蹤，洵為媧嬛福地。與諸學士考科斗之古文，辨岣嶁之奇字，八法精求，一編情奇。訓經筵於藩府，固春宜誦而夏宜絃；聽高論於儒生，亦帝可六而王可四。

迄今寂寞青黐，荒涼朱戶，澗谷迴環，煙霞吞吐。徒蟬噪於一林，空蛙鳴夫兩部。何處尋筆塚墨池？相逢皆樵夫牧豎。蕭齊之事迹無存，王子之典型莫覯。能不太息以抒詞，流連而懷古也哉！

【校箋】

[1] 巳：原誤"巴"，茲逕予改正。

竟陵王雞籠山集學士抄書賦並序 以依《皇覽》例分為四部為韻

慈　谿　王定祥

《南史》稱竟陵王禮才好士，而西邸抄書，不著學士之名，豈沈、任、王、謝輩，皆無足紀哉？蓋正袁象所謂"爪牙柱石之臣，都盡命之所餘，政風流名士耳"！余以他傳考之，互見者蓋二十餘人，而乃竟陵之賓客，半皆梁室之勛臣。卽范雲、計全、昭胄，而亦早貳心於武帝。王融躁進貪功，以及於難，亦未必真為社稷也！"物望所集，失在儒雅"，延壽之論，不其然乎？嗟嗟！靈光之殿何存，茂陵之書空聚。登雞籠山者，且不暇為竟陵太息也！爰作賦，以致其慨云。

出太平門西北六七里，臨元武之湖，望燕子之磯，有山焉。渺渺烟樹，蒼蒼翠微。啼鳩春怨，寒鴉夕飛。故宮禾黍，野寺荊扉。徘徊卻顧，徒倚何依？客告余曰："此雞籠山也！"所謂齊竟陵王之西邸，非乎？在昔永明初紀，子良始王，居不疑之地，負天下之望，傾意賓客，游心翰章。竹箭擅東南之美，圭璋增壇坫之光。或良夜而催詩擊鉢，或盛夏而設飲追涼。衣冠文物典麗，喬皇固已極一時之盛，而登大雅之堂。而乃流觀簡編，俯仰興感，既經焚棄之餘，屢遭兵火之慘。篋笥尟三本之藏，金石晦千年之鏨。幸斯文之在茲，任飄零其何敢。因而移居此山，廣為延攬。夜燭晨鐙，懷鉛握槧。夫固異乎淮王之著書，亦豈僅如呂氏之《集覽》也哉！爾其著錄分編，部居次第，繕寫辛勤，校讐子細。搜內府之秘藏，依黃初之舊例，總括羣書，更為分隸，以類相從，以事相繫。合經史子集而傳鈔，統甲乙丙丁而總計，蓋淵淵乎一千餘卷也，而何論乎虞《志》、荀《錄》、劉《畧》、班《藝》！況乃名流畢至，勝友如雲。蘭臺集彥，芸館揚芬。王、謝則烏衣世胄，沈、任則江左人文。僧孺之辭華麗逸，士光之才藻繽紛，劉孝孫博學通敏，孔休源殫見洽聞。二佐之英奇無比，三陸之文學超羣。莫不預參校之役，劼蒐輯之勤。談讌而時忘日旰，講論而每至夜分。於以成一代之著作，萃千古之典墳，豈不以世方全盛、時值無為！此地擅登臨之勝，斯人皆間出之奇。名位既極，物望交推，因得創斯美舉，集厥宏辭。

夫其冠蓋第宅，鼓鐘臺池，青溪宴會，望苑樓遲。又復精信釋教，崇奉牟尼，賓從雜遝,經唄紛披,亦惡知蕭牆已伏、巢幕堪悲！物極必反,天道如斯。□乃重曜方明,前星忽墜。國無長君,朝多竊位。禪靈徵移鼎之祥,鬼語兆代興之瑞。視大寶如奕棊,以國事為兒戲。昔之梁園舊賓、平原故吏,豈無易代之悲,競拜新朝之賜。擾攘紛紜,朝三暮四。問孰為柱石之臣,更誰作干城之寄？空餘名士之風流,徒惜賢王之好事已矣！

然而《文選》樓空,讀書臺古,一種銷沈,兩朝踵武。迄今憑眺蕪城,搜尋元圃,剩水殘山,頹垣敗堵。碧樹樹兮冬青,泣聲聲兮杜宇。滄桑之遷變何常,烟雨之樓臺無數。換金粉於六朝,弔烟花於南部,則豈徒慨玉軸之揚灰,嘆龍文之折柱已哉！

竟陵王雞籠山集學士鈔書賦 以依《皇覽》例分為四部為韻

鄞　縣　袁堯年

稽永明之遺事,緬帝子之芳徽。冠南朝而望重,開西邸而賓歸。於時正文校字,窮奧探微,書還我讀,筆不停揮。煥三光五嶽之靈,青緗耀彩;萃八索九邱之策,丹檢騰輝。廣搜秘笈,洞敞瑤扉。螺鬟翠挹,雉采翬飛。千秋揚藝苑之芬,中秘書獨精讎校;四海慶賢人之集,高材生咸切因依。

昔竟陵王位登公輔,派衍天潢,才華博贍,氣宇軒昂。溢門前之車蓋,耀座上之冠裳。刻燭而詩成擊鉢,設瓜而客競飛觴。圖書皆秘本珍藏,縹籤羅列;宮室聚古人器服,盤鼎輝煌。胸羅杜庫,學富曹倉。人文薈萃,古簡琳瑯。何處是福地洞天,穴探宛委;此中多龜文鳥篆,典溯羲皇。

有雞籠山焉,黛碧如揩,嵐青莫揵。落星岡峰影高撐,元武湖波聲遙撼。王於是規地經營,鳩工雕鑿,小築亭臺,寄情鉛槧。巍畫棟與雕甍,間花明而柳闇。謂是處別饒興趣,奚妨爽塏之請,更宜吾人為此句留,不覺俗情之悉淡。列坐皆鴻才駿望,獨冠羣英;開門則虎踞龍蟠,都歸一覽。迺集學士而鈔書焉。道本窮經,功根六藝。《易》宗孟氏之遺編,《禮》守高堂之舊制。《詩》《書》採箋注之精詳,《春秋》明篇章之次第。《周官》出屋壁而盛行,古記藏淹中而勿替。以至諸子百家,鴻篇鉅製,靡不搜刼燼于四方,成完書於萬世。

墨池染翰,春蠶繅筆陣之絲;祕閣讎文,亥豕正書家之隸。是葢拾舊簡於叢殘,而考諸經之義例,慨自嬴秦一炬,經典俱焚,諸儒搆難,古學無聞。溯鴻都虎觀之興,纔幸網羅於炎漢;泊莽卓石劉之亂,復遭兵燹之妖氛。遂令沈淪古籍,蕩棄遺文，囊無縹帙，架乏香芸。既荒埋於烟草，等飄散於風雲。永嘉本且黟，蓬蒿非徒亡劉公；三篋中古文，盡投灰燼奚自見？左相三墳，誰其補經史子集之遺？搜尋必力列甲乙丙丁之目，秩序攸分。王則探漢隸，剔秦碑，搜禹穴，下董帷架披珊樹籤，擷瓊枝；走龍蛇之筆，摹蝌蚪之詞。或繕寫而宏開講帳，或參稽而坐擁皋皮。恍登泰岱峰巔，辨綠字赤文之古；疑入琅嬛館裏，羅金匱石室之奇。延攬英豪，五百里德星□聚；承明著作，一千卷秘笈紛披。輝光射牛斗之墟，其人皆儒林文苑；圖畫開江山之勝，此地兼天造人為。彼夫華林園蔓草荒蕪，樂遊苑荒臺淪棄。幕府則莫問故邱，臺城則孰談軼事。

而是山也，以江左之名區，為竟陵之故地。開講堂而軒敞，飛閣流丹；拓傑構兮玲瓏，層樓聳翠。獨擁書城，廣羅經笥。古簡紛排，英流畢至。特開精舍，偕石渠天祿而爭輝；富有琅書，與玉簡瑤編而共祕。匪蔡邕碑刊太學，體則有三；等王儉書撰元徽，部還分四。迄今縱覽岡陵，縈懷往古，畫景洞開，雲峰快覿。舊邸連謝公之墅，萬樹斜陽；危樓瞰太子之湖，數聲柔櫓。竊為溯太傅之遺型，懷蕭齊之碩輔。揚榷乎古今絕業，大會衣冠；搜羅乎區宇名材，羣披冊府。洵一代之宏規，為後人之遺矩！惜乎推崇釋典，營齋戒於邸園，招致名僧，進沙門於殿戶。付之一笑，問誰聽梵唄千聲，漫說三生，祇留得《楞嚴》幾部！

西湖張忠烈公廟碑文
鎮　海　劉慈孚

古者，有功德於民則祀之。凡前史所載名臣、循吏、貞士、孝子，往往歿後為神。俎豆馨香，綿於千秋，誠有以合乎祭義焉，而況生前勳署格天地，忠義震寰宇，正氣凜凜二百餘年如一日，此尤見功德在人心，足以格頑振懦，而為祀典之必不可已者也！

明兵部尚書蒼水張公，鄞人也。當弘光[1]出走、南都既覆，公以孝廉家居，聞之慷慨而起，與同里刑部郎錢公肅樂，立魯王於紹興，思為劃江以守，存故國之宗社，何其忠也！既而大兵東渡，江干失守，公猶惓惓不已，偕將軍張名振，奉王退居翁洲，且招義兵屯四明山，遙與鄭延平相呼應。尋大舉入內江，圖京口，薄金陵，軍聲所播，幾搖動東南半壁焉。此雖公之甘為殷頑，太不識興亡之有數乎，然而其氣彌壯，其心彌苦，所以世祖章皇帝終不加之罪，僅簿錄其家屬也！追夫閩師敗績，公既出入萬險，僅以身免，又復厯伶仃之洋，保彈丸之島，冀為厓山結局,而終以勢去,不能然死灰,乃散部曲,遁入南田,卒為提帥張杰購獲,執赴杭州,諭降不從,正命以死。遺民數人覓其骸骨,葬之南屏山荔支峯下,歲時多有攜雙雞、斗酒祭其墓者,蓋公之盡忠感人者深也!

及乾隆間,高宗純皇帝以勝國諸忠臣繫於綱常名教甚大,賜諡褒邮。於是公亦以殉節邀恩典,而甯波郡城遂立旌忠廟,以祀公與錢公諸人,復出貲修公南屏山之墓。迄今武鄉之威名歷久愈震,文山之大節沒世難忘,四明衿縷之士,咸謂崇德昭忠皆國家祀典所重,公之墓固不可委諸草莽,而尤不可無一椽之庇,以示其尊嚴。今擬相土鳩材,構祠於西湖,巍然煥然,俾行人過者,瞻仰太息,膜拜而去,不且與宋岳武穆、明于忠肅二公之廟,同增湖山之光哉!自茲以往,享祀不忒,而《春秋》祈報,且有以福我黎民,乃作《迎神》《送神》之曲,使里兒歌之,侑公一醑云。其辭曰:

> 靈之來兮乘飆輪,金甲護衛真天人。
> 湖山無恙兮恩澤新,震霆消兮化祥雲。
> 父老再拜兮牲醴陳,垂鴻庥兮樂駢臻。
> 靈之去兮雲中馳,聲髣髴兮聞鼓吹。
> 度會会兮般裔裔,神其歆兮時洎止。
> 祐下民兮多樂利,靈爽憑兮永千禩。

【校箋】

[1] 弘光:原誤"宏光",茲逕予改正。

西湖張忠烈公廟碑文

慈 谿 王定祥

張忠烈公葬南屏之九曜山,郡人於其墓前立廟祀之。既成,屬余為碑。余維公之墓,梨洲誌之;公之神道,謝山銘之;公之奇零草,湛園序之。三先生之文,皆吾郡人士素所誦習者也。是以公之大節,雖婦人、小子,皆能言之。後之秉筆者,其何以加於斯!雖然,自公殉節後二百餘年,荒墳三尺,寂寞湖濱,今始立廟以妥其靈,丹楹刻桷,俎豆馨香,此則三先生之所願見而不及見者也!豈非幸哉!

古者,禹戮防風而封其臣,成湯不徵巢伯之朝,武王式商容之閭、封比干之墓，皆三代聖王盛德，公天下之心，非後世所及。故雖以文山之忠為元祖所知，而不聞身後之衷。[1]他如袁粲除名、韓通無傳，更不勝計。獨公以勝國孤臣，蒙高宗皇帝睿鑒，賜謚衷[2]忠，吾郡人因得封墓建祠，□時祭祀。雖忠義之氣自在人心，而苟非聖明之世、無諱之朝，亦烏能有此盛舉哉！

夫公之從容就義、視死如歸，初豈為身後名節計。即祠廟之有無，亦未必為其輕重。而要之忠孝大節，久而彌光，則所謂"精金百煉而愈難磨滅"者也！梨洲之誌公墓也，謝山謂其窒漏，因而別為碑銘。湛園欲傳公遺事，而猶懼搜訪未遍，將就散失。以余今日視之，何如哉？余於三先生之文無能為役，故公之事略，已詳於三先生者，不復述。而竊幸遭逢盛世，得以昌言於眾，以見聖天子扶植彝倫、敦尚節義。而為人臣子，食人之祿，死人之事，各為其主，本無足忌諱也！爰書之，以揭於石。

廟建於某年某月，落成於某年某月。董其事者，郡人某某也。皆例得書。

【校箋】

[1] [2] 衷：當改作"褒"。

擬吳梅村《圓圓曲》

慈　谿　王定祥

思陵當日賓龍馭，玉關虎將無歸路。

國破家亡恨未平，紅顏翻得重歡遇。

紅顏生長蘇臺曲，南部烟花看不足。

前身合是月中人，小名早向團圞卜。

一去燕山別恨新，豈知流落尚風塵！

專房祇是憐飛燕，分寵何曾到采蘋。

明眸皓齒無心戀，花月深宮仍被遣。

綠珠轉入石崇家，紫雲忽為樊川見。

一見翻教雨淚盈，羽書烽火逼神京。

鵲橋未把天孫渡，虎節先催壯士行。

臨行一諾千金重，萬里分飛惜鸞鳳。

鼛鼓漁陽動地來，又教驚破封侯夢。

夢裏關山倍愴神，回頭猶未受恩身。

重圓破鏡知何日，再贖明珠可有人？

宮闈殲蕩烟塵阻，全家骨肉成俘虜。

大將軍前已^[1]約降，美人刦後歸何處？

可憐消息未分明，一劍橫陳誓請兵。

項羽入關偏縞素，巫臣奔晉為傾城。

騎奴飛送傾城至，百戰相逢真再世。

翠銷紅褪不勝情，霧鬢風鬟增嬌致。

從征巴蜀更梁州，夫壻侯王信莫愁。

軍門畫角連清吹，玉帳流蘇結綺樓。

珠歌翠舞君侯側，朝朝夜夜無終極。

從來豪傑總多情，不道峨眉果傾國。

君不見吳王宮殿在姑蘇，越女風姿出畫圖！

此日花殘春走鹿，當年歌罷夜啼烏。

竇田門巷今何有，金谷園林猶在否？

為君別唱念家山，故國繁華試回首。

【校箋】

[1] 已：原誤"巳"，茲逕予改正。

班超萬里封侯賦_{以威震絕域為國長城為韻}

鄞　縣　張美翊

懿名臣之盛遇，應相者之神機。高勳業於漢代，壯聲靈於蠻畿。寬小過而總大綱，斯語實定邊之要。致天誅以蠲宿恥，厥功真絕世所稀。勒勁旅而契箭發，收降兵而羽書飛。如陸賈之至南方，強藩慴伏；等張騫之通西域，絕塞徠歸。化吏士為孝子順孫，早懾遠人之異志；假元戎以幢麾鼓吹，使知漢使之嚴威。

定遠侯班超者，矢志孝恭，立身雄峻，為書備而養母惟勤，除令史而服官綦慎。虎飛食肉，既奇相之堪徵；豹死留皮，亦壯心之自信。乃投筆研以從戎，用靖邊防而弭釁。平通漢道，特昭中夏之王靈；久識夷情，端在大軍之坐鎮。取縱橫三十六國，列服歸誠；計出入二十二年，大名遠震。當其奉竇固以興兵，佐郭恂而仗節，平分瀚海之波，上度天山之雪，焚狼雜遝，虜使心寒，請馬披猖，妖巫計拙，遂封疏勒之國王，直搗莎車之巢穴。拓開九十里，定盤槖以安居；擊殺六百人，破尉頭而就滅。豈南蠻之歸西蜀，七縱七擒；異建武以至延光，三通三絕。斯時也，亏寘、鄯善雖已依歸，焉耆、龜茲尚思反側。結婚而聯與國，則月氏、康居也；從逆而抗天兵，則溫宿、姑墨也。遂乃度蔥嶺而西，絕葦橋以北，虎穴險厄而深探，龍沙蒼茫而遠涉。遣甘英臨西海，掾亦多材；與徐幹擊番辰，軍皆戮力。置五屬國府，試看納質於帝廷；築三受降城，無愧立功於異域。帝於是溫語下逮，詔書紛馳，稽策勳之成典，備奏凱之上儀，謂諸戎畏威懷德，賴爾帥制勝出奇。溯望族於扶風，舊家足式；昭隆恩於南鄭，采邑長遺。若當大筆勒銘，且待史官之鉅製；可惜功臣圖像，不傳老將之雄姿。用師極萬里而遙，能勤不如能撫；筮仕□三朝之久，有猷更見有為。是蓋借箸謀，深建瓴勢，得九邊則控制非遙，八鎮則規模永飭。

　　惟伏波討交阯蠻，方之銅柱高標，是去病入匈奴，大漠之穹廬遠匿，罜屯而雁磧秋清，克敵而狼烽夜息。呼吾父以出酪進臿犁，見大人而還歌翻敕勒。播恩威於異服，實資設策以安邊；賜茅土於藎臣，不負忘身而報國。然而地當絕徼，志已耄忨。既壯□以出塞，乃莫年而思鄉。溯終軍之請纓，弔逴久經□月。問蘇武之持節，往徠幾歷星霜？鐵領之分屯既遠，玉門之生入難忘。最憐女弟上書，情辭迫切；所幸兒曹繼職，謀略周詳。此則老去將軍，成功而自甘櫪伏，重徠都護，察政而有愧鞭長者也！聖朝武功遠邁，文治欽明，仰萬方之賓服，頌四海之永清。秉廟算以興師，諸臣用命；揚天威而制敵，羣醜輸誠。誥詔煥旗常之色，勳猷垂竹帛之名。論功而五等榮封，倚撫綏於重地；獻馘而三軍返旆，資環拱於神京。攷開國之宏模，盡是從龍入塞；緬中興之碩輔，允稱置兔干城。

第四章
《申報》所載辨志文會歷年課題與課案
（1879 – 1903）

《申報》所載辨志文會歷年課題與課案（1879 – 1903），如表 4-1～表 4-201
所示。

表 4-1　辨志文會光緒五年（1879）二月份課題

類別	名稱	答題者姓名及籍貫
漢學	①乾元用九解	葉意深（慈谿） 包明照（定海）
	②《說文》引《詩》考	馮惟一（慈谿） 葉意深（慈谿） 姜莊臨（定海）
	③高禖說	林頤山（慈谿）
宋學	①涑水弟子考	葉秉鈞（餘姚）
	②永嘉學派論	葉秉鈞（餘姚）
	③書《宋名臣言行錄》後	/
史學兼掌故	①張禹孔光論	楊敏曾（慈谿）
	②問漢唐宋各有分科取士法，孰為最善？	林頤山（慈谿）
	③西藏風俗物產攷	/
算學	①日月五星形體大小旋轉遲速論	楊兆鋆（烏程）
	②地球運行說	費德宗（慈谿） 王恭壽（慈谿）
	③問：中曆[1]至《授時》而法始密，《大統》悉本《授時》，與《回曆[2]》並行，尚不及《回曆[3]》之精，時憲參用西法，超軼前代，行之數百年，始有微差，其異同得失，可得而言歟？	楊兆鋆（烏程）

（续表）

類別	名稱	答題者姓名及籍貫
興地之學	①分野攷[4]	黃維瀚（餘姚） 林際唐（定海）
	②測地繪圖說	黃維瀚（餘姚）
	③重修《慈谿縣志》議	/
詞章之學	①文翁化蜀賦（以立學校官自文翁始為韻）	王定祥（慈谿）
	②賦得中興天為生耆耆得蘇字七排十二句	/
	③慶歷五先生詠（五古各一首不拘韻，王先生致、楊先生適、杜先生醇、樓先生郁、王先生說）	王定祥（慈谿）
出處	《申報影印本》1879 年 2 月 26 日《寧郡辨志文會二月分課題》，第 14 冊，第 173 頁下欄	《辨志文會課藝初集》

【校箋】

［1］［2］［3］曆：原本皆誤作"歷"，茲逕予改正。

［4］分野攷，《辨志文會課藝初集》作"分野辨"。

表 4-2　辨志文會光緒五年（1879）三月份課題

類別	名稱	答題者姓名及籍貫
漢學	①盥而不薦解	夏夢賢（定海） 何宗鎬（慈谿）
	②正鵠考	/
	③釋家"釋"造字本義	/
宋學	①無極而太極解	葉秉鈞（餘姚）
	②西銘理一分殊說	/
	③讀程子《定性論》[1]	葉秉鈞（餘姚）
史學兼掌故	①南北朝九史優劣論	/
	②吳越王功臣考	/
	③續洪北江《守令篇》	/

（续表）

類別	名稱	答題者姓名及籍貫
算學	①勾股測算本《大學》絜矩之道論	費德宗（慈谿）
	②線一尺十寸、面一尺百寸、體一尺千寸解	費德宗（慈谿） 梁安周（江寧）
	③問算學家有隔河量地法，能詳說其理否[2]	費德宗（慈谿） 張嘉福（慈谿） 林際唐（定海）
輿地之學	①崑崙山考[3]	林頤山（慈谿）
	②塗山考	/
	③剡溪九曲考	/
詞章之學	①嵇康寫石經賦（以石經古文寫於洛陽為韻）	王定祥（慈谿）
	②擬孔文舉《薦禰衡表》	王定祥（慈谿） 楊家駒（慈谿）
	③擬杜工部《古柏行》（次原韻）	/
出處	《申報影印本》1879 年 3 月 27 日《寧郡辨志文會三月分課題》，第 14 冊，第 281 頁下欄	《辨志文會課藝初集》

【校箋】

[1] 讀程子《定性論》：《辨志文会课艺初集》作“讀程子《定性書》”。

[2] 能詳说其理否：《辨志文会课艺初集》作“能詳述其理否”。

[3] 崑崙考，《辨志文会课艺初集》作“崑崙山考”。

表 4-3　辨志文會光緒五年（1879）閏三月份課題

類別	名稱	答題者姓名及籍貫
漢學	①釋《周易》往來例	黃維瀚（餘姚）
	②汝後稷汝作朕虞解	黃家橋（定海）
	③《周禮》《儀禮》之名始于何時考[1]	齋長黃以周（定海）
宋學	①原誠	葉秉鈞（餘姚）
	②主敬說	黃家橋（定海） 凌師夔（慈谿）
	③跋《讀朱隨筆》[2]	費德宗（慈谿） 葉秉鈞（餘姚） 黃家橋（定海）

（续表）

類別	名稱	答題者姓名及籍貫
史學	①河間獻王學行考	費德宗（慈谿） 林頤山（慈谿）
	②《包孝蕭奏議》書後	費德宗（慈谿）
	③文廟櫺星門考	黃維瀚（餘姚）
算學	①古曆[3]歲終置閏，今曆[4]隨時置閏，得失疏密辨	李象緒（鄞縣） 張祖銜（鄞縣）
	②歲星跳辰考	李象緒（鄞縣）
	③問黃赤大距，古大今小，現測得二十三度二十七分，今歲閏三月初一暨十五兩日午正，太陽距赤道若干度分，寧波府城實高度幾何？試用弧三角法推之	李象緒（鄞縣）
輿地之學	①侵阮徂共解	/
	②秦望、望秦辨	/
	③避諱改郡縣名考	孫晉祐（鄞縣）
詞章	①伏波將軍平呂嘉賦（以元鼎五年漢征南粵為韻）	王定祥（慈谿）
	②張清恪公從祀文廟頌	王定祥（慈谿）
	③擬曹子建《贈白馬王彪詩》（次原韻）	/
出處	《申報影印本》1879年4月24日《寧郡辨志文會閏月分課題》，第14冊，第385頁下欄	《辨志文會課藝初集》

【校箋】

[1]《周禮》《儀禮》之名始于何時考：《辨志文会课艺初集》作"《周禮·儀禮》名起何時考"。

[2] 跋《讀朱隨筆》：《申報影印本》1879年4月26日《更正》："前报录宁郡辨志文会课题，宋学斋内有《跋读朱随笔》一题，刷印时误堕一'跋'字。合即更正。"兹據以補充。

[3] [4] 曆：原本皆誤作"歷"，兹逕予改正。

表 4-4　辨志文會光緒五年(1879)四月份課題

類別	名稱	答題者姓名及籍貫
漢學	①釋序內序北	何宗鎬(慈谿)
	②《豳風》錄周公詩說	/
	③孟子遊齊梁先後考	何宗鎬(慈谿)
宋學	①心性辨	黃家橋(定海) 楊魯曾(慈谿)
	②河圖洛書說	黃家橋(定海)
	③述周程授受	林尊三(定海)
史學	①戰國職官考	林頤山(慈谿)
	②晉以劉淵為左部帥論	葉意深(慈谿) 凌師夔(慈谿)
	③籌款抵捐策	/
算學	①太陰行度九種,非古曆[1]九道辨	/
	②有正方城,不知其周積。北門外有塔,比城高二十一丈,正對南北二門。從塔上測北門城,得八十度零二十分;測南門城,得八十八度十五分,問城大幾何？塔距地幾何?[2]	周汝翔(績溪)
	③金銀合鎔長方磚一塊,厚二寸,闊六寸,長八分[3],重九百八十一兩。問金幾何？銀幾何？	費德宗(慈谿) 周汝翔(績溪)
輿地	①《孟子》濟漯注海考	/
	②轉舞朝儛考[4]	費德宗(慈谿) 何宗鎬(慈谿)
	③讀《山海經》書後	費德宗(慈谿) 林頤山(慈谿)
詞章之學	①《離騷》經賦(以雙風[5]為騷,旨近六經為韻)	王定祥(慈谿)
	②黃鶴樓胡文忠公像讚	范文榮(鎮海)
	③擬江文通雜體詩六首(陳思王植《贈友》、劉文學楨《感遇》、王侍中粲《懷德》、嵇中散康《言志》、阮步兵籍《詠懷》、張司空華《離情》)	王定祥(慈谿) 范文榮(鎮海)
出處	《申報影印本》1879 年 5 月 23 日《寧郡辨志文會四月分課題》,第 14 冊,第 503 頁下欄	《辨志文會課藝初集》

【校箋】

　　[1] 曆:原本皆誤作"歷",茲逕予改正。

　　[2] 塔距地幾何:《辨志文會課藝初集》作"塔距城幾何"。

[3]　長八分:《辨志文會課藝初集》作"長八寸"。

[4]　轉舞朝儺考:《辨志文會課藝初集》作"轉附朝儺考"。

[5]　雙風:《辨志文會課藝初集》作"變風"。

表 4-5　辨志文會光緒五年(1879)五月份課題

類別	名稱	答題者姓名及籍貫
漢學	①召公不說周公說	林頤山(慈谿)
	②荀卿非十二子論	/
	③王充問孔對	/
宋學	①知行說	/
	②關學源流攷	/
	③朱呂說詩論	張鴻桷(鎮海)
史學	①諸葛武侯惜赦令論	王定祥(慈谿)
	②孫吳人才論	王定祥(慈谿)
	③八旗兵制考	/
算學	①六宗三要論	王恭壽(慈谿) 費德宗(慈谿)
	②問時憲術,推今歲五月初旬內火星凌犯土星,以所推時刻度分驗諸實測,果密合否?試從朔後至望前累夜測二星相距遠近,及附近恒星經緯度分,繪圖志之。	/
	③今有大船七隻、中船九隻、小船十五隻,共載兵二千三百五十名;大船九隻、小船八隻,共載兵一千五百三十名;中船十二隻、小船十四隻,共載兵一千六百五十名。問大、中、小三號每船各載兵幾何?	/
輿地	①問:《水經》何人所作?	范文榮(鎮海)
	②問:《廣韻》所載州名為何代疆域?	林頤山(慈谿) 王慈(慈谿)
	③問:《山海經》"句餘之山多金玉",天啓、雍正兩《慈谿志》均作"金錫",當以何本為是?	林植梅(鄞縣)
詞章	①麒麟閣圖像賦(以皆有功德、知名當世為韻)	/
	②招寶山新建礮臺記	楊家駒(慈谿)
	③擬李義山《韓碑》詩(次原韻)	/
出處	《申報影印本》1879 年 6 月 23 日《寧郡辨志文會五月分課題》,第 14 冊,第 627 頁下欄	《辨志文會課藝初集》

表 4-6　辨志文会光绪五年(1879)十月份课题

類別	名稱	答題者姓名及籍貫
漢學	①朱張解	林頤山(慈谿)
	②吳行人儀考	林頤山(慈谿) 黃維瀚(餘姚)
	③對胡氏《說文管見》問。一問胡氏云"《說文》分以形為經,亦有以聲為經者",如《后部》"听"、《囪部》"悤"之類;一問胡氏云"隸變篆文,不能成字,以同聲字代之",如引《孝經》"上下有別",《易》"突如其來如"之類;一問胡氏云韋昭《辨釋名》惟《尚書釋文·牧誓序》引其說甚謬,所以韋書亡而劉書存[1]	林頤山(慈谿)
宋學	①崇禮說	方岳年(鎮海)
	②述孫宣公學行	/
	③跋《爾雅翼》	方岳年(鎮海)
史學	①雲台功臣無馬援說	袁堯年(鄞縣) 張禾芬(慈谿)[2]
	②《許慎傳》補遺	林頤山(慈谿)
	③《逸民傳》書後	張禾芬(慈谿)
算學	①斜弧三角垂弧形內形外解	費德宗(慈谿)
	②問:今歲十月,土星逆行壁度,木星順行危度,火星逆行胃度,金星順行軫角度,所歷恒星有無淩犯?試以算術驗諸垂象,各繪一圖誌之	/
	③寧波府城北門外平地直立一樹,不知其高,惟小雪日正午時,量得樹影九丈六尺,問樹高幾何?	/
輿地	①滄浪之水解	黃炳煥(鄞縣)
	②《論語》《左傳》兩石門辨	/
	③問:蓀湖以多蓀得名,至正、成化《四明志》均謂蓀卽蘭花,而沈存中《夢溪筆談》則謂蓀卽菖蒲,兩說當孰從?	費德宗(慈谿)
詞章	①竟陵王雞籠山集學士鈔書賦(以依《皇覽》例分為四部為韻)	張美翊(鄞縣) 劉慈孚(鎮海) 王定祥(慈谿) 袁堯年(鄞縣)
	②西湖張忠烈公廟碑文	劉慈孚(鎮海) 王定祥(慈谿)
	③擬吳梅村《圓圓曲》	王定祥(慈谿)

（续表）

類別	名稱	答題者姓名及籍貫
出處	《申報影印本》1879 年 11 月 17 日《寧郡辨志文會十月分課題》,第 15 冊,第 558 頁上欄	《辨志文會課藝初集》

【校箋】

[1] 自"一問胡氏"至"所以章書亡而劉書存":《辨志文會課藝初集》無。

[2] 張禾芬:《辨志文會課藝初集》目錄失載。

表 4-7　辨志文會光緒五年(1879)十一月份課題

類別	名稱	答題者姓名及籍貫
漢學	①良馬四之良馬五之良馬六之解	林頤山(慈谿)
	②一馬從二馬解	/
	③兩馬掉鞅解	何宗鎬(慈谿) 林頤山(慈谿)
宋學	①中和說	/
	②永康學術論	陳貞賢(鎮海)
	③《學統》書後	方葆(鎮海)
史學	①《漢書·藝文志》《晏子》列儒家,唐柳宗元以為墨子之徒,其說孰是?	/
	②山濤論	王定祥(慈谿)
	③軍機處緣起	/
算學	①借根方本於立天元一論	費德宗(慈谿)
	②問:千歲之日至可坐而致,試以時憲上推唐宋,上元庚辰年天正冬至日,纏何宿何度?歲星何宮何度?具著於篇	沈春元(慈谿)
	③問:今歲十一月十七日子正月食,以橢圓面積法推得食分與論法,所推孰多孰少?寧郡初虧下偏左,復圓下偏右,他處有初虧上偏右,復圓上偏左者系何地?且有寅刻時初虧,西戌時初虧者,何國何洲?試一一推之	/
輿地	①范蠡所泛五湖考	/
	②陳嬰所封棠邑考	何宗鎬(慈谿) 林頤山(慈谿)
	③八陣圖遺址考	裴慶杓(籍貫不詳)

（续表）

類別	名稱	答題者姓名及籍貫
詞章	①班超萬里封侯賦（以威震絕域、為國長城為韻）	張美翊（鄞縣）
	②跋李易安《金石錄》後序	/
	③翁洲宮井歌（七古，不拘韻）	/
出處	《申報影印本》1879 年 12 月 16 日《寧郡辨志文會十一月分課題》，第 15 冊，第 673 頁下欄	《辨志文會課藝初集》

表 4-8　辨志文會光緒六年（1880）三月份課題

類別	名稱
漢學	①屋漏解
	②以魁柶之解
	③湏屬說
宋學	①孔子閒居說
	②格物說
	③述古靈四先生學行
史學	①介人侵蕭論
	②貞觀六年縱囚三百九十人辨
	③讀李良年《鄉賢祠議》
算學	①日食三差論
	②矩度測地說
	③赤經午東三十度，距北極一百二十度，北極距天頂六十度，推得地平經緯度幾何？
輿地	①齊地南至於穆陵考
	②漢武帝置沈黎、汶山二郡考
	③問：《續通鑒長編》第四百七十六卷載韋章惇知湖州，而《愛日精廬》■印本作"潮州"，與文淵閣本不合，《宋史》章惇本傳不載此事，試詳考浙粵舊志以辨正之
詞章	①漢文長撰《白鹿表賦》（以海氛告靖、奇祥斯應為韻）
	②擬東坡《李氏山房藏書記》
	③李謫仙《春夜宴桃李園歌》（七古）
出處	《申報影印本》1880 年 4 月 20 日《寧郡辨志文會三月分課題》，第 16 冊，第 417 頁下欄

表 4-9 辨志文會光緒六年(1880)三月份課案

類別	等級	獲獎者姓名錄					小計
漢學	超等	曾桂芳	林頤山	周祥年	張禾芬	王恭壽	10
		張家馴	林祖芳	王錫珍	洪日珣	王迪中	
	特等	馮清藩	王藩	秦在鎔	王燕三	袁堯年	10
		毛宗鋆	王亨彦	黃家橋	張鴻桷	湯遠嶸	
宋學	超等	葉秉衡	王建勳	王錫珍	張美翊	王晉	10
		袁堯年	曾桂芳	張世訓	方葆	毛宗鋆	
	特等	方岳年	劉孝思	章紹洙[1]	毛震	秦在鎔	10
		沈重光	陳貞賢	范鳳書	范介福	楊文傑	
史學	超等	范彭壽	張禾芬	陳貞賢	葛士濬	俞振鏞	10
		秦在鎔	張善煒	林植梅	葛鵬飛	王仁元	
	特等	馬辰琯	黃家燕	王亨彦	潘紹曾	范紹芳	10
		葛其龍	凌鴻章	胡錫秋	王亨兆	范介福	
算學	超等	費德宗	方丙南	林際唐	黃家橋	李樹勳	8
		王實祺	孫敬	王建勳			
	特等	潘光烈	李厚田	曹顯之	劉乾來	錢鳳岐	8
		徐覘宸	王瑩	林植梅			
輿地	超等	林頤山	裘慶杓	洪曰泑	王仁鏡	王迪中	9
		錢葆華	王慈	秦在鎔	凌鴻章		
	特等	徐行悌	邵仁方	王亨彦	王仁元	朱麟書	8
		王亨兆	王瑩	王堃			
詞章	超等	張美翊	葛其龍	范文榮	沈祥龍	袁彭年	10
		張禾芬	鄭錫源	胡昌年	何其枚	梁秉年	
	特等	洪傳璞	鄭益三	王錫珍	陸鳳洲	徐壽椿	10
		毛震	葉鳳祥	連瑞瀛	鄭增芳	林炳蔚	
合計		113					
出處		《申報影印本》1880 年 7 月 24 日《寧郡辨志文會三月分課案》，第 17 冊，第 94 頁上欄[2]					

【校箋】

[1]《鄞縣通志·文獻志》：“章紹洙字魯泉，年十五，成諸生。十六，赴省試未終，聞母病，卽歸。母卒，哀毀逾常情。又三年，父又病喘甚劇，紹洙日夜侍側，調護備至，……父歿，兄弟八人，紹洙行二，獨自承力肩敎養之責，使一家生計無缺，戚里稱其孝友云。紹洙以光緒十二年成進士，官刑部主事，歷署束鹿、行唐、內邱、無極、靈壽等縣，陞攝長春府知府，有惠政。入民國，任總統府秘書。

袁氏篡國,遂謝歸不出。年五十四,卒於家。"①

[2] 文末又云:"一等均未抄錄。"

表 4-10　辨志文會光緒六年(1880)四月份課題

類別	名稱
漢學	①八卦納甲法原始
	②五服五章申伏氏義
	③《夏小正傳》園燕、山燕不同說
宋學	①原志
	②慎獨說
	③述四明朱學
史學	①鄭康成弟子考
	②五代史記不立《韓通傳》說
	③翰林職宜兼諫爭說
算學	①唐虞以來歲差考
	②塹渚測渾圜解
	③有兩地相距之經度及兩地北極高度,求斜距里數,宜何術求之?
輿地	①澎池北流考
	②終南太一辨
	③問:方志《名宦傳》,自謝氏《廣西通志》始改稱《宦跡錄》,阮氏《廣東通志》因之,而近日重脩《畿輔通志》《江西通志》並從之,厥義若何?
詞章	①《瑞光樓賦》(以精■所感、燭光交合為韻)
	②擬魏武帝《碣石》詞
	③擬曹子建《與楊德祖書》
出處	《申報影印本》1880 年 5 月 12 日《寧郡辨志文會四月課題》,第 16 冊,第 505 頁下欄

①　《鄞縣通志》第四《文獻志》第二冊甲編《人物》之《人物類表第六·孝義》,寧波出版社 2006 年版,第 543 頁。

表 4-11 辨志文會光緒六年（1880）四月份課案

類別	等級	獲獎者姓名					小計
漢學	超等	張鴻楠 楊魯曾	林頤山 方國華	夏賓賢 王兼三	洪曰泫 劉孝思	曾桂芳 朱麟書	10
	特等	王亨兆 洪曰洵	錢葆華 黃家燕	王藩 沈壽龍	俞振鏞 黃家橋	王荂	9
宋學	超等	毛宗鋆 章紹洙	董元 董丕欽	袁堯年 劉孝思	楊魯曾 張世訓	方岳年 陳貞賢	10
	特等	王啓烈 車相堯	金性存 黃家儉	楊守慎 王亨彥	葉秉衡 陳翊清	毛震 陳楚香	10
史學	超等	楊魯曾 袁堯年	林頤山 裘慶杓	王慈 陳貞賢	曾桂芳 胡昌年	秦在鎔 孫鏻	10
	特等	俞振鏞 王仁元	馮渭 朱麟書	凌晨 毛宗鋆	范彭壽 張宗録	張鴻楠 林植梅	10
算學	超等	潘光烈 王瀛	周汝翔 吳景康	曹辛 費德宗	翁梣 沈春元	劉乾來 費德基	10
	特等	林際唐 武振楣	沈壽龍 趙鴻模	邵祖蔭 林植梅	徐覲宸 姚祥慶	朱瑞堂 沈寶鈢	10
輿地	超等	錢葆華 王慈	俞鴻傑 朱麟書	裘慶杓 王仁鏡	林頤山 張文銓	洪曰洵	9
	特等	范文榮 洪高翔	秦在鎔 洪傳璞	王亨彥 凌鴻章	洪曰泫 劉之萊	葛士濬 邵仁方	10
詞章	超等	張美翊 鄭益	陳翊清 葉廷枚	張世訓 陳康瑞	陳聖培 鐘俊英	馮保康 袁彭年	10
	特等	鄭增芳 連瑞瀠	鄭錫源 王迪中	毛震 盧光增	胡昌年 陸衍湉	洪聖沐 陳玉藻	10
合計		118					
出處		《申報影印本》1880 年 9 月 16 日《寧郡辨志文會四月分課案》，第 17 冊，第 309 頁下欄					

表 4-12 辨志文會光緒六年（1880）五月份課題

類別	名稱
漢學	①《爾雅》作者考
	②《國語》引經考
	③《大戴禮》篇目考

（续表）

類別	名稱
宋學	①四端說
	②述呂正獻公家學
	③跋《禮書》
史學	①歷朝郊祀分合考
	②《三朝北盟會編》書後
	③論李剛主《王崑繩學術》
算學	①弧三角用次形解
	②北極出地三十度，太陽躔赤道北二十三度，地平經線午東八十五度，問係何時刻及地平上？高弧幾何？
	③海島算經，兩表齊高三丈，相去千步，測島遠三萬零七百五十步辨
輿地	①黑山考
	②弱山考
	③讀《南海縣志》書後
詞章	①趙充國坐制西羌賦（以長策制勝為漢功臣為韻）
	②擬班孟堅《封燕然山銘》
	③論國朝乾嘉以後諸家詩（用元遺山體十二首）
出處	《申報影印本》1880 年 6 月 11 日《寧郡辨志文會五月分課題》，第 16 冊，第 626 頁上欄

表 4-13　辨志文會光緒六年（1880）五月份課案

類別	等級	獲獎者姓名					小計
漢學	超等	于 邕	黃家燕	張鴻桷	王榮商	張美翊	10
		沈壽期	姜莊臨	王 慈	毛宗鋆	何宗鎬	
	特等	劉孝思	洪傳璞	楊魯曾	林頤山	陳嘉乃	10
		汪以孝	曾桂芳	張式誥	葛士濬	林文豪	
宋學	超等	楊守慎	鄭之棟	王亨彥	張世訓	劉孝思	10
		李嘉熙	秦在鎔	陳貞賢	章紹洙	■平光	
	特等	王 苓	林鐘崑	黃家儉	鄭鐘祥	王亨兆	10
		王 藩	謝萱德	范鳳書	蔡秉年	孫晉祜	

（续表）

類別	等級	獲獎者姓名					小計
史學	超等	葛士濬 王亨彦	楊魯曾 陳貞賢	范文榮 鄒宸笙	秦在鎔 沈壽祺	袁堯年	9
	特等	沈重光 林植梅	毛宗鋆 葛鴻飛	俞振鏞 王藩	林鴻濤 王亨兆	樓鳳崗	9
算學	超等	包鳳嗣 潘光烈	林際唐 周汝翔	林植梅 鄭禎懷	曹顯之 李商業	周光祖	9
	特等	翁棥 周照	吳啓榮 俞昌言	韓騰茂 張之洪	劉鳳崗 陳光榮	徐正壎	9
興地	超等	王慈 王葆華	黃家橋 馮清藩	林頤山 王亨兆	秦在鎔 阮緵昌	韓騰茂 馮葆康	10
	特等	夏賓賢 俞鴻傑	洪傳璞 馬辛琯	王亨彦 洪曰泷	洪曰洶 范山壽	袁寶森 凌鴻章	10
詞章	超等	楊家駒 馮葆康	孫晉祐 楊家駣	陳聖培 方瞻鵬	張世訓 胡昌年	屠仿規 陳康瑞	10
	特等	鄭錫源 汪廷襄	梁秉年 錢治組	范文榮 陸衍湘	連瑞瀛 陳達燦	畢光祖 陳翙清	10
合計		116					
出處		《申報影印本》1880年11月5日《寧郡辨志文會五月分課案》,第17冊,第509頁下欄。且謂:"此案由寧友抄來,秋蚓春蛇,幾致不能認,勉強照錄其姓名,容有舛錯,閱者鑒之。"					

表 4-14　辨志文會光緒六年(1880)七月份課題

類別	名稱
漢學[1]	①讀古本《大學》
	②《國語》周十五王考
	③《漢學師承紀》跋
宋學	①一貫說
	②慈湖弟子考
	③論葉水心學術
史學	①牛耕原始
	②論正始風俗
	③浙東海防議

（续表）

類別	名稱
算學	①問：古以二十八宿為十二州分野，今以三百六十度為全地球經緯，能各推其立算之根而辨其是非否？
	②木星行度速於土星。今歲七月，木躔戌宮十九度，土躔戌宮二十八度，二星何日同度？試用時憲術推之
	③地球圓體，用勾股平面測至百里，其高低差數，即九十度正弦與八十九度三十分正弦，較數之比，能推得其丈尺否？
輿地	①九夷考
	②宿於畫宿於畫辨
	③問《周禮》並州鎮恒山，鄭注在上曲陽，而或曰當在渾源州，兩說孰是？
詞章	①曹娥碑賦（以絕妙好辭傳於千古為韻）
	②擬陸士衡《演連珠》
	③班婕妤《詠紈扇歌》（七古，不拘韻）
出處	《申報影印本》1880 年 8 月 11 日《寧郡辨志文會七月分課題》，第 17 冊，第 165 頁下欄

【校箋】

[1]《申報影印本》1880 年 8 月 18 日《更正》："初六日報登寧郡辨志文會七月分課題，漢學第一題系《讀古本〈大學〉》，第二題系《〈國語〉周十五王考》，排印時悞將兩題合而為一。第三題系《〈漢學師承紀〉跋》，又悞將漢學二字中空一。此由校對時未及檢出，以致閱者不明，茲特更正。"茲據以改正。

表 4-15　辨志文會光緒六年（1880）七月份課案[1]

類別	等級	獲獎者姓名					小計
漢學	超等	王　藩	何宗鎬	楊敏曾	朱逢甲	夏賓賢	10
		于　鄨	鄭鐘祥	葉廷枚	張鼎穌	林頤山	
	特等	范畫堂	章紹洙	曾桂芳	王　㷍	林植梅	10
		黃家橋	劉有光	王亨兆	王亨彥	林文豪	
宋學	超等	楊魯曾	楊守慎	王亨兆	黃家燕	林尊三	10
		陳達燦	董丕欽	張世訓	陳貞賢	沈重光	
	特等	董秉衡	王建勳	劉孝思	章紹洙	方岳年	10
		范彭壽	范畫堂	江翼鼎	朱麟書		

（续表）

類別	等級	獲獎者姓名					小計
史學	超等	楊魯曾	朱逢甲	王恭壽	胡昌年	沈咸喜	10
		周梯靈	張禾芬	陳貞賢	俞振鏞	袁堯年	
	特等	李鐘珏	范彭壽	林植梅	張式誥	秦在鎔	10
		范介福	葉廷枚	馮廷穌	李嘉穀	朱麟書	
算學	超等	王　瀛	盧雲鵾	王建勳	沈寶穌	張祖衕	10
		李象縉	丁登鑣	沈春元	黃家楇	王恭壽	
	特等	趙鴻模	林頤山	林際唐	胡以銘	王紹恭	9
		李樹榮	曹　辛	陳光榮	董名焜		
興地	超等	范文榮	洪曰洵	曾桂芳	林頤山	朱逢甲	10
		馮惟一	王　慈	裘慶杓	楊魯曾	沈壽龍	
	特等	朱麟書	俞鴻濤	葛士濬	劉慎樞	黃祖芬	10
		董　元	于　邕	俞斯瑝	馮　渭	王　藩	
詞章	超等	陳翊清	張美翊	楊敏曾	范文榮	張世訓	10
		馮保康	楊家駓	林炳蔚	陳康瑞	葛其龍	
	特等	鄭錫源	錢治組	畢光祖	尹熙棟	鐘俊英	9
		陳聖培	吳慶衍	胡昌年	盧光增		
合計		118					
出處		《申報影印本》1880 年 12 月 3 日《寧郡辨志文會七月分課案》,第 17 冊,第 621 頁下欄					

【校箋】

[1]《申報影印本》1880 年 12 月 9 日《县试题目》:“……闻本月分辨志文会,因现届考期停谋,七月分之案虽已发出,而花红、原卷,亦须迟日给领云。”

表 4-16　辨志文會光緒六年(1880)八月份課題

類別	名稱
漢學	①乾居西北說
	②東堂下西堂下解
	③席南鄉北鄉以西方為上,東鄉西鄉以南方為上解
宋學	①氣質說
	②讀《張子正蒙·太和篇》
	③述白沙學派

（续表）

類別	名稱
史學	①鴟夷子皮事田成子說
	②王僧虔請以太社西空地為第論
	③《曾文正奏議》書後
算學	①葳述消長論
	②甲乙丙銳角二角形[1]，甲乙邊九十五丈，甲丙邊七十六丈，乙丙邊六十七丈，求甲乙丙三角度分
	③有塔不知高數，正方壇不知邊數，但云以三丈乘塔高與塔邊數同，以六十三丈乘塔高與壇面積等，問塔高、壇大幾何？
輿地	①溱洧辨
	②問：《漢書》條支國當今何地？
	③讀《漢書・西域傳》書後
詞章	①伏生使女傳旨教鼂錯《尚書賦》（以年九十餘不能正言為韻）
	②擬陸士衡《答車茂安書》
	③四明古跡八詠（七律，不拘韻。賀秘監逸老堂、葛郎中高尚宅、錢太守眾樂亭、魏文節蓮花池、劉使君十州閣[2]、樓宣獻仰嵩樓、趙清敏紫清觀、楊孝子筍興徑）
出處	《申報影印本》1880 年 9 月 10 日《寧郡辨志文會八月分課題》，第 17 冊，第 285 頁下欄

【校箋】

［1］二角形：據文意，當改作"三角形"。

［2］《申報影印本》1880 年 9 月 18 日《更正》："前由寧波訪事人報來：辨志文會八月分詞章題，內有劉使君十洲閣，脫一'劉'字，茲特補注。"茲據以改正。

表 4-17　辨志文會光緒六年（1880）八月份課案

類別	等級	獲獎者姓名					小計
漢學	超等	黃家廔　朱逢甲	朱麟書　劉孝思	夏賓賢　樓鳳崗	鄭繼僑　張鴻楠	何宗鎬　黃家橋	10
	特等	楊魯曾　王秉三	方國華　林文豪	張禾芬　陳嘉乃	林鐘崙　裘慶杓	胡彬瑞　秦在鎔	10

（续表）

類別	等級	獲獎者姓名					小計
宋學	超等	葉秉鈞	林頤山	王亨兆	王信德	張美翊	10
		葉秉衡	劉孝思	陳貞賢	陳達燦	王建勳	
	特等	林鐘崙	張世訓	楊守慎	章紹洙	董丕欽	10
		沈重光	范彭壽	謝萱德	王藩	裘毓駿	
史學	超等	楊敏曾	楊魯曾	朱逢甲	葛士濬	張善煒	10
		秦錞	俞振鏞	秦在鎔	周梯雲	范介福	
	特等	于鬯	陳宗瑞	鄭獻廷	袁鏞	胡錫祺	7
		王德芳	許步雲				
算學	超等	潘光烈	林頤山	包鳳嗣	董名煜	趙廷模	10
		曹辛	趙鴻逵	盧雲鵬	林植梅	盧光堃	
	特等	吳景康	沈春元	丁廷佐	王維亮	沈壽龍	10
		葛元龍	徐覲宸	林際唐	沈寶鈢	朱熙	
輿地	超等	楊魯宗	林頤山	裘慶杓	李鐘珏	錢葆華	10
		王慈	朱逢甲	鄭錫源	葛士濬	鄭繼僑	
	特等	洪日洵	董紹洙	王兼三	王仁鏡	黃家橋	10
		翁鑒	凌鴻章	王亨彥	秦在鎔	張禾芬	
詞章	超等	張鵬翼	楊敏曾	陳聖培	陳翊清	張世訓	10
		梁秉年	毛震	葉廷枚	陳兆泰	董名煜	
	特等	鐘俊美	王霨	楊家駿	曾繼芳	阮縵昌	10
		鄭錫源	王仁元	朱麟書	許步雲	張鴻模	
合計		117					
出處		《申報影印本》1881 年 1 月 3 日《寧郡辨志文會八月分課案》,第18 冊,第 9 頁下欄					

表 4-18　辨志文會光緒六年(1880)九月份課題

類別	名稱
漢學	①伏羲作十言之教說
	②《士禮》十七篇說
	③《論語》二十篇說
宋學	①可欲之謂善說
	②聖人定之以中正仁義而主靜說
	③邵子《觀物內篇》書後

（续表）

類別	名稱
史學	①韓安國論
	②《通鑑》不取姚崇十事說
	③變通兵制議
算學	①太陰高均交均說
	②圓城不知周徑，四正開門，出東門南行二百步有樹，出西門南行七十二步見之，問城大幾何？
	③油與水合盛立圓桶，內徑一尺二寸，高二尺□寸，除桶重外，計重一百五十斤零四兩，問油幾何？水幾何？
輿地	①醫無閭考
	②西王母考
	③讀《水道提綱》書後
詞章	①諸葛《銅鼓賦》（以武候征南中時所得為韻）
	②刻全謝山《七校水經注》序
	③擬黃山谷《演雅》（原韻不拘）
出處	《申報影印本》1880 年 10 月 8 日《寧郡辦志文會九月分課題》，第 17 冊，第 397 頁下欄

表 4-19　辦志文會光緒六年（1880）九月份課案

類別	等級	獲獎者姓名					小計
漢學	超等	朱逢甲	黃家橋	何宗鎬	翁　鑑	王　芩	5
	特等	楊魯曾　沈壽龍 姜莊臨　范彭壽	王　藩 干兆元	張鴻楠	陳巨綱		8
宋學	超等	葉秉鈞　黃炳煥 張世訓　劉孝思	林頤山 范彭壽	朱逢甲 沈重光	陳達燦 王　藩		10
	特等	楊守慎　黃家橋 陳貞賢　王　芩	傅虞薰 孫晉祜	虞景璜 王振玉	章紹洙 謝輔煌		10
史學	超等	秦在鎔　楊敏曾 張善燁	胡昌年	葛士濬	朱逢甲		6
	特等	王　慈　戴礽金 陳貞賢　張鵬翔	餘振鏞 林植梅	陳達煥	范彭壽		8

（续表）

類別	名稱	獲獎者姓名					小計
算學	超等	林植梅	沈寶銖	陳光榮	沈春元	胡　燿	10
		沈壽龍	林頤山	胡以銘	趙鴻模	周汝翔	
	特等	王　瀛	李炳章	鄭繼僑	林際唐	趙廷謨	10
		董名煜	胡彬瑞	管甲榮	曹　辛	王仲熙	
輿地	超等	林頤山	裘慶杓	王仁鏡	張鴻桷	邵仁芳	10
		王　慈	章紹洙	俞鴻傑	楊魯曾	朱逢甲	
	特等	嚴良勳	陳達煥	錢葆華	董鶡年	陳嘉乃	10
		沈廷襄	陸允衛	王　瑩	秦在鎔	鄭獻廷	
詞章	超等	張家駟	范文榮	張世訓	陳聖培		4
	特等	楊開第	虞景璜	陳祥雲	朱　華	許步雲	7
		葉廷揆	葉棠傅				
合計		98					
出處		《申報影印本》1881年2月12日《寧郡辨志文會六年九十兩月分課案》，第18冊，第141頁上欄					

表 4-20　辨志文會光緒六年(1880)十月份課案

類別	等級	獲獎者姓名					小計
漢學	超等	張鴻桷	翁其泰	葛士濬	沈壽龍	葛　橶	10
		嚴良勳	干兆元	朱逢甲	楊魯曾	何宗鎬	
	特等	陳嘉乃	姜莊臨	周汝翔	趙廷模	黃家橋	6
		王兼三					
宋學	超等	葉秉鈞	楊魯曾	方岳年	黃家橋	洪家芮	10
		張世訓	朱逢甲	劉孝思	陳貞賢	陳達燦	
	特等	周鴻謨	王亨兆	楊守慎	范彭壽	林鐘崙	10
		黃炳煥	章紹洙	毛　震	虞景璜	鄭鐘祥	
史學	超等	陸衍湉	葛士浚	范彭壽	楊魯曾	胡昌年	10
		秦　錞	楊敏曾	朱逢甲	王　藩	俞振鏞	
	特等	沈廷襄	金　遺	范介福	秦在鎔	周祖望	10
		張鵬翔	王　慈	胡錫祺	張善煒	林植梅	
算學	超等	王　瀛	林頤山	盧連鷗	趙鴻模	王紹恭	10
		俞鴻傑	沈春元	曹　辛	林植梅	陳光榮	
	特等	嚴良勳	俞清瀚	沈壽龍	林際唐	周毓英	9
		方丙南	梁安周	趙廷謨	陳出新		

（续表）

類別	等級	獲獎者姓名					小計
輿地	超等	王荟 范文榮	洪曰洵	楊魯曾	王仁鏡		10
		朱逢甲 錢葆華	王藩	胡定年	王慈		
	特等	張鴻桷 李鐘玨	沈壽龍	章紹洙	朱麟書		10
		馮清藩 徐秀挺	陳嘉乃	范介福	王仁元		
詞章	超等	張美翊 楊敏曾	方藻	葉廷枚	張世訓		9
		葛鵬飛 陳聖培	鄭鐘芳	毛震	謝輔煌		
	特等	王世釗 張家駒	朱士芳	吳承墇	葉廷揆		10
		毛繼莨 朱作霖	袁成業	馮佐朝	陳兆泰		
合計		114					
出處		《申報影印本》1881 年 2 月 12 日《寧郡辨志文會六年九十兩月課案》，第 18 冊，第 141 頁下欄					

表 4-21　辨志文會光緒七年（1881）二月份課題

類別	名稱
漢學	①粥成五服至於五千解
	②五侯、九伯解
	③六甲、五龍相拘絞說
宋學	①義利辨
	②關睢說
	③述台學源流
史學	①別史、雜史辨
	②衛霍優劣論
	③阮文達學行
算學	①殘周三十六度，半徑十八尺，平圜面積幾何？試以代數術求之
	②匠人茸屋參分，瓦屋四分，肇後世重學之術，能確証其利數否？
	③有木球重二十四斤，徑一尺二寸，中心鑽穿■圓孔，減球重三分之一，試推孔徑幾何？
輿地	①《素問·六節藏象論》王注：“九野與今本《爾雅》不同。”果孰是歟？
	②三國州域形勢論
	③李氏《地志韻編今釋》補遺

（续表）

類別	名稱
詞章	①太史公《偕隨清娛遊名山賦》(以發其奇氣以作文章為韻)
	②黃刺史措大營記
	③明平倭諸臣詠(七律不拘韻，胡總制宗憲、俞都督大猷、譚尚書綸、盧總兵鐘、唐中丞順之、戚少保繼光)
出處	《申報影印本》1881 年 3 月 3 日《寧郡辨志文會二月分課題》，第 18 冊，第 217 頁下欄，且其文末云："舊卷有選刻印者，各抄送■中以備續刻。"

表 4-22　辨志文會光緒七年(1881)二月份課案

類別	等級	獲獎者姓名					小計
漢學	超等	張鴻楠	朱逢甲	趙樹風	黃維瀚	秦在鎔	10
		方國華	黃家橋	翁 鑒	何宗鎬	王亨兆	
	特等	裘異權	楊魯曾	王兼三	姜 秉	周汝翊	10
		于 峊	朱麟書	黃炳煥	孫貽謀	黃家燕	
宋學	超等	黃家橋	葉秉鈞	方岳年	孫慶曾	朱逢甲	10
		黃維瀚	鄭道備	黃炳煥	武家駿	趙樹風	
	特等	包祖陰	洪曰淵	陶慶增	張鵬翼	范畫堂	10
		張世訓	陳貞賢	董紹祺	楊魯曾	鄭鐘祥	
史學	超等	朱逢甲	秦在鎔	陳貞賢	胡昌年	黃家橋	10
		葛士濬	葛鵬飛	董親垣	張鴻模	朱麟書	
	特等	黃維瀚	范彭壽	江翼鼎	方國華	許步雲	10
		董鷿年	張善煒	武家駿	林植梅	王亨兆	
算學	超等	周毓英	趙鴻模	杜友仁	徐世倫	胡以銘	10
		董兆庚	李炳章	林植梅	包鳳嗣	陳光榮	
	特等	方丙昭	盧連鷗	梁安周	趙廷謨	沈春元	10
		毛 震	沈家駿	林際唐	王恭壽	王仁熙	
興地	超等	朱逢甲	何宗鎬	俞振鏞			3
	特等	洪曰沂	秦在鎔	趙廷謨	許步雲	王 瑩	5
詞章	超等	楊敏曾	張美翊	楊家顯	楊家駒	孫慶曾	10
		楊積芳	陳聖培	張世訓	張鵬翼	李嘉穀	
	特等	章紹洙	王 慈	李 淦	梁秉年	王恭默	10
		袁彭年	毛 震	謝輔煐[1]	董丕欽	金士衍	
合計		108					
出處		《申報影印本》1881 年 6 月 18 日《寧郡辨志文會二月分課案》，第 18 冊，第 649 頁下欄					

【校箋】

[1] 謝輔橫：《申報影印本》1881 年 2 月 12 日《寧郡辨志文會六年九十兩月分課案》九月分宋學特等、十月分詞章超等，皆作"謝輔煌"（第 18 冊，第 141 頁上欄）。

表 4-23　辨志文会光绪七年（1881）三月份课题

類別	名稱
漢學	①《大司馬》載旗物與《司常異》說
	②釋豐
	③釋步搖
宋學	①仁術論
	②《樂記》說
	③跋《儀禮·識誤》
史學	①傅說胥靡說
	②漢南北軍義
	③讀張楊園《農書》
算學	①問：金星八年中晨見、昏見各五次，晝見午前、午後亦各五次，能預推其辜較否？
	②羅計字生於太陰，其行度遲速可憑月離推之。紫氣二十八年，周天推算，果何據耶？
	③初月形通弦四尺內，正矢四寸外，正矢六寸，試求其面積
輿地	①檇李考
	②周道郁夷解
	③問：《漢志》越嶲郡，《說文》無嶲字，近人謂即檇字，其說若何？
詞章	①商山四皓賦（以採芝作歌、古之逸民為韻）
	②桃花夫人廟碑文
	③擬劉駕《唐樂府》十章
出處	《申報影印本》1881 年 4 月 3 日《寧郡辨志文會三月分課題》，第 18 冊，第 341 頁下欄

表 4-24 辨志文會光緒七年(1881)三月份課案

類別	等級	獲獎者姓名					小計
漢學	超等	朱逢甲	鄭 鈺	于 嵒	鄭繼僑	許克勤	10
		黃維瀚	張鴻桷	黃家橋	孫貽謀	方 騤	
	特等	劉孝思	徐 郱	黃家燕	王亨兆	陶慶增	10
		俞祖綏	張 謹	趙廷謨	王兼三	夏賓賢	
宋學	超等	方岳年	朱逢甲	葉秉鈞	孫慶增	楊魯曾	10
		何宗鎬	董丕欽	張世訓	黃維瀚	王建勳	
	特等	董 元	章紹洙	陳貞賢	陳達燦	沈重光	10
		許克勤	王振玉	毛 震	謝輔煥[1]	董親值	
史學	超等	朱逢甲	范紹芳	秦在鎔	黃維瀚	胡昌年	10
		楊魯曾	葛士濬	陳貞賢	范景禧	王亨兆	
	特等	張善煒	范介福	謝輔煥[2]	阮縵昌	俞振鏞	10
		周保珪	范彭壽	孫傳鳳	張鵬翔	董親值	
算學	超等	張 謹	朱煥章	杜友仁	黃福昌	包鳳嗣	10
		沈春元	王紹恭	曹 辛	陳出新	方丙南	
	特等	馮全瑛	王 瑩	沈家駿	錢鳳歧	裘贊揚	9
		董佑堂	毛 震	林植梅	王仁熙		
輿地	超等	范文榮	朱逢甲	張鴻桷	楊魯曾	陳 述	10
		何宗鎬	黃維瀚	翁 鑒	王亨兆	朱麟書	
	特等	袁之元	章紹洙	范景祚	秦在鎔	林鍾崙	10
		馬辰琯	金秉煒	馮清藩	樓鳳崗	馮 渭	
詞章	超等	孫慶增	楊敏曾	錢鳳瀚	鄒宸笙	馮全瑛	10
		陳聖培	張世訓	張鵬翼	梁秉年	武家駿	
	特等	謝輔煥[3]	趙廷謨	葉同春	楊實鑑	莊浚孫	10
		朱逢甲	陳國祥	勵崇斆	阮縵昌	許步雲	
合計		119					
出處		《申報影印本》1881 年 8 月 25 日《寧郡辨志文會三月分課案》,第 19 冊,第 221 頁下欄					

【校箋】

　　[1][2][3] 謝輔煥:《申報影印本》1881 年 2 月 12 日《寧郡辨志文會六年九十兩月分課案》九月分宋學特等、十月分詞章超等,皆作"謝輔煌"(第 18 冊,第 141 頁上欄)。

表 4-25　辨志文會光緒七年(1881)四月份課題

類別	名稱
漢學	①祊繹異同辨
	②門左右義
	③釋篿
宋學	①鳶飛魚躍說
	②擬朱子《孟子集注》序
	③論王伯厚學術
史學	①問:《魏書》以酈道元入《酷吏傳》,而《北史》則入其父范《傳》,能言其得失否?
	②《南史》以家為限斷,不以代為限斷論
	③書張稷《若後篤終論》後
算學	①歲星八十三年大周天,推漢初至今二千餘年,史策所載宿度悉合,惟推至春秋時差二宮,能言其致差之故歟?
	②兩處北極出地俱三十度,經度距一百三十度,問橫距、里數幾何?
	③帶縱和數立方,有積數同、共邊同而形體不同者,能詳推之否?
輿地	①互鄉考
	②析支渠搜考
	③《漢書·溝洫志》名義
詞章	①梁昭明太子《文選·樓賦》(以手定文章、選家之祖為韻)
	②《阿育王寺訪晉松記》
	③詠物(七律各四首,鰣魚得佳字,梅蛤得梅字,墨魚得魚字,江瑤柱得瑤字)
出處	《申報影印本》1881 年 5 月 4 日《寧郡辨志文會四月分課題》,第 18 冊,第 469 頁下欄

表 4-26　辨志文會光緒七年(1881)七月份課題

類別	名稱
漢學	①特牲饋食禮,古文主人受爵酳醋,受爵酳酢于主人說
	②《論語》過位解
	③問:《孟子》言堯之九男,是否合丹朱言?《尚書·逸篇》五子之歌是否合太康言?又九男、五子其名之可考見者,尚有幾人?

（续表）

類別	名稱
宋學	①《論語・詩三百章》講義
	②述袁正獻公家學
	③跋《北溪字義》
史學	①佛於晉魏梁隋之間論
	②停年格說
	③慈谿擬建副將華爾祠議
天文兼算學	①問：飛彗七年又一百六十一日一周天而見一次，自道光癸卯至今見六次，每次時日遲早、芒角短長不同，能解其故歟？
	②太陽距北極七十度，距天頂九十度，北極距天頂六十度，求地經赤道差角
	③甲乙二圜有樹，不言株數，二圜樹之比例，同於五與八，若二圜樹相并，則與二圜樹相乘之數等，問數各幾何？
輿地	①問：《爾雅》氿泉穴出，穴出，仄出也；《水䣊》曰屠；《說文》氿、屠一。字注所引互異，何歟？
	②問：漢豫章郡贛縣，後人改作“贑”字，謂因章、貢二水合流得名。此說可從否？
	③問：《廣韻》蘄州之“蘄”在《之部》，艸名之“蘄”在《欣部》，而《玉篇》《集韻》皆音義兩通，何者為是？
詞章	①《西王母獻益地圖賦》（以德威遠敷、率土來賓為韻）
	②《廣寒宮上梁文》
	③新樂府（造輪船、鑄銅礮、通電報、製水雷、開煤礦、使絕域、廣方言、禁鴉片）
出處	《申報影印本》1881 年 7 月 29 日《寧郡辨志文會七月分課題》，第 19 冊，第 113 頁下欄

表 4-27　辨志文會光緒七年(1881)四月份課案

類別	等級	獲獎者姓名					小計
漢學	超等	朱逢甲	于 峊	趙樹風	楊魯曾	葛士潛	10
		張鼎穌	孫傳鳳[1]	何宗鏑	張鴻桷	黃維瀚	
	特等	趙廷謨	許克勤	許克讓	黃炳煥	范多瑛	10
		黃家橋	陶慶增	杜友仁	劉晉春	范彭壽	
宋學	超等	葉秉鈞	黃家橋	方岳年	陳達燦	劉孝思	10
		朱逢甲	黃維瀚[2]	胡昌年	張世訓	鄭 志	
	特等	黃炳煥	陳巨綱	朱麟書	章紹洙	董道南	10
		范彭壽	陳貞賢	王家岱	沈重光	丁煥采	

（续表）

類別	等級	獲獎者姓名					小計
史學	超等	朱逢甲	葛士濬	葛鵬飛	周保珪	秦在鎔	10
		范彭壽	葉秉鈞	黃維瀚	陳貞賢	朱麟書	
	特等	戴礽金	俞振鏞	林植梅	馬辰琯	張鵬翔	10
		董親垤	范介福	謝輔燶[3]	張善燁	方 葆	
算學	超等	虞雲鵬[4]	林植梅	杜瑞清[5]	盧連鷗	何德清[6]	10
		王佩璐	張■■[7]	方丙南	毛 震	曹 辛	
	特等	董佑堂	沈春元	周毓英	沈家駿	裘贊揚[8]	9
		趙廷讜	胡 燿[9]	李炳章	錢鳳歧[10]		
輿地	超等	黃維瀚	秦在鎔	鄭 志	楊魯曾	朱逢甲[11]	10
		孫貽穀	葛士濬	王亨兆	鄭遵備[12]	虞景璜	
	特等	朱麟書	王亨彥	胡昌年	鄭繼僑	黃家岱	10
		王兼三	陳鳳洲	范介福	鄒宸笙	張鴻桷	
詞章	超等	張美翊	章紹洙	錢鳳翰	胡昌年[13]	張世訓	10
		楊家驤	梁秉年	鄒宸笙	葉崇楣	於亮采	
	特等	勵振鑣	陸祖恩	阮縵昌	張某某[14]	李雲璨	10
		鐘俊英	諸有光	劉德崇	朱逢甲	武家駿	
合計		119					
出處		A.《申報影印本》1881年10月31日《寧郡辨志文會四月分課案》，第19冊，第489頁下欄；B.《申報影印本》1881年12月8日《寧郡辨志文會四月分課案》，第19冊，第641頁下欄					

【校箋】

[1] A作"孫傳鳳"，B作"孫鏘鳳"。鑒於《申報影印本》1881年8月25日《寧郡辨志文會三月分課案》史學特等列有"孫傳鳳"（見表4-23），故當以"孫傳鳳"爲是。

[2] A作"黃繼瀚"，B作"黃維瀚"，此從B。

[3] 謝輔燶：《申報影印本》1881年2月12日《寧郡辨志文會六年九十兩月分課案》九月分宋學特等、十月分詞章超等，皆作"謝輔煌"（第18冊，第141頁上欄）。

[4] A作"盧雲鵬"，B作"虞雲鵬"，此從A。

[5] A作"杜瑞清"，B作"杜鏡清"。

[6] A作"何德清"，B作"孫德清"。

[7] A作"張■■"，B闕載，此從A。

［8］A 作"裘贊揚"，B 作"裘贊湯"，當以 A 爲是。

［9］A 作"胡燿"，B 作"胡燿"。

［10］錢鳳歧：B 闕載。

［11］朱逢甲：B 闕載。

［12］A 作"鄭遵備"，B 作"鄭道備"。

［13］A 作"胡昌年"：B 作"胡某某"。

［14］A 作"張■■"，B 作"張某某"。

表 4-28 辨志文会光绪七年(1881)七月份课案

類別	等級	獲獎者姓名					小計
漢學	超等	濮傳新[1]	倪 英	張鴻桷	鄭 鈺	許克勤	8
		朱逢甲	秦在鎔	孫 鏞			
	特等	孫傳鳳	鄭繼僑	陸以增	黃維瀚	鮑琴琛	7
		周志雲	吳壽堂				
宋學	超等	李雲璪	葉秉鈞	歐景瀚	黃家橋	孫慶增	10
		張世訓	朱逢甲	楊魯曾	黃維瀚	方岳年	
	特等	陳久誠	陳貞賢	章紹洙	陳達燦	黃家岱	10
		董親植	毛 震	劉孝思	王昌科	洪曰淵	
史學	超等	黃維瀚	董士濬	楊魯曾	凌師皐	朱逢甲	10
		楊敏曾	黃家岱	秦在鎔	董親植	林植梅	
	特等	葛鴻飛	黃錫恭	陳貞賢	范介福	范文榮	10
		張善焯	張鵬翔	胡昌年	張鳳儀	王亨兆	
算學	超等	李麟勳	潘光烈	周光祖	李樹榮	王 瑩	10
		王諷璐	錢鳳歧	華世芳	杜鏡清	陸師善	
	特等	費丕揚	王恭壽	趙廷謨	祁炯德	鄭存燦	10
		李炳章	葛人龍	王壽彭	馮 濂	劉鵬翔	
輿地	超等	朱逢甲	黃維瀚	葉秉鈞	范文榮	董鶴年	6
		秦在鎔					
	特等	陳岱年	孫貽穀	林植梅	李雲璪	范介福	6
		馬辰琯					
詞章	超等	楊敏曾	孫慶曾	章紹洙	范文榮	張世訓	10
		陳聖培	黃維瀚	鄒宸笙	秦在鎔	朱逢甲	
	特等	倪 俊	葉秉鈞	毛 震	林際雲	王信德	10
		杜文鏞	朱 華	陳德培	李嘉穀	吳善迻	
合計		107					
出處		《申報影印本》1881 年 12 月 11 日《寧郡辨志文會七月分課案》，第 19 冊，第 653 頁下欄					

【校箋】

[1] 濮傳新:原本誤作"陸傳新"。按《申報影印本》1881 年 12 月 17 日《更正》云:"前報辨志文會七月分課案,漢學超等一名系濮傳新,非陸傳新也。系傳者筆悮,用特更正。"

表 4-29 辨志文會光緒七年(1881)閏七月課題

類別	名稱
漢學	①直祭祝于主解
	②公田有廬舍二畝半辨
	③兩漢經師得失論
宋學	①《論語》"九思"說
	②《周禮》"三德"說
	③讀韓子《原道》
史學	①讀《史通·稱謂篇》
	②王叔文謀奪內官兵柄論
	③秋饗帝議
天文兼算學	①問:曆[1]法十九年一章得七閏,《春秋》置閏未合天行,杜氏《長曆[2]》亦多違失,僖、文、宣、成、襄時為尤甚,能詳推其數歟?
	②論雙星聯星測法
	③物重一斤四兩,置原錘於十二兩,又置他錘於一斤二兩,而衡平置原錘於十兩,置他錘於一斤六兩而衡亦平,試求二錘之重輕比例
輿地	①天時不如地利論
	②《孫子·行軍篇》"絕水"必"遠水"解
	③問:《漢書·晁錯傳》謂"矛鋋土地,長戟二不當一;劍楯之地,弓弩三不當一"。後世以礮為兵,古法未言及此。試揆度地形,詳究利鈍,以補其義
詞章	①明思陵賜石矽土司秦良玉詩賦(以平臺召對親賜以詩為韻)
	②擬毛西河《遊擊將軍沈雲英墓誌銘》
	③詠西湖新景四首(七律各一首,不限韻,薛廬、彭庵、蔣祠、俞樓)
出處	《申報影印本》1881 年 8 月 27 日《寧郡辨志文會閏七月分課題》,第 19 冊,第 229 頁下欄

【校箋】

[1][2]曆:原本皆作"歷",茲據文意逕改。

表 4-30　辨志文會光緒七年(1881)閏七月課案

類別	等級	獲獎者姓名					小計
漢學	超等	楊魯曾	孫傳鳳	朱逢甲	黃維瀚	張鴻桷	10
		周嘉良	秦在鎔	許克勤	鄭維僑	金秉煒	
	特等	金文梁	方國華	董鶡年	鮑琴琛	許純震	10
		孔廣森	劉孝思	吳壽萱	王亨兆	胡以敬	
宋學	超等	黃家岱	葉秉鈞	張卜謙	林鐘崙	劉孝思	10
		黃家辰	郭繼■	黃維瀚	朱逢甲	陳達燦	
	特等	張世訓	鄭道俉	方岳年	章紹洙	范念祖	10
		許克勤	王亨彥	徐正塘	沈重光	葉　社	
史學	超等	周保珪	范彭壽	黃家岱	董親埔	葛士濬	10
		俞振鏞	朱逢甲	葛震一	陳國祥	秦在鎔	
	特等	范介福	孫貽毅	謝輔煐	林植梅	趙廷謨	8
		張善煒	張鵬翔	許步雲			
算學	超等	王珮璐	周廷輝	杜鏡清	曹　章	胡　耀	10
		盧雲鵬	周毓英	王　瀛	沈春元	李樹勳	
	特等	朱煥章	王仁毅	沈家駿	劉孝楣	裘鴻勳	9
		陳出新	倪震埏	朱觀瀾	趙鴻模		
輿地	超等	張元德	范文榮	倪　英	張宗錄	裘慶杓	10
		胡克頤	周鴻模	濮傳薪	黃炳煥	楊魯曾	
	特等	朱逢甲	凌師皋	黃維瀚	何宗鎬	秦在鎔	10
		鄭繼僑	李雲璪	錢葆華	林鐘崙	趙廷模	
詞章	超等	楊敏曾	張世訓	陳聖培	屠仿規	鄒宸笙	10
		馮惟一	胡昌年	毛　震	黃維瀚	朱逢甲	
	特等	陳德培	吳善逑	洪晉祚	湯鞠榮	黃秉乙	10
		徐隆圻	張善煒	許步雲	羅典煌	王振玉	
合計		117					
出處		《申報影印本》1882 年 1 月 25 日《寧郡辨志文會閏七月分課案》, 第 20 冊,第 97 頁下欄					

表 4-31　辨志文會光緒七年(1881)八月份課題

類別	名稱
漢學	①雨無正蕭義
	②周徹名義
	③幅隕字義
宋學	①繼善成性解
	②論魏文靖、眞文忠學術
	③述江漢學派
史學	①漢高祖斬丁公、封雍齒論
	②節度之名始於何時考
	③范忠貞《撤海禁論》
天文兼算學	①太陽恒星卑點諸年積差說
	②問:火星七十九年逆行二十七次,北緯十八次,南緯十次,當兩交九次,緯行大小、曲直不同,能推其辜較否?
	③今有船一百六十號,載客九百六十人,甲船每號九人,乙船七人,丙船五人,丁船三人,四色船各幾何? 方程之外有捷法否?
輿地	①虞夏商周疆域不同說
	②問:《尚書大傳》"三朋為里"與《孟子》"方里而井",厥義若何?
	③讀顧亭林《郡縣論》書後
詞章	①蘇學士中秋夕醉,吟水調歌賦(以瓊樓玉宇、高不勝寒為韻)
	②《國朝侯、魏、汪、姜四家古文論》
	③浙中八忠臣詩(五古不拘韻,陶文節公恩培、戴文節公熙、馮文介公培元、俞文節公焜、徐莊潛公有壬、張文節公洵、沈文節公炳垣、趙忠節公景賢)
出處	《申報影印本》1881 年 9 月 28 日《寧郡辨志文會八月分課題》,第 19 冊,第 357 頁下欄

表 4-32　辨志文會光緒七年(1881)八月份課案

類別	等級	獲獎者姓名					小計
漢學	超等	楊魯曾	倪　英	楊敏曾	鄭　鈺	葛士濬	10
		陸以增	濮傳薪	朱逢甲	許克勤	鄭繼僑	
	特等	孫傳鳳	黃家橋	孫　鏅	王亨兆	黃維瀚	10
		陳鶴齡	錢葆華	武銘紳	鮑琴琛	何宗鎬	

（续表）

類別	等級	獲獎者姓名					小計
宋學	超等	梁秉鈞 朱逢甲	黃家岱 黃維瀚	楊魯曾 沈重光	張世訓 陳貞賢	鄭鍾祥 毛震	10
	特等	王建勳 徐正塘	董元 王亨彥	周嘉良 葉社	謝輔熿 王亨兆	章紹洙 孫晉祜	10
史學	超等	楊敏曾 黃維瀚	周保珪 朱逢甲	秦在鎔 葉秉鈞	楊魯曾 范彭壽	葛士濬 章寶璐	10
	特等	范文榮 黃家岱	陳鳳洲 吳壽萱	胡昌年 錢其瑛	陳貞賢 武家駿	姚元豹 王亨兆	10
算學	超等	杜鏡清 張謹	王存中 朱煥章	袁紹初 裘鴻勳	邵仁榕 李炳章	錢鳳岐 李炳華	10
	特等	王珮璐 王瑩	劉孝楣 董煊	胡燿 徐世倫	沈春元 吳恩孚	趙鴻模 李高業	10
輿地[1]	超等	周保珪 秦在鎔	黃維瀚 孫晉祜	張卜謙 凌師皋	何宗鎬	朱逢甲	8
	特等	錢葆華 馬辰珺	林植梅 范鴻儀	俞振鏞 許步雲	孫貽穀	樓鳳崗	8
詞章	超等	楊敏曾 陳聖培	胡昌年 鄒宸笙	張鵬翼 黃維瀚	張世訓 朱逢甲	錢鳳翰 陳德培	10
	特等	毛震	張善煒	許步雲	丁國珍		4
合計		110					
出處		《申報影印本》1882 年 2 月 26 日《寧郡辨志文會辛巳八月分課案》，第 20 冊，第 201 頁下欄 《申報影印本》1882 年 4 月 14 日《寧郡辨志文會辛巳八九十月分輿地課案》，第 20 冊，第 449 頁下欄					

【校箋】

[1] 此課案不含"輿地"，該月"輿地"課案，另見《申報影印本》1882 年 4 月 14 日《寧郡辨志文會辛巳八九十月分輿地課案》。

表 4-33　辨志文會光緒七年（1881）九月份課題

類別	名稱
漢學	①从革到辛説
	②何以舟之解
	③掌官中之政令解
宋學	①問説
	②克己復禮解
	③述黃文潔先生學派
史學	①穆生辭楚論
	②《周書》附《蕭詧傳》説
	③問：國朝經濟家著述除書目所列外，應補何人？
天文兼算學	①地轉之説非始於西人説
	②問：十八年爲太陽交周一終，地球上日食約四十次，中國所見不及十次，能推其理數否？
	③有礟百尊，用藥千斤，大礮每尊四十斤，中三十斤，小三尊，合十斤。問大中小砲各幾何？
輿地	①宅西曰昧谷解
	②問：夏禹山行，泥行所乘，諸書不同，何者爲正？
	③問：《禹貢》兗州，《説文》惟"□""沿"二字，無"兗"字，或謂从"□"字得義，當从"□"作"兗"；或謂卽"沇"字變體，當从"允"作"兗"。兩説若何？
詞章	①宋玉《悲秋賦》（以天高氣清、草木搖落爲韻）
	②國朝駢體文源流説
	③擬東坡《樂府》三章（限原韻，上堵吟、野鷹來、襄陽樂）
出處	《申報影印本》1881 年 10 月 31 日《寧郡辨志文會九月分課題》，第 19 冊，第 489 頁下欄

表 4-34　辨志文會光緒七年（1881）九月份課案

類別	等級	獲獎者姓名					小計
漢學	超等	許乃成	何宗鎬	孫傳鳳	張鴻桷	趙樹風	10
		鄭　鈺	王　藩	鄭繼僑	周保珪	方國華	
	特等	許克勤	金　杜	朱逢甲	黃家橋	周嘉良	10
		翁　鑒	黃維瀚	黃炳煥	金大瀓	劉有光	
宋學	超等	葉秉鈞	方岳年	黃家橋	朱逢甲	何宗鎬	10
		劉孝思	楊魯曾	張維瀚	張世訓	董　章	
	特等	黃炳煥	范　麟	袁昌鈞	毛　震	王　藩	10
		謝輔燧	章詠沂	董景運	張善煒	許克勤	
史學	超等	周保珪	沈通駿	陳鳳洲	葛士濬	楊敏曾	10
		秦在鎔	朱逢甲	鄒宸笙	張鵬翔	林植梅	
	特等	董親塤	張善煒	武家駿	胡昌年	范彭壽	9
		范介福	黃維瀚	陳貞賢	謝輔燧		
算學	超等	盧雲鵬	趙鴻逵	林植梅	趙鴻模	杜鏡清	10
		王珮璐	曹　辛	楊兆鑒	王　瀛	劉孝楣	
	特等	胡　燿	邵仁榕	趙廷謨	陳出新	徐世倫	10
		沈春元	王存中	朱受謙	周光祖	馮　瀟	
興地[1]	超等	張鴻桷	章紹洙	黃炳煥	張卜謙	楊魯曾	10
		沈通駿	朱逢甲	于　邕	王　■	黃家燕	
	特等	黃維瀚	何宗鎬	王亨兆	凌師皋	秦在鎔	10
		王亨彥	許克勤	鄭　鈺	葛士濬	孫貽穀	
詞章	超等	張美翊	楊敏曾	鄒宸笙	錢鳳岐	張鵬翼	10
		張世訓	朱逢甲	虞景璜	黃維瀚	毛　震	
	特等	陳聖培	姚樂莘	徐正垕	吳善逵	羅典煌	10
		陳德培	張善煒	干兆元	徐正塘	謝在桐	
合計		119					
出處		《申報影印本》1882 年 3 月 2 日《寧郡辨志文會辛巳九月分課案》，第 20 冊，第 217 頁下欄　《申報影印本》1882 年 4 月 14 日《寧郡辨志文會辛巳八九十月分興地課案》，第 20 冊，第 449 頁下欄					

【校箋】

[1] 該月"興地"課案，当时尚未阅定，故而另发，详参《申報影印本》1882 年 4 月 14 日《宁郡辨志文会辛巳八九十月分興地课案》。

表 4-35　辨志文會光緒七年(1881)十月份課題

類別	名稱
漢學	①為堅多心解
	②沽酒市脯解
	③釋芸
宋學	①《孟子》"口之於味"章說
	②問：三家緒言為朱子《詩傳》所取者有幾
	③讀《少儀外傳》書後
史學兼掌故	①讀《趙清獻集》書後
	②讀《契丹國志》書後
	③湘淮軍制考
天文兼算學	①問：《譚天》載恒星距太陽極遠，視地球繞太陽之道如一點，故一年中地上測極星無視差，其說合於《中庸》"無窮"二字之旨，能闡其理數否？
	②今年十月望，月食十分之九分半，最足驗曆法之疏密，試以各數推測之
	③抛物線之活差，為發礮時無定之差，宜用何法求之？
輿地	①導山導水解
	②南北冰洋說
	③問：《廣雅·釋地》述神農、唐堯、夏禹所治海內里數，本於何書？
詞章	①洛陽耆英會賦(以羣賢畢集、置酒賦詩為韻)
	②擬孔融《薦謝該書》
	③向子平《遊五嶽歌》(七古，不限韻)
出處	《申報影印本》1881 年 11 月 24 日《寧郡辨志文會十月分課題》，第 19 冊，第 585 頁下欄

表 4-36　辨志文會光緒七年(1881)十月份課案

類別	等級	獲獎者姓名					小計
漢學	超等	張鴻桷	許克勤	孫傳鳳	黃家橋	武銘紳	10
		鄭　鈺	吳壽萱	范　麟	范彭壽	何宗鎬	
	特等	朱逢甲	林召南	翁　鑒	錢葆華	趙樹風	10
		馮惟一	秦在鎔	黃維瀚	濮傳薪	黃炳煥	

(续表)

類別	等級	獲獎者姓名					小計
宋學	超等	楊魯曾	何宗鎬	黃家橋	黃維瀚	張世訓	10
		朱逢甲	孫貽穀	洪慶詔	范彭壽	王亨兆	
	特等	范 麟	董 章	許步雲	王振玉	張善煒	8
		王 震	謝輔煌	王丕鳳			
史學	超等	楊敏曾	朱逢甲	周祥年	楊魯曾	秦在鎔	10
		秦顯書	周保珪	張世訓	范彭壽	范介福	
	特等	林植梅	張善煒	謝輔煒	張鵬翔	林春華	10
		范欽書	周 恩	範 潮	許步雲	董親埴	
算學	超等	趙鴻模	趙■章	袁紹初	沈春元	周鳳鏞	10
		陳 述	盧連鶼	楊兆鑒	林植梅	曹 辛	
	特等	王珮璐	陳光榮	趙廷謨	毛 震	張國威	10
		王 瀛	王 瑩	朱 謙	方丙南	王存中	
輿地[1]	超等	何宗鎬	黃維瀚	朱逢甲	沈遹駿	楊魯曾	10
		王 藩	裘慶杓	許克勤	秦在鎔	戴 羲	
	特等	淩師皋	周保珪	陳 述	錢葆華	孫貽穀	10
		高壽椿	董鶚年	徐 頤	王 瑩	馬辰琯	
詞章	超等	錢鳳翰	章紹洙	陳聖培	楊敏曾	梁秉年	10
		張世訓	周保珪	鄒宸笙	袁彭年	朱逢甲	
	特等	洪聖祚	陳守性	毛 震	夏啓瑞	勵振鑣	10
		袁成業	范鏡清	範庭芳	許步雲	董親埴	
合計		118					
出處		《申報影印本》1882年3月3日《寧郡辨志文會辛巳十月分課案》，第20冊，第221頁下欄 《申報影印本》1882年4月14日《寧郡辨志文會辛巳八九十月分輿地課案》，第20冊，第449頁下欄					

【校箋】

[1] 此课案不含"輿地"，该月"輿地"课案另发，详参《申報影印本》1882年4月14日《宁郡辨志文会辛巳八九十月分輿地课案》。

表 4-37　辨志文會光緒七年(1881)十一月份課題

類別	名稱
漢學	①寡兄寡妻解
	②"一君而二民"說
	③"君行一臣行二"說
宋學	①誠意說
	②夜氣說
	③《通書·聖學章》解義
史學	①趙廣漢善鉤距說
	②漢、隋二文帝以朴儉富國論
	③太液池考
天文兼算學	①問:黃赤大距古大今小,約百年差四十八秒,能推其致差之由及其周時否?
	②有通弦九十六尺,正矢三十六尺,求半弧之通弦得幾何?
	③有秤失去原錘,欲配一錘,不知輕重,以三斤十二兩之物用十二兩之錘,稱之得五斤,問原錘本質重幾何?
輿地	①晉楚戰於邲考
	②東陵阺考
	③問蕪城賦廣袤三墳,三墳指何地?
詞章	①龐德公《隱峴山賦》(以臥龍先生拜其床下為韻)
	②擬刻全謝山《甬上續耆舊詩》序
	③《翁洲雪交亭歌》(七古不限韻)
出處	《申報影印本》1881 年 12 月 26 日《寧郡辨志文會十一月分課題》,第 19 冊,第 713 頁上下兩欄

表 4-38　辨志文會光緒七年(1881)十一月份課案

類別	等級	獲獎者姓名					小計
漢學	超等	張鴻桷　趙樹風　朱積熙　孫傳鳳　范　麟　凌師皋　許克勤　朱逢甲　何宗鎬　葛士濬					10
	特等	吳壽萱　吳玉衡　章紹洙　錢葆華					4

（续表）

類別	等級	獲獎者姓名					小計
宋學	超等	葉秉鈞 王亨彥	方岳年 趙廷謨	劉孝思 張世訓	朱逢甲 范彭壽	曾桂芳 周保珪	10
	特等	章道洽 謝輔燝	何文英 許克勤	范 麟 毛 震	秦在鎔 黃樹滋	謝克桐 金承熙	10
史學	超等	張禾芬 葛士濬	張世訓 周保珪	楊魯曾 范彭壽	楊敏曾 周 恩	周祥年 黃維瀚	10
	特等	林植梅 張善煒	鄒宸笙 謝輔燝	朱逢甲 范介福	孫傳鳳 高應椿	秦 錞 王振玉	10
算學	超等	盧雲鵬 曹 辛	李炳章 杜鏡清	林植梅 盧■勳	江景綬 朱受謙	程萬里 沈春元	10
	特等	朱 熙 華世芳	汪念慈 李樹勳	李樹榮 方丙南	徐世倫 王存中	王 瀛 曾健芳	10
輿地	超等	俞鴻傑 凌師皋	王恭壽 陶承侃	楊魯曾 錢葆華	黃維瀚 江 標	周鴻謨 何宗鎬	10
	特等	張維楨 胡昌年	朱逢甲 董鶚年	秦在鎔 許克勤	翁 鑒 范介福	孫貽穀 周 恩	10
詞章	超等	張世訓 鄒宸笙	錢鳳瀚 曾桂芳	楊敏曾 陳聖培	梁秉年 鄒宗鎬	胡昌年 毛 震	10
	特等	王壽搏 唐 經	徐正埕 鍾俊英	胡友芸 張善煒	吳善逵 王文鍇	周錦堂	9
合計		113					
出處		《申報影印本》1882年4月14日《寧郡辨志文會辛巳十一月分課案》,第20冊,第449頁下欄					

表 4-39 辨志文會光緒八年(1882)二月份課題

類別	名稱
漢學	①問:納冰、開冰、頒冰、時月不同,何故?
	②問:左史、右史記言動,舊文互異,孰長?
	③問:舊說竈爨在廟門外,祭竈於奧,祭之於廟室與? 抑門堂之室與? 特牲饋食,《禮記》"尸卒食而祭饎爨、雍爨",又祭在何地與?
宋學	①形而上者謂之道、形而下者謂之器解
	②《孟子·人之所不學而能者章》講義
	③司馬溫公《書儀》書後

（续表）

類別	名稱
史學兼掌故	①共和考
	②讀賈誼《陳政事疏》
	③擬建辨志精舍祀王伯厚先生議
天文兼算學	①論晷早於鐘、鐘早於晷推法
	②借弦求弧說
	③問：交食用黃平、白平二象，限不以正午爲界，故推算甚繁，若以赤道午線代之，得數能密合否？
輿地	①九河鉤般或作鉤股說
	②問：漢益州郡收靡縣，《續志》作"牧靡"，《華陽國志》作"升靡"，何者為正？
	③問：《說文》"漾水出隴西柏道"，《水經注》引作"獂道"，而《漢志》："獂道屬天水，不屬隴西。"果孰是歟？
詞章	①天封塔賦（以七層六角巧甲天下為韻）
	②寧郡孝廉堂種樹記（凡肄業者各植一株，不拘種類，以有花實者為尚）
	③四明物產八詠（七律，不拘韻，羅漢豆、觀音草、孟娘菜、楊妃茶、見風蘭、重臺荷、五色石、十洲春）
出處	《申報影印本》1882 年 3 月 24 日《寧郡辨志文會二月分課題》，第 20 冊，第 329 頁下欄

表 4-40　辨志文会光绪八年（1882）二月份课案

類別	等級	獲獎者姓名					小計
漢學	超等	陳鶴齡	孫傳鳳	陶承澍	許純震	鄭　鈺	8
		朱逢甲	鄭繼僑	許克勤			
	特等	秦在鎔	金秉煒	金文樑	胡友芸	鳳雍喈	6
		李詒福					
宋學	超等	葉秉鈞	葉　社	黃維瀚	黃家岱	黃家橋	10
		朱逢甲	許克勤	王亨彥	何宗鎬	鄭鍾祥	
	特等	黃家穀	周保珪	范　麟	范彭壽	沈重光	10
		金永熙	秦在鎔	陳貞賢	金學望	成九際	
史學	超等	王榮商	江翼鼎	胡昌年	盛葆廉	黃家燕	10
		秦在鎔	朱逢甲	楊敏曾	葛士濬	楊魯曾	
	特等	葛鴻飛	王亨彥	范彭壽	許克勤	陳貞賢	10
		鄒宸笙	任光鎮	秦顯書	張善煒	黃維瀚	

（续表）

類別	等級	獲獎者姓名	小計
算學	超等	華世芳　王存中　袁紹初　朱受謙　陳光榮 李高業　林植梅　盧連鶡　毛　震　董紹衣	10
	特等	程萬里　曹　辛　李樹榮　李朝翰　董佑堂 王　瑩　王　瀛　葛元龍　何宗鎬　沈春元	10
輿地	超等	黃炳煥　張卜謙　王迪中　梅鼎龢　倪　英 陶承侃　楊魯曾　何宗鎬　朱逢甲　黃維瀚	10
	特等	黃家穀　錢葆華　孫貽穀　鄭繼僑　戴　羲 秦在鎔　王兼三　范介福　胡友芸　范猷銘	10
詞章	超等	王榮商　范鳳書　鄒宸笙　胡昌年　馮惟一 王齊賢　張鵬翼　陸鑄賢　陳受頤　袁　■	10
	特等	王文鍇　竺廖祥　夏啓瑞　吳鍾琪　胡友芸 袁成業　成榮第　徐　潤　徐正塤　黃秉乙	10
合計		114	
出處		《申報影印本》1882 年 7 月 3 日《寧郡辨志文會二月分課案》，第 21 冊，第 13 頁上欄	

表 4-41　辨志文會光緒八年(1882)三月份課題

類別	課題
漢學	①"行以采茨、趨以肆夏"說
	②大夫有貳宗解
	③鄭注"黃彝周所造，於諸侯為上"義
宋學	①"明德"說
	②"上達"說
	③讀胡五峯先生《知言》
史學	①問：《文中子》於南北朝奪統歸北，其說然否？
	②"漢魏於皇太子稱臣"說
	③論毛西河學術
算學	①"總較兩弧用中數矢較"說
	②問：《周曆》先天，《漢曆》後天，能推其確據否？
	③問：今歲四月朔日食，何地見食最先？何地見食最後？能步其里差時分否？

（续表）

類別	課題
輿地	①昭余祁考
	②釋江南、江西名義
	③跋汪氏《水經注圖》
詞章	①朱陳村嫁娶圖賦（以一村兩姓世為婚姻為韻）
	②讀《歸潛志》書後
	③《海巢懷丁鶴年歌》（七古不限韻）
出處	《申報影印本》1882年4月24日《寧郡辨志文會三月分課題》，第20冊，第509頁上下欄

表 4-42　辨志文會光緒八年（1882）三月份課案

類別	等級	獲獎者姓名					小計
漢學	超等	王維瀚　倪　英　朱逢甲　鄭　鈺　許克勤　孫傳鳳　孫傳鵬					7
	特等	陶承澍　許純震　何宗鎬　錢葆華　秦在鎔					5
宋學	超等	葉秉鈞　劉孝思　黃維瀚　黃家岱　朱逢甲　范　麟　黃家燕　鄭鍾祥　何宗鎬　沈重光					10
	特等	王亨兆　范彭壽　王亨年　金承熙　秦在鎔　金學望　陸道炳　王信德　謝克桐　許步雲					10
史學	超等	周祥年　胡昌年　朱逢甲　范文榮　楊敏曾　盛葆廉　鄒宸笙　秦在鎔　王維瀚　張善燁					10
	特等	葛士濬　張鵬翔　臧毓英　周保珪　范介福　章寶璐　周　恩　曾桂芳　胡友芸					9
算學	超等	趙鴻模　趙鴻逵　王　瀛　林植梅　沈春元　王存中　裘贊湯　方丙南　張　謹　袁紹初					10
	特等	楊兆鑒　朱漢佩　陳光榮　朱受謙　王信德　李昌業　王　瑩　姜紹衣　烏瑞書　潘藻烈					10
輿地	超等	范文榮　錢葆華　黃炳煥　朱逢甲　何宗鎬　陶承侃　秦在鎔					7
	特等	許克勤　周保珪　黃維瀚　董鶴年　盛葆廉　黃家穀　張維楨　孫貽穀					8
詞章	超等	楊敏曾　朱昌鼎　謝輔燨　毛　震　鄒　渭　吳善遂					6
	特等	曾桂芳　夏名幹　張鵬翼　鄒宸笙　吳鍾琪　陳祖恩					6

(续表)

類別	等級	獲獎者姓名	小計
合計		98	
出處		《申報影印本》1882 年 8 月 26 日《寧郡辨志文會三月分課案》,第 21 冊,第 337 頁下欄	

表 4-43 辨志文會光緒八年(1882)四月份課題

類別	名稱
漢學	①惟洛食解
	②公路公行公族解
	③樞達北方謂之落時解
宋學	①釋仁
	②述孔孟言性大旨
	③論安定、泰山、徂徠三先生學術
史學兼掌故	①唐重士族論
	②唐穆宗以布帛易稅錢論
	③論犯罪存留養親(見《大清律》)
天文兼算學	①問:今歲四月朔日食,用考成後編法推算,浙江恰盡十分;如以上編法推之,當食幾何?
	②問:地球圓體,《海島算經》以平面推之,其於島高、島遠之數,當差幾何?
	③諸乘方可用平方立方之法代開,惟不可施於四乘方與六乘方,試言其理
輿地	①春秋越國疆域攷
	②地志兼敘人物說
	③問:《史記》西門豹引漳水溉鄴,《漢書》以為史起事,何者為是?
詞章	①擬潘安仁《射雉賦》(不限韻)
	②讀陸士衡《文賦》書後
	③《長毋相忘漢瓦歌》
出處	《申報影印本》1882 年 5 月 22 日《寧郡辨志文會四月分課題》,第 20 冊,第 675 頁下欄

表 4-44　辨志文會光緒八年(1882)四月份課案

類別	等級	獲獎者姓名					小計
漢學	超等	黃維瀚 鄭　鈺	孫傳鳳 許克勤	朱逢甲 王家楄	陸以增	楊魯曾	8
	特等	秦在鎔 金文楸	陶承侃 梅鼎和	許純震 章　甫	嚴良勛 武濱渭	胡以銓 王廷材	10
宋學	超等	劉孝思 朱逢甲	葉秉鈞 黃家楄	黃家岱 楊魯曾	黃家辰 何宗鎬	黃維瀚 王建勛	10
	特等	周保珪 鄭鍾祥	李雲璪 范彭壽	黃家燕 王亨葵	王亨彥 王亨兆	黃文藻 黃炳煥	10
史學	超等	盛葆廉 周祥年	鄒宸笙 王振玉	秦顯書 黃家岱	朱逢甲 葛士濬	楊敏曾 范彭壽	10
	特等	周保珪 黃維瀚	臧毓琪 秦在鎔	虞景璜 陳鳳洲	張善煒 胡友芸	武家駿	9
算學	超等	王珮璐 盧雲鵬	程萬里 林植梅	趙鴻逵 朱受謙	趙鴻模 車得路	沈春元 趙廷謨	10
	特等	方丙南 王　瀛	何宗鎬 王存中	陳光榮 李高業	徐宰輔 袁紹初	毛　震 曹翊清	10
輿地	超等	范文榮 董鶚年	黃炳煥 朱逢甲	黃家驁 孫貽穀	黃維瀚 戴　羲	陶承侃 秦在鎔	8
	特等	盛葆廉 張惟楨	鄭　鈺 王亨兆	王亨彥 王　瑩	胡昌年	王亨餘	8
詞章	超等	周保珪 武家駿	鄒宸笙 馬遂良	謝輔熿	楊敏曾	董鶚年	7
	特等	徐　瀾 盧　嵾	朱昌鼎 鄒宗鎬	吳鍾琪	施贊唐	孫鎧祚	7
合計		107					
出處		《申報影印本》1882 年 12 月 16 日《寧郡辨志文會四月分課案》，第 21 冊，第 1010 頁上欄					

表 4-45　辨志文會光緒八年(1882)五月份課題

類別	名稱
漢學	①笙詩說
	②辟廱、泮宮名義
	③孔《疏》"鄉大夫大比，興賢能據鄉人，鄉論秀士據學者"辨

（续表）

類別	名稱
宋學	①"明善"說
	②"凝道"說
	③述程門諸子論學同異
史學兼掌故	①宋太祖收兵權論
	②明太祖平黃岩論
	③機器原始
天文兼算學	①"百畝當百四十六畝三十步"說
	②《春秋》書"桓公三年七月朔,日食既",郭氏以《授時術》推得"八月朔,食六分奇"。試以時憲術按曲阜經緯度推之,果食幾何?
	③今歲五月十二夕,火星與軒轅第十四星同度,以數推之,當凌犯否?
輿地	①漢水東西二源考
	②七閩九貉五戎六狄考
	③問:地志專紀風俗,始於何書?
詞章	①戴安道以雞汁滲白瓦屑,書《鄭康成碑賦》(以爲[1]公作碑、手自書寫為韻)
	②擬國朝四明經學諸儒小贊(各自為贊)
	③擬集《終南仙館觀董北苑瀟湘圖聯句歌》(能用《樂游聯唱集》原句尤佳)
出處	《申報影印本》1882 年 6 月 29 日《寧郡辨志文會五月分課題》,第 20 冊,第 903 頁下欄

【校箋】

[1] 爲:當是衍文。

表 4-46 辨志文會光緒八年(1882)五月份課案

類別	等級	獲獎者姓名					小計
漢學	超等	朱逢甲	楊魯曾	王有慶	孫傳鳳	王亨彥	10
		許克勤	王廷材	謝輔熿	曾桂芳	謝松德	
	特等	周保珪	汪開祉	黃維瀚	范彭壽	鄭 鈺	10
		胡尚裴	許純靈	胡沛巒	胡友芸	林聲鏞	
宋學	超等	葉秉鈞	劉孝思	黃家橋	黃維瀚	沈重光	10
		朱逢甲	楊魯曾	周保珪	許克勤	曾桂芳	
	特等	王亨兆	王亨彥	林鍾嵛	黃家遂	鄭鍾祥	10
		葉 杜	忻葆■	范彭壽	毛 震	胡友芸	

（续表）

類別	等級	獲獎者姓名					小計
史學	超等	蔡寶善 范彭壽	葛士濬 楊敏曾	■爾德蒙額 葉[1]秉鈞	盛葆廉 朱逢甲	謝輔熿 秦在鎔	10
	特等	胡昌年 張鵬翔	虞景璜 繆廷輔	林植梅 張善燇	陳中震 竺麐祥	周保珪 黃維瀚	10
算學	超等	盧雲鵬 毛筌	陳光榮 朱煥章	林植梅 程萬里	趙鴻模 姜紹衣	毛震 朱受謙	10
	特等	張講 方丙南	王存中 李樹榮	王瀛 林鏡清	沈春元 董佑堂	葉春輝 朱熙	10
輿地	超等	范文榮 黃維瀚	孫貽毂 胡尚裝	何宗鎬 錢葆華	趙榮顯	凌師皋	8
	特等	王亨彥 胡友芸	秦在鎔 王瑩	王亨兆	林聲鏞	吳善遠	7
詞章	超等	楊敏曾 盧鋆	鄒宸笙	陸鑄賢	謝輔熿	馮惟一	6
	特等	孫鎧祚 胡友芸	王文鍇 陳清	竺麐祥 徐正植	汪鶴舲	盧國鵬	8
合計		109					
出處		《申報影印本》1882 年 12 月 22 日《寧郡辨志文會五月分課案》,第 21 冊,第 1045 頁下欄					

【校箋】

[1] 葉:原脫,茲據其他課案補。

表 4-47　辨志文會光緒八年(1882)六月份課案

類別	等級	獲獎者姓名					小計
漢學	超等	胡尚裝 孫傳驤	許克勤 黃維翰[1]	黃家橋 許純震	曾桂芳 張鵬翼	朱逢甲 鄭鈺	10
	特等	孫禮祚	王亨彥	周保珪	葛麟	江標	5
宋學	超等	葉秉鈞 許克勤	黃家橋 王亨彥	葉社 鄭鍾祥	黃維翰[2] 孔廣泗	王亨兆 朱逢甲	10
	特等	王紹經 沈重光	李雲璪 陳受謙	林鍾崙 謝輔熿	黃家燕 毛震	秦在鎔 陳出新	10
史學	超等	朱逢甲 蔡寶善	周保珪 胡昌年	楊敏曾 盛葆廉	秦在鎔 葉秉鈞	樓鳳岡 秦顯書	10
	特等	葛士濬 胡尚裝	范彭壽 范介福	黃維翰[3] 楊魯曾	毛震 林植梅	曾桂芳 張善燇	10

（续表）

類別	等級	獲獎者姓名					小計
算學	超等	王珮潞	沈春元	潘藻烈	朱受謙	袁紹初	10
		葛元龍	王存中	葉春暉	何宗鎬	趙鴻模	
	特等	姜紹衣	李高業	王瑩	李炳章	朱 熙	10
		徐乃文	王永椿	施仁綸	蕭良壎	劉紹基	
輿地	超等	胡尚裴	朱逢甲	江 標	許克勤	黃維翰[4]	9
		許純震	孫貽穀	秦在鎔	黃家燕		
	特等	孫傳鳳	王 瑩	王亨兆	葛元龍	胡昌年	10
		花猷銘	林鍾崙	范介福	黃家橋	毛 震	
詞章	超等	孫禮祚	孫祖芳				2
合計		96					
出處		《申報影印本》1883 年 1 月 16 日《寧郡辨志文會六月分課案》,第 22 冊,第 89 頁下欄					

【校箋】

[1][2][3][4] 黃維翰:據其他各課案,可以確定此"翰"當是"瀚"之誤刻。

表 4-48 辨志文會光緒八年(1882)十月份課題

類別	名稱
漢學	①釋"遯觀卦"義
	②釋"六鳴蟲"
	③《孔子家語》逸文述
宋學	①《孟子·鈞是人也》章義
	②孟子《先天圖》辨
	③述河東學派
史學	①讀《劉蕡策》
	②問:《宋史》兵制不載田獵,當以何書補之?
	③擬《斥慈谿城隍附祀趙文華議》
天文兼算學	①彗星光分大小、行度疾徐解
	②問:古時曆法未精,朒朓恒載於史,今時曆學昌明,猶有晦朔月凡之時,其故何歟?
	③問:三率連比例,欲易爲四率相當比例。以首率、中率爲一率、二率,以首率、中率和爲三率,則其四率必爲中率、末率和;以首率、中率較爲三率,則其四率爲中率、末率較。試言其理

（续表）

類別	名稱
輿地	①問：《職方》荊州"其浸潁湛"，豫州"其浸波溠"；《說文》湛注曰豫浸，溠注曰荊浸。何者為是？
	②取邶田自溹水考
	③讀王伯厚《通鑑地理通釋》書後
詞章	①河內女子發老屋，得逸■《禮》《尚書》各一篇賦（以奏之宣帝、下示博士為韻）
	②擬淮南王《屏風賦》
	③擬蕭子良《與南陽高士劉虯書》
出處	《申報影印本》1882 年 11 月 18 日《寧郡辨志文會十月分課題》，第 21 冊，第 841 頁下欄

表 4-49　辨志文會光緒八年（1882）十一月份課題

類別	名稱
漢學	①烝祭功臣說
	②為其拜而蔆拜解
	③□小葉解
宋學	①參前倚衡說
	②養氣說
	③讀《二程粹言》書後
史學	①晉文、晉悼霸業論
	②劉向、揚雄學術論
	③桐城、陽湖文派論
天文兼算學	①春秋疊置兩閏合四百有四十五甲子說
	②問：太陽在地平下十八度為曚影，而時刻多寡不同，其故何歟？
	③問：地球匾體二極徑，短于赤道徑約二百九十九分之一，宜用何法測之？
輿地	①《水經注·原公水》疏證
	②問：《禹貢》榮波，《史記》作榮播，閩覼作榮播，以何字為正？
	③問：《續漢·郡國志》太原統縣十六，而《晉書·地理志》止統縣十三。界休、茲氏、慮虒三縣，能言其割屬何郡否？

（续表）

類別	名稱
詞章	①尹珍從許叔重受《圖經》賦（以于是南域始有學焉為韻）
	②擬董仲舒《山川頌》
	③丁字簾、卍字香（七律，不限韻）
出處	《申報影印本》1882 年 12 月 16 日《寧郡辨志文會十一月分課題》，第 21 冊，第 1010 頁上欄

表 4-50　辨志文會光緒八年（1882）十一月份課案

類別	等級	獲獎者姓名					小計
漢學	超等	鄭　鈺	楊魯曾	張鴻桷	孫傳鳳	黃維瀚	10
		朱逢甲	許克勤	秦在鎔	周鴻模	謝松德	
	特等	葛士濬	許純震	黃安書	林聲鏞	王亨彥	10
		邵廷樑	孫家璜	汪開祉	金文樑	黃家燕	
宋學	超等	黃家橋	黃維瀚	周保珪	許克勤	沈重光	10
		范　麟	張鴻桷	鄭鍾祥	謝輔熿	林鍾崙	
	特等	王亨兆	黃家燕	張宗録	陳　麟	毛　震	10
		王紹經	謝克桐	范彭壽	胡友芸	王以經	
史學	超等	范文榮	楊敏曾	樓鳳岡	鄒宸笙	盛葆廉	10
		秦在鎔	周以成	歐仁衡	屠承恩	方廷梅	
	特等	葛士濬	周宗孟	朱逢甲	謝輔熿	林植梅	10
		沈重光	張善煒	王亨彥	范彭壽	王亨兆	
算學	超等	盧雲鵬	王　瀛	朱受謙	王珮璐	趙鴻模	10
		林植梅	沈春元	李樹勳	王恭壽	李高業	
	特等	趙廷謨	朱煥章	董佑堂	方丙南	王存中	10
		楊兆鑒	姜紹衣	李煥章	朱　熙	程萬里	
輿地	超等	范文榮	戴　羲	楊魯曾	張鴻桷	葛士濬	10
		陸廷諤	汪開祉	何宗鎬	方廷梅	凌師皋	
	特等	董鶴年	陳惠卿	毛　震	秦在鎔	謝輔熿	9
		林植梅	胡善曾	范介福	胡友芸		
詞章	超等	周以成	張鴻桷	鄒宸笙			3
	特等	胡友芸	馬遂良	吳善達			3
合計		105					
出處		《申報影印本》1883 年 4 月 23 日《寧郡辨志文會八年十一月分課案》，第 22 冊，第 559 頁下欄					

表 4-51　辨志文會光緒九年（1883）三月份課題

類別	課題
漢學	①連山、歸藏《周易》名義
	②《湯誓·序說》
	③左邱明作《春秋傳》論
宋學	①釋恕
	②"易知簡能"說
	③述荀揚王韓學術
史學	①兩晉兵制考
	②房謀杜斷論
	③京師萬柳堂祀鄭康成記
天文兼算學	①圓徑自乘，又以半徑乘之，又四因之，又以十一乘之，以十四除之，又以三除之，見積數，其理若何？
	②土星日行二分，木星日行五分，火星日行三十一分，設木在土後四十五分，火在土後七度十五分，問三星何日同度？
	③今歲三月十六日戌初，月食不及一分，若推以舊法，所差幾何？
輿地	①濡澳辨
	②《禹貢》漆沮與《周頌》漆沮是一是二考
	③問：江沱之沱與池沼之池，《說文》大徐注謂止一字，其說若何？
詞章	①《文昌明賦》（以文昌星明、文運將興為韻）
	②恭擬《皇太后五旬聖壽頌謹序》
	③《杖錫山漢隸歌》
出處	《申報影印本》1883 年 4 月 23 日《寧郡辨志文會三月分課題》，第 22 冊，第 559 頁下欄

表 4-52　辨志文會光緒九年（1883）三月份課案

類別	等級	獲獎者姓名					小計
漢學	超等	張鴻桷	汪開祉	葉時昇	許克勤	朱逢甲	10
		俞鴻杰	范彭壽	翁其泰	錢潤道	鄭　鈺	
	特等	孫傳鳳	葛士濬	秦贊堯	楊魯曾	毛[1]震	10
		姜　麟	陶景韓	林鍾崙	張鴻逵	王亨彥	

（续表）

類別	等級	獲獎者姓名					小計
宋學	超等	葛 樾	俞鴻杰	秦贊堯	黃家橋	陳忠翰	10
		何忠鎬	黃炳煥	周保珪	姚文枏	王亨兆	
	特等	林鍾崟	■■美	沈重光	■道紿	范 麟	10
		黃家燕	鄭鍾祥	王亨彥	謝輔煥	張鴻梱	
史學	超等	盛葆廉	畢蔭■	秦在鎔	秦贊堯	毛 震	10
		鄒宸笙	王賑玉	王祖賡	李翼鯤	馮清藩	
	特等	秦 錞	周以成	范彭壽	范介福	張善韓	10
		沈家駿	周 恩	樓鳳崗	林植梅	江翼鼎	
算學	超等	俞鴻傑	趙鴻模	朱受謙	范猷銘	陳光榮	10
		盧雲鵬	李高業	毛 震	車得路	葉春暉	
	特等	李樹勳	王 瑩	董佑堂	林植梅	沈春元	10
		王恭壽	周辛年	何宗鎬	王珮璐	方丙南	
輿地	超等	許克勤	俞鴻杰	錢宗邁	楊魯曾	范文榮	10
		阮兆元	朱逢甲	戴 羲	陳鶴齡	何宗鎬	
	特等	趙榮顯	范品遵	孫貽穀	張鴻梱	王 慈	10
		董鶚年	張丙照	秦在鎔	凌師皋	葉時昇	
詞章	超等	張美翊	孫續熙	鄒宸笙	周保珪	秦贊堯	10
		李翼鯤	夏統鯁	馬彬瑞	蕭廷燨	周守埭	
	特等	盧 鑒	陸祖芳	周以成	蕭章煥	裘升權	10
		梅 脩	范介福	應安麟	李文梓	張世昌	
合計		120					
出處		《申報影印本》1883 年 9 月 20 日《寧郡辨志文會三月分課案》,第 23 册,第 490 頁上欄					

【校箋】

[1] 毛：原本作模糊不清,茲據前後文推斷。

表 4-53　辨志文會光緒九年(1883)四月份課案

類別	等級	獲獎者姓名					小計
漢學	超等	秦在鎔	俞鴻杰	張鴻梱	楊魯曾	朱逢甲	10
		董鶚年	徐克勤	葉時昇	鄭 鈺	孫傳鳳	
	特等	范 麟	張丙照	翁其泰	王亨兆	王亨彥	10
		何宗鎬	胡玉庚	向樹森	章道洽	夏賓賢	

（续表）

類別	等級	獲獎者姓名					小計
宋學	超等	葉秉鈞	張鴻栯	毛宗鋆	章道洽	黃家橋	10
		鄭鍾祥	范　麟	沈重光	徐隆燨	李翼鯤	
	特等	李廷鴻	王雅三	王紹經	黃學憲	王亨兆	10
		秦贊堯	周保珪	葛士濬	許克勤	黃家燕	
史學	超等	范文榮	胡昌年	馮啓源	周以成	楊魯曾	10
		陶景朱	盛葆廉	沈家駿	范彭壽	鄒宸笙	
	特等	秦在鎔	胡念袞	馮清藩	秦贊堯	王祖廣	10
		盧光堃	張善煒	毛　震	朱鎔經	蔣邢茅	
算學	超等	王　瀛	俞鴻杰	朱受謙	董佑堂	王珮璐	10
		朱煥章	毛　震	盧雲鵬	李樹勳	陳光榮	
	特等	王恭謨	周　辛	王　斌	方丙南	朱　紱	10
		馬瑞書	李高業	周光祖	何宗鎬	趙鴻逵	
輿地	超等	陸廷諤	章紹洙	孫貽穀	毛　震	翁其泰	10
		葉時昇	陳鶴齡	朱逢甲	凌師皋	盧雲鵬	
	特等	戴　羲	葛士濬	許克勤	張鴻栯	盧光堃	10
		李象緒	童景運	董　灼	陶景弼	王亨兆	
詞章	超等	姚文枏	鄒宸笙	朱逢甲	李翼鯤	梁安周	6
		王鳳儀					
	特等	董　灼	秦贊堯	張鴻栯	厲振鑣	盧　鋆	9
		姜熊占	陸鑄賢	周以成	陳貞賢		
合計		115					
出處		《申報影印本》1883 年 10 月 2 日《寧郡辨志文會四月分課案》，第 23 冊，第 561 頁下欄－562 頁上欄					

表 4-54　辨志文會光緒九年(1883)五月份課題

類別	名稱
漢學	①我舊云刻子解
	②時有養白解
	③釋豔
宋學	①為已為人辨
	②"大易不言有無"說
	③問：程伯子云："學只要鞭辟近裡，著己而已，啟切問而近思，則仁在其中矣。"叔子云："近思以類而推。"兩夫子所謂"近思"，其義似不同，何也？

（续表）

類別	名稱
史學兼掌故	①婚姻者不當使之為政論（見《後漢書·仲長統傳》）
	②吏治視上之趨向論（見《困學紀聞》十五）
	③擬刻《張忠烈〈奇零草〉序》
天文兼算學	①四餘擬刪紫氣說
	②問:《春秋經傳》書"五■日食者三次,曆家編入食限者二次,能推其■朔交周否?"
	③今有一數,不言幾何,但云以三乘之再加三十,又以四乘之再加四十,又以五乘之再加五十,又以六乘之再加六十,共得十三千八百,問原數幾何?
輿地	①鮚埼解
	②釋合肥縣名義
	③問《漢書》張安世封富平侯,富平當今何地?
詞章	①淮南王聘明《易》者九人為九師易賦(以沛易復、明於九師為韻)
	②擬酈善長《〈水經注〉序》
	③擬杜少陵《古柏行》(用原韻)
出處	《申報影印本》1883年6月9日《寧郡辨志文會五月分課題》,第22冊,第835頁下欄

表 4-55　辨志文會光緒九年(1883)五月份課案

類別	等級	獲獎者姓名					小計
漢學	超等	范　麟	葉時昇	何煥章	張鴻鼇	秦賛美	10
		翁其泰	楊魯曾	朱逢甲	汪開祉	張鴻桷	
	特等	俞鴻杰	何宗鎬	王亨彥	胡玉庚	許克勤	10
		王延鼎	朱受謙	范彭壽	盧光塋	陶有銘	
宋學	超等	劉孝思	葉秉鈞	秦惠楙	張錫恭	毛宗鋬	10
		黃家橋	張鴻桷	沈重光	李延鴻	李翼鯤	
	特等	秦賛堯	章道洽	王紹質	周保珪	王　傑	10
		王亨彥	葉念經	鄭鍾祥	范　麟	黃家燕	
史學	超等	楊敏曾	毛宗鋬	屠承恩	胡昌年	鄒宸笙	10
		王祖賡	范彭壽	周以成	馮清藩	俞鴻槎	
	特等	周寶珪	胡俞袞	張善煒	姚文柟	李翼鯤	10
		沈家駿	范介福	張翼鼎	王亨彥	王振玉	

（续表）

類別	等級	獲獎者姓名					小計
算學	超等	俞鴻傑	趙鴻模	盧雲鵬	王恭壽	陳光榮	10
		周 辛	何宗鎬	朱受謙	王珮璐	王恭謨	
	特等	毛 震	李高業	烏 斌	烏瑞書	黃 岱	10
		周光祖	王 瑩	蕭良壎	沈春元	王存中	
興地	超等	俞鴻杰	葉時昇	范文榮	楊魯曾	王仁鏡	10
		孫傳鳳	范品蓮	戴 羲	陳鶴齡	張鴻楠	
	特等	翁其泰	王 慈	汪開祉	葛士濬	朱逢甲	10
		盧光堃	秦在鎔	王 ■	王兼三	吳善逴	
詞章	超等	鄒宸笙	尹熙棟	蔣綏之	秦惪楜	張鴻楠	10
		蕭章煥	周以成	李鳳翔	王秉宣	陸祖芳	
	特等	李冀■	盧 鑒	胡有芸	王仰曾	陳隆燕	6
		管年祥					
合計		116					
出處		《申報影印本》1884 年 1 月 22 日《寧郡辨志文會五月分課案》,第 24 冊,第 127 頁下欄－128 頁上欄					

表 4-56　辨志文會光緒九年(1883)七月份課題

類別	名稱
漢學	①告之詁言解
	②視離經辨志[1]解
	③《漢學商兌》書後
宋學	①問:《后夔·典樂》四語與《皋陶》所言九德,意旨如何?
	②"有物有則"說
	③《論語孟子集注考證》書後
史學	①讀《趙中令傳》
	②《周程張邵朱六先生像贊》(有序)
	③博學宏詞科緣起
天文兼算學	①問:最熱最寒之年,百年中各九次,與日面黑斑極少極多時相應,能闡其理數否?
	②問:舊法以白道升度差為食甚距弧,今法以兩經斜距求食甚,能言具疏密之理否?
	③有地一區,不言畝數,亦不言買價,但云每地四畝每年租息十六兩,六年後適得本銀;若每地六畝每年租息三十兩,七年後於本銀外,得利銀一千七百六十兩,問畝數及地價各幾何?

（续表）

類別	名稱
輿地	①問:《周禮·小司徒》鄭注謂"方十里爲一成,三十六井治洫;方百里爲一同,二千三百四井治洫"。兩數合否?
	②問:《漢書·地理志》泰山郡有式縣,後漢分泰山置濟北國,而《郡國志》泰山無式縣,濟北有成縣,豈後漢改式爲成歟?抑成、式形近而誤歟?
	③問:艾儒略《職方外紀》謂如德亞之西有達馬斯谷國,土人制一藥,名的里亞加,而《大觀證類本草》第十六卷引《唐本草》,云底野迦出西戎,卽此物否?
詞章	①陸放翁《夢爲蓮花詩博士賦》(以蓮爲花中之君子爲韻)
	②擬[2]牛宏《請開獻書表》
	③漢石經、魏石經、唐石經、蜀石經(七律,限經字韻)
出處	《申報影印本》1883年8月9日《寧郡辨志文會七月分課題》,第23冊,第235頁下欄

【校箋】

[1] 志:《申報影印本》1883年8月13日《補注》云:"前報登辨志文會七月分題內,其漢學第二條離經辨志之'志'字漏去。用特聲明。"茲據補。

[2] 擬:原本誤作"儗",茲逕改。

表4-57 辨志文會光緒九年(1883)八月份課題

類別	名稱
漢學	①虞夏殷五官六官辨
	②《禮》鄭注、《公羊傳》何注"且"字說
	③釋圭繅
宋學	①《論語·誰能出不由戶章》講義
	②顏子所樂何事說
	③問:《中庸》言喜怒哀樂,《禮運》又以喜怒哀懼愛惡欲七者言之,其目不同,何也?
史學兼掌故	①問精舍、書院異同
	②王叔文、王伾論
	③"湯文正毀淫祠"說

（续表）

類別	名稱
天文兼算學	①莊公十八年夜食辨
	②木星四月■地經度說
	③甲乙兩壇，乙壇每邊為甲壇每邊三分之一，兩壇共邊數為兩壇共面積五十分之一，問壇邊面積各幾步？
興地	①達巷考
	②問：秦文恭《五禮通考》，其體國經野一門與全書體例未合，宜備以改正之，盍各抒所見
	③問：馬宛斯《繹史》、李鈇君《尚史》皆無《地理志》，宜何以補之？試約言其條例
詞章	①越使諸發執一枝梅遺梁王賦（以梁王聞之、披衣出見為韻）
	②擬庾子慎《書品序》
	③《揚紹買地券歌》
出處	《申報影印本》1883 年 9 月 6 日《寧郡辨志文會八月分課題》，第 23 冊，第 406 頁上欄

表 4-58　辨志文會光緒九年（1883）九月份課題

類別	名稱
漢學	①有孚失是解
	②允猶翕河解
	③問：古設官分職，其位尚左與？抑尚右與？仲虺為湯左相，於傳有之，伊尹為右相，其言果足徵與？漢右丞相位在左丞相上，其制果有合於古與？
宋學	①聖人以此洗心退藏於密解
	②董子度越諸子說
	③問：張子《西銘》與墨子《兼愛》何以異
史學兼掌故	①《孟荀列傳》書後
	②《漢藝文志》為著述之門戶說
	③宗學考
天文兼算學	①問：周正建子，而《春秋分紀》謂隱、桓之正皆建丑。能推其確據否？
	②宋紹興時，王及甫上《天經》二十冊，識者稱其論撰詳悉，而正、續《疇人傳》不載其人，可擬一傳補之否？
	③斜弧三角用總較，有余弦代正矢、正弦代余弦之法，能闡其理數否？

（续表）

類別	名稱
輿地	①神農大九州攷
	②扁鵲所飲上池攷
	③問:《爾雅》空桐與《黃帝·問道》之崆峒是否一處?
詞章	①杜子春年九十能通《周禮》讀賦(以能通其讀、顏■其說為韻)
	②明州藏書目攷
	③擬洪筠軒《論經》(七絕十三首)
出處	《申報影印本》1883 年 10 月 8 日《寧郡辨志文會九月分課題》,第 23 冊,第 597 頁下欄

表 4-59　辨志文會光緒九年(1883)十月份課題

類別	名稱
漢學	①《尚書》百姓說
	②春秋讖二名說
	③名號諡異同辨
宋學	①剛說
	②聖而不可知之之謂神說
	③讀唐說齋《釋老論》書後
史學兼掌故	①擬《晉書·載記序》
	②王猛、張賓論
	③論越南疆域分合
天文兼算學	①問:《春秋》文公元年本無閏月,而閏三月為《左氏傳》之誤,試以干支晦朔及交限推之
	②今歲十月朔日食,浙江僅見復圓,問三限全見者何地?
	③勾弦求股,勾股求弦,俱有弦切割線代之之法,能闡其理數否?
輿地	①土圭測土深攷
	②跋《乾道臨安志》
	③問:孔子稱禹盡力溝洫,而孟子以為行其所無事,兩說若何?

（续表）

類別	名稱
詞章	①日省時考歲誘賢賦（以賢者親、不肖者懼為韻）
	②擬郭景純《山海經序》
	③阮太傅春日安陸道中題《楚山清曉畫卷》詩（用原韻）
出處	《申報影印本》1883 年 11 月 4 日《寧郡辨志文會十月分課題》，第 23 冊，第 759 頁下欄

表 4-60　辨志文會光緒九年（1883）十一月份課題

類別	名稱
漢學	①罔不惟民之承保後胥感，鮮以不浮于天時解
	②《夏小正》十一月、十二月兩言隕麋角說
	③問：古屋五架，其堂室脩廣之數若何？
宋學	①原學
	②博文約禮說
	③天理人欲同行異情說
史學	①唐以諫議大夫兼起居注說
	②論觀軍容使
	③《大清通禮》跋
天文兼算學	①問：魯襄公二十七年十一月乙亥朔，日食。以曆[1]法推之，實系戌月入交限，《左氏傳》謂"辰在申，再失閏"，杜《長曆[2]》為疊置兩閏，其故何歟？
	②問：劉宋元嘉十三年十一月甲戌，景長。曆[3]家以《大衍》至《授時》各法推之，皆得"癸酉"。試求諸時憲定冬至何日何時？
	③大小兩正方面積共八百三十二尺，大小兩正方邊共四十尺，問兩正方邊及面積各幾何？
輿地	①氾氾辨
	②釋井字本義
	③問：井冽寒泉之"冽"與冽彼下泉之"冽"，字義同否？
詞章	①《五穀豐而民眉壽賦》（以題為韻）
	②儗[4]張睢陽《字詁判》
	③墨蘭墨竹墨菊墨梅（七律）

（续表）

類別	名稱
出處	《申報影印本》1883 年 12 月 6 日《寧郡辨志文會十一月分課題》,第 23 冊,951 頁下欄

【校箋】

[1][2][3] 曆:原作"歷",顯誤,茲逕改。

[4] 儗:理當改作"擬"。

表 4-61　辨志文會光緒九年(1883)十一月份課案

類別	等級	獲獎者姓名					小計
漢學	超等	黃維瀚	畢光祖	孫錦江	于　豈	王　瑤	10
		許克勤	俞鴻杰	范　麟	朱逢甲	蕭　鑾	
	特等	汪開祉	王詒經	金承熙	盛鍾璆	許純震	10
		葉時昇	陶錫保	陶景弼	陳　疇	秦在鎔	
宋學	超等	黃家橋	葉秉鈞	何　林	黃維瀚	孫錦江	10
		朱逢甲	洪曰洵[1]	翁其泰	黃　灝	唐文治	
	特等	陸寶英	葉秉衡	黃家桐	毛　震	喻鯨華	10
		許克勤	王詒經	鄭鍾祥	汪賛鈁	謝克桐	
史學	超等	楊敏曾	汪賛鈁	毛　震	朱逢甲	周祥年	10
		俞鴻槎	王祖廣	周以成	葛士濬	張樹黃	
	特等	范彭壽	屠承恩	秦賛堯	鄒宸笙	周保珪	10
		秦在鎔	姚文枏	周維新	林埴梅	許克勤	
算學	超等	沈春元	杜鏡清	沈家駿	趙鴻模	俞鴻傑	10
		朱受謙	翁其泰	葉春暉	陳世昌	周　岐	
	特等	李樹勳	王　瀛	方丙南	曾桂芳	李高業	10
		盧雲鵬	顧　蘭	項　鍾	王佩璐	李炳南	
興地	超等	許克勤	江　青	王亨兆	王　瑤	戴　羲	10
		顧　蘭	陶承侃	畢光祖	任宗昉	鄭道升	
	特等	陶景文	汪開祉	姚文枏	顧德焜	王仁■	10
		周保珪	秦在鎔	趙榮顯	朱逢甲	蕭　鑾	
詞章	超等	鄒宸笙	郁　彬	夏啓瑾	王熊占	夏　燊	7
		李鼎頤	朱逢甲				
	特等	王以祥	吳善逵	孫康祺			3
合計		110					
出處		《申報影印本》1884 年 4 月 26 日《寧郡辨志文會九年十一月分課案》,第 24 冊,第 645 頁下欄－646 頁上欄					

【校箋】

［1］洪日洵：原本誤作"洪日洵"，茲逕改。

表 4-62　辨志文會光緒十年（1884）三月份課題

類別	名稱
漢學	①"視履考祥，其旋元吉"解
	②《詩》王風說
	③釋佩玉
宋學	①性反解
	②致曲說
	③聖人本天、釋氏本心說
史學兼掌故	①問：《五代史·一行傳》有當補之人否
	②周世宗詔毀天下銅佛像以鑄錢論
	③漁團策
天文兼算學	①問：今歲三月十五庚寅望月食，與乾隆乙未十二月戊午望月食相應，能推其理數否？
	②今歲春末夏初爲太白晝見之限，北極出地三十度處見於地面何方？ 能推其辜較否？
	③海中遠近二山，不知里數，於塘上橫量九百丈，兩端平置儀器測之。右儀測遠山成直角，近山八十度；左儀測遠山八十八度，近山一百零八度半。問兩山相距及距測處幾何？
輿地	①小穀攷
	②潮汐論
	③《三輔黃圖》跋
詞章	①學之染人甚於丹青賦（以未見久學而渝者也為韻）
	②擬沈休文《修竹彈甘蕉文》
	③龍潭、漁溪、鰻井、蟹浦（七律四首，不限韻）[1]
出處	《申報影印本》1884 年 4 月 5 日《寧郡辨志文會三月分課題》，第 24 冊，第 521 頁下欄

【校箋】

［1］七律四首，不限韻：原本位於"擬沈休文《修竹彈甘蕉文》"後，茲據文意位移於此。

表 4-63 辨志文會光緒十年(1884)三月份課案

類別	等級	獲獎者姓名					小計
漢學	超等	陸鑄賢	于峏	朱逢甲	喻鯨華	范麟	10
		黃炳煥	王瑤	孫灝	孫錦江	項戴瀛	
	特等	許克勤	胡玉庚	夏嗣榮	吳壽萱	陸以增	10
		沈祥龍	竺襄祥	秦在鎔	黃祖琹	鄭道升	
宋學	超等	葉秉鈞	黃家橋	葉秉衡	黃灝	張錫恭	10
		孫廷翰	王紹賢	朱逢甲	朱燧	李志莘	
	特等	范麟	鄭鍾祥	孫康祺	王享兆	沈重光	10
		毛震	戴義	林鍾侖	朱佩衡	范介福	
史學	超等	屠承恩	秦在鎔	汪贊紛	朱逢甲	虞象耕	10
		胡昌年	周以成	應祖文	鄒宸笙	俞鴻槎	
	特等	張尚純	王祖廎	于峏	方樹琹	葉其蓁	8
		陶景朱	吳子廉	秦錫田			
算學	超等	朱受謙	葉■勳	葉春暉	李高業	陳世昌	10
		周岐	董仰山	王珮璐	王瑩	蕭良勳	
	特等	范猷銘	劉光埔	盧雲鵬	方丙南	周辛	8
		劉鳳祥	王■	董佑堂	沈春元	王灝	
輿地	超等	朱逢甲	孫貽穀	于峏	江青	許克勤	10
		沈春元	鄭道升	秦在鎔	李鼎頤	林聲鏞	
	特等	趙榮顯	戴義	戴成	汪紛贊	許純震	10
		虞象耕	吳壽萱	周保珪	竺麐祥	李志莘	
詞章	超等	姜熊占	鄒宸笙	徐宗溥	陳鏘塈	秦贊堯	10
		蔡清祺	陶卓	秦錫田	徐袞	李鼎頤	
	特等	黃鼎	秦在鎔	盧國鵬	陸鑄吳	李慶恒	10
		羅鎣	尹熙棟	林舜輔	李翼態	張毓麟	
合計		116					
出處		《申報影印本》1884 年 12 月 5 日《寧郡辨志文會三月分課案》,第 25 冊,第 897 頁下欄					

表 4-64 辨志文會光緒十年(1884)五月份課題

類別	名稱
漢學	①《周禮》鄭注引漢制度考證
	②讀《白虎通義》疏證
	③讀《五經異義》疏證

（续表）

類別	名稱
宋學	①素位說
	②集義說
	③論龍溪、近溪學術
史學兼掌故	①軍賞不踰月說
	②唐開元敕升老莊居列傳首說
	③讀林文忠《政書》書後
天文兼算學	①地行八周金星行十三周解
	②有地在眾□中，欲測其高遠，不得退步亦不可橫量，宜用何法測之？
	③股弦和絃和較相■，與勾乘弦較和等積，因以股弦和為長闊和，試言其理
輿地[1]	①圍水圜水辨
	②丹陽丹楊辨
	③問：《莊子》■生■孔子■於呂梁，當今何地？
詞章	①蔡■■入鴻都觀碣賦（以十旬不反、歎其出群為韻）
	②嶧山碑跋
	③擬郭景純《游仙詩》（不拘首）
出處	《申報影印本》1884 年 5 月 29 日《寧郡辨志文會五月分課題》，第 24 冊，第 843 頁下欄

【校箋】

　　[1] 輿地：原本倒作"地輿"，茲逕改。

表 4-65　辨志文會光緒十年（1884）五月份課案

類別	等級	獲獎者姓名					小計
漢學	超等	葛　樾　俞鴻杰　范　麟　許克勤　何宗鎬　胡玉庚　張鴻桷					7
	特等	汪開禧　汪開祉					2
宋學	超等	葉秉鈞　劉孝思　張樹黃　黃維瀚　葉秉衡　葛　樾　黃家橋　黃　瀬　何宗鎬　范　麟					10
	特等	孫錦江　張鴻桷　唐文治　陸鑄賢　陳　疇　鄭鍾祥　吳蘊華　王亨彥　姚文梖　李翼鯤					10

（续表）

類別	等級	獲獎者姓名					小計
史學	超等	張樹黃	汪贊紛	張人龍	楊敏曾	盛 ■	10
		張鴻桷	徐乃枛	鄒宸笙	朱逢甲	翁 鑒	
	特等	于 甽	俞鴻杰	周以成	吳蘊華	秦錫田	10
		楊魯曾	秦在鎔	屠承恩	王祖廥	虞象耕	
算學	超等	杜鏡清	翁 灝	沈春元	王建勛	方丙南	10
		顧 蘭	王珮璐	王立詒	李炳章	董佑堂	
	特等	邵仁榕	王 瀛	何宗鏑	朱受謙	李樹勳	10
		姜紹衣	盧雲鵬	俞鴻杰	趙鴻模	王仁熙	
興地	超等	汪贊紛	王 瑤	陳鶴年	虞象耕	汪開祉	10
		朱逢甲	蘇 翰	楊魯曾	冀銳之	俞斯玨	
	特等	江若梁	張鴻桷	何宗鏑	黃維瀚	許克勤	10
		陶承侃	鄭繼僑	陶景弼	秦在鎔	項戴瀛	
詞章	超等	楊敏曾	鄒宸笙	蔣耀琮	李景沆	蔡福鈞	10
		張毓麟	葉振鐸	姜寶善	楊炳章	黃雲鼎	
	特等	陳希瑾	袁彭年	李鳳祥	竺麐祥	董錫康	10
		盛鍾琳	朱 鎔	陳壽祺	陳鏘塎	方慶衍	
合計		109					
出處		《申報影印本》1884 年 12 月 12 日《寧郡辨志文會五月分課案》,第 25 冊,第 938 頁上欄					

表 4-66 辨志文會光緒十年(1884)閏五月課題

類別	名稱
漢學	①繻有衣袽解
	②蒙彼縐絺解
	③深衣考
宋學	①君子以同而異解
	②成德達財說
	③靜中有知覺說
史學兼掌故	①戰國四君封號考
	②五經博士各有家法論
	③論于清端治行得力所在

（续表）

類別	名稱
天文兼算學	①古曆以平氣置閏、今曆以定氣置閏論
	②問：鑿壁偷光，穴徑一寸，偷光二寸，書去壁一尺五寸，燈去書幾何？
	③以纜繫舟，與風水兩能力相對，纜為併力，風與水方向相交成直角為分力，一力九十六斤，□力四十斤，求併力及大小方向各幾何？
輿地	①昆明池攷
	②富良江源流攷
	③《水經注・漸江水篇》錯簡攷
詞章	①吞若雲夢者八九賦（以題字為韻）
	②儗[1]唐李渤《南溪詩序》
	③繭扇茨糕（五古不限韻）
出處	《申報影印本》1884 年 6 月 26 日《寧郡辨志文會閏五月分課題》，第 24 冊，第 1011 頁下欄

【校箋】

[1] 儗：理當改作"擬"。

表 4-67　辨志文會光緒十年（1884）閏五月課案

類別	等級	獲獎者姓名					小計
漢學	超等	俞鴻杰	樂行遵	王　瑤	汪開祉	楊　亘	10
		張鴻楠	趙履福	方　騤	黃維瀚	秦在鎔	
	特等	許克勤	翁其泰	許純震	馮誠中	葉秉鈞	10
		韓柳文	楊魯曾	范　麟	孫錦江	何宗鎬	
宋學	超等	黃家岱	葉秉鈞	劉孝思	葉秉衡	俞鴻杰	10
		唐文治	黃維瀚	葉元緒	趙履福	范　麟	
	特等	黃建勳	何宗鎬	鄭鍾祥	黃家橋	張鴻楠	10
		黃　棻	張樹寊	孫錦江	范彭壽	張鴻模	
史學	超等	于　邕	汪開祉	楊敏曾	黃維瀚	鄒宸笙	10
		張樹寊	朱逢甲	周保珪	楊魯曾	汪替鈖	
	特等	張鴻楠	盛鍾鏐	陶之觀	秦在鎔	周以成	10
		任宗昉	屠承恩	盛葆廉	范彭壽	毛　震	
算學	超等	王珮璐	王建勳	黃　灝	朱受謙	杜鏡清	10
		柯　琳	沈春元	李樹勳	俞鴻杰	趙鴻模	
	特等	林植海	陳世昌	周　歧	何宗鎬	王恭壽	10
		朱煥章	車得路	姜紹衣	李炳暈	王存中	

（续表）

類別	等級	獲獎者姓名					小計
輿地	超等	汪替紛 汪開祉	盛葆廉 陳翰芳	翁其泰 陳 疇	江 青 戴 義	項戴瀛 葉時昇	10
	特等	趙 庚 黃家鶯	許克勤 俞振鏞	吳廷採 俞鴻槎	潘崇福 秦在鎔	張鴻桷 陳康瑞	10
詞章	超等	李翼鯤 鄒宸笙	楊引傳 朱逢甲	陳鼎勳 李鼎頤	陸鑄賢 趙詒穀	李景沆 包 堂	10
	特等	姜熊占 李鳳翔	陳壽祺 金庭蕁	董錫康 陳隆燕	張鴻桷 夏 燊	石鴻壽 許玉庭	10
合計		120					
出處		《申報影印本》1884年12月17日《寧郡辨志文會閏五月分課案》，第25冊，第965頁下欄					

表 4-68 辨志文會光緒十年(1884)七月份課題

類別	名稱
漢學	①歸奇于仍以象閏解
	②九簭考
	③管夷吾平戎于王論
宋學	①修辭立其誠說
	②民受天地之中以生解
	③子路為百世之師說
史學	①執金吾考
	②朱子《垂拱奏摺》以和為下策說
	③舟山海防策
天文兼算學	①數學裨於軍國論
	②問：敵營在我軍夘方，我軍在山上，北極高三十度，山高一百十丈，距敵營火藥局一里半，擬於山頂用大火鏡映日聚光，藝其火藥，宜何日何時？
	③有松在山頂，不知高遠。於山前測得山頂三十度，松頂三十四度廿分；退後四十丈，地高如前，測得山頂廿五度，松頂廿九度。問：松高、山遠幾何？
輿地	①流沙考
	②讀《海國圖志》書後
	③《江南北五里開方輿圖》跋

（续表）

類別	名稱
詞章	①窮巷白屋所先見者四十九人賦（以周公求賢如不及為韻）
	②儗[1]蕭穎士《為李北海進芝草表》
	③洮山訪漢大吉碑歌（七古）
出處	《申報影印本》1884 年 8 月 28 日《寧郡辨志文會七月分課題》，第 25 冊，第 350 頁上欄

【校箋】

[1] 儗：理當改作"擬"。

表 4-69　辨志文會光緒十年（1884）七月份課案

類別	等級	獲獎者姓名					小計
漢學	超等	曾桂芳	許克勤	汪開祉	張鴻梅	王亨彥	6
		唐文治					
	特等	吳壽宣	王亨兆	陶承澍	梁安周	金承熙	6
		秦在鎔					
宋學	超等	唐文治	葉秉鈞	劉孝思	葉元繼	張鴻梅	10
		楊引傳	黃家橋	陸鑄賢	毛　震	袁昌喬	
	特等	許克勤	周保珏	林鍾俞	王亨彥	謝輔熿	10
		黃家佑	王亨兆	童志善	袁瑞傳	魯聲東	
史學	超等	王亨兆	朱逢甲	汪贊紛	葛士濬	鄒宸笙	10
		李景沆	周以成	范彭壽	屠承恩	毛　震	
	特等	汪開祉	張善煒	鍾允達	范介福	周保珏	10
		陶景朱	江翼鼎	彭　樞	周邦幹	張尚純	
算學	超等	沈寶銖	曹　辛	陳世昌	何宗鎬	朱受謙	8
		周　岐	沈春元	邵仁榕			
	特等	葉春暉	李樹勳	王　瀛	烏瑞書	董佑堂	8
		方丙南	王仁熙	李炳章			
興地	超等	陳受田	朱逢甲	蔣載英	黃丙壽	陶承澍	6
		汪開祉					
	特等	鄭繼僑	李鼎頤	葉秉鈞	章桂馨	陳步梯	6
		鄭鍾祥					
詞章	超等	李鼎頤	李景沆	朱逢甲	鄒宸笙	李鳳翔	6
		姜寶書					
	特等	董錫康	王以祥	于　邠	方煥光		4

（续表）

類別	等級	獲獎者姓名	小計
合計		90	
出處		《申報影印本》1885 年 2 月 27 日《寧郡辨志文會十年七八兩月分課案》，第 26 冊，第 291 頁下欄	

表 4-70　辨志文會光緒十年（1884）八月份課題

類別	名稱
漢學	①五兵考
	②五戎考
	③魏舒《五陳》考
宋學	①讀《木鐘集》
	②讀《腳氣集》
	③讀《禮經會元》
史學兼掌故	①李斯學帝王之術論
	②臨陣不自標異說
	③問：趙雲崧有懸賞購賊議，其說如何？
天文兼算學	①今歲八月，金木二星會於柳宿度，與恒星有凌犯否？
	②問：王畿千里，方百里者九國，七十里者二十一國，五十里者六十三國，餘得間田若干？
	③有繩八根，各長十丈，截爲上中下三號，每號根數與每根尺數等併，中下二號亦與上號等只，云中號短於上號四尺，問中、下二號各幾根？
輿地之學	①臺灣防守策
	②長門形勝考
	③蛟川塞口議
詞章	①蔚若相如賦（以題為韻）
	②《開元占經》書後
	③擬揚萬里《觀太平寺畫水長句》
出處	《申報影印本》1884 年 10 月 4 日《寧郡辨志文會八月分課題》，第 25 冊，第 555 頁下欄

表 4-71　辨志文會光緒十年(1884)八月份課案

類別	等級	獲獎者姓名					小計
漢學	超等	吳廷採 黃維瀚	歐仁衡 金承熙	徐敦睦 張鴻楜	胡玉庚	許克勤	8
	特等	汪開祉	徐乃枬	胡錫璋	姜毓麟	王享兆	5
宋學	超等	黃維瀚 朱逢甲	葉秉鈞 李鼎頤	葉秉衡 鄭鍾祥	張鴻楜 毛 震	劉孝思 方國華	10
	特等	黃家橋 吳善逑	沈重光 汪開禧	王亨兆 陶錫保	金承熙 袁昌喬	范介福 胡友芸	10
史學	超等	汪開祉 周以成	楊敏曾 范彭壽	屠承恩 張鴻楜	范遇奇 陶雲觀	黃維瀚 鄒宸笙	10
	特等	徐武仲 秦惠楙	張善燁 朱鎔經	林植梅 杜史祺	周保珪 葉秉鈞	汪贊紛 毛 震	10
算學	超等	沈春元 袁紹初	杜鏡清 何宗鏑	陳光榮 李樹勳	盧雲鵬 程萬里	沈寶銖 邵仁榕	10
	特等	陳嘉乃 朱受謙	徐詳廬 王 瀛	周 辛 葉春暉	周永康 姜紹衣	王存中 方丙南	10
輿地	超等	汪贊紛 葛其麐	范文榮 葛士濬	裘桂芳 徐麟瑞	徐秀挺 余葆光	姚文枏	9
	特等	范介福 范遇奇	王見機 卡 石	丁同方 胡友芸	林鍾湘	謝駿昌	8
詞章	超等	陳壽祺 朱逢甲	李景沅 張慶同	陳鍾華 李鼎頤	董錫康 金庭萼	張鵬年 鄒宸笙	10
	特等	陸祖芳	盧 鋆	李慶恒	馮引瑞	方煥光	5
合計		105					
出處		《申報影印本》1885 年 2 月 27 日《寧郡辨志文會十年七八兩月分課案》,第 26 冊,第 291 頁下欄					

表 4-72　辨志文會光緒十年(1884)九月份課題

類別	名稱
漢學	①臭陰息陽說
	②朝罷朝義
	③周穆王御右■■一作图圍音釋

（续表）

類別	名稱
宋學	①天德說
	②知止說
	③述李二曲學術
史學兼掌故	①卜式論
	②讀《張騫李廣利傳》
	③國朝乾隆以前綏馭四裔考略
天文兼算學	①問：日無比月食之理，《春秋》襄公時兩次頻食，說者謂史■，然漢高帝三年、文帝三年俱有頻食，能推其交限否？
	②今有塔不知高，塔西十八丈之地，有木高四丈，人立木西六丈，目距地六尺望木末與塔頂恰直，問塔高幾何？
	③有物不知廣遠，以徑四分、長二尺之管窺之，適滿；又以徑二寸、長一丈零二寸之管窺之，亦滿。問廣遠若干？
輿地之學	①設險守國論
	②趙充國願馳至金城圖上方略論
	③問：疏濬運河與興造鐵路兩策孰是？
詞章之學	①《傅介子斬樓蘭王賦》(以歸封介子為義陽侯為韻)
	② 跋《文心雕龍》
	③《電線電燈》(五排，不限韻)
出處	《申報影印本》1884 年 10 月 31 日《寧郡辨志文會九月分課題》，第 25 冊，第 699 頁下欄

表 4-73　辨志文會光緒十年(1884)九月份課案

類別	等級	獲獎者姓名	小計
漢學	超等	許克勤　吳廷採　金承熙　張鴻桷	4
	特等	汪開祉　施日明	2
宋學	超等	黃維瀚　葉秉鈞　劉孝思　葉秉衡　唐文治 王亨彥　葉元緖　朱逢甲　鄭鍾祥　毛 震	10
	特等	李鼎頤　張鴻桷　周保珪　謝輔熿　沈重光 王紹經　黃家橋　張宗録　秦惪棪　魯聲東	10

（续表）

類別	等級	獲獎者姓名					小計
史學	超等	汪贊紛	范文榮	汪開祉	楊敏曾	鄒宸笙	10
		黃維瀚	范彭壽	葉元緝	屠承恩	于 圀	
	特等	秦惠楸	王祖齡	陶景朱	秦在鎔	張鴻桷	10
		朱錦綬	范介福	毛 震	林植梅	周保珪	
算學	超等	陳光榮	盧雲鵬	杜鏡清	程萬里	朱受謙	10
		周 辛	王恭壽	李樹榮	周光祖	何宗鎬	
	特等	葉■芳	沈春元	董佑堂	曹 辛	王恭模	10
		方丙南	烏瑞書	王 瀛	王 塋	郎贊衮	
輿地	超等	范文榮	朱逢甲	周保珪	黃維瀚	楊魯曾	10
		虞象耕	汪贊紛	陳錫田	黃永清	張善煒	
	特等	戴 羲	秦惠楸	許克勤	陳忠瀚	葉秉鈞	10
		何宗鎬	王亨彥	朱鎔經	凌師皋	秦在鎔	
詞章	超等	盛鍾鏐	趙椿年	楊敏曾	李景沆	楊引傳	7
		陳壽祺	鄒宸笙				
	特等	葉鎔經	董錫康	林鍾湘	毛 震	張善煒	9
		楊魯曾	徐景祺	姚文枏	方煥光		
合計		102					
出處		《申報影印本》1885 年 3 月 3 日《寧郡辦志文會十年九十兩月分課案》，第 26 冊，第 311 頁下欄					

表 4-74　辦志文會光緒十年（1884）十月份課題

類別	課題
漢學	①圓神方智說
	②二百里任國解
	③覃及鬼方解
宋學	①復其見天地之心說
	②齊明說
	③性才辨
史學兼掌故	①黃叔度比顏子說
	②"吳越王錢俶納地請臣"論
	③問：《明史》體例有創前史所未有者，試言其詳

（续表）

類別	課題
天文兼算學	①日月星辰瑞曆說
	②新法曆書用《輪法考成後編》,改用橢圓法,能言其不同之致歟?
	③太陽眞時刻與鐘錶平時刻不同,何故?
輿地之學	①漢會稽三都尉分部攷
	②唐拂箖國當今何地攷
	③宋《開慶四明志》海島、烽燧二十六鋪,試詳考其所在
詞章之學	①戚繼光練兵賦(以實用者不美觀為韻,作古賦者不限韻)
	②明太祖取姑蘇論
	③擬陳其年《荷蘭國入貢歌》
出處	《申報影印本》1884 年 11 月 23 日《寧郡辨志文會十月分課題》,第 25 冊,第 829 頁下欄

表 4-75 辨志文會光緒十年(1884)十月份課案

類別	等級	獲獎者姓名					小計
漢學	超等	黃維瀚	柯琳	李景沆	管駿	張鴻桷	10
		項戴瀛	吳廷採	黃鶚	楊魯曾	胡玉庚	
	特等	王瑤	王亨彥	秦在鎔	胡玉縉	許克勤	10
		王亨兆	沈春元	陳疇	胡友芸	吳壽萱	
宋學	超等	葉秉鈞	劉孝思	黃維瀚	黃家橋	李炳章	10
		鄭鍾祥	毛震	袁清泰	孫康祺	張鴻桷	
	特等	陳疇	周邦翰	王雅三	胡玉縉	李志莘	10
		王亨彥	沈重光	王紹經	秦蕙林	沈春元	
史學	超等	楊敏曾	汪贊鈖	周祥年	王維秀	王維瀚	10
		陶景朱	屠承恩	朱逢甲	秦在鎔	范彭壽	
	特等	周以成	秦蕙林	翁其泰	楊魯曾	朱鎔經	10
		林植梅	毛震	馬辰琯	張善煒	胡友芸	
算學	超等	沈寶銖	黃方慶	陳述	沈春元	朱受謙	9
		何宗鎬	陳嘉乃	李樹勳	周啓芬		
	特等	沈乃昭	陳爾昌	李之新	董佑堂	王瀛	9
		方丙南	曾桂芳	陳際中	王仁熙		
輿地[1]	超等	楊魯曾	毛震	徐麐瑞	秦在鎔	范介福	7
		沈春元	張善煒				
	特等	李之新	吳廷採	王恭模	徐秀挺	吳善達	6
		陳崇■					

（续表）

類別	等級	獲獎者姓名	小計
詞章	超等	李景沆　鄒宸笙　毛　震　楊敏曾　朱鎔經　蔡清祺　陳壽祺　孫康祺	8
	特等	吳善逑　謝輔煥　李鼎頤　陳鳳藻　陳廷燦　季元善	6
合計		105	
出處		《申報影印本》1885 年 3 月 3 日《寧郡辨志文會十年九十兩月分課案》，第 26 冊，第 311 頁下欄	

【校箋】

　　[1] 輿地：原本倒作"地輿"，茲逕改。

表 4-76　辨志文會光緒十年（1884）十一月課題

類別	名稱
漢學	①釋元
	②轉注造字之本說
	③禽獸之鳴合古音說
宋學	①三月不違仁說
	②知言說
	③乾言聖人之學、坤言賢人之學說
史學兼掌故	①白香山不入朋黨論
	②讀韓昌黎《守戒》
	③營貪議
天文兼算學	①至元初年最卑與冬至月度解
	②外三星遲疾退留由於地行說
	③橫量一百四十丈為底緣，兩旁平置儀器，測遠得左儀八十六度，右儀八十九度，問：所測之遠幾何？
輿地	①盡東其畝解
	②李綱為河東北宣撫以援太原論
	③問：賈捐之議棄珠厓與曾銑議復河套，兩說若何？

（续表）

類別	名稱
詞章	①《太原郝子廉過姊飯留十五錢賦》（以留十五錢默置席下為韻）
	②擬梁簡文《謝東宮賜裘啓》
	③恭擬《皇太后五旬萬壽喜起舞樂章》（十章）
出處	《申報影印本》1884 年 12 月 22 日《寧郡辨志文會十一月分課題》，第 25 冊，第 994 頁上欄

表 4-77 辨志文會光緒十年(1884)十一月份課案

類別	等級	獲獎者姓名					小計
漢學	超等	陳卓人	秦在鎔	項登瀛	范　麟	汪開祉	10
		許克勤	竺麿祥	許文蔚	胡玉庚	吳玉衡	
	特等	吳壽萱	張鴻楠	胡友芸			3
宋學	超等	唐文治	葉秉鈞	葉元縉	劉孝思	葉秉衡	10
		沈重光	范　麟	范彭壽	鄭鍾祥	毛　震	
	特等	秦惠楸	張鴻楠	朱逢甲	陳瀚芳	黃家橋	10
		王亨彥	陸感清	王紹質	林炳燊	李志莘	
史學	超等	葛士濬	王祖賡	黃家岱	汪開祉	朱　煜	10
		范彭壽	陳志仁	楊敏曾	秦在鎔	張承緩	
	特等	朱逢甲	江翼鼎	張善煒	陶之觀	林植梅	8
		毛　震	朱鎔經	胡友芸			
算學	超等	方丙南	杜鏡清	王　瀛	沈　述	沈寶鍈	10
		袁紹初	余仰垕	王　瑩	朱受謙	沈金溎	
	特等	沈春元	葉春暉	范猷銘	蕭良壎	董仲高	10
		董仲山	周　莘	王恭謨	王仁熙	陳繼申	
輿地		另行榜示					
詞章	超等	李集成	楊引傅	姜熊占	張　鋈	鄒宸笙	8
		楊炳秀	周家鼎	陳希瓃			
	特等	華丙奎	陸鑄賢	陳鳳鏘	毛　震	秦在鎔	10
		蔣錫齡	葉振鐸	陶玉珂	李鼎頤	朱逢甲	
合計		89					
出處		《申報影印本》1885 年 4 月 6 日《寧郡辨志文會十年十一月分課案》，第 26 冊，第 491 頁下欄－492 頁上欄					

表 4-78　辨志文會光緒十一年(1885)二月份課題

類別	名稱
漢學	①答林碩十論七難述
	②公羊家三科九旨義
	③論秦文恭《五禮通考》各門得失
宋學	①為物不貳解
	②聞樂知德說
	③性即理也說
史學兼掌故	①明永樂間以韃靼降人居京說
	②明嘉靖間以少林僧兵禦倭說
	③萬氏《歷代史表》書後
天文兼算學	①問：今歲二月望月食，上應丁卯二月望，下應癸卯三月望，能推其理數否？
	②砲彈行拋物線，其定差、活差之理若何？
	③弦方倍之，兼有一勾股較方、一勾股和方，分之，得八勾股積及一較方積，試言其理
輿地	①錐洛辨
	②水底行舟說
	③跋《海國聞見錄》
詞章	①《突利可汗入朝賦》（以單于稽顙、庶幾雪恥為韻，古賦用古音者不限韻）
	②宋武帝邲月陣破魏兵論
	③擬《唐人破陣樂》
出處	《申報影印本》1885 年 4 月 2 日《寧郡辨志文會二月分課題》，第 26 冊，第 471 頁下欄

表 4-79　辨志文會光緒十一年(1885)二月份課案

類別	等級	獲獎者姓名					小計
漢學	超等	陶承澍	汪開祉				2
	特等	許克勤	胡玉縉	秦在鎔	金文杜		4
宋學	超等	葉秉鈞	劉孝思	黃維瀚	葉秉衡	沈春元	10
		范彭壽	葉慧業	毛　震	鄭鍾祥	管年祥	
	特等	周保珪	王建勛	張志詠	秦惎梫	楊引傳	10
		沈祥龍	孫康祺	鄭彬瑞	李志莘	童志善	

（续表）

類別	等級	獲獎者姓名					小計
史學	超等	鄒宸笙	范本禮	楊敏曾	葛士濬	屠承恩	10
		鍾允遠	張尚純	秦在鎔	范彭壽	許克勤	
	特等	秦惠林	俞振鏞	孫鏘	周敬惠	秦鏄	10
		毛震	周以成	周邦榦	汪開祉	林植梅	
算學	超等	陳光榮	方丙南	王建勛	朱受謙	葉康瑞	10
		杜鏡清	王瀛	林植梅	柳哲琛	王存中	
	特等	沈春元	何宗鎬	袁紹初	陳其昌	葉春暉	10
		余仰扆	葉廷枏	董思曾	王仁熙	董志曾	
輿地	超等	范本禮	汪開祉	黃維瀚	姚文枬	許克勤	8
		陶景文	毛震	周道元			
	特等	嚴彬	李志莘	秦在鎔	秦錫田	葛其麕	8
		呂鈺	胡友芸	王以中			
詞章	超等	陳壽祺	葉墨林	周同文	李鳳翔	鄒宸笙	5
	特等	陳鳳鏘	陳希瑾	毛崇慶	楊炳章		4
合計		91					
出處		《申報影印本》1885年6月25日《寧郡辨志文會二月分課案》,第26冊,第967頁上欄					

表 4-80　辨志文會光緒十一年(1885)三月份課題

類別	名稱
漢學	①食哉能時柔遠能邇解
	②諸侯前朝解
	③禘郊祖宗說
宋學	①體仁說
	②發而皆中節說
	③《二程粹言》書後
史學	①擬補《隋書·王通傳》
	②韓范富歐陽論
	③《新建辨志精舍碑記》(在月湖竹洲,制仿《儀禮宮室圖》)

（续表）

類別	名稱
天文兼算學	①金水伏見輪即自行軌道論
	②矩度倒直影具儀器八線說
	③勾弦較股弦和相乘為長方,其長闊較即勾股和,倍其積與弦較和自乘方等,試言其理
輿地	①蔡蒙旅平說
	②"洚水者,洪水也"解
	③讀《孫子·地形篇》書後
詞章	①《四明山賦》(不拘韻)
	②《漢書·藝文志》書後
	③海市(七律四首,用吳梅村韻)
出處	《申報影印本》1885 年 4 月 26 日《寧郡辨志文會三月分課題》,第 26 冊,第 607 頁下欄

表 4-81 　辨志文會光緒十一年(1885)四月份課題

類別	名稱
漢學	①冠禮母拜子說
	②昏禮不告廟辨
	③"鄭人來渝平"解
宋學	①"君子以虛受人"解
	②孟子善藏其用說
	③六經不言無心說
史學兼掌故	①三表五餌說
	②蔡邕周歷三台論
	③《紀俄羅斯進呈書籍事》(見《北徼彙編》)
天文兼算學	①木星月食與地球月食同異論
	②問:恒星行度,舊定每年五十一秒行,闊度與狹度果無遲速耶?
	③問:砲彈行拋物線,推算甚繁,火器真訣以平圓通之,其理若何?

（续表）

類別	名稱
輿地	①西方有九國考
	②苦縣賴鄉屬楚屬陳攷
	③問:《漢書·地理志》汝南邵[1]銅陽,銅字當讀何音?
詞章	①《□嶁碑賦》(以字青石赤形摹奇為韻,古賦用古音者不限韻)
	②擬陸龜蒙《蠹化》
	③秦良玉《錦袍歌》
出處	《申報影印本》1885 年 5 月 21 日《寧郡辨志文會四月分課題》,第 26 冊,第 753 頁下欄

【校箋】

[1] 邵:顯系"郡"字之誤。考《漢書·地理志上》,可知銅陽乃汝南郡下轄三十七縣之一。又,顏注:"應劭曰:'在銅水之陽也。'孟康曰:'銅音紂。'"

表 4-82　辨志文會光緒十一年(1885)五月份課題

類別	名稱
漢學	①《說卦傳》八卦方位說
	②二十四氣原始
	③讀王氏《說文釋例》
宋學	①敬以直內、義以方外說
	②曾子、子思、孟子大略相似說
	③問:朱子罕言所以生陰陽之太極,至於陰陽中之太極,則屢言之,何也?
史學兼掌故	①禮有五諫說
	②劉陶《諫停改鑄大錢議》書後
	③石炭考
天文兼算學	①問:歲星跳辰密率,由今日推至漢初,宿度悉合,惟推至春秋時,每差一二宮,有疑其紀年有誤者,然歟? 否歟? 試以他數證之
	②問:邵子康節擅長數學,作《皇極經世曆》,而不得列于《疇人傳》,其故何歟?
	③今有一物,甲與乙九,則乙甲等;乙與甲九,則乙等甲之三。問原數幾何?

（续表）

類別	名稱
輿地	①涮江浙江辨
	②今之江南古稱江東說
	③問：《水經注・汾水篇》襄陵有"犨氏"鄉亭，《漢書・地理志》作"班氏"，何歟？
詞章	①《伏波銅鼓賦》（以題為韻，用古韻者不限韻）
	②《鸚鵡地銘》
	③瀝下驥、匣中劍、架上鷹、澗底松（五律四首）
出處	《申報影印本》1885 年 6 月 20 日《寧郡辨志文會五月分課題》，第 26 冊，第 937 頁上欄

表 4-83　辨志文會光緒十一年（1885）五月份課案

齋別	等級	獲獎者姓名					小計
漢學	超等	于 鬯	黃維瀚	吳廷採	許克勤	胡玉庚	10
		王廷鼎	胡玉縉	何宗鎬	汪開祉	範立中	
	特等	陳卓人	範紹熙	袁登庸	王亨兆	陶承澍	10
		胡友芸	秦在鎔	范介福	宋仁溥	呂燮陛	
宋學	超等	劉孝思	黃維瀚	葉慧業	王亨彥	沈春元	10
		孫 鏘	毛 震	何宗鎬	范彭壽	鄭[1]鍾祥	
	特等	黃家橋	李志莘	金承熙	沈重光	管年祥	10
		張輔廷	孫康祺	朱錫光	王亨兆	趙雲輅	
史學	超等	楊敏曾	孫 鏘	陳壽祺	任光鎮	葛士濬	10
		屠承恩	鄒宸星	秦在鎔	江翼鼎	王德昌	
	特等	汪開祉	張尚純	陶之觀	顧復初	馬辰琯	10
		陳祖壽	袁登庸	秦錫田	周以成	范彭[2]壽	
算學	超等	陳 述	沈春元	王存中	盧雲鵬	李樹勳	10
		袁紹初	何宗鎬	李 ■	李樹榮	葉廷楨	
	特等	向堯年	朱昌祿	董祥麟	曹 辛	葉康瑞	10
		周 辛	柳哲琛	周 岐	朱受謙	方丙南	
輿地	超等	黃維瀚	趙榮顯	孫 鏘	汪開祉	戴羲年	10
		陶承侃	吳廷採	陶景韓	虞 畊	葛士濬	
	特等	嚴祥彬	秦錫田	陳卓人	王亨兆	何宗鎬	10
		秦在鎔	王德昌	袁登庸	陳 宸	顧 祺	

（续表）

齋別	等級	獲獎者姓名	小計
詞章	超等	陳壽祺　潘世蔭　陳景龍　李鳳祥　蔡清祺 陳鳳鏘　鄒宸星　陳德圻	8
	特等	王祖廙　吳善逵　王士駿　何廷宋　馮　楣 林受禧　葉廷楨　陳希瓘　楊炳章　梁文江	10
合計		118	
出處		《申報影印本》1885年12月28日《寧郡辨志文會五月分課案》,第27冊,第1099頁下欄—1010頁上欄	

【校箋】

[1] 鄒:該字雖模糊不清,但仍可根據前後文加以確定。

[2] 彭:該字雖模糊不清,但仍可根據前後文加以確定。

表 4-84　辨志文會光緒十一年(1885)十月份課題

類別	名稱
漢學	①釋秀
	②釋才
	③釋學
宋學	①圓神方知說
	②克己說
	③《榕村語錄》書後
史學兼掌故	①《後漢書・循吏傳》書後
	②特奏名說
	③復河運議
天文兼算學	①平歲實無消長、定歲實有消長論
	②問:《鍾山壙銘》"六千三百浹辰交,二九重三四百圮",果與建武四年"三上庚距"、大同四年"七中已月日"之數密合否? 試以曆術推之(銘見《唐書・儒學・鄭欽說傳》)
	③有砲向高弧三十度試之,彈落距砲一千四百丈,問此砲最遠界若干?
興地	①漢高祖置二十六郡攷
	②推表山川以綴《禹貢》論
	③桂陽匯水說

（续表）

類別	名稱
詞章	①季路為執金吾賦（以掌執金革以禦非常為韻）
	②擬《演連珠》四首（能多作更佳）
	③讀杜韓蘇黃四家詩集（七律四首，或作古詩亦可）
出處	《申報影印本》1885 年 11 月 12 日《寧郡辨志文會十月分課題》，第 27 冊，第 822 頁上欄

表 4-85　辨志文會光緒十一年（1885）十月份課案

齋別	等級	獲獎者姓名					小計
漢學	超等	吳廷採	蔡啓盛	王廷鼎	于　嶅	汪開祉	10
		張鴻梢	王亨彥	章廷獻	吳壽萱	胡玉庚	
	特等	胡玉緗	王夢薇	王亨兆	金文樑	任伯强	10
		范彭壽	秦在鎔	何宗鎬	虞　畊	陳鳳藻	
宋學	超等	吳廷採	劉孝思	張鴻梢	黃維瀚	胡玉緗	10
		王亨彥	范　麟	毛　震	范彭壽	劉　鑅	
	特等	胡玉庚	李志華	林鍾崙	鄒宸笙	沈重光	10
		姚文枏	王亨兆	韓柳文	秦在鎔	楊引傳	
史學兼掌故	超等	朱逢甲	范本禮	陶景朱	沈之幹	孫　鏘	10
		屠承恩	鄒宸笙	楊魯曾	楊敏曾	秦在鎔	
	特等	吳壽萱	葛士濬	范彭壽	汪開祉	張尚純	10
		秦錫田	郭　延	周邦幹	陳壽祺	周保璋	
天文兼算學	超等	方丙南	盧雲鵬	曹　辛	沈春元	王存中	8
		方崇鈺	王建勳	葉廷楨			
	特等	余仰垕	何宗鎬	曹　壬	水之清	董佑堂	8
		王　瀛	朱　熙	董祥麟			
輿地	超等	范本禮	楊魯曾	于　嶅	吳壽萱	汪開祉	10
		陶承澍	秦在鎔	吳從庚	孫貽穀	王亨彥	
	特等	周保璋	金文樑	張　鶴	任伯强	徐麟瑞	9
		陳卓人	徐秀挺	李志莘	毛　震		
詞章	超等	侯家度	姚學㴛	鄒宸笙	顧大受	盛鼎頤	10
		周以成	張毓麟	楊引傳	陳鳳鏘	盛鐘璆	
	特等	高乾尊	秦在田	朱逢甲	李鼎頤	吳善達	9
		張景衡	方兆燊	金庭尊	蔡清淇		
合計		114					
出處		《申報影印本》1886 年 5 月 26 日《光緒十一年十月分寧波辨志文會評定六齋各學名次》，第 28 冊，第 831 頁下欄					

表 4-86　辨志文會光緒十一年(1885)十一月份課題

類別	名稱
漢學	①為誰氏解
	②申《詩譜》"升歌""合樂"義
	③釋學
	④問：浙江先正已刊、未刊各遺書有可備史館采纂者，各舉所知以對，宜詳其人之爵里及書之梗概
宋學	①小德川流說
	②動靜說
	③體認天理說
史學兼掌故	①課試命題雜出諸史論
	②昭君不賂畫師辨
	③都圖說
天文兼算學	①《春秋》南至先天二三日說
	②問：《三老碑文》建武十七年四月五日辛卯、廿八年五月十日甲戌不合曆法，試據《五行志》所載十七年二月乙未晦、廿九年二月丁巳朔諸次日食干支，推而正之
	③問：《火器真訣》火藥用一錢五分，鉛子遠及十八丈；用二錢五分，鉛子至四十五丈七尺之遠。其理若何？
輿地	①瓦屋周地鄭地辨
	②《孟子》《左傳》兩南陽辨
	③問：《禹貢》徐州之沂、《職方》青州之沂與《論語》浴乎沂之沂是否一處？
詞章	①河內女子壞老屋得《大誓》三篇賦（以在漢宣帝本始元年為韻）
	②書《歸震川文集》後
	③擬李義山《燒香曲》，擬溫飛卿《曉仙謠》，擬張文昌《吳宮怨》，擬王仲初《鏡聽詞》（能用原韻更妙）
出處	《申報影印本》1885 年 12 月 11 日《寧郡辨志文會十一月分課題》，第 27 冊，第 997 頁下欄

表 4-87　辨志文會光緒十一年(1885)十一月份課案

齋別	等級	獲獎者姓名					小計
漢學	超等	許克勤	王廷鼎	許文蔚	吳廷採	蔡啓盛	10
		胡玉縉	吳壽萱	過　炎	吳從庚	陳漢章	
	特等	秦在鎔	胡友芸	金文槃	金文杜	任伯强	5
宋學	超等	劉孝思	葉慧業	黃維瀚	張鴻栢	王紹質	10
		毛　震	李志莘	范彭壽	鄭鐘祥	胡玉縉	
	特等	林鍾崙	沈重光	管年祥	呂變陞	馮文詠	10
		孫康祺	鄒丙炎	錢寶和	王亨兆	胡友芸	
史學兼掌故	超等	鄒宸笙	朱逢甲	楊敏曾	汪開祉	楊魯曾	10
		秦在鎔	吳廷採	屠承恩	張鴻栢	孫　鏘	
	特等	黃維瀚	范彭壽	葛士濬	李鼎頤	錢從誠	10
		毛　震	林植梅	馬辰珇	陳　宸	馮玉如	
天文兼算學	超等	盧雲鵬	沈春元	王建勳	張　謹	曹　辛	9
		王珮璐	方丙南	杜鏡清	華廷楨		
	特等	何宗鎬	方崇鈺	葉廷栳	王存中	水之清	8
		王　瀛	董佑堂	余仰厔			
輿地	超等	朱逢甲	葛士濬	戴　羲	楊魯曾	趙履福	10
		孫貽穀	許克勤	吳廷採	黃維瀚	汪開祉	
	特等	張鴻栢	何宗鎬	吳善遴	過　炎	秦在鎔	10
		呂變陞	王亨兆	胡友芸	徐麞瑞	陳　宸	
詞章	超等	張景衡	盛鐘璆	張企融	鄒宸笙		4
	特等	楊引傳	李鼎頤	周以成	陳德圻	陳鳳鏘	9
		王士駿	朱逢甲	高乾高	華丙奎		
合計		105					
出處		《申報影印本》1886 年 5 月 27 日《光緒十一年十一月分寧波辨志文會評定六齋各學名次》,第 28 冊,第 837 頁下欄					

表 4-88　辨志文會光緒十二年(1886)三月份課題

類別	名稱
漢學	①《易》無虛象說
	②《詩》有誦諫說
	③《春秋》書"歸入奔納繫國不繫國"說

（续表）

類別	名稱
宋學	①釋忠
	②精義入神說
	③達天流說
史學兼掌故	①《漢書》無世家說
	②雲台功臣世系食邑攷
	③起居注考
天文兼算學	①問：日必逾五月而再食。《晉書·天文志》載泰始二年七月丙午晦、十月丙午朔、九年四月戊辰朔、七月丁酉朔並日食，其故何歟？
	②勾弦較股弦較相乘爲長方，其長闊較卽勾股較，倍其積與弦和較自乘方等，試言其理
	③礦昴五十度與四十度子落界同，昴六十度與三十度子落界同，其理若何？
輿地	①錢唐六井考
	②武陵五溪考
	③《水經注·沔水篇》南江至餘姚入海，試證明今地之所在
詞章	①學者稱東觀為老氏臧室、道家蓬萊山賦（以薦入東觀為校書郎為韻，能用古韻者不限韻）
	②擬梁簡文帝《答新渝侯和詩書》
	③擬楊鐵厓《花游曲》
出處	《申報影印本》1886年4月9日《寧郡辨志文會三月分課題》，第28冊，第545頁下欄

表 4-89　辨志文會光緒十二年(1886)三月份課案

類別	等級	獲獎者姓名					小計
漢學	超等	王亨彥　范　麟　許克勤　胡玉緒　黃　諤　王廷鼎　吳廷採　胡玉庚　王亨兆　金文樑					10
	特等	秦在鎔　王舟瑤　吳善邃　程駿邁　林文豪　袁信芳　范彭壽　汪開祉　項戴瀛　林炳燊					10
宋學	超等	王恩祐　夏嗣俅　葉秉衡　林鍾崙　陳漢章　黃家橋　王廷鼎　許克勤　王亨彥　王亨兆					10
	特等	鄭德瑗　王雅三　金承熙　李志莘　袁瑞傳　管年祥　鄭鍾祥　范彭壽　董敘疇　董石麒					10

（续表）

類別	等級	獲獎者姓名					小計
史學	超等	屠承恩	陶景朱	鄒宸笙	汪開祉		4
	特等	秦在鎔	范彭壽	林植梅	李昌祺		4
天算學	超等	方丙南	盧雲鵬	黃方慶	李鏐	盧榘	10
		王瀛	李廣詩	沈春元	李樹勳	俞謨	
	特等	陳光榮	方崇鈺	孫德準	余仰后[1]	沈昌燾	10
		沈崇超	朱昌祿	莊祖佑	王仁熙	胡燿	
興地	超等	孫錦江	朱逢甲	王舟瑤	陳鶴齡	汪開祉	10
		吳廷採	陳卓人	戴羲	于邠	趙庚	
	特等	管世駿	葛士濬	謝鍾英	王亨彥	秦在鎔	10
		陳元鼎	毛震	孫貽穀	楊魯曾	胡友芸	
詞章	超等	蔣山	楊魯曾	楊家譔	鄒宸笙	周以成	9
		應玗	楊引傳	趙國華	杜學慊		
	特等	孫蘭彬	應綱	毛震	姚文熙	徐乃福	9
		孫震夒	謝輔燧	李鼎頤	鮑茂焜		
合計		106					
出處		《申報影印本》1886 年 7 月 22 日《辨志文會三月分案》，第 29 冊，第 129 頁下欄					

【校箋】

[1] 余仰后：疑系"余仰厔"之刊誤。

表 4-90　辨志文會光緒十二年(1886)四月份課題

類別	名稱
漢學	①紀載魚法
	②記授几法
	③以其圍之防捎其藪解
宋學	①親民解
	②博文約禮說
	③體用一源說
史學	①漢以經義斷事攷
	②姜平襄論
	③寧波府志源流

（续表）

類別	名稱
天文兼算學	①問：《春秋》襄二十一年十月庚辰日食,說者謂係二十六年十一月日食之錯簡;二十四年八月癸巳日食,謂係文十一年八月日食之錯簡。試以秝[1]術推其交限干支,果密合否？
	②今夏木、火二星行太微垣,於恒星有無凌犯？試以秝[2]法推之
	③矩度變影法通於八線正餘切乘除之理,試詳言之
輿地	①碣石考
	②排淮泗而注之江解
	③問：楚地不及海濱,而屈完稱處南海何歟
詞章	①文星典吏賦（以聲振扶桑享天福為韻）
	②書文中子《中說》
	③月氏王頭飲器歌
出處	《申報影印本》1886年5月9日《寧郡辨志文會四月分課題》,第28冊,第725頁下欄

【校箋】

[1][2]秝：理當改作"曆"。

表4-91　辨志文會光緒十二年(1886)四月份課案

類別	等級	獲獎者姓名	小計
漢學	超等	歐陽鴻濟　梅調鼎　胡玉庚　歐陽克昌　許克勤　汪開祉　孫同廉　王亨彥　吳廷採　吳廷撰	10
	特等	金承熙　曹元忠　陳漢章　王廷鼎　秦在鎔　張昌年　孫灝　吳教詩　金文檪　金文杜	10
宋學	超等	吳廷採　葉秉鈞　葉秉衡　黃家橋　劉孝思　黃煥　黃方慶　葉慧業　虞景璜　趙鈞炤	10
	特等	葉和聲　黃炳　胡振濂　葉晉綬　李鼎頤　毛震　黃家梓　王亨彥　李志莘　袁瑞傳	10
史學	超等	夏啓瑞　朱逢甲　楊魯曾　汪開祉　陳卓人　陶之觀　胡昌年　吳廷採	8
	特等	李鼎頤　張廷鴻　林植梅　陳龍耀　秦在鎔　陳康黻　毛震　吳廷撰	8

（续表）

類別	等級	獲獎者姓名	小計
天算學	超等	盧雲鵬　李　鏐　林植梅　方丙南　莊祖佑 沈春元　李廣詩	7
	特等	沈崇超　沈昌燾　余仰后[1]　盧　榘　黃方慶 王益彰　王仁熙	7
輿地學	超等	朱逢甲　于　邕　王亨彥　項戴楹　汪開祉 楊魯曾　許克勤　孫錦江　王廷鼎　江　青	10
	特等	葛士濬　王舟瑤　管世駿　張善煒　吳廷採 裘豪權　董遵珊　范　麟　蔡肇孜　陶承侃	10
詞章學	超等	楊家謨　秦藩清　張景衡　張士傑　顧天爵 蕭壬森　裘翰章	7
	特等	姚學羋　李鼎頤　劉伯蔭　張廷鴻　王文鍇 陳德圻	6
合計		103	
出處		《申報影印本》1886 年 9 月 26 日《寧郡辨志文會四月課案》，第 29 冊，第 536 頁上欄	

【校箋】

[1] 余仰后：疑系"余仰垕"之刊誤。

表 4-92　辨志文會光緒十二年（1886）五月份課題

類別	名稱
漢學	①庇軹、庇輪、庇軫解
	②公羊家"多隨二創"說
	③徹廣六尺，或曰八尺，宜以何說為定？
宋學	①黃中通理解
	②《中庸》"誠者，物之終始"章講義
	③續朱子《仁說》
史學	①史遷尊孔孟說
	②劉知幾論
	③鄉會、殿試定期攷

(续表)

類別	名稱
天文兼算學	①"冬夏至歲,實互為消長"說
	②問:襄公二十七年本無失閏,實係十一月人交限,杜氏疊置兩閏,曲徇"辰在申"之說,能推正其數歟?
	③有礮已知平最遠界,欲求向上、向下斜最遠界,試以平圜法求之
輿地	①孟諸攷
	②觚竹攷
	③問:《史記・舜本紀》"北發息慎,南撫交阯",而《禹貢》"朔南暨"不言所在,何歟?
詞章	①《新綠賦》(以天涯何處無芳草為韻)
	②擬《重建姜湛園先生詞堂碑記》
	③《沈雲英曲》(七古)
出處	《申報影印本》1886 年 6 月 7 日《寧郡辨志文會五月分課題》,第 28 冊,第 909 頁下欄

表 4-93 辨志文會光緒十二年(1886)五月份課案

齋別	等級	獲獎者姓名	小計
漢學	超等	梅調鼎 陳漢章 曹元忠 金承熙 汪開祉 范 麟 余宏淦 孫 鏘 鄭 鈺 陳一貫	10
	特等	孫同康 胡玉庚 張鴻楠 吳從庚 王兼三 許克勤 吳廷採 秦在鎔 張鴻漸 張昌年	10
宋學	超等	項文瑞 吳廷採 葉秉鈞 黃家岱 劉孝思 黃家鶩 王亨彥 范 麟 黃家橋 黃家楠	10
	特等	葉慧業 黃報廷 李鼎頤 葉應春 葉和聲 陳漢章 林鍾崙 馮文詠 范彭壽 沈重光	10
史學	超等	楊魯曾 胡聿華 朱逢甲 吳廷撰 孫 灝 虞景璜 汪開祉 陶景朱 鄒宸笙 秦在鎔	10
	特等	陳龍耀 陳卓人 胡昌年 吳敦詩 虞溥蔭 周保障 陳漢章 王亨彥 吳廷採 范彭壽	10
天算學	超等	盧雲鵬 黃方慶 林植梅 莊祖佑 方丙南 水之清 余仰后[1] 余 鯤 俞 謨 岑之榕	10
	特等	曹 壬 曾緘三 沈昌燾 曹 辛 沈春元 唐民望 朱正元 沈崇超 胡 燿 董祥麟	10

（续表）

齋別	等級	獲獎者姓名					小計
輿地學	超等	朱逢甲 孫貽穀	趙榮顯 許克勤	吳壽萱 虞景璜	裘慶杓 吳從庚	張鴻桷 王廷鼎	10
	特等	楊魯曾 金文杜	汪開祉 戴 羲	吳廷採 金文樑	陳卓人 秦在鎔	周光達 孫 灝	10
詞章學	超等	陸祖芳 楊引傳	鄒宸笙	周以成	梅士銘	孫震夔	6
	特等	李鼎頤 謝輔焜	萬 韶 駱壽臣	吳昌綬 陳鳳藻	王士駿 夏承虞	張毓麟 張汝荃	10
合計		116					
出處		《申報影印本》1886 年 11 月 24 日《光緒十二年五月分辨志文會評定六齋各學名次》，第 29 冊第 902 頁上欄					

【校箋】

[1] 余仰后：疑系"余仰辰"之刊誤。

表 4-94　辨志文会光绪十二年（1886）七月份课题

類別	名稱
漢學	①讀汪刻影宋紹熙本《公羊傳注》
	②讀黎刻影宋紹熙本《穀梁傳集解》
	③讀黎刻影宋蜀大字本《爾雅》單注暨陸刻影北宋本《爾雅》單疏
宋學	①敬義夾持說
	②心齋辨
	③朱子說經引《說文》考
史學兼掌故	①《史記》注家優劣論
	②問《南北史》一人複傳者幾人
	③幕府攷
天文兼算學	①"渾蓋通憲，卽古蓋天遺法"說
	②問：今歲立秋後土、金二星合於東井，二星自相凌犯否？於恒星有凌犯否？試以秝[1]術推之
	③有勾弦較，有股弦較，求兩角；有勾弦和，有股弦和，求兩角。其理法若何？

（续表）

類別	名稱
輿地	①穀水源流攷
	②月湖十洲古跡攷
	③問：《漢・地理志》"北海郡瓡縣"師古注云卽"執"字,而《王子侯表》師古注又云卽"瓠"字,何歟？
詞章	①蘇子瞻《補蜀宮避暑洞仙歌賦》(以水殿風來暗香滿為韻)
	②書《惜抱軒文集》後
	③趙忠毅公《鐵如意歌》(七古)
出處	《申報影印本》1886 年 8 月 15 日《寧郡辨志文會七月分課題》,第 29 冊,第 275 頁下欄

【校箋】

[1] 秝：理當改作"曆"。

表 4-95　辨志文會光緒十二年(1886)七月份課案

齋別	等級	獲獎者姓名					小計
漢學	超等	金文樑	許文蔚	陳汝恭	唐文治		10
		胡玉庚	吳從庚	胡玉縉	吳壽萱	吳玉衡	
宋學	超等	童景熙	章道洽	范　麟	黃家英	黃家橋	10
		王亨彥	張鴻桷	秦在鎔	范彭壽	王亨兆	
	特等	張廷鴻	林鍾崙	鄭鍾祥	袁瑞傳	李志莘	10
		毛　震	沈重光	金承熙	范彭年	吳華容	
史學	超等	朱逢甲	楊魯曾	陳卓人	張善燁	吳廷採	10
		鄒宸笙	張鴻桷	屠承恩	孫　灝	李鼎頤	
	特等	胡昌年	劉銘照	吳廷撰	吳敦詩	秦在鎔	10
		毛　震	葛士濬	胡聿華	張廷鴻	周保璋	
天算學	超等	盧雲鵬	曹　辛	沈春元	袁召棠	沈昌燾	10
		王詩教	沈崇超	葉广瑞	陳作梅	方丙南	
	特等	李樹勳	方崇鈺	孫德準	王　瑩	范猷銘	10
		俞　謨	水之清	董祥麟	劉佐宸	莊祖佑	
輿地學	超等	朱逢甲	楊魯曾	葛士濬	吳廷採	鄭彬瑞	10
		李昌祺	陳卓人	張鴻桷	王亨彥	孫貽穀	
	特等	蔣玉泉	汪廷襄	秦在鎔	趙榮顯	李紹煐	10
		李志莘	張　翰	張廷鴻	胡聿華	吳善逑	

（续表）

齋別	等級	獲獎者姓名					小計
詞章學	超等	陸鑄賢 梅汝調	蔣　山 鄒宸笙	張景衡 葉念經	章述汶 章師濂	王維楨 盛鼎頤	10
	特等	袁壽彝 張　欽	蔣　嶽 孫震夑	屠承恩 沈祥龍	周鴻謨 徐時材	張廷鴻 張汝荃	10
合計		110					
出處		《申報影印本》1887 年 1 月 19 日《光緒十二年七月分寧郡辨志文會案》，第 30 冊，第 109 頁下欄					

表 4-96　辨志文會光緒十二年（1886）八月份課題

類別	名稱
漢學	①釋栿
	②釋橋
	③釋樓
宋學	①"一陰一陽之謂道"解
	②心統性情說
	③《近思錄》"四子之階梯"說
史學兼掌故	①馬班作史年歲考
	②叔孫通起朝儀論
	③書姚瑩《康輶紀行》後
天文兼算學	①春秋分"測平""歲實"說
	②問：日食三差之外，又有變差，能言其詳歟？
	③有礮向高於平地三十度之山坡試之，斜最遠界二千五百步，問此礮平地最遠界幾何？ 低於平地三十度之斜最遠界又幾何？
輿地之學	①南燕北燕攷
	②公塘、公棠辨
	③問：蓋大夫王驩之蓋，與陳仲子兄蓋祿萬鍾之蓋，是否一處？
詞章之學	①見禽華之廔色賦（以禽華廔色、霜鶴傳音為韻）
	②玉帶生傳
	③擬山谷《演雅》

（续表）

類別	名稱
出處	《申報影印本》1886年9月2日《寧郡辨志文會八月分課題》，第29冊，第387頁下欄

表 4-97 辨志文會光緒十二年(1886)八月份課案

齋別	等級	獲獎者姓名					小計
漢學	超等	范 章	張鴻桷	范 麟	吳廷採	胡玉縉	9
		蔡啓盛	胡玉庚	黃維瀚	陳漢章		
	特等	阮丙炎	萬 韶	王亨彥	林鍾崙	陳廷襄	10
		林邦彥	孫 灝	汪開祉	王廷鼎	謝松德	
宋學	超等	吳廷採	葉秉鈞	張鴻桷	王亨彥	黃家橋	10
		王亨兆	林鍾崙	范彭壽	林鍾祥	管年祥	
	特等	吳華容	王雅三	袁端傳	王紹祥	沈重光	10
		葉應春	金承熙	毛 震	葉慧業	李志莘	
史學	超等	陳漢章	鄒宸笙	楊魯曾	吳廷採	汪開祉	8
		屠承惠	胡昌年	葉愈經			
	特等	陶之觀	林植梅	范彭壽	毛 震	謝輔燧	8
		張鴻桷	馬辰琯	孫 灝			
算學	超等	盧雲鵬	李厚培	邵祖蔭	陳光榮	陳 述	10
		曹 辛	方丙南	李樹勳	王詩教	沈春元	
	特等	張禾芬	莊祖祐	葉廷楨	俞 謨	沈壽龍	10
		孫德準	水之清	邵仁榕	劉佐宸	王思得	
輿地	超等	黃維瀚	謝紹瑞	楊魯曾	張鴻桷	盧際盛	10
		汪開祉	吳廷採	蔣玉泉	許克勤	趙榮顯	
	特等	陶承侃	陳鶴齡	汪廷襄	張鴻桷	毛 震	10
		李志莘	吳善達	徐秀挺	秦在鎔	陳 宸	
詞章	超等	錢承煦	鄒宸笙	周緝熙	陸鑄賢	侯家度	10
		華備誠	陸祖芬	王士駿	裴瀚章	袁壽彝	
	特等	徐傳鑄	周以成	徐得森	楊引傳	姚文禧	10
		金廷尊	張小荃	張鴻桷	王文鍇	陳德圻	
合計		115					
出處		《申報影印本》1887年3月18日《寧郡辨志文會丙戌八九兩月分課案》，第30冊，第421頁下欄					

表 4-98　辨志文會光緒十二年(1886)九月份課題

類別	名稱
漢學	①讀劉氏《發墨守評》
	②讀劉氏《箴膏肓評》
	③讀劉氏《廢疾申何》
宋學	①左右逢原說
	②窮理說
	③述陸桴亭先生學術
史學兼掌故	①問:班氏議史遷:"先黃老而後六經,退處士而進奸雄,崇勢利而羞賤貧。"果確論歟?
	②鬼谷子考
	③辨志精舍擬《祀明州宋九生議》
天文兼算學	①問:《春秋》書九日,食者三次。試以捷法,推其交限干支果密合否?實朔時刻果在晝分否?
	②今歲九月上旬,木、水同度;下旬,木、金同度。有無凌犯?試以秝[1]術推之
	③勾股有和同積而三邊不同者,能縷述其數歟?
輿地之學	①輾轅考
	②華不注考
	③武夷九曲考
詞章之學	①《秦王為趙王擊缶賦》(以題為韻)
	②論李杜兩家優劣
	③南唐宮詞(七絕八首)
出處	《申報影印本》1886 年 10 月 3 日《寧郡辨志文會九月分課題》,第 29 冊,第 579 頁下欄

【校箋】

　　[1] 秝:理當改作"曆"。

表 4-99 辨志文會光緒十二年(1886)九月份課案

齋別	等級	獲獎者姓名					小計
漢學	超等	朱逢甲	陳廷揚	王亨彥	胡玉緝	陶承澍	10
		許克勤	汪開祉	汪開禮	胡玉庚	張鴻枬	
	特等	吳廷採	謝萱德	余宏淦			3
宋學	超等	葉秉衡	吳廷採	黃秉鈞	虞景璜	葉晉綏	10
		黃家宸	葉慧業	胡玉緝	王亨彥	毛 震	
	特等	葉金題	胡玉康	張鴻枬	林鍾崙	黃家橋	10
		范彭壽	鄭鍾祥	李志莘	謝清瑞	王亨兆	
史學	超等	屠承恩	吳廷採	鄒宸笙	汪開祉	胡昌年	8
		陳廷揚	范彭壽	孫 灝			
	特等	林植梅	陳鳳洲	陶景朱	毛 震	周以成	8
		方承祖	王亨彥	秦在鎔			
算學	超等	林植梅	盧雲鵬	陳光榮	水之清	方丙南	10
		包景羲	沈春元	曹 辛	邵仁榕	沈壽龍	
	特等	張禾芬	莊祖祐	劉佐宸	王 瑩	范猷銘	9
		沈金濂	王仁熙	王思得	陳繼中		
興地	超等	朱逢甲	許克勤	王廷採	葛士濬	張善煒	10
		汪開祉	金志淦	黃維瀚	張 晃	張鴻瀚	
	特等	虞景璜	陸智衍	陶景弼	張廷鴻	吳壽萱	10
		姚文禧	王亨兆	秦在鎔	毛 震	汪廷襄	
詞章	超等	周緝熙	鄒宸笙	侯家度	王繼植	陸鑄賢	10
		張景衡	蔣 山	駱壽臣	吳國楨	蔣銘彝	
	特等	陳鳳藻	金廷尊	周以成	徐茂烺	汪家甯	10
		汪開祉	王士駿	姚文枏	楊引傳	姚文禧	
合計		108					
出處		《申報影印本》1887 年 3 月 18 日《寧郡辨志文會丙戌八九兩月分課案》,第 30 冊,第 421 頁下欄－422 頁上欄					

表 4-100　辨志文會光緒十三年（1887）春季課題①

類別	名稱
漢學	①讀陳氏《毛詩疏》
	②讀胡氏《儀禮正義》
	③讀劉氏《論語正義》
宋學	①"君子以族類辨物"說
	②德慧術知說
	③辨異端似是之非說
史學兼掌故	①褚少孫補《武紀》論
	②馬、陸《南唐書》優劣論
	③問：今之回回堂、天主堂，謂卽唐之大秦寺、襖神祠，然否？
天文兼算學	①太陽攝行星、行星互相攝動說
	②今歲太陰，中國見食三次，當歷幾年，為再見之期？試推之
	③任設大小兩奇數或大小兩偶數，各自乘則相併半之為弦，相減半之為勾或為股；其兩數相乘，卽為股或卽為勾。其理若何？
輿地	①鴻溝攷
	②函谷關攷
	③問：吳掘邗溝以通江淮，能詳言其水道否？
詞章	①擬謝希逸《月賦》（用原韻）
	②恭擬《皇上龍飛親政頌》
	③擬蕭貫《曉寒歌》
出處	《申報影印本》1887 年 4 月 15 日《辨志文會春季課題》，第 30 冊，第 609 頁下欄

---

① 自光緒十三年起，辨志文会月课改为季课，而花红亦将酌减，此则《申报影印本》1887 年 3 月 3 日《辨志文会改章》言之甚详："宁郡辨志文会，经前任宗太守创设，已八年矣。每年课期，定于二、三、四、五、七、八、九、十、十一月。兹闻所存经费，去岁被人倒去，今岁不能遵照旧章，拟将改为春夏秋冬四期，而各斋花红，亦须酌减。故与课诸君，大半赴杭省各书院肄业矣。"

表 4-101 辨志文會光緒十三年（1887）春季課案

齋別	等級	獲獎者姓名					小計
漢學	超等	陳慶年　范　章　陳漢章　孫同康　胡玉庚 胡玉縉　許克勤　陶承侃　陶元慈　金承熙					10
	特等	汪開祉　盧求古					2
宋學	超等	吳廷採　范　麟　胡玉庚　吳廷撰　胡玉縉 童景熙　何宗鎬　沈重光　范彭壽　王亨彥					10
	特等	王紹祥　張鴻梢　毛　震　黃家橋　梅調鼎 王亨兆　王雅三　林鍾崙　李志萃　鄭鍾祥					10
史學	超等	朱逢甲　鄒宸笙　竺麞祥　陳漢章　奚紹聲[1] 何宗鎬　吳廷撰					7
	特等	汪開祉　楊魯曾　屠承恩　張鴻梢　陳卓人 林植梅　秦在鎔					7
天算學[2]	超等	周光焯　沈春元　方丙南　陳　述　劉佐宸 包宗羲　王振麟　王　超　沈昌爕　沈崇超					10
	特等	莊祖佑　郎贊衮　王　璗　沈昌燾　沈經漣 范猷銘　蔣學慈　王仁熙　王思得					9
輿地學[3]	超等	朱逢甲　陳漢章　楊魯曾　汪開祉　錢保壽 吳廷採　葛士濬　陶承侃　王亨彥　孫貽穀					10
	特等	陳卓人　秦在鎔　張鴻梢　沈春元　李志萃 王亨兆　毛　震　金文樑　鄭鍾祥　錢經筠					10
詞章學[4]	超等	鄒宸笙　趙宗麟　周以成　陸鑄賢　陸祖芳 高　標　華秉鈞					7
	特等	王士駿　楊引傳　姚文禧　許玉庚　陳景祥 向照青　徐德森　許玉庭　黃家棟					9
合計		101					
出處		《申報影印本》1887 年 8 月 29 日《寧波辨志文會光緒十三年春季案》，第 31 冊，第 365 頁下欄 又可見《申報影印本》1887 年 9 月 7 日《寧波辨志文會丁亥春季課案》，第 31 冊，第 421 頁下欄					

【校箋】

[1] 奚紹聲：《寧波辨志文會丁亥春季課案》作"李紹聲"。

[2] 天算學：《寧波辨志文會丁亥春季課案》作"算學"。

[3] 輿地學：《寧波辨志文會丁亥春季課案》作"輿地"。

[4] 詞章學：《寧波辨志文會丁亥春季課案》作"詞章"。

表 4-102　辨志文會光緒十三年(1887)夏季課題

類別	名稱
漢學	①問：劉向《別錄》禮古文記二百四篇，與《漢藝文志》不合。《隋經籍志》記百三十一篇，劉向校得百三十篇，又得《明堂陽陰》等記五種，合二百十四篇，語尤歧異，試詳其故
	②問：《鄭志》不載《孝經注》《三禮圖》，兩書是否鄭箸？
	③問：賈公彥《周官疏》中附《禮器圖》，有何證佐？
宋學	①"天地之性，人為貴"說
	②孔門說仁處多有敬意說
	③顏孟潛見不同說
史學兼掌故	①東漢耿氏論
	②書杭大宗《三國志補注》後
	③大考翰林院詹事府緣起
天文兼算學	①定氣注曆[1]正為密於置閏地說
	②水星距日最近，三十三年繞日一百三十七周，而順逆伏留止一百零四次，能闡其理數否？
	③礮擊平遠軸，昂十度與昂八十度，子落界同，其理若何？
輿地	①問：《後漢書·彭城靖王恭傳》，封恭子為竹邑侯，注云："或為邕字。"其說然否？
	②問：《北史·敬顯儁傳》稱陽平太平人，《魏書·地形志》陽平郡無太平縣，兩史孰誤？
	③問：唐人元結浯溪、峿台、(廣吾)亭三銘皆篆書，而《說文》無峿、(廣吾)二篆，何歟？
詞章	①韓宣子《譽嘉樹賦》(以封殖此樹、無忘角弓為韻)
	②擬王應麟《四明七觀》
	③鄞東竹枝詞(七絕，不拘首數)
出處	《申報影印本》1887 年 6 月 26 日《寧郡辨志文會夏季課題》，第 30 冊，第 1061 頁下欄－1062 頁上欄

【校箋】

[1] 曆：原作"秌"，于義不通，顯然有誤。疑當作"曆"，刻工爲求速而省作"秌"，結果卻又誤刻爲"秌"。又，定氣注曆乃恆語，詳參陳展云《舊曆改用定氣後在置閏上出現的問題》之考察(文刊《自然科學史研究》1986 年第 1 期，第 22

—28頁）。

表 4-103 辨志文會光緒十三年(1887)秋季課題

類別	名稱
漢學題	①《周易·象傳》有總舉首尾而渾釋大義之例,有偏舉一語而義賅全爻之例,有語在此爻而意注彼爻之例,有不以第二句解首句而以起下句之例,試條陳之
	②《儀禮》《周官》兩經,有意欲上下兩篇■置其辭于中間之例,有意欲分別上下之異同而逆言之之例,試舉注疏之所已[1]言,而又推廣之
	③孫淵如《釋人篇》正譌
宋學題	①儒以道得民說
	②"禮者,理之不可易者也"說
	③忠恕猶形影說
史學題	①問:劉知幾以《史記》項羽不宜立本紀、陳涉不宜立世家,當否?
	②張騫論
	③張鵬翮《奉使俄羅斯日記》書後
天文兼算學題	①月地距時時不同說
	②今歲七月朔日食,浙江■正食甚六分奇,他處有食逾九分、食僅一分者,係何地? 有食甚卯時、食甚酉時者,係何國? 試以捷■推之
	③秝法[2]一百零三年,每節氣紀日,同時刻之進退,有以分計者,有以時計者,能推其樞要否?
輿地題	①汧水攷
	②屺岵有無草木辨
	③問:枚叔七發廣陵之曲江,廣陵指何地?
詞章題	①白蓮花賦(以流水今日、明月前身為韻)
	②續柳子厚《天說》
	③燕曲(七古)
出處	《申報影印本》1887年8月29日《辨志文會丁亥秋季課題》,第31冊,第365頁下欄—366頁上欄

【校箋】

[1] 已:原本誤刻作"巳",茲逕改正。

[2] 秝法:理當改作"曆法"。

表 4-104　辨志文會光緒十三年(1887)秋季課案

齋別	等級	獲獎者姓名					小計
漢學	超等	許克勤　陳鳳藻　許文蔚					3
宋學	超等	胡玉庚	吳廷採	胡玉緒	童景熙	范　麟	10
		陳漢章	王亨彥	葉晉綏	王雅三	何宗鎬	
	特等	吳廷撰	沈重光	陸　琦	秦在鎔	鄭鍾祥	10
		王亨兆	管年祥	王紹祥	林鍾崙	金承熙	
史學	超等	鄒宸笙	袁星黻	陶承侃	陳漢章	朱逢甲	10
		凌　晨	楊魯曾	屠承恩	吳廷撰	汪開祉	
	特等	葉曒雲	李鼎頤	彭景樞	許庭銓	胡聿華	10
		周保璋	范彭壽	吳廷採	何宗鎬	竺麐祥	
天算學	超等	沈春元	潘乃芬	沈昌燮	董灼堂	王振麟	6
		丁國珍					
	特等	王　瀛	方丙南	陳繼中	王仁熙	王思得	6
		程利川					
輿地學	超等	朱逢甲	吳廷採	胡聿華	陳廷揚	楊魯曾	10
		錢保壽	許克勤	戴　義	林鍾崙	汪開祉	
	特等	葛士濬	孫貽穀	陳漢章	王亨彥	竺麐祥	10
		何宗鎬	吳廷撰	陶景弼	吳善述	陳鳳藻	
詞章學	超等	章祖洛	萬人傑	陸鑄賢	張宗德	王繼善	10
		周以成	王定洋	高　標	鄒宸笙	王士駿	
	特等	袁星黻	陳漢章	周維新	章師濂	張　彬	10
		王頌清	姚文禧	施昌熾	楊引傳	李鼎頤	
合計		95					
出處		《申報影印本》1888 年 2 月 4 日《秋季辨志文會案》，第 32 冊，第 207 頁下欄					

表 4-105　辨志文會光緒十三年(1887)冬季課題

類別	名稱
漢學題	①"過其祖，遇其妣；不及其君，遇其臣"解
	②"殷，商屋而夏門；周，夏屋而商門"說
	③"春秋無費而有費惠公，戰國無曹而有曹君之弟"說
宋學題	①義理與客氣常相勝說
	②"仁禮屬陽，義智屬陰"說
	③朱子謂曾子之學"力行之意多"，試申言之

（续表）

類別	名稱
史學題	①漢置五屬國考
	②陳壽《三國志》宜補各志說
	③新疆臺灣置省論
天文兼算學題	①問:道度分有闊狹,而恒星經差無多寡,或疑經星不動,而春秋分交點退行成歲差,可推其確據否?
	②問:今歲十月甲申朔,上應春秋宣公十五年四月丙戌朔,至唐貞觀二十一年七月乙酉朔,為折半之期,前後朔望干支時刻依次相應,當用何術求之?
	③自今歲丁亥至中元丁亥,六十年中四星聚合幾次? 或更有五星同聚之時否? 試以捷法推之
輿地題	①鄭有圃田攷
	②漢中為益州咽喉論
	③問:《漢志》荷澤在定陶,而《說文》謂在胡陵,何歟?
詞章題	①《皸得菜根賦》(以名以氣節、秀才風味為韻)
	②書周氏《詞辨》後
	③氣球歌(七古)
出處	《申報影印本》1887 年 11 月 6 日《辨志文會丁亥冬季課題》,第 31 冊,第 831 頁下欄

表 4-106　辨志文會光緒十三年(1887)冬季課案

齋別	等級	獲獎者姓名					小計
漢學	超等	陳慶年　吳廷採　秦在鎔　潘錫麒　汪開祉　范　章　吳善遂　胡友芸					8
宋學	超等	黃家辰[1]吳廷採　王亨彥　童景熙　范　麟　沈重光　許克勤　范彭壽　毛　震　鄭鍾祥					10
	特等	李志芹　張濟榮　張汝莖　繆永祺　李永康　謝純德　吳華榮					7
史學	超等	朱逢甲　陳漢章[2]楊魯曾　鄒宸笙　汪開祉　盛鍾璆					6
	特等	竺麐祥　屠承恩　吳廷採　周保障　秦在鎔　竺士康					6

（续表）

齋別	等級	獲獎者姓名	小計
天算[3]	超等	盧雲鵬　程之驥　郎贊袞　王　瑩　邵仁榕　沈春元　曹　辛	7
	特等	沈金漣　費德宗　陳光榮　王振麟　范猷銘　徐行悌	6
輿地	超等	陳漢章　金承熙　許克勤　朱逢甲　許文蔚　汪開祉　孫貽穀　范　章　華彥鈺　盛鍾璆	10
	特等	楊魯曾　陳廷揚　胡聿華　吳廷採　葛士濬　秦在鎔　吳壽萱　竺麐[4]祥　鄔福偉　戴　羲	10
詞章	超等	鄒宸笙　周以成　萬人傑　華秉鈞　潘　鴻　王士駿	6
	特等	王繼本　向藜青　施昌熾　張景翰　郭謙益　郭宗瀚　胡友芸	7
合計		83	
出處		《申報影印本》1888 年 3 月 24 日《寧郡辨志文會丁亥冬季課案》，第 32 冊，第 459 頁下欄 又可見《申報影印本》1888 年 4 月 1 日《寧郡辨志文會光緒十三年冬季課案》，第 32 冊，第 509 頁下欄－510 頁上欄	

【校箋】

[1] 黃家辰：《寧郡辨志文會光緒十三年冬季課案》作“黃家宸”。

[2] 陳漢章：《寧郡辨志文會光緒十三年冬季課案》作“陳漢”。

[3] 天算：《寧郡辨志文會光緒十三年冬季課案》作“算學”。

[4] 麐：《寧郡辨志文會光緒十三年冬季課案》將“麐”簡化成“麟”。

表 4-107　辨志文會光緒十四年（1888）春季課題

類別	名稱
漢學	①《小正》鞠再見解
	②《王制》東田解
	③旅擯不傳辭說
宋學	①博學以知服說
	②“未發之前，有善無惡”說
	③趙師夏云：“《告子》杞柳之論，性惡之意也；義外之論，禮偽之意也。”試申言之

（续表）

類別	名稱
史學兼掌故	①賈捐之《議棄珠厓論》
	②問:河決為害始自何時? 馬班兩書載河決者幾事?
	③程子云漢火德多水災,唐土德少河患,然否?
	④後周顯德六年河決原武,今之鄭州卽其地歟?
	⑤國朝翰詹各官廢置攷
天文兼算學	①問:西曆[1]入中國,唐有《九執》,元有《萬年》,明有《回回》,及今之新法,互有異同,可推其得失之概歟?
	②問:圈晷九十度為大圜二分之一,象限儀九十度為大圜四分之一,以之測日影,所得能相合否?
	③有砲距敵二千四百步,用六磅彈擊之可中,乃敵忽退後三十三步,砲表當升若干分擊之?
輿地之學	①淮水源流攷
	②歷代黃河徙流攷
	③問:《禹貢》導河,曰播曰逆,《孟子》曰疏,其意同否?
詞章之學	①《明堂賦》(不限韻)
	②擬蕭大圜《言志》
	③《新柳詞》(七絕十二首)
出處	《申報影印本》1888 年 4 月 14 日《寧郡辨志文會戊子春季課題》,第 32 冊,第 587 頁下欄

【校箋】

[1] 西曆:原文誤作"西歷",茲據文意逕改。

表 4-108 辨志文會光緒十四年(1888)春季課案

齋別	等級	獲獎者姓名					小計
漢學	超等	王亨彥	潘錫麒	吳廷採	鄭企僑	陳慶年	10
		鄭 鈺	林文豪	汪開祉	范 麟	許克勤	
	特等	胡玉縉	秦在鎔	胡玉庚	洪 塈	潘彭齡	10
		錢麟書	許文蔚	陳鳳藻	俞乃濟	李永康	
宋學	超等	吳廷採	胡玉庚	胡玉縉	葉鴻坤	范 麟	10
		葉慧業	朱炳林	施世仁	毛 震	王亨彥	
	特等	黃禎祥	嚴斯豐	沈重光	葉宗善	鄭鍾祥	10
		葉晉綬	管年祥	張德詠	王亨兆	王祥宸	

（续表）

齋別	等級	獲獎者姓名					小計
史學	超等	朱逢甲	楊魯曾	陶景朱	鄒宸笙	汪開祉	6
		吳廷採					
	特等	曹寶書	屠承恩	周鴻謨	毛 震	秦在鎔	6
		錢麟書					
天算	超等	程之驥	陳光榮	沈春元	王 瀛	盧雲鵬	8
		曹 辛	徐成之	沈文耀			
	特等	潘乃芬	王 瑩	李慶國	沈金濂	邵仁榕	8
		林植梅	郎贊袞	范猷銘			
興地	超等	金承熙	許克勤	楊金鑑	陳鳳藻	陸士奎	10
		吳廷採	王廷材	汪開祉	楊魯曾	許文蔚	
	特等	戴 羲	曹 辛	向道深	徐紹謙	張綬青	10
		秦在鎔	毛 震	張 翰	吳善達	郎贊袞	
詞章	超等	王頌清	萬人傑	鄒宸笙	張景翰	馮保燮	7
		施昌熾	華秉鈞				
	特等	劉 翰	程 桐	梁受祜	邱在華	施昌栻	7
		陳紹賢	胡友芸				
合計		102					
出處		《申報影印本》1888 年 9 月 4 日《光緒十四年春季寧郡辨志文會案》，第 33 冊，第 444 頁上欄					

表 4-109　辨志文會光緒十四年（1888）秋季課案

齋別	等級	獲獎者姓名					小計
漢學	超等	吳廷採	陳慶年	鄭丙翰	李永康	張繼周	10
		潘彭齡	許克勤	鄭 鈺	秦在鎔	王亨兆	
	特等	胡友芸	吳 本				2
宋學	超等	楊宗福	吳廷採	王亨兆	王亨彥	鄭鍾祥	10
		沈重光	葉晉綬	嚴斯豐	周保璋	戴鴻鈞	
	特等	吳 周	吳 本	沈春元	胡友芸	楊宗源	5
算學	超等	沈春元	曹 辛	沈德賢	曹 壬	朱麟書	8
		張禾芬	樓 超	程之驥			
	特等	丁國珍	陳繼中	王仁熙	王思得	程利川	6
		林之章					

（续表）

齋別	等級	獲獎者姓名	小計
輿地	超等	朱逢甲　王亨彥　許克勤　王亨兆　徐廷採　華昌熙	6
	特等	張綏青　戴　羲　秦在鎔　沈春元　謝報生　胡友芸	6
詞章	超等	潘　鴻　鄒宸笙　張景翰　竺麿祥　萬人傑　屠承恩　姜熊占　姚文禧　楊宗福　應瑞廷	10
	特等	姜家幹　張　頤　梁受祜　周保璋　吳序周　勵學英　邱在華　鄭傳維　施元棣　周康權	10
合計		73	
出處		《申報影印本》1889 年 1 月 28 日《光緒十四年秋季辨志文會各學名次》,第 34 冊,第 138 頁上欄	

表 4-110　辨志文會光緒十四年（1888）冬季課題

類別	名稱
漢學	①五齊名義
	②六飲名義
	③九祭名義
宋學	①"以友輔仁"說
	②"尊德性而道問學"說
	③顧端文謂《孟子》"有命""有性"二條,為告子而發,試申之
史學兼掌故	①唐府兵論
	②問:王鳴盛《十七史商榷》、錢大昕《廿二史考異》、趙翼《廿二史劄記》三書優劣
	③採礦議
天文兼算學題	①重差夕桀解
	②彗星橢圓道異於諸行星說
	③弧矢求圜徑,矢自乘加半弦自乘,以矢餘之得圜徑,試推明其所以然理
輿地	①周有焦獲玟
	②《左傳》"夾谷"即"祝其"玟
	③《職方》"盧維"當作"雷雍"說

（续表）

類別	名稱
詞章	①《鴉陣賦》（以來若雨集、去如雲散為韻）
	②《雲石銘》
	③《詠臘八粥》（五排二十韻）
出處	《申報影印本》1888 年 10 月 14 日《寧郡辨志文會戊子冬季課題》，第 33 冊，第 695 頁下欄—696 頁上欄

表 4-111　辨志文會光緒十四年（1888）冬季課案

齋別	等級	獲獎者姓名					小計
漢學	超等	張禹賡	范　麟	許克勤	秦在鎔		4
	特等	汪開祉	吳廷採	許文蔚	蘇嘉和		4
宋學	超等	葉慧業　胡玉緔　葉晉綬　吳廷採　范　麟　毛　震　胡玉庚　葉鴻坤　范彭壽　葉金題					10
	特等	胡玉裁　童景熙　王亨彥　葉金策　鄭鍾祥　黃禎祥　許克勤　葉啓業　葉宗善　夏承謨					10
史學	超等	朱逢甲　鄒宸笙　屠承恩　陶景朱　吳廷採　汪開祉					6
	特等	秦在鎔　汪玉麒　曹寶書　胡友芸　謝萱德　唐繼盛					6
天算學	超等	盧雲鵬　曹　辛　程之驥　曹　壬　陳光榮　胡聿華　沈其昌　林植梅　徐行悌　沈春元					10
	特等	樓　超　徐　芳　丁國珍　王　瀛　胡仲玉　方名潢　邵仁榕　王仁熙　王思得					9
輿地學	超等	胡聿華　錢麟書　陸士奎　許文蔚　許克勤　吳廷採　陶景韓　于　邕　戴輔堯　汪開祉					10
	特等	陳元鼎　洪　堃　楊　冕　秦在鎔　吳善逑　張綏青　楊章溥　俞乃濟　胡友芸					9
詞章學	超等	潘　鴻　鄒宸笙　萬人傑　周以成　張景翰　夏嗣俅　畢冠軍　史祖壽					8
	特等	施仁統　夏啓瑞　施昌熾　胡祥鑠　吳序周　孔祥年　吳善逑　邱在華					8
合計		94					
出處		《申報影印本》1889 年 4 月 6 日《光緒十四年冬季寧郡辨志文會評定六齋各學名次》，第 34 冊，第 506 頁上欄					

表 4-112 辨志文會光緒十五年(1889)春季課題

類別	名稱
漢學	①《周易正續》舊注有異,讀者引而正之
	② 楊子言《酒誥》之篇俄空說
	③ 荀子引《禮》"天子外屏,諸候内屏"說
宋學	①尊聞行知說
	②主一說
	③盡性至命必本於孝弟說
史學兼掌故	①留侯論
	②問班史《古今人表》九等等差當否
	③太和、昭德、貞度三門制度攷
天文兼算學	①諸行星大小遠近說
	②《多寶塔碑》天寶十一載四月乙丑朔,廿二日戊戌,■支必有一誤,試以秫法[1]推正之
	③砲彈行拋物線,因其循來福線之故,成二種曲勢,差低差右,可推其差數否?
興地	①嵩高崧高辨
	②滎陽熒陽辨
	③問:《禹貢》兩島夷,當今何地?
詞章	①擬潘安仁《耕田賦》(不限韻)
	②書《湘鄉曾文正公集》後
	③新燕(七律四首,不限韻)
出處	《申報影印本》1889 年 4 月 3 日《寧郡辨志文會春季課題》,第 34 冊,第 488 頁上欄

【校箋】

[1] 秫法:理當改作"曆法"。

表 4-113　辨志文會光緒十五年(1889)春季課案

類別	等級	獲獎者姓名					小計
漢學	超等	鄭企嵋	鄭　鈺	梅鼎恩	王亨彥	范　麟	10
		胡耀光	唐贊堯	章本澂	許克勤	倪祖勳	
	特等	汪開祉	錢文霈	金文樑	王仁俊	胡玉縉	10
		陶承潞	吳廷採	秦在鎔	劉夢齡	李永康	
宋學	超等	黃家驚	黃家橋	曹　猷	梅鼎恩	陳卓人	10
		章祖洛	胡玉縉	姜莊臨	王亨兆	葉金題	
	特等	王亨彥	葉晉綏	林植梅	李永康	胡玉庚	10
		王祥宸	葉惠業	吳廷採	葉鴻坤	王仁俊	
史學	超等	朱逢甲	鄒宸笙	尤　桐	吳佐清	吳廷採	8
		汪開祉	屠承恩	陶景文			
	特等	姚曾榮	陶景朱	吳廷撰	毛　震	范彭壽	10
		何鳳祥	胡芊鑠	陳卓人	王亨兆	王宗鎮	
天算	超等	盧雲鵬	曹　辛	程之驥	張禾芬	方名潢	10
		盧梯青	徐行悌	林植梅	沈春元	王　瑩	
	特等	程萬里	曹　壬	陳光榮	朱麟書	郎贊袞	10.
		樓　超	周光祖	丁國珍	汪忠福	王自謨	
輿地	超等	胡聿華	黃　煥	吳壽萱	戴輔堯	黃家驚	10
		陳崇宸	王雅三	汪開祉	許克勤	陸士奎	
	特等	王亨彥	陳鳳藻	吳廷採	秦在鎔	朱鎔經	10
		周承勳	嚴　杰	朱師軾	黃家光	錢經藩	
詞章	超等	張景翰	鄒宸笙	藩　鴻	萬人傑	謝輔煐	10
		周以成	趙宗麟	姚文禧	李鼎頤	華秉鈞	
	特等	王英冕	徐敦穆	王頌清	金文樑	梁受祜	10
		張汝蕙	管年祥	史祖壽	張祖周	吳彥升	
合計		118					
出處		《申報影印本》1889 年 8 月 5 日《光緒十五年春季寧郡辨志文會案》，第 35 冊，第 225 頁下欄－226 頁上欄					

表 4-114　辨志文會光緒十五年(1889)夏季課題

類別	名稱
漢學題	①尚書正讀
	②僉馴解
	③舊說"姓分為族，族分為氏"，或說"姓分為氏，氏分為族"，兩義孰是？

（续表）

類別	名稱
宋學題	①《孟子》"恥之于人章"講義
	②天職說
	③論王仲淹學術
史學兼掌故題	①漢武帝求茂材異等使絕國論
	②《史記・律書》即"兵書說"
	③鐵路利害論
天文兼算學題	① 歲星超辰率古遲今速，或謂戰國後歲星變行，然歟？ 否歟？
	②問：黃赤遠近，其差在緯；歲實消長，其差在經。昔人以黃赤漸近為歲實漸消之根，能辨正其說歟？
	③三邊求角，以對角之邊與半總相減，得較乘半總，得數為法。餘兩較各乘半徑全數，又自相乘得數為實法。除實得數關平方，為半形切線。能闡其理數否？
輿地之學題	①《史記・殷本紀》泰卷陶說
	②《文選・西都賦》提封五萬解
	③問：新舊唐書《韓愈傳》，一稱昌黎人，一稱鄧州南陽人，兩書不同，何歟？
詞章之學題	①《勅賜百官櫻桃賦》(以歸鞍競帶青絲籠為韻)
	②阮籍論
	③擬黃山谷《觀劉永年團練畫角鷹》(用原韻)
出處	《申報影印本》1889 年 6 月 3 日《辨志文會己丑夏季課題》，第 34 冊，第 865 頁下欄。且其文末有云："凡交卷者，收至五月底為止。"

表 4-115 辨志文會光緒十五年(1889)夏季課案

類別	等級	獲獎者姓名					小計
漢學	超等	鄭企峒	鄭 鈺	梅鼎恩	章本澂	嚴寶鈞	10
		陳鳳藻	劉夢齡	孫兆熊	錢文霈	胡聿華	
	特等	吳廷撰	吳廷採	王仁基	汪開祉	范 章	10
		秦在鎔	楊黼章	周振翰	曾承芳	蘇嘉和	
宋學	超等	吳廷採	黃家驚	葉慧業	梅鼎恩	沈重光	5
	特等	許承榮	葉金題	朱藜祥	鄭鍾祥	洪廷燦	10
		黃家驥	張鴻楠	吳廷撰	葉鴻坤	王仁俊	

（续表）

類別	等級	獲獎者姓名					小計
史學	超等	尤　桐	汪開祉	吳廷撰	朱逢甲	李鼎頤	10
		鄒宸笙	沈亮棨	胡祥榮	朱鎔經	黃家岱	
	特等	范彭壽	許庭銓	馬冠羣	屠承恩	吳廷採	10
		朱師軾	葉永孚	張善煒	戴堯輔	吳善逵	
天算學	超等	王　瀛	沈春元	曹　辛	盧雲鵬	張禾芬	10
		陳光榮	林植梅	樓　超	朱麟書	曹仰欽	
	特等	丁國珍	陳志堅	王　瑩	程之驤	汪宗福	10
		徐行悌	潘乃芬	袁家駿	周　馨	李炳年	
輿地	超等	胡聿華	汪開祉	陳廷揚	金承熙	許文蔚	10
		吳廷採	吳廷撰	黃丙煥	許克勤	劉崇■	
	特等	陳卓人	孫兆熊	梅鼎恩	黃家駕	秦在鎔	10
		楊陶金	林授經	費同壽	周振翰	朱黎祥	
詞章	超等	張景翰	王英冕	潘　鴻	章祖洛	萬人傑	10
		史祖壽	姚文禧	蔣　山	洪志坤	俞乃芬	
	特等	胡羊鑅	程　桐	程守知	吳善逵	姚又羹	10
		許承棨	施昌年	陳光華	胡家駿	王汝濟	
合計		115					
出處		《申報影印本》1889 年 10 月 31 日《寧郡辨志文會夏季案》，第 35 冊，第 759 頁下欄					

表 4-116　辨志文會光緒十五年（1889）秋季課題

類別	名稱
漢學	①鄭注公食：“禮，三飯而止為君子。食無求飽之義，居無求安。”應徵何禮？
	②鄭注酒正云：“酒有功，沽此即沽酒之義。”市脯應作何解？
	③草染木染石染考
宋學	①《春秋》盡性之書說
	②中虛信之本、中實信之理說
	③孟子長於詩書說
史學兼掌故	①桓寬論
	②前後《漢書》注家考
	③書毛奇齡《蠻司合志》後

（续表）

類別	名稱
天文兼算學	①日月分力并力牽引潮汐說
	②問：日面黑斑最少之時，即為最熱之年，百年中必有九次，能推其辜較否？
	③勾弦和股弦和相乘為長方，其長闊較卽勾股較，倍其積與弦和，和自乘方等，試闡其理
輿地之學	①龍門攷
	②駢邑攷
	③《康誥》之康是地名說
詞章之學	①《五鹿折角賦》(以抗首而請、音動左右為韻)
	②擬唐陸龜蒙《蟹志》
	③古劍古琴古鏡古畫(律詩四首，五七言不拘)
出處	《申報影印本》1889 年 8 月 8 日《寧郡辨志文會己醜秋季課題》，第 35 冊，第 243 頁下欄

表 4-117　辨志文會光緒十五年(1889)秋季課案

齋別	等級	獲獎者姓名					小計
漢學	超等	梅鼎恩	方玉澍	王亨彥	胡善錫	許克勤	10
		陳廷揚	范　章	吳廷採	鄭企嶍	汪開祉	
	特等	吳廷撰	張寅輝	陳卓人	秦在鎔	戴廷瑞	8
		朱炳蕃	邱煥章	范盈烺			
宋學	超等	吳廷撰	陳國瑞	黃家楣	黃家橋	王亨兆	6
		黃家松					
	特等	姜莊臨	陳卓人	范　章	邱煥章	葉慧業	6
		戴康瑞					
史學	超等	汪開祉	朱逢甲	吳廷撰	沈亮榮	黃有琮	10
		張玉瑩	錢承德	何光華	趙延緒	吳廷珍	
	特等	吳廷採	胡壬巽	張世訓	陳卓人	吳調元	8
		王榮霈	何鳳祥	邱煥章			
天算學	超等	程之驥	沈春元	曹　辛	樓　超	丁國珍	10
		張錫范	黃樹滋	張禾芬	陳祖康	潘乃芬	
	特等	方　奎	徐行悌	李國瑞	李竹虛	周光祖	10
		王自謨	李仁溥	余茂燿	王繹巽	陳繼中	

（续表）

齋別	等級	獲獎者姓名					小計
輿地學	超等	胡聿華	陳延揚	朱逢甲	汪開祉	陳康戫	10
		許克勤	梅鼎恩	吳廷採	黃家鷟	許文蔚	
	特等	黃家驥	戴輔堯	夏間夔	王亨兆	王亨彥	10
		劉夢齡	吳廷撰	許庭銓	王彭壽	秦在鎔	
詞章學	超等	張景翰	鄭彬瑞	萬人傑	姚文禧	王英冕	10
		湯嗣新	梅士鐸	張士傑	鄭傳維	吳善遼	
	特等	王作霖	秦鍾濠	劉繹	邱煥章	梅士銘	10
		戴廷瑞	林景翰	楊宗福	吳廷贊	施仁紽	
合計		108					
出處		《申報影印本》1890 年 1 月 31 日《秋季辨志文會案》，第 36 冊，第 133 頁下欄					

表 4-118　辨志文會光緒十五年（1889）冬季課題

類別	課題
漢學	①《后倉曲臺記》九篇所說何事
	②叔孫通定《儀禮》十六篇，所採何書《儀記》，與本傳所言朝儀不同，其篇數亦異？
	③生霸死霸考
宋學	①格物說
	②唐人請廢老莊尊孟子論
	③讀《顏氏家訓》書後
史學兼掌故	①《三國志》不宜託始魏武論
	②《晉書》不為馬敦立傳論
	③伐蛟約
天文兼算學	①問：春秋時列國曆法不同，能舉其梗概否？
	②地球赤道徑與二極徑長短不同，能推其密率否？
	③三率連比例，以首率、中率為一率，二率，以其和為三率，則四率得中率、末率和，以較易和，得較亦如之，試闡其理
輿地	①《禹貢》潛水玫
	②春秋兩楚邱辨
	③問：《詩》芮鞫，《漢·地理志》作芮阮，《周禮·職方》鄭注作汭沇，何者為正？

（续表）

類別	課題
詞章	①富鄭公青州荒政賦(以題為韻)
	②全氏《七校水經注》書後
	③歲暮六詠(七律,掃塵、祀竈、饋歲、餞年、換符、祭詩)
出處	《申報影印本》1889年10月27日《寧郡辨志文會己丑冬季課題》,第35冊,第733頁下欄

表 4-119　辨志文會光緒十六年(1890)春季課題

類別	名稱
漢學	①"天子壹食,諸侯再"說
	②《論語》"無初飯有四飯"解
	③"六書皆迭字之本,非有四體二用可分"說
宋學	①樞機論
	②養志說
	③天下有二本說
史學兼掌故	①四皓論
	②漢罷常平倉議
	③問:國朝乾嘉來各家史部著述,其最優可入《四庫》者幾家?
天文兼算學	①今歲熒惑守心,係星行常度解
	②勾股比例求大角小角,其理若何?
	③周徑定率有智術之稱,果密合否?(見《疇人傳》)
輿地	①晉裴秀制圖六體為西法測地繪圖權輿說①
	②採辦"浙江全省府廳州縣新舊志及近日海口砲臺水利塘工厘卡各圖"議
	③會典館檄各省府廳州縣分繪地圖,應以何者為底稿,應以何者參互考證,何以能詳備無遺,試條陳其事宜

① 饒有趣味的是,韓昭慶先生在所作《制圖六體新釋、傳承及其與西法的關係》(《清華大學學報》哲社版2009年第6期)一文中,全面而又系統地探討了這一問題。

（续表）

類別	名稱
詞章	①杏花春雨在江南賦（以題為韻）
	②擬《任彥升為蕭揚州薦士表》
	③擬張茂先《勵志詩》一首
出處	《申報影印本》1890 年 4 月 23 日《辨志文會庚寅春季課題》，第 36 冊，第 641 頁下欄

表 4-120　辨志文會光緒十六年（1890）春季課案

齋別	等級	獲獎者姓名					小計
漢學	超等	陳康黻	方惇明	王廷鼎	陳廷楊	梅鼎恩	10
		陳鳳洲	胡耀光	馮毓莘	汪開祉	鄭　鈺	
	特等	陳卓人	孫兆熊	吳廷採	楊譽龍	孫同康	10
		胡振烺	范　章	胡友蘭	陳崇宸	陳守眞	
宋學	超等	吳廷採					1
	特等	沈重光	陳一鳳	邱煥章			3
史學	超等	孫同康	朱逢甲	劉其澐	汪開祉	秦謙德	10
		曾　朴	吳廷撰	鍾允達	葉承錫	李兆耆	
	特等	諸晞沅	尤　同	胡祥鑅	周宗瀚	林鼎元	10
		蕭　鑾	吳廷採	朱錫年	沈亮概	王泳沂	
算學	超等	盧雲鵬	陳光榮	程之驤	袁家驤	崔朝慶	10
		韓保微	汪海濤	馮　澂	孫兆熊	曹仰欽	
	特等	胡聿華	應朝光	李鎮恒	胡　耀	曹位榮	10
		盧雲鵬	李仁溥	沈春瑞	張桂芬	李崇廉	
輿地	超等	施仁紱	胡聿華	王廷鼎	許克勤	陳廷揚	5
	特等	王亨彥	汪開祉	孫兆熊	朱鎔經	王新成	5
詞章	超等	顧士超	金士駿	張景瀚	周德馨	王英冕	10
		殷松年	潘　鴻	梅士銘	陸祖芳	陸鑄賢	
	特等	梅士鐸	章祖洛	徐樹鈞	鮑茂烺	湯桂籍	9
		張世統	韓善澂	張之幹	俞　鎮		
合計		93					
出處		《申報影印本》1890 年 8 月 29 日《辨志文會庚寅春季課案》，第 37 冊，第 387 頁下欄					

表 4-121　辨志文會光緒十六年（1890）夏季課題

類別	名稱
漢學	①"宗其繼別子之所自出者"解
	②字不若子說
	③丈人婦人說
宋學	①無欲則靜說
	②何■謂以《洪範》糸之《大學》《中庸》，有不約而符者，試詳言之
	③讀《思辨錄》書後
史學兼掌故	①孟嘗、平原、信陵、春申四君論
	②書《史通·疑古篇》後
	③問：翰林、修撰、編修、檢討、庶起士諸官，昉自何代？ 進士一甲一名為修撰，次及二甲為編修、三甲為檢討，定自何時？
天文兼算學	①熒惑勾已說
	②問：測地用儀器用矩度，何者為便，二者之外，抑更有捷法否？
	③推大地經線、緯線，以何法為捷？ 試詳言之
輿地之學	①率山率水辨
	②云云亭亭攷
	③問：《易傳》河出圖與《尚書》東序之河圖，異同若何？
詞章之學	①南村諸楊北村盧賦（以葉蒸霧雨、花傲風霜為韻）
	②擬皇甫湜《諭業》論
	③國朝諸家駢體文
	④《太學石鼓歌》
出處	《申報影印本》1890 年 6 月 25 日《寧郡辨志文會庚寅夏季課題》，第 36 冊，第 1035 頁下欄

表 4-122　辨志文會光緒十六年（1890）夏季課案

類別	等級	獲獎者姓名					小計
漢學	超等	王亨彥	陳瑞昌	汪開祉	胡振濂	張宗録	10
		胡承瑗	吳廷採	陳卓人	范盈烺	胡耀光	
	特等	陳和庚	陳鳳洲	梅鼎恩	范崇禮	鄭　鈺	10
		林授經	吳廷撰	王廷鼎	夏國珍	錢文霈	

（续表）

類別	等級	獲獎者姓名					小計
宋學	超等	王亨彦	吳廷撰	王雅三	黃炳煥	吳廷採	8
		王亨兆	林鍾崙	王炳謨			
	特等	姜莊臨	李永康	張鴻桷	鄭鍾祥	陳錫哉	8
		傅汝礪	朱炳林	陳卓人			
史學	超等	李　達	朱逢甲	朱理泗	汪開祉	吳廷採	10
		李永康	顧健基	王思永	胡宗儀	姚曾榮	
	特等	周承勳	吳廷撰	沈亮榮	周保穀	張善煒	10
		張宗錄	馮忠勤	陳錫哉	韓善徵	吳善逵	
天算學	超等	程之驥	曹仰欽	孫兆熊	夏循坦	韓恩榮	10
		馮　澂	胡　燿	朱　熙	盧雲鵬	韓保徵	
	特等	汪佐宸	盧雲熊	汪文炳	李炳緯	王鴻賓	10
		沈春瑞	張桂芬	李炳年	王仁熙	胡　華	
輿地學	超等	施仁紱	黃炳煥	吳廷採	陳廷揚	施仁續	10
		汪開祉	吳廷撰	施仁綸	張德容	林炳蔚	
	特等	孫兆熊	戴　羲	費協邦	許文蔚	孫毓廛	10
		秦在鎔	張鴻桷	吳善逵	錢文濡	王敬烈	
詞章	超等	殷松年	張景瀚	顧士超	馮善徵	梅士銘	8
		吳寶忠	錢保壽	陸鑄賢			
	特等	韓善徵	厲鍾麟	湯桂第	王文鍇	施昌熾	8
		褚德紹	陳　鑣	史祖壽			
合計		112					
出處		《申報影印本》1890 年 11 月 13 日《庚寅夏季寧郡辦志文會課案》，第 37 冊，第 861 頁下欄					

表 4-123　辦志文會光緒十六年（1890）秋季課題

類別	名稱
漢學題	①《風》無魯宋說
	②《禮》不參說
	③《春秋》不兼說
宋學題	①過行弗率說
	②性其情說
	③論陳剩夫學術

(续表)

類別	名稱
史學兼掌故題	①《史記·秦本紀》《項羽本紀》當降作世家論
	②《資治通鑑》始於周烈王命晉大夫為諸侯論
	③漢掌故吏攷
天文兼算學題	①測繪先定底線說
	②問：儀器測地莫捷于圖算，莫要於子午中鍼，其求烏里開方之法，能詳言之歟？
	③問：浙省地居赤道北天度，北狹南舒，每方格百里，羅鍼所指斜度與方格直線當差幾何？
輿地之學題	①姑蔑攷
	②洢水溾水辨
	③《禹貢蔡傳》砱礫解
詞章之學題	①《王子猷邀桓野王吹笛賦》（以踞牀三弄、不交一言為韻）
	②乞巧文
	③論詞絕句（仿元遺山論詩體，不拘首數）
出處	《申報影印本》1890年9月1日《辨志文會庚寅秋季課題》，第37冊，第405頁下欄

表 4-124　辨志文會光緒十六年(1890)秋季課案

類別	等級	獲獎者姓名					小計
漢學	超等	胡玉縉　鄭　鈺　鄭之棟　鄭紹裘　施昌熾　汪開祉　林授經　梅鼎恩　陳鳳洲　許克勤					10
	特等	劉邦霖　秦在鎔　王德明　陳和鳴　費　華　謝瑞祥					6
宋學	超等	吳廷採　張鴻桷　周承勳　吳廷撰　王炳謨　沈重光					6
	特等	鍾允達　秦在鎔					2
史學	超等	王詠沂　朱逢甲　呂振祺　汪開祉　汪儀鄭　孫國禎　陳壽祉　劉其澐　黃士林　張友蘭					10
	特等	秦德謙　孫同康　張善煒　水祥瑞　丁受黻　姚曾榮　朱鎔經　吳廷撰　董□和　蔣祖義					10

（续表）

類別	等級	獲獎者姓名					小計
天算學	超等	曹仲欽 陳康年 楊昌祈 袁家驥 王汝成 邱雲祥 陳 辛					7
	特等	陳繼中 王仁敷 陳光深 李炳緯 曹位榮 王仁熙 曹允治					7
輿地學	超等	施仁紱 黃家篤 吳廷撰 曾 朴 施仁綸 陳廷揚 王廷鼎 吳廷採 鄒壽祺 秦在鎔					10
	特等	胡聿華 許克勤 汪開祉 劉邦霖 許文蔚 袁 峻 胡承瑗 葛震一 施澤霖 林授經					10
詞章	超等	潘 鴻 張景翰 陸鑄賢 梅士銘 顧士超 殷松年 金士駿 姜家幹 馮善徵 陸必成					10
	特等	陳 榮 林炳蔚 劉其澐 韓善徵 陳 鑣 王 鍾 李鼎頤 勵延豫 張德容 俞 鎮					10
合計		98					
出處		《申報影印本》1891 年 1 月 25 日《庚寅秋季寧郡辨志文會課案》，第 38 冊，第 147 頁下欄					

表 4-125　辨志文會光緒十六年(1890)冬季課題

類別	課題
漢學	①迎長日之至解
	②邱乘解
	③讀《孝經》鄭氏注
宋學	①《孟子·公孫丑》問君子之不教子章講義
	②義有長短小大說
	③程子言："灑掃應對便是形而上者。"朱子言："神亦形而下者。"試申其說
史學兼掌故	①趙高■韓保彎論
	②問史家重譜學漢魏六朝諸姓譜其散見於各書有可證引者凡幾家
	③設保舉以求人才說
天文兼算學	①方直儀不用割切線解
	②一處北極高卅度，一處北極高廿度，兩處經線距十五度，其斜距里數幾何？
	③前後兩儀距六十丈，定準地平測山高，前儀四十五度，後儀廿四度，問高遠幾何？若後儀低三尺測此山，應得幾度？

（续表）

類別	課題
輿地[1] 之學	①東郫西郫攷
	②霍山為南嶽說
	③武城攷
詞章 之學	①溫公辭樞密歸洛賦（以題為韻）
	②擬江文通《論隱書》
	③雪中人詠（七律，東郭曳履踐雪、子卿吞氈齧雪、袁安閉戶臥雪、孫康讀書映雪、王恭鶴氅涉雪、鄭綮驢背吟雪、文公藍關擁雪、游楊程門立雪）
出處	《申報影印本》1890 年 12 月 4 日《寧波辨志文會冬季課題》，第 37 冊，第 997 頁下欄

【校箋】

[1] 輿地：原本倒作"地輿"。

表 4-126 辨志文會光緒十六年(1890)冬季課案

類別	等級	獲獎者姓名					小計
漢學	超等	汪開祉	吳廷採	秦鍾濠	謝宸德	翁其泰	10
		許文蔚	吳廷撰	林授經	王亨彥	施仁統	
	特等	王廷鼎	胡友蘭	徐正塘	胡耀光	範崇禮	10
		范然藜	吳有榮	陳雲章	鄭紹裘	李永康	
宋學	超等	吳廷採	李永康	王亨兆			3
	特等	張天爵	沈重光	周承勳	吳廷撰	葉慧業	5
史學	超等	汪開祉	朱逢甲	林承勳	葛保元	張天爵	5
	特等	葉承錫	張仁壽	胡友芸	陳雲章		4
天算學	超等	王 瑩	沈金漄	曹位榮	王汝成	盧雲熊	10
		曹位康	王 熙	陳繼中	程利川	程連鴻	
	特等	李仁溥	王 杰	陳光耀	盧雲鴻	盧雲鵠	10
		程述聖	汪佐宸	韓 珪	韓保徵	馮 澂	
輿地	超等	孫兆翰	王廷鼎	王亨彥	施仁統	朱逢甲	10
		許文蔚	許克勤	鄒壽祺	吳廷採	葛士濬	
	特等	汪開祉	姚曾榮	王 慈	施仁綸	施仁績	10
		王思永	馮忠勤	張德容	湯有光	秦鍾濠	

（续表）

類別	等級	獲獎者姓名					小計
詞章	超等	潘　鴻　殷松年　顧士超　金士駿　褚德弨 何其杰　褚德紹　馮善徵　吳寶忠　方黍薌					10
	特等	吳善逵　劉其澐　鄭傳維　鄭清瀚　張祖祺 鄭槙士　俞兆熊					7
合計		94					
出處		《申報影印本》1891 年 3 月 20 日《寧郡辨志精舍庚寅冬季案》，第 38 冊，第 403 頁下欄					

表 4-127　辨志精舍光緒十七年（1891）春季課題

類別	名稱
漢學	①奉璋峨峨解
	②楛矢楉復古文作魁說
	③釋決韍[1]
宋學	①正人心論
	②"頤之養也先乎近"說
	③擬倣湖學置經義、治道諸齋議
史學兼 掌故	①李贊皇、張江陵優劣論
	②《竹書紀年》真偽辨
	③歷代相臣沿革攷
天文兼 算學	①今春歲星在虛危，于恒星有干犯否？試推之
	②一處北極出地四十度，一處北極出地三十度，測月食虧復遲早差一小時十 分，兩處斜距里數若干？
	③今有一山，於平地立儀測山頂，得三十度。退後四十丈，立儀測前儀心[2]，得 十四度；測山頂，得廿五度。問山高遠及測所高卑若干丈？
輿地	①《水經注》以華山為惇物說
	②《莊子·齊物論》宗膾胥敖攷
	③問：潛說友《臨安志》赤松子山，其名義若何？

（续表）

類別	名稱
詞章	①蘭亭修禊賦（以崇山峻嶺、茂林修竹為韻）
	②擬李義山《謝河東公和詩啓》
	③擬楊鐵厓《嬉春體》五首
出處	《申報影印本》1891年3月12日《寧城辨志精舍辛卯春季課題》，第38冊，第357頁下欄

【校箋】

[1] 釋決䋘：《申報影印本》1891年3月19日《正字》云："前報登春季辨志精舍課題，內……漢學第三題'釋決䋘'，'決'誤作'疑'。合即聲明於此。"茲逕改。

[2] 測前儀心：《申報影印本》1891年3月19日《正字》云："前報登春季辨志精舍課題，內算學第三題'測前儀心'，'心'誤作'必'，……合即聲明於此。"茲逕改。

表4-128　辨志精舍光緒十七年(1891)春季課案

齋別	等級	獲獎者姓名					小計
漢學	超等	毛宗澄	王亨兆	裘熙林	王亨彥	吳廷採	10
		丁國鈞	趙多祝	范 章	李永康	李兆蕃	
	特等	錢文霈	秦鍾濠	汪開祉	李慎叔	胡耀光	10
		胡炳益	孫國楨	許克勤	李元燾	王廷鼎	
宋學	超等	汪開祉	姚學蒒	吳廷撰	王亨兆	李兆蕃	8
		吳廷撫	吳廷採	王亨彥			
	特等	張仁安	李鳳翔	范熙澤	周承勳	葉金題	10
		沈重光	張鴻桷	黃家坤			
史學	超等	范彭壽	胡玉縉	吳佐清	秦在鎔	謝行湘	10
		孫同康	張世銓	諸晞沆	劉其澐	潘敦先	
	特等	張善煒	沈念祖	吳廷撰	胡文言	孫國楨	10
		吳廷採	邱煥章	胡祥鑠	馮善徵	孫師鄭	
天算	超等	王汝成	邱雲祥	秦偉梜	沈金漣	王 瑩	10
		朱 熙	盧雲鴻	李炳儀	李炳緯	程雲鴻	
	特等	盧雲熊	王恭源	沈春瑞	王仁熙	王思得	10
		王軼羣	陳光深	馮 澂	柴冕藻	陸宗光	

（续表）

齋別	等級	獲獎者姓名					小計
輿地	超等	許克勤 吳廷撰	吳廷採 張鴻桷	施仁絨 牟 潘	許克治 袁之璆	王廷鼎 鄒壽祺	10
	特等	陳卓人 許文蔚	吳善逵 劉邦霖	王仁俊 俞乃濟	秦鍾濠 錢文需	馮忠勤 吳壽萱	10
詞章	超等	潘 鴻 周德馨	姚 冕 顧士超	張景瀚 俞 鑑	梅士銘 馮善徵	殷松年 金士駿	10
	特等	孫鳳彬 胡祥鏷	俞 鎮 史祖壽	許之平 楊嗣新	施昌熾 鄭槙士	梅士鐸 何其杰	10
合計		118					
出處		《申報影印本》1891 年 7 月 7 日《寧郡辨志精舍辛卯春季課案》,第 39 冊,第 37 頁下欄					

表 4-129　辨志精舍光緒十七年(1891)夏季課題

類別	名稱
漢學題	①祭義薦黍稷曰報魄郊,特牲蕭合黍稷曰臭陽,其義何居?
	②舊說祭義焫蕭在朝踐郊,特牲焫蕭在薦熟,近儒駁之,究以何說為是?
	③舊說祼禮,王酌鬱鬯以獻屍,屍受而灌地,或說祼王自灌;舊說屍受鬱鬯,祭之啐之奠之,或說啐之是饗■,奠之則非达■淵泉。究以何說為得?
宋學題	①告子論性强孟子說
	②知行合一說
	③學者治生為先務說
史學兼掌故題	①續《晁錯論》
	②新疆邊防策
	③倉頡廟配饗諸君議
天文兼算學題	①問:切線分外角通於垂弧法,試以甲乙弧廿五度、甲丙弧三十五度、甲角五十度,求對角乙丙度? 繪圖立說,以明其理數
	②總較法以兩餘弦折半求矢較,試亦以甲乙、甲丙兩弧甲角求對角,繪圖立說以明之
	③儀器測高遠,以八線比例丈尺里數,能詳其用法歟?
輿地題	①夷庚解
	②《漢志》"鬱夷"《詩》作"倭遲"說
	③問:《爾雅》西方之蠠,他書或謂在北方,何歟?

（续表）

類別	名稱
詞章題	①白傅大裘賦（以大庇天下寒士俱歡顏為韻） ②擬曹子建《與吳季重書》 ③《消夏六詠》（不拘體韻，揚銘、讀碑、品泉、論印、選硯、檢書）
出處	《申報影印本》1891年6月8日《辨志精舍辛卯夏季課題》，第38冊，第884頁上欄

表 4-130　辨志精舍光緒十七年(1891)夏季課案

齋別	等級	獲獎者姓名					小計
漢學	超等	鄭　鈺	施昌燨	許克勤	吳廷撰	胡炳益	10
		孫同康	王亨彥	吳廷採	許克治	錢文霈	
	特等	陳卓人	汪開祉	梅鼎恩	陳崇謙	翁其泰	10
		秦鍾濠	范盈烺	王亨兆	范崇禮	林鍾嵪	
宋學	超等	王雅三	姜莊臨	張仁安	葉金題	吳廷採	6
		張鴻楠					
	特等	葉慧業	沈重光	李永康	王亨彥	朱黎祥	6
		吳廷撰					
史學	超等	陳國瑞	梅士鐸	張世銓	王廷材	蘇象賢	10
		馮善徵[1]	范彭壽	習同樞	孫國楨	孫師鄭	
	特等	諸晞沆	張善煒	謝行湜	黃俞秦	潘敦先	10
		孫同康	毛　震	■　棻	陶祖德	施昌燨	
算學	超等	王汝成	秦偉械	邱雲祥	曹仰欽	馮　澂	10
		盛沛柱	王　瑩	朱　熙	范猷銘	汪佐宸	
	特等	王茝棠	沈金鏘	張　莆	汪榕如	傅佐清	10
		葛鵬翔	柴冕藻	張德詠	王恭源	李炳儀	
輿地	超等	施仁紞	王廷材	孫　灝	孫以燕	裘慶杓	10
		汪開祉	朱師軾	秦鍾濠	吳廷採	王廷鼎	
	特等	達　人	王亨彥	翁啓成	吳廷撰	許文蔚	10
		孫國楨	許克治	殷松年	施昌燨	施仁績	
詞章	超等	馮善徵[2]	殷松年	陳培壽	施昌燨	張　藩	10
		許承榮	潘承撰	邱暉炯	尤金鏞	何其杰	
	特等	夏循恒	金士駿	應祖煒	陳輔宸	管年祥	10
		褚德紹	鄭楨士	梅士銘	周德馨	許之平	
合計		112					
出處		《申報影印本》1891年11月10日《寧郡辨志精舍辛卯夏季課案》，第39冊，第803頁下欄					

【校箋】

　　[1][2] 馮善徵：原作“馮善澂”，據上下文，當是“馮善徵”之刊誤，茲逕改。

表 4-131　辨志精舍光緒十七年（1891）秋季課題

類別	名稱
漢學	①《大戴禮》“性都其富，戰任其戎”解
	②《小戴禮》“千祫及其高祖”解
	③《韓詩》“飲酒之醹”解
宋學	①經正民興論
	②學者三弊說
	③書《明本釋》後
史學兼掌故	①孔門再傳弟子考
	②王導、謝安優劣論
	③恭擬《太廟配饗功王、功臣贊》
天文兼算學	①太歲歲星超辰說
	②問：浙省府、廳、州、縣冬夏至日出入時刻，能推其先後分秒否？
	③問：朦影以十八度為限，能闡其理斷否？
輿地	①置郵解
	②三里之城、七里之郭考
	③問：《孟子》所謂野與國中，趙注、朱注兩說孰長？
詞章	①《海軍賦》（不限韻）
	②《國朝中興功臣頌》
	③《曲江觀潮行》（七古）
出處	《申報影印本》1891 年 10 月 9 日《寧郡辨志精舍辛卯秋季課題》，第 39 冊，第 612 頁上欄

表 4-132 辨志精舍光緒十七年(1891)秋季課案

齋別	等級	獲獎者姓名					小計
漢學	超等	錢文霈 許克勤	楊譽龍 周振翰	陳煥章 吳廷採	王亨彥 孫國楨	汪開祉 吳廷撰	10
	特等	施昌熾 金士奎	王廷鼎 秦鍾濠	鄒壽祺 王亨兆	趙多祝 徐太惪	王桂芬 邱暉炯	10
宋學	超等	沈重光	黃家襄	陳煥章	吳廷撰		4
	特等	李永庚	吳廷採	張 煦	李兆蕃	陳廷獻	5
史學	超等	李翼鯤 謝行湉	陳煥章 潘敦先	張世銓 范 麟	竺士康	夏啓瑜	10
	特等	范彭壽 盛炳經	馮善徵 蘇象賢	汪開祉 吳廷撰	馮 澂[2]	秦在鎔	8
算學	超等	陳其彪 李文炳	秦偉械 柴冕藻	朱 熙 李炳儀	王汝成 王保壽	王軼羣 曹位榮	10
	特等	邱雲祥 胡世儀	韓保徵 曹育瀚	汪佐宸 盛沛柱	陳煥章 盛 柱	王鱗藻 馮 澂[2]	10
輿地	超等	陳煥章 許克治	姚曾榮 黃家驚	施仁統 余承熙	黃 達 趙多祝	吳廷撰 錢文霈	10
	特等	曾 朴 吳廷採	葛士濬 王亨兆	汪開祉 秦鍾濠	鄭 鈺 孫同康	許克勤 陳崇謙	10
詞章	超等	馮善徵	邱暉炯	顧士超	梅士銘	楊 輝	5
	特等	馮 澂[3]	吳善逹	陳 鑣	張祖祺	陳熙亮	5
合計		97					
出處		《申報影印本》1892年1月23日《寧郡辨志精舍秋季課案》,第40冊,第129頁下欄-130頁上欄					

【校勘記】

[1][2][3] 馮澂:原作"馮徵",據上下文,可知顯係"馮澂"之刊誤,茲逕改之。

表 4-133 辨志精舍光緒十七年(1891)冬季課題

類別	名稱
漢學	①申鄭康成《論語》"莫春節"注義
	②申鄭康成《孟子》"市廛而不征、法而不廛"遺義
	③申鄭眾《左傳》"鄭伯男也"注義

（续表）

類別	名稱
宋學	①禪學論
	②孟子得《易》之用說
	③因其已發而遂明之，是省察之德，因其未發而遂明之，是體認之法，其義孰優？
史學	①駁侯朝宗《王猛論》
	②問唐府兵、明衛所得失策
	③歷代車戰考
天文兼算學	①平時真時說
	②以渾儀黃赤道之割切，二線成立三角形，四面皆勾股，即弧度可相求，能闡其理數歟？
	③造地圖用三角測算遠近，即得天空下視真形，能舉其要旨歟？
輿地	①胸忍胸朌辨
	②慮俔或作■□說
	③問：枚乘七發骨毋之場，當今何地？
詞章	①《禹合諸侯於塗山賦》（以塗山四說、當主壽春為韻）
	②《蘇文忠公生日祝文》
	③擬東坡《書王定國所藏煙江疊嶂圖》
出處	《申報影印本》1891 年 12 月 7 日《寧郡辨志精舍冬季課題》，第 39 冊，第 965 頁下欄

表 4-134 辨志精舍光緒十七年（1891）冬季課案

類別	等級	獲獎者姓名					小計
漢學	超等	陳煥章	梅鼎恩	許克勤	鄭　鈺	施世傑	10
		劉夢齡	潘　任	周振翰	陳鳳洲	錢文霈	
	特等	胡承瑗	達　李	汪開祉	秦鐘濠	王亨兆	10
		李永康	周　冕	褚德福	邱暉炯	曹惠錫	
宋學	超等	葉慧業	王亨彥	范彭壽	李永康	孫同康	6
		黃佐清					
	特等	張鴻楠	張宗錄	吳廷採	陳煥章	王雅三	6
		沈重光	張　煦				

（续表）

類別	等級	獲獎者姓名					小計
史學	超等	陳煥章 許毓麟	尤幹臣 王廷柱	范彭壽 尤 槩	尤 桐 潘敦先	陳宗錕 張世銓	10
	特等	吳佐清 曹 壎	孫同康 毛景熙	胡宗鼎 李元俊	吳廷採 張善煒	馮善徵[1]	9
天算	超等	韓保徵 程之駿	韓 珪 胡世儀	李炳燾 朱 熙	馮 澂 王汝成	陳煥章	9
	特等	王軼羣 盛 柱	李文炳 盛沛柱	邱雲祥 應沛霖	王鱗藻 曹育瀚	秦偉械	9
輿地	超等	陳煥章 李慎叔	吳廷採 王廷材	汪開祉 樓紹棟	許克勤 張宗錄	張鴻桷 施仁統	10
	特等	裘慶杓 許文蔚	秦鍾濠 鄭祖培	施其光 朱實貧	馮惟一 戴永年	邱曍炯	9
詞章	超等	顧士超 潘 鴻	馮善徵 張德容	張景翰 萬人傑	殷松年 尤金鏞	金士駿 陳培壽	10
	特等	褚憙紹 吳善逯	黃畹蘭 張鴻桷	吳寶忠 江毓芬	王 佐 徐大德	葉鴻坤 王紹祥	10
合計		108					
出處		《申報影印本》1892年4月7日《寧郡辨志精舍辛卯冬季課案》，第40冊，第545頁下欄					

【校箋】

[1][2] 馮善徵：原作"馮善澂"，據上下文，當是"馮善徵"之刊誤，茲逕改。

表4-135 辨志精舍光緒十八年(1892)春季課題

類別	名稱
漢學	①周人知歲差說
	②周人知日食為月掩說
	③申說文考老轉注說(宜從造字之本申說)
宋學	①視聲說
	②修德修道論
	③書《曾子・制言》後

（续表）

類別	名稱
史學兼掌故	①桑維翰論
	②書《明史·外國傳》後
	③滿漢兵制沿革攷
天文兼算學	①簡平儀卽蓋天遺法說
	②問：五緯周時有定，乃萬歷至康熙時，土星周時變長，木星周時變短；康熙至嘉慶時，反是。能詳其故歟？
	③問：鍾錶所行為平時，太陽所臨為真時，二者有一定之遲早，可推其理數否？（前次以"平時真時"命題，多有誤指交食者，故再以此課之）
輿地	①邶鄘衛疆域攷
	②褒斜或作褒余說
	③論琅嬛福地之嬛當讀何音
詞章	①擬成公綏《嘯賦》（用原韻）
	②擬酈道元《水經注序》
	③米海岳《研山歌》
出處	《申報影印本》1892 年 4 月 4 日《寧郡辨志精舍壬辰春季課題》，第 40 冊，第 527 頁下欄

表 4-136　辨志精舍光緒十八年（1892）春季課案

齋別	等級	獲獎者姓名					小計
漢學	超等	陳煥章	陳鳳洲	李炳燾	陳祖蔭	胡振濂	10
		許克勤	施世杰	葉朝緒	曹惠錫	章起渭	
	特等	吳廷採	許文蔚	袁鼎清	鄭　鈺	梅鼎恩	10
		陳慶舞	周振翰	胡耀光	吳澤霖		
宋學	超等	吳廷採	陳煥章	張鴻桷	朱炳林	范熙澤	5
	特等	施仁紞	張仁安	沈重光	張宗錄	孫同康	6
		毛景熙					
史學	超等	尤　桐	張世銓	陳煥章	梅士銘	沈桐生	10
		張天爵	梅士鐸	孫師鄭	孫同康	潘敦光	
	特等	潘　任	范彭壽	吳善逑	于　邕	吳佐清	10
		鄭之灃	徐隆籌	胡寶善	王　煒	孫階金	

（续表）

齋別	等級	獲獎者姓名					小計
天算	超等	韓　珪　李炳燾　程之駿　朱　熙　陳煥章 李炳緯　陳文彪　胡世儀　方　健					9
	特等	牟　翰　盛鍾聖　盛沛灼　盛沛柱　韓瑞征 韓保徵　應贊清　馮　徵　傅照懋　陳琜祥					10
輿地	超等	陳煥章　施仁絨　虞本郭　吳廷採　陸　渠 吳兆祺　許克勤　孫拜王　張德容　楊譽龍					10
	特等	蘇元慶　王亨彥　許祖杞　許文蔚　吳壽薆 徐炳麒　張宗錄　張鴻枏　秦鍾濛　裘慶灼					10
詞章	超等	翁人傑　金士駿　顧士超　孫藜彬　張景翰 史鳳喈　殷松年　馮善徵　何壽章　梅士銘					10
	特等	汪承業　謝掄元　莊啓新　施仁絨　褚惠斅 鄭傳維　厲鍾麟　陳培壽　褚惠紹　杜嗣程					10
合計		110					
出處		《申報影印本》1892 年 7 月 13 日《寧波辨志精舍壬辰春季案》,第 41 冊,第 475 頁下欄					

表 4-137　辨志精舍光緒十八年(1892)夏季課題

類別	課題名稱
漢學	①明堂位加以璧散璧角解
	②特牲禮主歸北畫拜說
	③申《說文》令長叚借說(宜從造字之本申說)
宋學	①《中庸》可以盡《易》之理說
	②有已必用才說
	③倣范浚《心箴》擬耳目口鼻四箴
史學兼掌故	①張魏公殺曲端論
	②書《逸周書》後
	③劉猛將軍考
天文兼算學	①問:西曆[1]密於中曆[2],而中曆[3]亦有勝於西曆[4]者數事,能臚陳其旨歟?
	②今歲大暑前後,火星退行女牛度,其光體更大於前數次退行之時,其故何歟?
	③以正弦餘弦,求正餘矢割切,其理法若何?

（续表）

類別	課題名稱
輿地	①《漢志》"吳房"《左傳》杜注作"吳防"說
	②《詩·召南》釋文稱"采地"為"菜地"說
	③問：《山海經》《南山經》以自西至東為次，《東山經》以自北至南為次，而西北二經敘次之法與東南二經不同，何歟？
詞章	①阮籍《登廣武觀楚漢戰處賦》（以時無英雄、豎子成名為韻）
	②擬曹子建《七啟》
	③賦得湖目得蓮字（七言八韻）
出處	《申報影印本》1892 年 5 月 31 日《寧郡辨志精舍壬辰夏季課題》，第 41 冊，第 195 頁下欄

【校箋】

［1］［2］［3］［4］曆：原本誤作"歷"，茲據文意逕改。

表 4-138　辨志精舍光緒十八年(1892)夏季課案

齋別	等級	獲獎者姓名					小計
漢學	超等	孫同康	羅藻新	施世杰	施仁統	朱鳳翬	10
		王廷鼎	范　緯	鄭　鈺	周震隆	孫育麟	
	特等	陳煥章	王亨兆	錢文霈	陳得善	吳廷採	8
		陳祖蔭	劉有光	吳繼述			
宋學	超等	陳得善	陳煥章	劉其鑰	張宗錄		4
	特等	沈重光	張鴻桷	戴鴻鈞	葉繼鈞	黃家襄	6
		邱煥章					
史學	超等	林景綏	尤　桐	尤延楨	程聖輅	張世銓	10
		沈一桂	陳得善	陶　恒	杜子彬	應祖緯	
	特等	陳煥章	朱永瑋	馮善徵	沈則林	尤幹臣	10
		包科駿	李從龍	吳廷採	尤慧觀	王　標	
天算	超等	陳其虎	秦偉械	王汝成	胡飛鵬	邱雲祥	10
		李鎮恒	陳文彪	陳光榮	王　瑩	周震降	
	特等	朱　熙	程之駿	李炳燾	王軼翬	王麟藻	10
		王泗德	盛沛茱	徐正誼	胡世儀	陳煥章	
輿地	超等	陳得善	施仁統	陳煥章	馮惟一	許克勤	10
		吳廷採	范　緯	虞本初	秦鍾濠	張德容	
	特等	周振翰	陳鶴齡	施仁綸	錢文霈	許文蔚	10
		張鴻桷	汪開祉	王實固	葉　瀚	裘慶杓	

(续表)

齋別	等級	獲獎者姓名					小計
詞章	超等	張景瀚	潘昌煦	葉景葵	顧士超	馮善徵	10
		胡祥鑅	周德馨	殷松年	鐘　濂	俞　鑑	
	特等	樓思誥	鐘鏞生	諸以恒	陳錫哉	朱鴻綬	10
		諸晞沆	孫錦標	邱暉炯	王利賓	梅士銘	
合計		108					
出處		《申報影印本》1892年10月28日《寧波辨志精舍壬辰夏季課案》，第42冊，第365頁下欄					

表4-139　辨志精舍光緒十八年(1892)秋季課題

類別	課題
漢學	①閏月詔王居門終月解
	②《小雅》"其周德之衰"說
	③叔孫婼不殺豎牛異論
宋學	①審幾論
	②《孟子》："明則動矣，未變也。"《顏子》："動則變矣，未化也。"試舉其言以實之
	③人倫不及師說
史學兼掌故	①袁襄愍論
	②書《國語》後
	③《海軍賦》(擬古，不限韻)
天文兼算學	①百年中最熱、最寒之歲各九次，與日面黑班多少相應論
	②矩度儀器測地莫捷於圖算說
	③問：里名有為《天官書》所不載者，如鞠星、棟星、密宮、積京之類，能推其說歟？
輿地	①釋交趾名義
	②《檀弓》"成人"之成或作郕或作鄭辨
	③問：《大戴禮·易本命篇》"地東西為緯、南北為經"，與天度經緯不同，何歟？
詞章	①《秋聲賦》(不限韻)
	②《漢雲台二十八將敘贊》
	③擬江文通《清思詩》五首
出處	《申報影印本》1892年9月10日《寧郡辨志精舍秋季課題》，第42冊，第59頁下欄

271

表4-140 辨志精舍光緒十八年(1892)秋季課案

齋別	等級	獲獎者姓名					小計
漢學	超等	施世杰	許克勤	鄭 鈺	陳錫哉	馮毓莘	10
		汪起鯤	汪開祉	林授經	朱永璋	陳得善	
	特等	韓 珪	王亨兆	陳鳳洲	梅鼎恩	張宗録	10
		孫錫麟	王元晉	王重學	王兆翰	范彭壽	
宋學	超等	范彭壽	吳廷採	陳蔚文	陳得善	許克勤	8
		尤幹臣	李永康	陳錫哉			
	特等	沈重光	宋堉煥	王亨彥	尤 桐	張宗録	10
		孫康祺	姜莊臨	米藜祥	王紹祥	張鴻梆	
史學	超等	李翼鯤	沈一桂	張世銓	竺士康	張世統	10
		陳康黻	李漢章	陳得善	孫振祺	黃翼雲	
	特等	周承緒	汪開祉	蘇象賢	潘敦先	陳祺壽	10
		邱暉炯	陳錫哉	戴 康	鄭之灃	張天爵	
算學	超等	曹仰欽	王鱗藻	徐 莊	王汝成	盛録聖	10
		秦偉誠	陳文彪	朱 熙	程之駿	邱雲祥	
	特等	鮑莘伯	胡世儀	韓 珪	盛沛柱	王軼羣	10
		馮 澂[1]	李炳燾	韓保徵	李炳緯	費丕揚	
輿地	超等	吳廷採	陳得善	施仁統	陳錫哉	許克勤	10
		王實固	汪開祉	于 鬯	張德容	阮丙炎	
	特等	王亨兆	王兆翰	陳祺壽	王重學	王啓楨	10
		秦鍾濠	何宗鎬	鮑鑑堂	劉邦霖	趙多祝	
詞章	超等	張景翰	殷松年	萬人傑	李翼鯤	顧廙虞	10
		尤金鏞	顧士超	夏之霖	俞 鎮	莊啓新	
	特等	陳培壽	陳錫哉	王元晉	金士駿	盛鍾珩	10
		杜 煒	孫繼澤	褚德黻	諸以師	俞 鑑	
合計		118					
出處		《申報影印本》1893年2月12日《寧郡辨志精舍秋季課案》,第43冊,第256頁上欄					

【校箋】

[1] 馮澂:原作"馮徵",據上下文,當是"馮澂"之刊誤,茲逕改。

表 4-141　辨志精舍光緒十八年（1892）冬季課題

類別	名稱
漢學	①大路或以為玉路，或以為木路，當從何說？
	②執牛耳考
	③景伯負載解
宋學	①道貴識時論
	②性同氣異說
	③陽明之無善無惡與告子不同說
史學兼掌故	①漢文帝論
	②黃老異同辨
	③國蓮林三疑從祀兩廡議
天文兼算學	①雙星聯星辨
	②論三角求心術
	③問：今歲今月望月食，上應甲戌九月，下應庚戌十月，能推其理數否？
輿地	①《周書·王會解》"都郭"，《山海經》注作"鄭郭"說
	②《後漢書·東夷傳》注"于夷"，杜氏《通典》作"千夷"說
	③問：《文選·魏都賦》"墳衍斥斥"，或作"斤斤"，兩本孰是？
詞章	①《霜信賦》（以白雁來而霜始降為韻）
	②擬唐李觀《交難說》
	③和《忠雅堂集》中《消寒詠物詩》十三首
出處	《申報影印本》1892 年 11 月 22 日《寧郡辨志精舍冬季課題》，第 42 冊，第 520 頁上欄

表 4-142　辨志精舍光緒十八年（1892）冬季課案

類別	等級	獲獎者姓名	小計
漢學	超等	陳得善　王亨彥　潘　任　施世杰　梅鼎恩 韓　珪　蔣元慶　鄭　丙　韓葉瀚　張宗錄	10
	特等	吳廷採　陳祖蔭　林授經　胡元縉　陳錫哉 施仁統　張鴻□[1]　鄭　鈺　王亨兆　李永康	10

（续表）

類別	等級	獲獎者姓名					小計
宋學	超等	王亨兆	周震隆	陳培壽	王亨彦	張德容	6
		李永康					
	特等	戴鴻□	吳廷採	孫康祺	葉繼鈞	王紹祥	12
		張宗録	沈重光	許克勤	葉慧業	黃家襄	
		竺士康	宋塿煐				
史學	超等	林景綏	夏啓瑜	竺士康	張世銓	張茂炯	10
		陳康齰	陳得善	沈桐生	蔣元慶	鄭傳綏	
	特等	孫表卿	胡家鼎	許文蔚	王崇□	張仁安	10
		陳培褥	吳璿	蘇象奚	施昌燨	戴康	
天算	超等	陳其虎	曹仰欽	林一山	胡飛鵬	韓珪	10
		馮濂	任燮元	韓保徵	李鎮恒	盛鍾聖	
	特等	陳繼中	陳文虎	王德泗	秦偉桐	朱熙	10
		李燾	程之駿	馮徵	王汝成	盛沛林	
興地[2]	超等	許克勤	吳廷採	施仁紱	周震隆	許克■	10
		吳壽萱	汪開祉	陳秋壽	許文蔚	秦在鎔	
	特等	張鴻□[3]	張宗録	張德容	王徵泰	劉邦霖	10
		張茂鏞	許祖杞	吉城	姜莊臨	張魚雯	
詞章	超等	張景韓	俞鑑	潘鴻	馮善徵	馮鴻牴	7
		金士駿	金日范				
	特等	陶恩章	江于灃	俞鎮	李慎叔	潘承謀	8
		孫紹璟	許文蔚	江希聲			
合計		113					
出處		《申報影印本》1893年5月18日《寧郡辨志精舍壬辰冬季課案》，第44冊，第121頁下欄					

【校箋】

[1][3] 張鴻□：疑是"張鴻楠"。

[2] 興地：原本倒作"地興"，茲逕改。

表 4-143　辨志精舍光緒十九年（1893）春季課題

類別	名稱
漢學	①屯卦象爻大義
	②車中建■攷
	③《軍禮司馬灋》輯逸

（续表）

類別	名稱
宋學	①振民育德論
	②悟本心為踐履說
	③擬彭忠肅《五致說》
史學兼掌故	①丙吉、魏相優劣論
	②陳壽帝魏辨
	③浙省歷代海防策
天文兼算學	①曆家謂杜征南《春秋長曆》無當於推步之法，而姚文僖《朔閏表》尤有甚焉，能歷指其紕謬歟？
	②恒星變大變小，有二等變十二等者，能言其梗概歟？
	③儀器矩度測高深，不外於小勾股比大勾股之法，能撮其要旨否？
輿地	①漢勾章、鄞、鄮三縣疆域考
	②《淮南子·地形訓》元澤之“元”讀為“穴”說
	③問：郭忠恕《佩觿》以從木之“楊”為州名，與《禹貢》揚州之“揚”不同，何歟？
詞章	①《同工異曲賦》（以上窺下逮、文章總評為韻）
	②擬王績《醉鄉記》
	③和《獨漉堂集》中《懷古詩》七律十首（燕臺、姑蘇、楚中、咸陽、沛中、洛陽、蜀中、鄞中、金陵、隋宮）
出處	《申報影印本》1893 年 3 月 30 日《寧郡辨志精舍癸巳春季課題》，第 43 冊，第 509 頁下欄

表 4-144　辨志精舍光緒十九年(1893)春季課案

類別	等級	獲獎者姓名					小計
漢學	超等	施世傑　孫承志　許克勤　費同壽　王景升　張樹六　唐繼盛　鄭　鈺　陳得善　樂鎮東					10
	特等	汪開祉　陳鳳洲　潘　任　李　康　王亨兆　王亨彥　秦鍾濠　張錫恭　王家謨　徐隆壽					10
宋學	超等[1]	于夢奎[2]　陳得善					2
	特等	李永康　王亨兆　吳廷採　王亨彥　宋堉煐　沈重光					6

（续表）

類別	等級	獲獎者姓名					小計
史學	超等[3]	謝行湜	陳得善	尤 桐	張世銓	竺士康	10
		林景綬	陳得心	沈一桂	胡祥鑠	孫錫麟	
	特等	王序賓	于 鄂	汪開祉	俞函三	范彭壽	10
		吳佐清	張土模	蘇家賢	徐昌燕	秦在鎔	
算學	超等	胡飛鵬	曹仰欽	戴日華	李堉廉	徐 莊	10
		陳其虎	朱 熙	馮 澂	孫文卿	陳得善	
	特等	王汝成	任士傑	秦偉械	盛沛柱	孫德準	10
		王麟藻	盛鍾聖	蔡翊清	李鎮恒	韓保徵	
輿地	超等	陳得善	吳廷採	周震隆	江起鵬	汪開祉	10
		許克勤	羅藻新	王序賓	王紹翰	秦在鎔	
	特等	江起鯤	陳祖蔭	趙多祝	吳兆麒	蔣元慶	10
		汪鳴鳳	秦鍾濠	費廷璜	張德容	鄭志選	
詞章	超等	達 孚	鍾 濂	俞 鎮	殷松年	馮善徵	10
		江于隆	施世傑	陳培壽	黃畹蘭	陸炳章	
	特等	李進興	王德坤	陳得心	吳善逵	孫紹璟	10
		陳 鑢	孫榮棠	朱 茂	林兆甲	俞 鑑	
合計		108					
出處		《申報影印本》1893 年 7 月 26 日《寧郡辨志精舍癸已春季課案》，第 44 冊，第 611 頁下欄					

【校箋】

[1] 超等：原本誤刻爲"起等"。

[2] 于夢奎：原本誤刻爲"於夢奎"。

[3] 超等：原本誤刻爲"越等"。

[4] 輿地：原本倒作"地輿"。

表 4-145　辨志精舍光緒十九年（1893）夏季課題

類別	名稱
漢學	①釋籑餕
	②古聲無去入辨
	③《廣韻》冬、宋、絳字，近之言古韻者，或并于東類，或并于侵類，宜以何說爲正？

類別	名稱
宋學	①《大學·知止節》講義
	②朱子取希夷之說而謂其原出于孔子,陽明之徒取佛氏之說,亦謂其出於孔子,試詳其說
	③書《慶元黨禁》後
史學兼掌故	①戰國四公子優劣論
	②書《五代史·職方考》後
	③國朝大將軍、將軍名號考
天文兼算學	①歲實消長本高衝■度說
	②《春秋·宣公十七年》"六月癸卯,日食"陳氏泗源謂係他年之錯簡,能推得其年否?
	③以股余勾弦較,得勾旁半形正切,以股余勾弦和,得勾旁半形餘切,其理若何?
輿地	①《爾雅》丹穴攷
	②《左傳》鄔鄢辨
	③問:仲丁所遷之隞,或云在河北,或云在河南,兩說孰是?
詞章	①擬木廣川《海賦》(禁用水傍字)
	②擬梁武帝《霸府禁奢令》
	③新綠(七律四首)
出處	《申報影印本》1893年6月15日《寧波辨志精舍癸巳夏季課題》,第44冊,第327頁下欄－第328上欄

表 4-146　辨志精舍光緒十九年(1893)夏季課案

類別	等級	獲獎者姓名					小計
漢學	超等	汪開祉	鄭　鈺	陳漢章	陳錫哉	施世傑	10
		吳廷採	胡耀光	王亨彥	唐繼盛	費廷璜	
	特等	江起鵬	顧清廉	李永康	郭錫恩	王序賓	10
		王鴻庠	張宗録	王紹翰	姜莊臨	秦在鎔	
宋學	超等	陳漢章	沈重光	范彭壽	王亨彥	王亨兆	5
	特等	蘇象賢	李永康	戴鴻鈞	夏　霖	劉其瀹	8
		黃家襄	吳爕森	葉■鈞			

（续表）

類別	等級	獲獎者姓名					小計
史學	超等	陳漢章	張世銓	孫兆麟	應廷燮	沈一桂	10
		孫振麒	謝引淮	汪開祉	張振■	秦偉械	
	特等	戴其仁	陳得心	包科駿	秦鍾濛	汪輅	10
		蘇象賢	胡有芸	陳錫哉	吳孝祖	張天爵	
天算	超等	崔朝慶	王汝成	陳其虎	任士傑	秦偉械	10
		曹仰欽	周祖望	蔡翊清	徐莊	陳■	
	特等	朱熙	任沅	張鼎濬	陳崇煥	馮澂	9
		王家驥	徐紹階	盛鍾垔	張錫範		
輿地	超等	陳漢章	吳廷採	許克勤	蔣元慶	翁其泰	10
		王亨彥	吳壽萱	蔣卓奇	汪開祉	張德容	
	特等	汪鳴鳳	劉邦霖	趙多祝	王紹翰	鄭志選	10
		秦在鎔	陳錫哉	秦鍾濛	張鴻桷	葛樾	
詞章	超等	潘鴻	殷松年	邊梅	尤金鏞	達孚	10
		顧士超	邴婁生	莊啓佑	馮善徵	俞鎮	
	特等	陳得心	孫玉峯	夏之霖	孫紹璟	江於澧	10
		俞鑑	莊啓新	陸炳章	王少堂	孫兆熊	
合計		112					
出處		《申報影印本》1893 年 10 月 24 日《寧郡辨志精舍夏季課案》，第 45 册，第 355 頁下欄－356 頁上欄					

表 4-147　辨志精舍光緒十九年（1893）秋季課題

類別	名稱
漢學	①釋小畜卦義
	②攷《采薇》《出車》兩詩出師歸期
	③"受犨罪之卒，爵而飲之"解
宋學	①情意辨
	②子夏掬溜播灑說
	③論韓、蘇學術
史學兼掌故	①武侯自比管、樂論
	②書《明史·安南傳》後
	③中興以來增改府廳州縣考

（续表）

類別	名稱
天文兼算學	①北極當為氣母說
	②置太陽於宇宙中心常靜不動論
	③問氣盈朔虛演算法
輿地	①三腰攷
	②"相其陰陽，觀其流泉"解
	③問：《司馬法》"二百里為州""三百里為野"，與《周禮》甸地、稍地異稱，何歟？
詞章	①趙譽平《條屯田便宜十二事》■（以因田致穀、威德並行為韻）
	②《倉頡頌》
	③《焦山古鼎歌》
出處	《申報影印本》1893 年 10 月 16 日《寧郡辨志精舍秋季課題》，第 45 冊，第 309 頁上欄

表 4-148　辨志精舍光緒十九年（1893）秋季課案

類別	等級	獲獎者姓名					小計
漢學	超等	許克勤	陳漢章	施世傑	許文蔚	唐繼盛	10
		王亨兆	鄭　鈺	范　章	秦鍾濠	周德聲	
	特等	張宗錄	張　煦	戴鴻庠	孫國仁	戴鴻鈞	10
		李成蹊	陳　常	李永康	江起鯤	徐龍球	
宋學	超等	沈重光	黃家襄	王亨彥			3
	特等	戴鴻鈞	葉繼鈞	孫康祺	葉慧業	張　煦	9
		吳兆甲	王亨兆	張天爵	吳燮森		
史學	超等	張世銓	陳漢章	吳佐清	俞俊臣	應廷變	10
		劉　煌	吳兆麒	王鶴壽	張天爵	謝行淮	
	特等	周啓源	劉　毅	費廷璜	秦偉棫	沈一桂	10
		包科駿	葉繼鈞	王　標	張成謀	戴其仁	
算學	超等	陳其虎	王汝成	秦偉棫	韓餘徵	張鼎濬	8
		葉耀元	曹仰欽	華世芳			
	特等	楊兆鋆	江　衡	陳漢章	張雲鵬	朱　熙	8
		盛鍾聖	陳維祺	洪聚邦			
輿地	超等	陳漢章	李　達	許克勤	費廷璜	許文蔚	10
		吳廷採	江鳴鳳	陸德容	秦鍾濠	蔣元慶	
	特等	張宗錄	孫同康	戴　康	王徵泰	張　煦	9
		吳燮森	王亨兆	周振翰	畢寶英		

（续表）

類別	等級	獲獎者姓名					小計
詞章	超等	潘　鴻	馮善徵	顧士超	俞　鎮	殷松年	10
		達　孚	江于澧	達尹旁	陳培壽	邊　梅	
	特等	姜潤芳	尤金鎬	陸　章	顧統基	孫玉峯	10
		崔紀磐	戴　康	陳達燦	黃畹蘭	江其脩	
合計		107					
出處		《申報影印本》1894 年 1 月 26 日《寧郡辨志精舍秋季課案》，第 46 冊，第 163 頁下欄					

表 4-149　辨志精舍光緒十九年（1893）冬季課題

類別	名稱
漢學	①“敢以王之讎民百君子越友民”解
	②“周之始，郊日以至”解
	③釋臾曳、臾妥
宋學	①觀過知仁論
	②晏子學於墨氏說
	③擬《六先生畫像贊》
史學兼掌故	①姚、宋優劣論
	②漢惠帝諸子辨誣
	③錢法議
天文兼算學	①歲星前率、後率論
	②傳仁均戊寅術始得行定朔說
	③獨體、合體均有重心，自重心作垂線，必與地平成直角解
輿地	①商山四皓里居攷
	②問：《通鑒外紀》謂祖乙自耿徙邢，或云奄，兩說孰是？
	③問：《史記·天官書》《正義》引《淮南》：“山氣多勇，澤氣多瘡，林氣多癃，險阻氣多壽，廟氣多仁，湍水人重”[1]，並與《地刑訓》原文不同，何歟？
詞章	①擬韓昌黎《復志賦》
	②《漢大司農高密鄭公像贊》
	③雁字（七律四首）
出處	《申報影印本》1893 年 11 月 17 日《寧郡辨志精舍癸巳冬季課題》，第 45 冊，第 523 頁下欄

【校箋】

[1]《史記·天官書》《正義》引《淮南子》云："土地各以類生人,是故山氣多勇,澤氣多瘖,風氣多聾,林氣多癃,木氣多傴,石氣多力,險阻氣多壽,谷氣多痹,丘氣多狂,廟氣多仁,陵氣多貪,輕土多利足,重土多遲,清水音小,濁水音大,湍水人重,中土多聖人。皆象其氣,皆應其類也。"

表 4-150　辨志精舍光緒十九年(1893)冬季課案

類別	等級	獲獎者姓名					小計
漢學	超等	范　章	胡玉縉	許克勤	吳廷採	鄭　鈺	10
		施世傑	徐行懍	錢人龍	陳漢章	胡承瑗	
	特等	王亨兆	費　圭	王亨彥	鄭丙翰	李成蹊	10
		唐繼盛	秦鍾濠	郭錫恩	李永康	忻惟哲	
宋學	超等	秦鍾濠	陳錫哉	陳培壽	沈重光	陳漢章	7
		戴鴻鈞	于夢奎[1]				
	特等	管文豹	牟　藩	張　煦	牟尚之	黃家襄	10
		王亨兆	范彭壽	張錫范	葉繼鈞	陳蔚文	
史學	超等	尤　桐	張世銓	陳漢章	劉明祜	劉　煌	10
		劉　毅	吳佑清	趙文衡	范彭壽	戴姜福	
	特等	秦在鎔	葉繼鈞	蘇象賢	王崇瑛	李　炯	10
		戴鴻鈞	戴　康	孫紹覽	王德坤	胡祥鑅	
算學	超等	何壽章	王汝咸	曹仰欽	周汝翔	徐　莊	10
		江　衡	朱　熙	陳惟祺	曹鍾秀	秦偉域	
	特等	馮惟羹	董毓琦	韓保徵	鍾丙華	張鼎濬	9
		葉耀元	華世芳	陳漢章	盛鍾聖		
輿地	超等	陳漢章	許克勤	張德容	許文蔚	陳廷揚	10
		費廷璜	吳壽萱	秦鍾濠	鄭志選	汪鳴鳳	
	特等	吳兆麒	王亨兆	許嘉坎	沈鼎臣	吳燮森	9
		王德坤	張　煦	李　炯	王國鈞		
詞章	超等	潘　鴻	顧士超	俞　鎮	邊　梅	張景瀚	10
		馮善徵	俞　鑑	達　本	馮元長	陳得心	
	特等	達　孚	尤金鏞	孫玉峰	江于澧	陸炳章	9
		莊啓佑	莊啓新	顧清廉	陳堵壽		
合計		114					
出處		《申報影印本》1894 年 4 月 12 日《寧郡辨志精舍癸巳冬季課案》,第 46 冊,第 627 頁上欄					

【校箋】

[1] 于夢奎：原本誤刻爲"於夢奎"。

表4-151　辨志精舍光緒二十年(1894)春季課題

類別	課題
漢學	①讀《豐卦》
	②讀《康誥》
	③漢儒輯《禮記》者，自大小戴外，復有幾家？
宋學	①官先事、士先志論
	②仁術說
	③述浙中學派
史學兼掌故	①文中子論
	②書《史記·諸侯王表》後
	③蒙古源流考
天文兼算學	①今歲二月望月食，其食分、食時各數，試詳推之
	②黃赤二道一周，脁朒四變說
	③斜弧二角用垂弧法，或作於形內，或作於形外，或作于次形，試言其理
輿地	①浦陽江源流故[1]
	②葵邱齊地宋地辨
	③問：《續漢·郡國志》吳郡安縣當今何地？
詞章	①宋左諫議大夫安燾、起居舍人陳睦，乘神舟奉使高麗賦（以歡呼出迎、館之別宮為韻）
	②擬蕭大圜《言志》
	③《杖錫山漢隸拓本歌》
	④詠水仙花（七絕，不拘首數）
出處	《申報影印本》1894年3月11日《寧郡辨志精舍甲午春季課題》，第46冊，第405頁下欄

【校箋】

[1] 故：疑當改作"攷"，蓋刊刻時形近而誤。

表 4-152 辨志精舍光緒二十年(1894)春季課案

類別	等級	獲獎者姓名	小計
漢學	超等	江紹英 陳漢章 劉夢齡 陳鳳洲 王仁傑 施世傑 鄭 熙 徐飛翰 顧侅基	9
	特等	沈齊賢 謝宸德 王序賓 顧清廉 張開錨 梅鼎恩 何培礪 李永康 張 藩 胡承瑗	10
宋學	超等	陳漢章 謝宸德 張錫范 陳錫哉 趙文衡 于夢奎[1] 周震隆 蘇象賢 翁能琬 費家橋	10
	特等	毛 震 王序賓 朱炳林 孫國仁 范彭壽 沈重光 張鴻栴 黄家襄 錢祖鏗 李永康	10
史學	超等	陳漢章 李翼鯤 俞俊臣 應廷燮 周震隆 沈一桂 張世銓 秦偉棫 水渠成 謝行湝	10
	特等	程聖輅 李漢章 孫邦榮 張 煦 葉繼鈞 吳兆麒 范彭壽 胡祥鑅 孫紹覽 張鴻栴	10
天算	超等	曹仰欽 孫德準 李堉廉 盧飛鵬 繆祥楨 馮 澂 盧雲熊 樂以成 費德琮 邵昌豫	10
	特等	蔡崇熙 周汝翔 江 衡 周 藻 王恭綬 王汝成 儲桂山 韓保徽 崔朝慶 陳其彪	10
輿地	超等	陳漢章 周震隆 韓 珪 許克勤 戴 康 吳兆麒 許文蔚 陳錫哉 吳廷宷 張德容	10
	特等	許克治 黄家鶩 秦鍾濠 張鴻栴 費廷璜 黄家驥 趙文衡 王紹翰 陳祺壽 張宗錄	10
詞章	超等	馮善徵 戴萬福 馮明馨 周德馨 陸炳章 俞 鑑	6
	特等	蔡 鴻 張于澧 何桂實 何煥榮 孫紹璟 鄒洪鼎	6
合計		111	
出處		《申報影印本》1894 年 7 月 9 日《寧郡辨志精舍甲午春季課案》,第 47 冊,第 511 頁上欄	

【校箋】

[1] 于夢奎:原本誤刻爲"於夢奎"。

表 4-153　辨志精舍光緒二十年(1894)夏季課題

類別	名稱
漢學題	①讀頤卦釋《湯誓》
	②"我后夏王"義
	③釋《大傳·宗法》義
宋學題	①范數與三聖人之易同功說
	②明道言中有主則實,實則患不能入;伊川言心有主則虛,虛則邪不能入。其所主不同,何也?
	③釋充實、釋形著、釋貫通
史學兼掌故題	①駁柳子厚《封建論》
	②十六國霸史考
	③軍機處緣起
天文兼算學題	①問:五行星各有周天定率而遲速不同,能各詳推其天周年數暨各星各周之退留、伏合次數否?
	②測圓海鏡有容圓九法,試演圖以解之
	③四元有互隱、通分消法,用二元必得二式,用三元必求得三式,用四元必求得四式,試依法以闡其理
輿地題	①《虞書》"封十有二山"攷
	②《周禮·大司馬》鄭注"南鄉甄東鄉為人"攷
	③問:《史記·鯨布傳》"會甄",《漢書·高帝紀》作"會缶",兩本孰是?
詞章題	①聞喜宴簪花一枝賦(以同年曰君、恩不可違為韻)
	②擬李樊南《元次山集後序》
	③題《鍾馗擊鬼圖》(七古)
	④論國朝駢體文(仿漁洋山人論詩絕句)
出處	《申報影印本》1894 年 6 月 9 日《辨志精舍甲午夏季課題》,第 47 冊,第 277 頁下欄-第 278 夏上欄

表 4-154 辨志精舍光緒二十年(1894)夏季課案

類別	等級	獲獎者姓名					小計
漢學	超等	許克勤	梅鼎恩	鄭 熙	程 夔	王亨彥	10
		施世傑	劉夢齡	陳鳳洲	張開鎦	陳漢章	
	特等	孫汝成	唐繼盛	孟晉英	鄭 鈺	周震隆	10
		張 藩	費廷璜	陳蔚文	王亨兆	戴 粲	
宋學	超等	秦鍾濠	萬莊臨	陳 冕	陳漢章	張宗録	8
		沈重光	周 □	馮 森			
	特等	錢祖鏗	陳炳文	葉兢業	王亨兆	朱炳林	10
		劉其瀹	葉繼鈞	張 鴻	李永康	謝輔煌	
史學	超等	陳漢章	尤 桐	張世詮	周震隆	劉□佑	10
		謝行涯	林景綬	包科駿	沈一桂	蔣元慶	
	特等	戴姜福	阮丙炎	范彭壽	鄭之澧	蔣善蔭	7
		吳佐清	盧 藻				
天算	超等	陳其虎	邵昌豫	王汝成	曹仰欽	秦偉械	10
		李堉廉	徐 莊	任士傑	韓 珪	王恭綬	
	特等	繆祥楨	陳光深	■佑宸	盧飛鵬	周汝翔	10
		張鼎濬	費得琛	王振鈺	林艮山	韓 徵	
輿地	超等	江■■	吳兆麟	黃家鷟	陳漢章	張德容	10
		許克勤	周震隆	王亨彥	蔣元慶	鄭志選	
	特等	孫德準	陸 澍	曹廷璜	曹范齋	秦鐘濠	10
		林授經	張宗録	王亨兆	阮丙炎	陳錫哉	
詞章	超等	陸炳章	許家■	馮善徵	馮鴻堚	王少棠	6
		俞 鎮					
	特等	王德坤	陳培壽	何長慶	翁光耀	謝輔煌	6
		沈 唐					
合計		107					
出處		《申報影印本》1894 年 10 月 24 日《寧郡辨志精舍甲午夏季課案》，第 48 冊，第 339 頁上欄					

表 4-155 辨志精舍光緒二十年(1894)秋季課題

類別	名稱
漢學	①《易》"中古"解
	②《書》"皇帝"解
	③《禮》所自出解《大傳》所自出,有兩處宜合釋

（续表）

類別	名稱
宋學	①商為義解
	②養心莫善于誠說
	③求在外者得之有命說
史學兼掌故	①漢武帝論
	②防倭策
	③漕海兼運議
天文兼算學	①今歲九月朔[1]甲戌朔日食，中國不見，應于何洲何國？其見食之處，食分幾何？試以時憲術推之
	②斗分解
	③負圜角與分圜角，其圜分雖同，而分圜角必倍大於負圜角解
輿地	①曲逆音去遲辨
	②《周禮·酒正》注"宜成"是否地名攷
	③問：金約翰所輯《海道圖說》第五卷與第六卷，言及浙省海面行船法程，能博詢海濱老漁，以核其所言之詳略歟？
詞章	①宋太祖賜高麗王制賦（以永保東裔、聿承天休為韻）
	②擬《平倭露布》
	③《秋興八首》（七律，用杜少陵韻）
出處	《申報影印本》1894 年 10 月 3 日《寧郡辨志精舍甲午秋季課題》，第 48 冊，第 206 頁上欄

【校箋】

[1] 朔：光緒二十年九月朔，此"朔"字，顯係衍文。

表 4-156　辨志精舍光緒二十年（1894）秋季課案

類別	等級	獲獎者姓名					小計
漢學	超等	王亨彥	江起鵬	許克勤	胡玉縉	施世傑	10
		陳鳳洲	梅鼎恩	蔣元慶	楊文衡	曹惠錫	
	特等	唐繼盛	許文蔚	范　章	龐鴻儒	王亨兆	10
		李永康	張開鎬	餘宏淦	吳廷採	江起鵬	

（续表）

類別	等級	獲獎者姓名					小計
宋學	超等	姜桂臨					1
	特等	秦鍾濠　孫國仁　林授經　陳　冕　葉慧業 戴鴻鈞　范　章　唐大生　陳炳文　王亨彦 葉繼鈞　張汝衡　王亨兆					13
史學	超等	陳新辰　張世淦　應廷變　蔣敘勳　余振臣 謝行湦　林景綏　包科駿　吳佐清　沈一桂					10
	特等	顧礎基　蘇象賢　馮　澂　孫邦榮　鄒從卓 儲桂山　樂以成　蔣翼清　達　學　樂靖亢					10
算學	超等	曹仰欽　王　瑩　范猷名　王　愷　陳其鵬 馮　澂					6
	特等	陳文彪　王榮燾　盧梯雲　李炳燾　王恭燾 李炳麟					6
興地	超等	趙文衡　許克勤　秦鍾濠　王亨彦　吳充麒					5
	特等	王亨兆　費廷璜　施世杰　林授經　周　冕					5
詞章	超等	馮善徵　陸炳章　尤金鏞　徐　瀾　顧俟基 顧俟基					6
	特等	謝道惠　吳　馨　萬變元　徐鳳韶　孫紹璟 何煥榮					6
合計		88					
出處		《申報影印本》1895 年 1 月 21 日《寧郡辨志精舍甲午秋季課案》， 第 49 冊，第 116 頁上欄					

表 4-157　辨志精舍光緒二十年(1894)冬季課題

類別	名稱
漢學	①申《易》虞注"至臨"為"下臨"義
	②申《詩》毛傳"終風"為"終日風"義
	③申《記》鄭注"曾元稱夫子為卿"義
宋學	①通"微生於思"說
	②讀《朱陸太極圖說辯》書後
	③論水心學術

（续表）

類別	名稱
史學兼掌故	①海戰不如海防說
	②元代西北疆域考略
	③增設東三省郡縣議
天文兼算學	①土圭致日景長景短說
	②今歲十月十九日，太陰與木星合度，其緯差度幾何？於恒星當何宿度？試推以時憲術，繪圖誌之
	③釋四元正員
輿地	①比景、北景辨
	②二不羹攷
	③問：《孫子》所稱"九地"，能臚采史事以證之歟？
詞章	①洴澼百金賦（以有善為不龜手藥者為韻）
	②含[1]《黃伯傳》
	③約同人消寒小啓
	④讀《孫子》、讀《吳子》、讀《司馬法》、讀《尉繚子》（各七律一首）
出處	《申報影印本》1894 年 11 月 15 日《寧郡辨志精舍冬季課題》，第 48 冊，第 474 頁上欄

【校箋】

[1] 含：此字當誤。

表 4-158　辨志精舍光緒二十年（1894）冬季課案

類別	等級	獲獎者姓名					小計
漢學	超等	鄭　熙	王亨彥	鄭　鈺	梅鼎恩	章炳麟	9
		趙酉彝	劉夢齡	陳鳳洲	范　章		
	特等	劉　毅	余宏淦	顧清廉	王亨兆	汪鳳鳴	10
		黃桂馨	許克勤	費廷璜	馮定變	趙文薾	
宋學	超等	秦鍾濠	周蔭祺	謝宸德	黃家橋	陳錫哉	10
		管紺輅	王亨兆	陳蔚文	童景熙	姜莊臨	
	特等	張　彝	孫國仁	范　章	戴鴻鈞	劉其鑰	9
		陳　晃	黃家襄	蘇象賢	張汝薾		

（续表）

類別	等級	獲獎者姓名					小計
史學兼掌故	超等	吳佐清	厲學揆	吳兆麒	李寶鑄	張汝薇	5
	特等	王蔭棠	顧僊基	耿觀文	孫紹覽		4
天文兼算學	超等	蔡崇熙　蔡翊清　曹仰欽　管峻瀚　陳崇煥 任士傑　王汝成　秦偉栻					8
	特等	張鼎濬　盧飛鳴　李炳燾　王恭綬　陳其鵬 陳光深　馮　澂　周汝翔　王汝洋					9
輿地	超等	韓　珪　蔣元慶　許克勘　徐元綬　秦鍾濠 黃家驥　吳廷採　孫　鏐　趙文薇　孫可萃					10
	特等	劉邦霖　黃　鈺　費廷璜　吳有鑠　吳有璠 張汝薇　卓　然					7
詞章	超等	馮善徵　陸炳章　俞　鑒　李文薇　馮鴻墀 達　摯　達　孚　包科顥					8
	特等	尤金鏞　董　淵　孫國仁　孫紹璟　馮熙宇 江于泮　包科駿　王德坤　秦鍾濠　謝晉瑞 孫玉峯　徐鳳祺					12
合計		101					
出處		《申報影印本》1895年4月11日《寧郡辨志精舍甲午冬季課案》，第49冊，第575頁下欄					

表4-159　辨志精舍光緒二十一年(1895)春季課題[1]

類別	名稱
漢學	①堯知四凶而不去、聞舜賢而不舉論
	②二南分周、召說
	③管仲平戎于王論
宋學	①守約說
	②孔顏天道、曾子人道論
	③讀司馬溫公《五規狀》書後
史學兼掌故	①南宋論
	②擬《討日本檄》(駢體)
	③中興四名相頌(駱文忠、官文恭、曾文正、左文襄)

（续表）

類別	名稱
天文兼算學	①圖書為數學之原論
	②中法以冬至起算，西法以春分起算，其術孰優？
	③礮彈行拋物線，有定差、活差之別，試詳其理
輿地	①中陵朱滕考
	②費伯之費與費宰之費辨
	③問：《浙江通志》自前明嘉靖以來凡修三次，體例詳略各有所長，能討論其優劣歟？
詞章	①《鐵肝御史賦》（以烏府先生鐵作肝為韻）
	②《明史·閹黨傳》論
	③和春深二十首（用白香山原韻）
出處	《申報影印本》1895 年 4 月 3 日《寧郡辨志精舍乙未夏季課題》，第 49 冊，第 525 頁下欄

【校箋】

[1] 春季課題：本作"夏季課題"，但與下表衝突，疑系"春季課題"之誤。

表 4-160　辨志精舍光緒二十一年（1895）夏季課題

類別	名稱
漢學	①表記子■■說
	②《論語·子罕》言解
	③釋■
宋學	①理財論
	②慎獨說
	③論龍川學術
史學兼掌故	①寇準論
	②海防善後策
	③息借說

（续表）

類別	名稱
天文兼算學	①問：春秋時，莊公六年應閏五月，而時曆閏在次年之四月；十四年應閏七月，而時曆閏在五月。能詳推其得失否？
	②問：今歲五月中，木火金水四星聚東井，能以捷法推其經緯各度分及各星相距度分否？
	③今有圓毬徑一尺二寸，求內容正方體及外切正方體之每一邊及體積各幾何？
輿地	①丹山赤水洞天攷
	②《續漢·郡國志》章■當今何地攷
	③讀長沙王先生《校本水經注》書後
詞章	①《曹劌懷劍踐壇賦》（以堅強以忌不可約取為韻）
	②魯仲連論
	③讀《宋史·李綱傳》書後
	④效尤西堂《外國竹枝詞》述東西洋近事
出處	《申報影印本》1895 年 5 月 29 日《寧郡辨志精舍乙未夏季課題》，第 50 冊，第 187 頁上欄

表 4-161 辨志精舍光緒二十一年(1895)夏季課案

類別	等級	獲獎者姓名					小計
漢學	超等	范 麟	王亨彥	章炳麟	江起鵬	胡玉縉	10
		錢人龍	趙文衡	王 康	孫可萃	孫海環	
	特等	王亨兆	翁其泰	汪成教	汪鳴鳳	張鴻桷	10
		張開錨	陸培治	黃德照	何錫冕	汪慶禧	
宋學	超等	江起鵬	陳錫哉	王雅三	葉崇業	李鳳翔	10
		馮 溥	孫 鏐	孫 冕	王亨彥	孫師熊	
	特等	蔣翼清	陳康黼	毛 震	黃家襄	秦鐘濠	10
		于夢奎[1]	范彭壽	孫國仁	陳培壽	張開錨	
史學	超等	阮丙炎	陳錫哉	李鳳翔	汪詒年	吳佐清	10
		陳祖謨	徐鳳韶	劉燕譽	孫國仁	潘設先	
	特等	樂以成	馮嗣石	儲桂山	童景熙	江義修	10
		陳寶瑛	夏啟瑞	吳廷採	蘇仰山	劉紹墉	
算學	超等	俞汝往	王汝成	張晉鑑	蔡翊清	張光烈	8
		秦偉域	程之駿	曹仰欽			
	特等	陳崇煥	張鼎濬	蔡崇熙	王 瑩	王 塏	9
		何紹聞	王鳳鏞	謝家穀	周祖望		

（续表）

類別	等級	獲獎者姓名					小計
輿地[1]	超等	趙文衡	周震隆	林曾安	孫可萃	陳育薑	10
		鄭永禧	吳兆麒	徐瀾	張德容	鄭志選	
	特等	江起鵬	戴康	馮溥	孫德準	秦鐘濛	10
		錢經第	翁其泰	吳廷採	王紿翰	張芬	
詞章	超等	李鳳翔	鄭永禧	謝道惠	林曾安	顧佼基	6
		董淵					
	特等	顧佼基	許琪	葉和聲	王德坤	張汝蕎	8
		余時登	夏清瑞	張藻文			
合計		111					
出處		《申報影印本》1895 年 11 月 18 日《寧郡辨志精舍乙未夏季課案》，第 51 冊，第 517 頁下欄					

【校箋】

[1] 于夢奎：原本誤刻爲"於夢奎"。

表 4-162　辨志精舍光緒二十一年（1895）秋季課題

類別	名稱
漢學	①雖旬無咎義疏
	②吳行人儀考
	③蘧伯玉論
宋學	①強恕說
	②於坎言心說
	③黃隱毀《三經新義》論
史學兼掌故	①班超論
	②問：漢珠崖之罷、明交阯之棄得失策
	③東三省邊防議
天文兼算學	①問：金星在最高，視差小於水星；在最卑，視差大於水星。其故何歟？
	②問：太陰視差較多於諸曜，試詳言其理數
	③離中、毗中二力，試詳其說，並繪圖以明之

（续表）

類別	名稱
輿地[1]	①《漢志》句章渠水考
	②問：開礦與濬渠所獲之利孰多？
	③問：輿圖之學，或用測法，或用量法，其所得之數，孰近於是？
詞章	①彭祖《觀井圖賦》（以面井覆輪、背樹纏繩為韻）
	②張翰論
	③《廣寒宮記》
	④擬宋之問《明河篇》
出處	《申報影印本》1895 年 9 月 27 日《寧波辨志精舍乙未秋季課題》，第 51 冊，第 175 頁下欄

【校箋】

[1] 輿地：原無，茲據前例補。

表 4-163　辨志精舍光緒二十一年(1895)秋季課案

類別	等級	獲獎者姓名					小計
漢學	超等	顧鴻闓　王亨彥　鄭　鈺　鄭岱霖	胡玉縉　李永康	唐繼盛　趙文衡	王亨兆　陳漢章		10
	特等	江起鵬　曹惠錫　秦鍾濠　陳汝洲	劉夢齡　梅鼎恩	汪開祉　張開錄	施世傑		9
宋學	超等	陳錫哉　秦鍾濠　戴鴻鈞　童景熙	周蔭祺	王亨彥	姜莊臨		7
	特等	范彭壽　陳漢章　王亨兆　葉慧業	范　章　陳　冕	洪家桂　張　煦	範　煥　管紹絡		10
史學	超等	陳又蔚　陳漢章　童景熙　徐鳳韶	吳佐清　陳錫哉	吳燮元　戴姜福	李鳳祥　阮丙炎		10
	特等	沈齊賢　秦鍾濠　李昌祺　顧仰基	樂靖亢　李寶鑄	虞偉祺　夏啓瑞	陳達炯　張文銓		10
算學	超等	陳其虎　孫德準　徐昌燕　梁安周	陳光榮　李堉廉	郭鳴璠　胡　芳	陳其龍　陳賢佑		10
	特等	周汝翔　來儀韶　王恭綬　陳光燾	蔡翊清　王　瑩	曹仰欽　儲桂山	陳　蓮		9

（续表）

類別	等級	獲獎者姓名	小計
輿地	超等	程　鐸　趙文蔚　陳錫哉　江起鵬　陳漢章 黃家驥　徐　瀾　鄭志選　張德容　戴　康	10
	特等	余宏淦　蔣翼清　王亨彥　吳兆麒　許文蔚 秦鍾濠　孫德準　阮丙炎　吳元善　沈鼎臣	10
詞章	超等	馮鴻墀　陳漢章　俞　鑑	3
	特等	孫德仁　王德坤　金偉度　戴　康　張汝蘅 沈齊賢　吳廷寀　戴鴻鈞	8
合計		106	
出處		《申報影印本》1896 年 2 月 11 日《寧郡辨志精舍乙未秋季課案》， 第 52 冊，第 243 頁下欄	

表 4-164　辨志精舍光緒二十一年（1895）冬季課題

類別	課題
漢學	①綏緌異同辨
	②靫鞈古注校議
	③鄭子產論
宋學	①易簡說
	②夜氣說
	③為學當自四事起說
史學兼掌故	①宋包孝肅、明海忠介論
	②《契丹國志》書後
	③南漕改徵折色議
天文兼算學	①《國語》："武王伐殷，歲在鶉火。"古注謂"卽周武王十二年十一月二十八日戊子，鶉火在張宿度"。試以古曆推之，能密合否？
	②問：用康熙甲子曆，元氣應及最卑應，如法求雍正癸卯曆，元氣應及最卑應有遲分，最卑應有多分，能詳究其故歟？
	③三較求積用連乘法，三較求角用除法，其理若何？試證之

（续表）

類別	課題
輿地	①《管子・乘馬篇》"十一仞見水輕征"至"三尺而見水,比之於澤"一節,試詳解之
	②問:《周官・掌固》:"凡都邑之竟,有溝樹之固,郊亦如之。"《司險》:"設國之五溝、五涂而樹之林。"古法以樹林為險固,較後世砲臺、地營若何?
	③問:《水經注・浙江水篇》信安縣有"縣寶坂",《玉芝堂談薈》引作"信安寶",所據何本?
詞章	①《霧淞賦》(以飄滿階庭尤為可愛為韻)
	②《英甘陸吉傳》
	③宋伯仁《梅花喜神譜》跋
	④《詠蘭熏》(限華字五排二十韻,詳見《本草拾遺》)
出處	《申報影印本》1895年11月27日《寧郡辨志精舍乙未冬季課題》,第51冊,第576頁上欄

表 4-165　辨志精舍光緒二十一年(1895)冬季課案

類別	等級	獲獎者姓名					小計
漢學	超等	唐繼盛	張　藩	王亨兆	孫振麒	曾士瀛	9
		汪開祉	江　乙	孫玉繻	秦鍾濠		
	特等	施世傑	江起■	汪成教	王亨彥	汪鳴鳳	10
		余宏淦	李　槐	張茂炯	陳爾查	孫海環	
宋學	超等	秦鍾濠	王崇瑛	王亨彥	王雅三	張汝蘅	6
		戴廷謨					
	特等	童景熙	姜莊臨	于夢金	許克勤	朱念聖	10
		孫世熊	管紹輅	戴鴻鈞	王亨兆	黃家襄	
史學	超等	戴姜福	吳佐清	馮華春	馮成勳	孫國仁	8
		李鳳祥	樂靖亢	林曾安			
	特等	蔣元慶	吳兆麒	樂以成	李寶鑄	秦鍾濠	8
		黃詠之	耿覲文	范登瀚			
算學	超等	王　塏	陳其虎	范敬銘	馮　澂	王汝成	7
		王　瑩	秦偉域				
	特等	張光烈	周光廉	張晉鑒	王汝祥	李　藩	6
		程之駿					
輿地	超等	鄭永禧	孫國仁	范　章	秦鍾濠		4
	特等	張德容	許文蔚	鄭志選	戴鴻鈞		4

（续表）

類別	等級	獲獎者姓名	小計
詞章	超等	馮善徵　陸秉章　鄭永禧　馮玉崑　費有容　王德坤	6
	特等	華鼎惲　福　臨　江起鵬　俞　鑑　王捷■　董　淵	6
合計		94	
出處		《申報影印本》1896 年 4 月 27 日《寧波辨志精舍乙未冬季課案》，第 52 冊，第 695 頁上欄。且其文末有云："漢學超等第三、第八名被人撕破，無從■■。"	

表 4-166　辨志精舍光緒二十二年(1896)春季課題

類別	名稱
漢學	①《輈人》鄭注"輈之揉者形如注星"解
	②《輪人》鄭注"等為萬婁以運輪上"解
	③《玉人》鄭注"必讀如鹿車緯之緯"解
宋學	①五福不言貴而言富論
	②橫渠云："為天地立心，為生民立命，為往聖繼絕學，為萬世開太平。"試衍其義
	③《學蔀通辯》書後
史學	①論酈生、陸賈優劣
	②駁龜山楊氏議藺相如完璧事
	③記石浦、南田開墾
天文兼算學	①隱桓之際皆建丑論
	②"學天元，宜從借根方起"說
	③三均末均說
輿地	①魯人三郊三遂攷
	②蕭何封酇封鄠辨
	③問：《續漢・郡國志》湖陸縣注云："縣西有費亭城，魏武帝所封。"[1]而費縣注又云："曹騰封費是鄠縣費亭。"[2]兩說孰是？[3]
詞章	①《南北洋賦》(不限韻)
	②《懷臺灣》(五排四十韻)
出處	《申報影印本》1896 年 4 月 3 日《寧波辨志精舍丙申春季課題》，第 52 冊，第 537 頁下欄

【校箋】

[1]《後漢書》中華書局點校本《郡國志三》"山陽郡湖陵"條注引《地道記》云："縣西有費亭城，魏武帝初所封。"

[2]《後漢書》中華書局點校本《郡國志三》"泰山郡費侯國"條注云："曹騰封費是鄭縣費亭，非此國。"

[3]孰是：原本誤作"執是"。

表 4-167　辨志精舍光緒二十二年(1896)春季課案

類別	等級	獲獎者姓名					小計
漢學	超等	唐繼盛 陳漢章	施世杰 張茂炯	胡玉縉 黃德照	郭謙益 施仁紈	繆 楷 秦鏡濠	10
	特等	金賢松 孫 冕	王序賓 馮華第	戴 康 金葆光	鄭 鈺 陳鳳洲	陳錫哉 張鴻桷	10
宋學	超等	虞偉祺 孫康駿	陳錫哉 趙嗣勳	秦鍾濠 葉晉受	鍾觀誥 王福瑗	王亨彥 江起綸	10
	特等	陳漢章 王崇瑛	顧清廉 保鼇東	周承嶧 孫國仁	吳仁綸 王受疇	鄭之澧	9
史學	超等	王福瑗 施仁紈	周震隆 吳兆祺	陳漢章 阮丙炎	謝行湴 夏啓瑞	吳佐清 李湟祥	10
	特等	阮熊飛 李師濂	張錫琪 吳仁綸	林鳳鏘 耿觀文	孫邦榮 吳允武	樂靖亢 蘇象賢	10
算學	超等	王 瑩 陳其虎	馮 徵 陳漢章	王汝成 儲桂山	曹仰欽	樂季耘	8
	特等	汪成教 馮 沅	張鼎濟 曹仰山	孫德準 劉慶墀	范猷銘 王苹棠	陳賢佑	9
輿地	超等	江起鵬 孫國仁	施宗范 施仁紈	趙文衡 陳錫哉	方爾咸 周震隆	孫 琤 鄭 鈺	10
	特等	范 章 鄭示祚	周世棠 余葆光	孫念祖 吳 灝	張鴻桷 柴正衡	林端撰 張德容	10
詞章	超等	馮善澂 保鼇東	尤金鏞 顧佽基	王錫韓 湯遠規	江義修	孫玉峰	8
	特等	顧佽基 張錫琪	李昌祺 俞函三	蕭章煥 董 淵	耿觀文 沈治聞	江於澧 周汝棠	10
合計		114					
出處		《申報影印本》1896 年 8 月 17 日《寧郡辨志丙申春季課案》，第 53 冊，第 700 頁上欄					

表 4-168　辨志精舍光緒二十二年（1896）夏季課題

類別	名稱
漢學	①犟犓角攷釋
	②《中庸·哀公問政章》四"一也"義
	③漢潁川荀爽與北海孫翱論仁義辨
宋學	①論清任和伊洛所得不由濂溪說
	②"虛者，靜之本"說
史學兼掌故	①劉晏論
	②班史《古今人表》不表今人說
	③重設海軍議
天文兼算學	①問：宣公十七年，《春秋》書："六月癸卯，日食。"《大衍》《授時》皆云："五月乙亥朔，入食限六月。癸卯朔，不食。"而後之《通曆》，則謂係"宣公七年六月癸卯朔，日食"之錯簡。試以時憲術推之，果孰是歟？
	②賈公彥不通算術論
	③割圓之法，祖沖以容圓六邊起算，趙友欽以容圓四邊起算，皆能屢求句股而得圓周，其法孰優？
輿地	①《漢志》太末穀水考
	②地球繞日而行論
	③《管子·度地篇》："故高其上領，瓴之尺有十分之三，里滿四十九者，水可走也。"試詳解其義
詞章	①賦賦（古體，不限韻）
	②擬揚子雲《解嘲》
	③擬韓昌黎《薦士》（用原韻）
出處	《申報影印本》1896 年 6 月 18 日《寧郡辨志精舍丙申夏季□題》，第 53 冊，第 315 頁下欄

表 4-169　辨志精舍光緒二十二年（1896）夏季課案

類別	等級	獲獎者姓名					小計
漢學	超等	顧鴻闓	虞從龍	吳佑之	梅鼎恩	胡玉康	10
		張茂清	施世杰	郭謙益	胡玉縉	張茂炯	
	特等	鄭丙翰	陳得森	鄭　鈺	李永康	王亨兆	10
		陳鳳洲	江起鵬	周震隆	余宏淦	戴　康	

（续表）

類別	等級	獲獎者姓名					小計
宋學	超等	陳錫哉	秦鍾濠	何稼孫	王序賓	周星煥	8
		王亨彥	周震隆	史鳳喈			
	特等	葉慧業	竺塵祥	葉和聲	陳 冕	朱念聲	10
		王崇煥	李鳳翔	秦宗伊	王福瑗	李師濂	
史學	超等	章炳麟	陳 鐸	忻江明	吳紹基	張茂炯	10
		夏啓瑞	周震隆	吳佐清	李鳳翔	項藻馨	
	特等	馮華春	竺士康	孫國仁	江文淦	朱錦綬	10
		竺塵祥	樂靖亢	王福瑗	勵延豫	何錫冕	
算學	超等	馮 澂	蔡翊清	蔡光被	俞汝桂	王汝成	10
		胡 坊	王以成	孫德準	王 瑩	陳其龍	
	特等	應瑞鼎	李堉廉	徐昌燕	張秉烈	王 愷	10
		張鼎清	虞 賡	陳其虎	陳賢佑	李炳年	
興地	超等	章炳麟	趙文薊	吳廷採	費廷璜	張德容	10
		吳有容	汪開祉	孫維城	王紹翰	鄭永禧	
	特等	吳兆麒	戴 康	周震隆	趙文薊	陳錫哉	10
		余時登	韓子康	何壽章	秦鍾濠	杜顯名	
詞章	超等	楊志適	俞 鑒	馮善徵	郭謙益	尤金鏞	10
		朱錦綬	鄒登瀛	陳錫哉	鍾觀光	張德容	
	特等	董 淵	王錫韓	孫 鑛	保厘東[1]	胡念祖	10
		王德坤	宗 森	李士英	虞廷綸	葉焜瑤	
合計		118					
出處		《申報影印本》1896 年 11 月 9 日《寧郡辨志六齋丙申夏季課案》，第 54 冊，第 437 頁下欄					

【校箋】

[1] 保厘東：《申報》1896 年 8 月 17 日《寧郡辨志丙申春季課案》詞章超等作"保釐東"（影印本第 53 冊，第 700 頁上欄）。

表 4-170　辨志精舍光緒二十二年(1896)秋季課題

類別	名稱
漢學	①"德輶如毛"解，試以《中庸》《表記》引《詩》意參之
	②便辟解
	③誇毗解

（续表）

類別	名稱
宋學	①心大心小說
	②說恥說惱說疑說悔
	③讀《延平答問》書後
史學兼掌故	①汲黯、朱雲論
	②《史記·貨殖傳》與《天官書》同功說
	③裁併釐卡議
天文兼算學	①今歲七月朔，日食。推得省城食四分三十四秒，寧波府城食分及初虧復圓時刻分秒，與省城遲早多少各幾何？試以時憲術推之
	②蒸汽論
	③演割圓八線
輿地	①於越、于越辨
	②內外興安嶺攷
	③問：《續漢·郡國志》"太末"注有孫氏分立豐安之說，而《宋書·州郡志》謂豐安"孫氏分諸暨立"，兩說孰是？
詞章	①東坡居士中秋夜作水調歌賦（以一篇水調鏘金石為韻）
	②擬庾子山《謝滕王集敘啓》
	③《新雁詞》（七古一首，或作七律四首亦可）
出處	《申報影印本》1896 年 8 月 25 日《寧郡丙申秋季辨志課題》，第 53 冊，第 753 頁下欄

表 4-171　辨志精舍光緒二十二年（1896）秋季課案

類別	等級	獲獎者姓名					小計
漢學	超等	胡玉縉　郭謙益	戴姜福　達　李	江家駒　鄭丙翰	施世杰　陳脩榆	陳漢章　胡承瑗	10
	特等	錢人龍　許渠釿	章炳麟　唐繼盛	金體選　秦錫光	金偉度　王亨兆	童景熙　金士奎	10
宋學	超等	虞偉祺　王崇瑛	鐘觀誥	黃家鶯	秦鐘濠	王亨兆	6
	特等	胡培元　王福瑗	戴鴻鈞　虞汶臣	吳仁綸　戴廷讀	李鴻濂　宗承露	李鳳翔　張汝衢	10

（续表）

類別	等級	獲獎者姓名					小計
史學	超等	吳佐清 樂靖厹	鐘觀誥 張端甫	江起鯤 趙嗣勳	孫爾瓚 李鳳翔	洪允祥 李師濂	10
	特等	吳兆麒 張天爵	竺士康 蘇象賢	夏啓瑞 王福瑗	董道梃 孫國仁	孫紹覽 秦偉椒	10
算學	超等	陳賢估[1] 蔡崇熙	蔡翊清 吳爕森	董錦穗 王汝成	王瑩 盧葆宸	陸景宣 馮沅	10
	特等	俞汝往 李炳年	王塏 陳其虎	劉慶墀 曹鍾秀	陳燁 陳光榮	孫德準 張鼎濳	10
輿地	超等	陳漢章 鄭永禧	戴康 許渠釿	汪開祉 江起鵬	費廷瑝 林端揆	江起鵬 秦鍾濠	10
	特等	許文蔚 范章	翁其泰 陳秉槩	唐繼盛 王紹翰	吳兆麒 王紹洙	林授經 孫祖述	10
詞章	超等	俞鎮 李寶鑄	馮善徵 葉焜瑤	陳培壽 尤金鏞	姚聲遠 張端甫	俞鑑 鄒登瀛	10
	特等	保釐東 陳祖綦	周之楨 黃鐘英	江義脩 孫玉峯	江于灃 俞函三	李元薷 朱錦綬	10
合計		116					
出處		《申報影印本》1897年1月30日《寧郡辨志精舍丙申秋季課案》，第55冊，第169頁下欄					

【校箋】

[1] 陳賢估：顯系"陳賢佑"之誤刻。

表4-172 辨志精舍光緒二十二年(1896)冬季課題

類別	名稱
漢學	①偵丈人偵婦人解
	②"或曰外祖母也"解
	③《左傳》"以威儀決人禍福"論
宋學	①以利為本說
	②論溫公疑孟
	③論元公闢俄

（续表）

類別	名稱
史學兼掌故[1]	①漢文罪魏勃、封召平之子說
	②張光陶功罪議
	③旗地旗田考
天文兼算學	①問：十月中旬，太陰、熒惑同度，係何日何時？其緯差度幾何？所過恒星有無凌犯否？試詳推之
	②論客星、變星之別
	③今有大小二立方，大方邊為小方邊三倍，若以二方面積相乘，得一萬一千六百六十四尺，問二方也及體積各幾何？
輿地	①湘■同源說
	②五大洲形勢論
	③問：孫氏所置定陽，隋省入信安，而唐又析置常山，其疆域卽定陽之舊歟？抑微有異同歟？
詞章	①學者稱東觀為老民藏室、道家蓬萊山（賦以薦入東觀為校書郎為韻）
	②擬趙景真《與嵇茂齊書》
	③擬黃山谷《觀劉永年團練畫角鷹》（用原韻）
出處	《申報影印本》1896 年 11 月 8 日《寧郡辨志六齋丙申冬季課題》，第 54 冊，第 431 頁下欄。且其文末云："限十月二十日繳卷，逾限不收。"

【校箋】

[1] 掌故：原本誤作"掌鼓"。

表 4-173　辨志精舍光緒二十二年（1896）冬季課案

類別	等級	獲獎者姓名					小計
漢學	超等	鄭　鈺	胡玉繡	唐繼盛	陸彭壽	戴　康	10
		童景熙	李永康	許渠釿	施世杰	胡玉庚	
	特等	余宏淦	王序賓	許文蔚	黃德照	章炳麟	10
		王紹翰	許玉庭	金士奎	黃祥黼	吳仁綸	
宋學	超等	吳仁綸	李師濂	李鳳翔	葉晉瑞	管紹輅	10
		汪開祉	史鳳喈	胡培元	李寶鑄	秦鍾濠	
	特等	謝宸德	戴永年	王亨彥	保蘆東	葉炳瑞	10
		王亨兆	王福瑗	葉慧業	程伯魯	張汝蘅	

（续表）

類別	等級	獲獎者姓名	小計
史學	超等	李鳳翔 章炳麟 吳鳳翽 阮鳳飛 胡培元 林鳳鏘 王福瑗 李師濂 李煜祥 夏啓瑞	10
	特等	吳仁綸 汪開祉 樂靖亢 趙麗章 樂以成 許汝蘅 吳佐清	7
天文兼算學	超等	蔡翊清 陳景宣 王汝成 蔡崇照 俞汝德 陳其龍 陳賢佑 陳之駿 李堉廉 儲桂山	10
	特等	董金穗 李藩 蔡光被 陳其虎 虞賡 馮澂 李炳緯 王瑩 馮堦颺	9
輿地	超等	江起鯤 王紹翰 王紹珠 程聖輅 江起鵬 趙文衢 孫冕 孫奉璋 許渠釿 竺士康	10
	特等	吳兆祺 余時登 李善祥 謝宸德 范章 戴康 汪開祉 許福昌 樂季耘 孫德準	10
詞章	超等	楊志適 馮善徵 尤金鏞 陳培壽 許玉庭 王錫韓 江于澧 毛雍祥 蕭和聲 朱錦綬	10
	特等	董策 董淵 裘毓麟 陳祖基 陳鐸 張兆蓉 張學樾 王序賓 張汝蘅 吳善逵	10
合計		116	
出處		《申報影印本》1897 年 4 月 8 日《寧波辨志精舍丙申冬季課案》,第 55 冊,第 555 頁上欄	

表 4-174 辨志精舍光緒二十三年(1897)春季課題

類別	名稱
漢學	①申《論語》"告朔餼羊"鄭注義
	②申《士虞》"左胉"注義
	③釋鰿鰭
宋學	①形色說
	②讀《純公論十事劄子》書後
	③槐堂之學莫盛于甬說
史學兼掌故	①石星論
	②太史公屈范蠡于《貨殖傳》說
	③疏通仕途議

（续表）

類別	名稱
天文兼算學	①《堯典》中星、《月令》中星不同解
	②正弧三角用四率比例斜弧三角有三法，試詳其理
	③回光鏡有一定之回光角與射光角論
輿地	①剡溪源流攷
	②姑蔑子國都攷
	③間續輯《海國圖志》，宜增采之書凡若干種，宜增廣之例凡若干條，試臚舉之
詞章	①漢武帝遣使者束帛加璧聘墨子賦（以事出葛洪神仙傳為韻）
	②擬沈休文《桐柏山金庭館碑銘》
	③擬陸放翁《西郊尋梅》（用原韻）
出處	《申報影印本》1897 年 3 月 6 日《寧波辨志精舍春季課題》，第 55 冊，第 351 頁下欄。且其文末云："限二月二十八日繳卷，逾限不收。"

表 4-175　辨志文會光緒二十三年（1897）春季課案

類別	等級	獲獎者姓名					小計
漢學	超等	陳漢章	施世杰	許渠鈫	胡炳耀	余宏淦	10
		戴　康	俞　鑑	許文蔚	梅鼎恩	唐繼盛	
	特等	錢文虎	王亨兆	項藻恩	于　㟼	胡玉縉	10
		費昌容	黃德照	金偉度	王恭壽	鄭　鈺	
宋學	超等	陳漢章	秦鍾濩	李師濂	樊繼述	胡培元	10
		李鳳翔	陳錫周	王福瑗	葉慧業	吳仁綸	
	特等	王亨兆	蘇象賢	王亨彥	戴鴻鈞	王崇瑛	10
		張德容	張振翰	王達黼	張宏綱	虞沃臣	
史學	超等	吳佐清	李鳳翔	江起鯤	吳兆祺	李　瑤	10
		夏啟瑞	吳同周	王福瑗	李寶鑄	蘇象義	
	特等	吳仁綸	徐方同	胡培元	沈錫康	林鳳鏘	10
		張　樵	張文彬	周世棠	阮鳳飛	洪允祥	
算學	超等	王汝成	陳賢佑	盧葆宸	鍾丙華	程之駿	10
		宣挺芳	蔡翊清	陳其龍	李　藩	李墭濂	
	特等	陳漢章	王恭壽	秦偉械	俞以程	陳其虎	10
		程宗伊	袁丙熊	桂一山	鄔　珍	李炳緯	

（续表）

類別	等級	獲獎者姓名					小計
輿地	超等	陳漢章 孫康駿	周震隆 費廷璜	江起鯤 江起鵬	戴　康 汪開祉	王紹洙 王紹翰	10
	特等	趙天衢 許渠釴	吳兆麒 張汝蘅	孫　冕 秦鍾濠	王序賓 吳廷採	許文蔚	9
詞章	超等	張景翰 鄒登泰	俞　鑑 毛雍祥	何昌巽 費有容	陸炳竟 張守惠	楊志適 葉焜瑤	10
	特等	黃憲儒 陳漢章	葉和聲 毛雍康	楊鳳威 江賢修	陳祖恭 梁孝遆	惲福麟	9
合計		118					
出處		《申報影印本》1897年7月27日《寧郡辨志文會丁酉春季課案》，第56冊，第538頁上欄					

表 4-176　辨志文會光緒二十三年(1897)夏季課題

類別	名稱
漢學	①閏月詔王居門終月解
	②讀焦理堂[1]《明堂步筵小於路寢說》
	③釋冪幂
宋學	①艮背行庭說
	②釋氏以所賤率人說
	③問：所見與所守，孰難？
史學兼掌故	①宋寇準、明夏言論
	②班史志刑不志兵說
	③鄉會試參用西學議
天文兼算學	①昏旦朦影均以十八度為限，而時刻之多寡則隨時隨地不同，試詳其理
	②《操縵卮言門建論》書後
	③問：圓周求徑百有定率，然有失之過弱者，亦有失之過強者，惟西人杜氏德美所定之率可稱密率，能備述其優劣歟？
輿地	①西至日所入為大蒙考
	②漢鍾武侯國當今何地考
	③讀美國金楷理《繪地法原》書後

（续表）

類別	名稱
詞章	①東海三為桑田賦（以已見東海三為桑田為韻） ②擬京師中西[2]大學堂《上樑文》 ③漢李廣《銅印歌》（七古）
出處	《申報影印本》1897年5月11日《寧郡夏季辨志課題》，第56冊，第63頁下欄。 且文末云："限五月初三日繳卷，逾期不收。"

【校箋】

[1] 焦理堂：《申報影印本》1897年5月18日《志误》云："前报纪宁郡辨志课题丙汉学题'读焦理堂'误排'集理堂'，合亟更正，以免歧误。"茲據改。

[2] 中西：《申報影印本》1897年5月18日《志误》云："前报纪宁郡辨志课题……词章题'中西'大学堂，误排'中四'。合亟更正，以免歧误。"茲據改。

表 4-177　辨志文會光緒二十三年（1897）夏季課案

類別	等級	獲獎者姓名					小計
漢學	超等	施世杰	胡玉緹	梅鼎恩	陳漢章	許渠鈫	10
		錢文沛	王亨彥	唐繼盛	趙文蘅	陳廷揚	
	特等	費廷璜	戴　康	陳鳳洲	鄭　鈺	汪鳴鳳	10
		王亨兆	黃德照	黃祥黼	李永康	秦鍾濠	
宋學	超等	秦鍾濠	胡培元	吳仁綸	鍾觀誥	何長慶	10
		戴鴻鈞	周星煥	陳漢章	李鳳祥	施爾城	
	特等	黃翼保	葉炳瑞	虞沃臣	葉晉瑞	李師濂	10
		錢　林	史鳳喈	王亨彥	陳修瑜	史悠謙	
史學	超等	戴姜福	陳得善	鍾觀誥	陳漢章	吳佐清	10
		李師濂	朱受光	蘇象賢	李鳳祥	夏啓瑞	
	特等	余宏淦	何長慶	江起鵬	虞仲葵	秦鍾濠	10
		虞沃臣	吳兆騏	戴鴻鈞	林鳳鏘	王福瑗	
算學	超等	馮淇源	王以成	蔡崇熙	陳賢佑	曹仰欽	10
		胡　芳	袁丙熊	蔡翊清	鄭延槎	李堉廉	
	特等	蔡光被	李　藩	董金穗	陸景宣	李翊熙	10
		桂一山	秦偉域	俞延鈺	儲梅山	王炳沛	
輿地	超等	趙文蘅	陳漢章	許渠鈫	陳得善	汪開祉	10
		費廷璜	江起鯤	孫　晃	王紹翰	戴　康	
	特等	江起鵬	周世棠	程　鐸	林端揆	秦鍾濠	10
		汪開祉	何長慶	陸炳章	章紹泗	柴正衡	

（续表）

類別	等級	獲獎者姓名	小計
詞章	超等	陸炳章　楊志適　張景翰　俞　鎮　何昌巽 尤金鏞　鄒登瀛　金文樑　毛應祥　萬人傑	10
	特等	歐陽淦　鄒登泰　惲福麟　葉焜瑤　單　鎮 陳　巽　張汝蘅　孫玉峰　夏　方　徐　楨	10
合計		120	
出處		《申報影印本》1897 年 11 月 15 日《寧郡辨志文會丁酉夏季課案》， 第 57 冊，第 470 頁上欄	

表 4-178　辨志文會光緒二十三年(1897)秋季課題

類別	名稱
漢學	①觀利用賓于王說
	②答拜有一拜再拜例
	③琥璜爵解
宋學	①躬行說
	②水幾于道論
	③擬朱子《四齋銘》
史學兼掌故	①漢詔出使絕國與將相並重論
	②海稅考
	③軍機大臣應兼總理衙門銜名說
天文兼算學	①《尚書·畢命》："六月庚午朏，為月之初三日。"則朏字取月出之意。然有朔後二日而月即見者，更有晦日之晨月見東方者，朔日之夕月見西方者，唐曆家遂有進朔之法，以致日食在晦，能究其故歟？
	②地球為行星之一論
	③《益古·演段》第一問至第四問，均求方田內圓池徑各算式，試依各條演其理數
輿地	①吳人為善稻為伊緩說
	②地學分文質政三家論
	③問：天上一度當地二百里，此言緯度耳。若經度則惟正居赤道下者，每度亦當二百里，而漸近兩極則漸狹，直至一點而止。今欲自赤道至兩極，逐段經度皆知，每度當地若干里，宜以何術馭之？

（续表）

類別	名稱
詞章	①儒為雞廉賦（以近文章砥厲廉隅為韻）
	②擬梁元帝《職貢圖序》
	③和歐陽永叔《日本刀歌》
出處	《申報影印本》1897 年 9 月 30 日《丁酉秋季寧波辨志文會六齋課題》，第 57 冊，第 175 頁下欄。且其文末云："限九月廿五日繳卷，逾期不收。"

表 4-179　辨志文會光緒二十三年（1897）冬季課題

類別	名稱
漢學	①比失前禽說
	②旌旗有畫不畫例
	③禡師祭伯馬祭辨
宋學	①執中執一說
	②六經不言無心說
	③讀《腳氣集》書後
史學兼掌故	①趙充國論
	②讀《宋史·宰輔表》書後
	③辨志精舍祔祀史忠定議
天文兼算學	①問：明年元旦，太陽未正合朔，交周初宮五度十九分，浙江省城應食幾何？試詳推之
	②五星衛日，以日為心；五星本天，皆以地為心。試言其理
	③甲乙丙丁四平圜，共積二百十七尺五十五寸五十三分十厘。甲圜徑比乙圜多三尺，乙圜徑比丙圜徑多三尺，丙圜徑比丁圜徑多三尺，問四圜徑各幾何？
輿地	①問：賦額有田、地、山、蕩四項，而蕩或作塘，或兼稱塘、蕩，各郡縣《志》紀載不同，試詳辨其孰是？
	②問：古無堰字，或謂《周禮》即井匽之，或謂即《左傳》偃豬之"偃"，兩說當孰從？
	③問：農政以水利為本，近之言農學者，皆侈談化學與機器，而不言水利，何歟？

（续表）

類別	名稱
詞章	①擬《江左修心賦》
	②代陳伯之《報邱遲書》
	③擬杜工部《張舍人遺織成褥緞》
出處	《申報影印本》1897年11月5日《寧波辨志文會丁酉冬季課題》，第57冊，第408頁上欄。且其文末云："限十月杪繳卷，逾限不收。"

表4-180 辨志文會光緒二十四年(1898)春季課題

類別	名稱
漢學	①二月初吉解
	②圭章特琥璜爵解
	③釋鄭汪方"持弦矢曰挾、側持弓矢曰執"義
史學兼掌故	①貳師服大宛、常惠折龜茲論
	②漢建校尉、唐置都尉護考
	③旅順威海守禦策
天文兼算學	①唐《大衍曆》為自古推步者所宗，而後人謂其竄入于《易》以眩眾，何歟？
	②古曆置閏歲終，率多舛誤；今曆置閏於無中氣之月，順合天行。試詳其得失
	③問：比例尺有十線，各有妙用，以何線之用為最廣？試證之
輿地	①《管子・地員篇》"施尺測泉辨土宜"說
	②《淮南子・地形訓》"五土五澒生五金"說
	③問：電氣繞地面東西運行，其南北兩極與地球之南極北極不同，試考驗所差若干
詞章	①《漢武帝從兒寬問尚書賦》(以吾始以尚書為朴學為韻)
	②《上海創設女學堂記》(駢體)
	③擬陸劍南《芳草曲》
出處	《申報影印本》1898年4月5日《寧波辨志文會戊戌春季五齋課題》，第58冊，第565頁下欄

表 4-181　辨志文會光緒二十四年（1898）夏季課題

類別	名稱
漢學	①譽民友民解
	②歷人戕敗人解
	③音隨義轉舉例
史學兼掌故	①張騫以烏孫制匈奴論
	②《宋史》傳儒林別標《道學》《元史》傳儒林并省《文苑》說
	③武科改試槍砲議
天文兼算學	①用日晷測各地偏度說
	②日晷午正與鐘表午正，每日刻分有遲速，試詳其理數
	③今有大小兩三乘方，共積四千一百七十七尺，只云兩方邊之較五尺，問大小各幾何？
輿地	①讀《讀史方輿紀要》書後
	②讀《天下郡國利病書》書後
	③問：經濟六科，一曰內政，以攷求方輿險要、郡國利病、民情風俗者隸之，凡有志應此科者，平日宜若何肄習？斯成有用之才，盍各抒所見
詞章	①尹翁歸不從文東武西之令賦（以文武兼備、惟所施設為韻）
	②擬仲長公《理樂志論》
	③和楊鐵厓《夢游滄海謠》
出處	《申報影印本》1898 年 6 月 26 日《寧波辨志文會戊戌夏季課題》，第 59 冊，第 363 頁下欄

表 4-182　辨志文會光緒二十四年（1898）冬季課題

類別	名稱
漢學	①"小子同未在位，誕無我責，收罔勖不及"解
	②"日一舉"解
	③"為來歲受朔日"本義
史學兼掌故	①論漢七國、晉八王
	②議陳湯、甘延壽功罪
	③考長江水師營兵制

（续表）

類別	名稱
天文兼算學	①北辰北極轉移攷
	②問：分點年之小餘特浪勃所推之數二四二二六四，近時改為二四二二一六，其優劣何如？
	③數起于黃鐘說
輿地	①問：海市或謂蜃噓氣結成，或謂天氣折光之故，兩說孰是？
	②問：井水夏冷冬溫，或謂井水實冬夏一律，因較夏暑則覺冷，較冬寒則覺溫，其說然歟？
	③問：山高則去地遠而去日近，何以山頂之受日光熱度，較減於地面之熱度；赤道下地面最熱，而山高至一千十二丈即山頂恒年積雪。厥理可得而言歟？
詞章	①《既蠟不興功賦》（以建亥之月既蠟而收為韻）
	②仿陶淵明《讀史述》
	③天台藤杖歌
出處	《申報影印本》1898 年 12 月 5 日《寧郡辨志文會冬季課題》，第 60 冊，第 685 頁上欄

表 4-183　辨志文會光緒二十四年（1898）冬季課案

類別	等級	獲獎者姓名					小計
漢學	超等	鄒登泰	王亨彥	范承登	顧清廉	胡玉縉	10
		施世杰	陳受謙	陳康黻	任煥文	童景熙	
	特等	王亨兆	達 李	費廷璜	程起鵬	陳廷駿	10
		達 孚	陳傳芳	孫 晃	林授經	張有珩	
史學	超等	陳錫哉	吳佐清	李孟毅	景學鈴	馮華春	10
		夏啓瑞	唐鏡容	何長慶	章大澍	樂以成	
	特等	趙嗣勳	吳兆騏	鄒登瀛	吳天爵	戴鴻鈞	10
		鮑國光	柴正衡	張汝薌	沈詔聞	樂靖亢	
天文兼算學	超等	王 瑩	徐 壽	尤金鏞	沈善蒸	盧葆宸	10
		李璿儲	梅 山	湯金鑄	陳紹齡	袁丙熊	
	特等	周 濂	王 塏	曹鍾秀	王恭綬	李鵬飛	10
		王汝成	梁安周	陳其虎	胡 疇	吳履剛	
輿地	超等	達 享	尤金鏞	李孟毅	范董原	袁丙熊	10
		儲桂山	何長慶	孫 晃	錢保杭	趙文衡	
	特等	江起鷗	周世棠	孫敏慶	王紹翰	李頤年	10
		顧健基	王序賓	王紹洙	張懋德	陳錫哉	

（续表）

類別	等級	獲獎者姓名	小計
詞章	超等	楊志適　鮑茂烺　俞　鑑　張景翰　潘　鴻 歐陽淦　徐　楨　黃喻愚　景學鈐　鄒登瀛	10
	特等	鄒登泰　張德容　柳福坤　鮑國光　毛雍祥 尹　栢　葉焜瑤　張　偉　孫應鏘　張汝蘅	10
合計		80	
出處		《申報影印本》1899 年 4 月 1 日《寧郡辨志文會戊戌冬季課案》，第 61 冊，第 533 頁下欄	

表 4-184　辨志文會光緒二十五年(1899)春季課題

類別	名稱
漢學題	①大人虎變解
	②棟梁攷
	③學在四夷論
史學兼 掌故題	①太史公以鄒陽附魯仲連說
	②盧懷慎伴食辨誣
	③改土歸流始末考
天文兼 算學題	①問：五星繞日而行，皆有向日、背日之時，何以土、木無盈缺狀而火、金、水皆有盈缺之形，其故何歟？
	②問：天算家以三角測天，以句股御地，二者各適其用，然三角、句股可以分用，亦可以何用，法異數同，能詳闡之歟？
	③問：甯紹通衢，擬開鐵路，然計里程功、合料皆需精通算學之人，庶無欺朦之弊，學者其統籌章程，擬草以副所用
輿地題	①《淮南·地形訓》"八紘八極"攷
	②《管子·地員篇》"五穀五臮"解
	③問：《集韻》"澍"字以深泥為訓，與鄉農稱爛田曰澍正合。試詳訪播種澍田之法，申明其義
詞章題	①擬宋玉《小言賦》
	②通明殿為海棠乞春陰表
	③劍膽、詩骨、酒腸、琴心（七律四首）
出處	《申報影印本》1899 年 3 月 24 日《寧波辨志文會春季課題》，第 61 冊，第 481 頁上欄。且其文末云："限三月初一日繳卷，逾期不收。"

表 4-185　辨志文會光緒二十五年(1899)春季課案

類別	等級	獲獎者姓名					小計
漢學	超等	王亨兆	陳漢章	唐繼盛	費廷璜	施仁紱	10
		胡文鎬	程起鵬	張光彝	梅鼎恩	胡玉縉	
	特等	施世杰	范承登	許毓麟	余宏淦	劉夢齡	8
		鄒登泰	林授經	陳康黻			
史學	超等	陳漢章	周家謹	鄭光祖	陳其相	鄭之灃	10
		章大澍	洪允祥	夏啓瑞	鮑茂烺	李孟毅	
	特等	吳佐清	洪兆麟	周夢齡	張　暐	王志鶴	10
		趙家藝	何長慶	吳兆麒	樂以成	顧盛琭	
算學	超等	楊史彬	支寶楠	陳賢佑	曹仁欽	周　濂	10
		王汝成	盧葆宸	袁丙熊	史錫章	張繼祖	
	特等	魏廷樑	吳燮森	蔡翊清	湯金鑄	朱　榮	5
輿地	超等	陳漢章	鄭廷璜	陳廷揚	許渠釿	孫德準	10
		程超鵬	顧清濂	秦鍾濠	王亨兆	王禮賓	
	特等	王序賓	范承登	任彬章	孫應鏘	吳廷採	10
		張德容	戴鴻鈞	屠毓珪	洪　廮	吳廷琛	
詞章	超等	楊賡元	張應奎	王有宗	鮑茂烺	馮善徵	8
		許毓麟	鄭之曦	姚聲遠			
	特等	張　崑	俞　鑑	屈　爔	鮑國光	黃吟愚	8
		鄒登泰	裘紹良	朱和鈞			
合計		89					
出處		《申報影印本》1899 年 8 月 21 日《寧波辨志文會己亥春季課案》，第 62 冊，第 827 頁上欄					

表 4-186　辨志文會光緒二十五年(1899)夏季課題

類別	名稱
漢學	①豐卦見斗見沬說
	②《周官·呂刑》刑罰輕重論
	③申《程子》"在物為理、處物為義"說
史學兼掌故	①漢宣帝以客禮待單于論
	②蕭望之不得為社稷臣說
	③外人雜居內地原始

（续表）

類別	名稱
天文兼算學	①五月十六日亥正望月食，既五限時刻，甯府與杭垣應差幾何？試遵時憲術推之
	②問寧波府北極出地二十九度五十五分，偏東四度五十七分；廣東省瓊州府北極出地十八度二十四分，偏西七度四十二分。兩地相距烏里幾何？
	③甲乙丙銳角三角形，知甲乙邊一百二十二尺，甲丙邊一百十二尺，乙丙邊一百五十尺，求甲乙丙三角若干度？
輿地	①《海內南經》三天子鄣山考
	②《竹書》周顯王十年所築長城考
	③問：《木華海賦》"陰火潛然"，海中何以有火？試究其理
詞章	①競渡寓水戰賦（以戰棹競渡、縱人游觀為韻）
	②武備學堂記
	③招寶山望海歌
出處	《申報影印本》1899 年 6 月 17 日《寧波辨志文會夏季課題》，第 62 冊，第 365 頁上欄。且其文末云："統限五月二十五日繳卷。"

表 4-187　辨志文會光緒二十五年(1899)秋季課題

類別	名稱
漢學	①柔以時升解
	②釋鐘鎛
	③負良綏申之面拖諸幋本義
史學兼掌故	①戰國四公子性無忌為有功當世論
	②嵇康不應入《晉書》說
	③歷代礦務得失考
天文兼算學	①日月視徑變大變小之故，試詳其理
	②五星交周遠近異同說
	③《九章算術》方程、盈朒分為兩章，而用法同異之故，可得而詳歟？
輿地	①"草人"鄭注"占其形色為之種"說
	②"廾人"鄭注"占其形色知鹹淡"說
	③問：土中所含矽、燐、鉀、鈉、鎂、鋁諸質，當以何法攷驗，而知某質有、某質無、某質多、某質寡，能述其法而詳言之歟？

（续表）

類別	名稱
詞章	①琴賦(古體,擬嵇律體,以器和響逸、張急聲清為韻)
	②甬東山水頌
	③擬杜工部《秋興》八首
出處	《申報影印本》1899年8月21日《寧波辨志文會己亥秋季課題》,第62冊,第827頁上欄。且文末云:"統限八月初十日繳卷,逾期不收。"

表 4-188　辨志文會光緒二十五年(1899)秋季課案

類別	等級	獲獎者姓名					小計
漢學	超等	鄒登泰 唐繼盛 戴堯臣 侯鴻鑑	陳漢章 胡玉縉 戴鴻鈞 陳覺謙	程起鵬 施世傑 戴　昌 顧繼廉	胡文鎬 金宏淦 許毓麟	鄒登瀛 鄭光祖 鄭元澧	18
史學	超等	周光珪 鄭光祖	徐佐清 葉學金	許毓麟	謝不敏	夏啓瑞	7
	特等	洪允祥 雷　瑊	謝秋鵬 戴鴻鈞	楊毓惲 鄭之澧	唐鏡蓉 盧[1]棻	許毓麟	9
算學	超等	楊毓惲 壽椿禧	儲桂山 邵　棠	曹仰欽 鄭其虎	馮　蓮 支寶栴	王汝成 徐　祥	10
	特等	蔡翊清 陳漢章	楊瀚清 厲延昶	李鵬年 吳光善	史錫章	林振聲	8
興地	超等	陳訓正 勵[2]延年	楊毓惲 壽椿禧	陳漢章 侯鴻錫	李　■ 陳廷揚	穀遠李 施仁沈	10
	特等	陳鶴齡 張繼祖	張德容 程起鵬	戴堯臣 戴登瀛	吳廷採 陳秉槼	吳式昌 汪錫祖	10
詞章	超等	朱和鈞	姚聲遠	張元奎	俞　鑠	許毓麟	5
	特等	戴鴻鈞 王澤永	江義修 汪錫祺	張以薪 韓右麟	朱寶忠	畢介麟	8
合計		85					
出處		《申報影印本》1900年1月22日《寧郡辨志文會秋季課案》,第64冊,第139頁上欄。且云:"寧波訪事友來函云:'此次辨志文會案發,適為風雨所侵,名字半多剝蝕。茲擇其可以辨認者,照錄於左。'"					

【校箋】

　[1]盧:原本誤作"蘆",茲逕予改正。

［2］勵：原本誤作"屬"，茲逕予改正。

表 4-189　辨志文會光緒二十五年（1899）冬季課案

類別	等級	獲獎者姓名					小計
漢學	超等	胡玉縉	唐繼盛	施世傑	費廷璜	程起鵬	10
		王亨兆	陳漢章	鄒登泰	屠　鎬	鄒登瀛	
	特等	周昶德	戴堯臣	施仁純	黃祥黼	范承登	10
		王紹翰	石　英	陳受謙	黃德照	王燕吉	
史學	超等	章大澍	陳得森	陳漢章	趙安照	鄭之澧	10
		洪允祥	俞　鑒	朱允元	戎賢釗	樂靖亢	
	特等	趙安廉	張繼祖	吳　燮	吳廷琛	趙胡勳	10
		樂以成	景齊鈴	楊毓輝	趙榮甲	戴鴻鈞	
算學	超等	陳賢佑	秦椿禧	袁炳熊	蔡崇熙	錢經銘	10
		曹仰卿	楊毓輝	黃兆祺	程　瀛	蔡翊清	
	特等	任士傑	勵延昶	俞穌汝	徐爾康	王汝成	10
		孔昭朗	陳　蓮	畢鴻逮	陳際康	陳漢章	
輿地[1]	超等	陳漢章	王紹翰	李志榮	王　璘	陳得森	10
		錢保杭	陳訓正	楊毓輝	施仁純	程起鵬	
	特等	費廷琛	吳廷採	范承登	秦鍾濠	王亨兆	10
		戴鴻鈞	陳賢芳	王嗣翼	朱允元	吳士燮	
詞章	超等	戴鴻鈞	陳漢章	鄒登瀛	俞　鑒	黃啓林	5
	特等	程祖勳	陳際雲	鄒登泰	汪虞康	鮑國光	5
合計		90					
出處		《申報影印本》1900 年 4 月 28 日《寧郡辨志文會己亥冬季課案》，第 64 冊，第 757 頁上欄					

【校箋】

［1］輿地：原本倒作"地輿"，茲逕予改正。

表 4-190　辨志文會光緒二十六年（1900）春季課案

類別	等級	獲獎者姓名					小計
經學	超等	陳漢章	陳　畬	顧清廉	費廷璜	程起鵬	10
		孫振麒	阮應穌	鄒登瀛	秦鍾濠	王亨兆	
	特等	顧盛階	胡玉縉	鄒登太	張繼祖	王季彰	10
		王定國	唐季盛	江起鵬	吳　嶠	陳燮樞	

（续表）

類別	等級	獲獎者姓名					小計
史學	超等	江起鵬 趙之儒	何長慶 樂靖交	洪允祥 吳佐清	陳漢章 吳際昌	董景熙 柳福坤	10
	特等	洪兆麐 張世杓	張振幹 謝不敏	周震隆 樂以成	趙安煦 戴鴻鈞	黃教鴻 錢毓相	10
算學	超等	桑崇熙 李瑞章	王以成 張繼祖	王其虎 勵延昶	李育廉 陳賢佑	曹仲欽 陸景宣	10
	特等	張鼎 徐錫林	袁丙熊 史錫章	壽椿禧 陳漢章	馮有林 李炳年	竺士康 徐爾康	10
輿地	超等	蔡振麒 周震隆	錢保杭 陳漢章	勵延年 林授訓	李監毅 秦鍾濠	費廷璜 何育傑	10
	特等	于鬯 陳震	謝萱德 鄒登瀛	江起鵬 梁憲儒	程起鵬 戴鑫	姚夒 戴鴻鈞	10
詞章	超等	陳漢章	蕫潤芳	錢輔仁	張士衡	黃教鴻	5
	特等	林應震	顧祝高	俞鑅	俞鑑	張應奎	5
合計		90					
出處		《申報影印本》1900 年 7 月 9 日《寧郡辨志文會春季課案》，第 65 冊，第 525 頁上欄					

表 4-191　辨志文會光緒二十六年（1900）夏季課題

類別	名稱
經學	①其邑人三百戶解
	②蠙珠解
	③魚腸謂之乙解
史學兼掌故	①歐《史》不為韓通立傳說
	②《宋史・張魏公傳》語多失實，試採集羣書別為一傳，仿阮文達《國史儒林傳》例，句下注出處
	③籌餉私議
天文兼算學	①今歲四月十八日寅初二刻，木星與太陰同一經度，所過恒星有凌犯否？
	②今歲五月初一辛丑日亥正初刻，合朔日食，中國不見，應見於何地？
	③大圓容小圓，法有平圓、渾圓之別，其法各異，試設數以演之

（续表）

類別	名稱
輿地 之學	①問《管子・地數篇》"金起於汝、漢之右洿"，《揆度篇》《輕重乙篇》作"右衢"，孰誤孰是？
	②問司馬相如《上林賦》"阜陵別隖"之"隖"，《文選》《漢書》同作"隖"，《史記》作"島"，而《說文・通訓》定聲隖字下引作"隖"，所據何本？
	③問《俄游彙編》第二卷《疆域表》謂法國以密律計程，一密律合俄里七，而第十一卷《日記》又謂意國以密律計程，四密律合俄里七。兩說相歧，試明辨之
詞章 之學	①蟬賦[1]（不限韻）
	②質文論
	③夏箴
	④栽蓮四首（五七律不拘）
出處	《申報影印本》1900 年 5 月 29 日《庚子夏季寧波辨志文會課題》，第 65 冊，第 227 頁上欄

【校箋】

[1] 陳訓正《天嬰室叢稿》之三《無邪雜箸》錄有其所作《蟬賦并序》，疑該賦就作於 1900 年春。

表 4-192　辨志文會光緒二十六年（1900）夏季課案

類別	等級	獲獎者姓名					小計
漢學	超等	陳漢章	任彬章	費廷璜	周蘊良	蔣元慶	10
		馮鍾瑾	鍾觀光	秦鍾濠	程起鵬	張光彝	
	特等	周震隆	鄒登泰	吳　嶠	阮惟穌	王亨兆	10
		張慰祖	江起鵬	孫應鏘	邵登瀛	范承登	
史學	超等	陳漢章	周震隆	江起鵬	夏啓瑞	鄭之灃	10
		孫海環	李士芬	戎吳釗	吳際昌	鄒登泰	
	特等	陳宗器	戴鴻鈞	秦鍾濠	餘宏淦	徐人驤	10
		姜芝祥	吳聖贊	鄒登瀛	王啟璣	童國賓	
算學	超等	蔡翊清	陸景宣	李靖廉	莊賡思	王海成	5
	特等	蔡崇熙	袁丙熊	畢鴻逵	徐賡南	徐爾康	5
輿地	超等	陳訓正	周震隆	孫海環	程起鵬	陳漢章	8
		江起鵬	錢保杭	王振聲			
	特等	秦鍾濠	李善祥	陸鴻勳	吳國華	戴鴻鈞	5

（续表）

類別	等級	獲獎者姓名	小計
詞章	超等	應起堭　毛雍祥　黃啓麟　馬徊章　童　梁	5
	特等	陳訓正　董策三　盛炳坤　江起鯤　董　灝	5
合計		73	
出處		《申報影印本》1900 年 9 月 22 日《寧波辨志文會庚子夏季課案》，第 66 冊，第 127 頁上欄	

表 4-193　辨志文會光緒二十六年(1900)秋季課題

類別	名稱
經學	①唐季昇祚
	②《周易集解》與《正義》所用王本不同，是否承用虞本？試詳證之
	③"其軍三單中"鄭箋義
史學兼掌故	①問魏孝文慕效華風而金世宗不願變國俗，二君所見若何？
	②《南史》鮑照附見《臨川王義慶傳》說
	③《寧郡巡防營章程》私議
天文兼算學	①黃赤大距、黃白大距古今不同說
	②設如有地不知北極高度，用表測日影以加減緯度，卽得本地極出地度，何以或用正切，或用餘切，試證之
	③孫子《算經》，有物不知數題，以三三數之，賸一日七十；以五五數之，賸一日二十一；以七七數之，賸一日十五。有術無草，試演之
輿地	①古鄮郡疆域考
	②班志、桑經兩廬江辨
	③問測繪輿圖所用鍼盤中，法以二十四向，每向析五分；西法以三十二向，每向析四分。兩法孰便？
詞章	①閏中秋賦(官韻未詳)
	②諷諫論
	③甬東懷古(用杜工部《詠懷古跡》韻)
出處	《申報影印本》1900 年 9 月 4 日《寧波辨志文會秋季課題》，第 66 冊，第 23 頁上欄。且其文末云："限八月三十日繳卷，逾期不收。"

表 4-194　辨志文會光緒二十六年(1900)冬季課題

類別	名稱
經學	①鄭君《書論》依書緯以百二篇為《尚書》,比書序百篇多出二篇。偽孔序《正義》云:"其在大司徒、大僕正乎?"能否證成其誼?
	②左佩紛悅刀礪小觿金燧解
	③右佩玦捍管遰大觿木燧解
史學兼掌故	①太王邑岐論
	②問日本自明治以來國勢勃興,其故安在?
	③商戰說
天文兼算學	①問孔子生日,《公羊傳》謂生於魯襄公二十一年冬十一月庚子,《穀梁傳》謂生於魯襄公二十一年冬十月庚子,《通鑒》謂生於周靈王二十一年庚戌冬十一月,《史記》無庚子日。今以時憲術推之,所稱庚子,究系何年何月何日?
	②凡臨陣用砲,平時須延精通算學之人悉心試演,無論水陸懸砲車砲,皆以食彈多寡、用藥輕重,視昂度之高低,驗中度之遠近。則之為表,試繪圖以證之
	③設有三等邊柱體,任從一角斜剖之,令剖面成三不等邊形,其三邊之比例若三四五,已知柱體每邊一丈,問剖面之三邊各若干?
輿地	①古罽賓國當今何地攷
	②讀經訓堂校本《長安志》書後
	③問《齊民要術》所引《氾勝之書》[1]區田法,後世有仿行者,厥效若何?
詞章	①治國三器賦(以先王治國之器有三為韻)
	②兵交使在其閒論
	③鏡花水月(五七言律不拘)
出處	《申報》1900 年 11 月 17 日《寧郡辨志文會庚子冬季課題》,第 66 冊,第 461 頁上欄。且其文末云:"限十月三十日繳卷。"

【校箋】

[1] 氾勝之書:原本誤作《記勝之書》,茲逕予改正。

表 4-195　辨志文會光緒二十七年(1901)春季課題

類別	名稱
經學	①《司馬法》成,出革車一乘,甲士三人,步卒七十二人,或云士十人,徒二十人,人數眾寡懸殊,試求其似異而同之故
	②釋百乘之賦
	③釋千乘之賦
史學	①宋以和議保疆說
	②宋忠簡請遷都汴京論
	③問西學在今日乃當務之急,何者最為切要?
天文兼算學	①問周正建子,而《春秋》所書春王正月,或云改正不改月,或云改正卽改月。試以時曆推其■■,所■春正干支果改月否?
	②《左氏》"蛇乘龍"解
	③設有立方形邊一百,方柱邊五十,則方柱形得立方形之半,立則為三角形,眠則為塹博形,皆成同■,試繪圖以證之
輿地	①函谷關舊址考
	②河北、河南兩曲沃辨
	③問《水經注‧河水篇》有盤崤、石崤、千崤,古所云崤澠於三崤,指何崤歟? 崤有南■■■,今行旅所經,兩道孰便歟?
詞章	①蘇子瞻三不如人賦(後韻未詳)
	②寇準論
	③品藻、曲筆、直書、探蹟(七律四首)
出處	《申報》1901 年 4 月 24 日《寧波辨志文會光緒辛丑春季課題》,第 67 冊,第 639 頁上欄。且其文末云:"限三月三十日繳卷。府尊高嶼卿太守出有《絕弊嚴諭》,附錄於下:'訪聞以前給發膏獎,竟有減折之事,甚至以角子小洋配搭者。除由本府究明尅扣之人懲辦外,嗣後各考生膏獎,均一律按照數目多少,書明卷面,以杜尅扣等弊。倘再有於膏獎內尅扣分文者,准與課生童指名呈控,立行查究重辦,決不寬貸。'"

表 4-196　辨志文會光緒二十七年(1901)春季課案

類別	等級	獲獎者姓名	小計
漢學	超等	陳漢章　陳畲　秦鍾濠　費廷璜　范承登　高人俊　程起鵬　馮傳銘　韓雲駿	9
	特等	吳彤錫　鄒登泰　達孝　鄒登瀛　黃裳　達享	6

（续表）

類別	等級	獲獎者姓名	小計
算學	超等	尤金鏞　袁丙熊　孫德準　陳賢佑　蔡翊清 楊瑞曾　王汝成　李厚埏　董孝欽　陳尚志	10
	特等	孫海環　陳漢章　蔡　熙　李平章　賀師麐 徐爾康　陳　畬　童國賓　王燮昌　于[1]闐	10
輿地	超等	陳　畬　陳漢章　王錫韓　王序賓　楊桂生 楊忠超　江起鵬　程起鵬　高人俊　孫振麒	10
	特等	王榮軒　張德容　王紹翰　吳兆麒　範承登 鄭之灃　陳家錕　李光瑩　毛思誠　黃憲儒	10
詞章	超等	楊瑞曾　孫述祖　傅祿清　顧家韓　畢家豐	5
	特等	戴鴻鈞　葛天民　謝萱德　孫應鏘　王　江	5
合計		65	
出處		《申報》1901 年 9 月 2 日《寧波辨志文會辛丑春季課案》，第 69 冊，第 11 頁上欄	

【校箋】

[1] 于：原本誤作“於”，茲逕予改正。

表 4-197　辨志文會光緒二十七年(1901)夏季課題

類別	名稱
經學	①小學在公宮南之左解
	②大學在郊解
	③小學大學，殷周異制，盍依鄭義申之
史學兼掌故	①唐憲宗許回紇請於河南府、太原府置摩尼寺論
	②《通鑑》不取姚崇十事說
	③問日本煙禁甚嚴，中國何以不能仿行？
天文兼算學	①躔離之度，莫難於推視，故有視徑，有視行，有視差，有視緯，有視而後得其實，試詳其理
	②西士所造奪林儀，能測地之兩處平距與立距之數，與中法所用象限、矩度等儀，孰為便捷？
	③測量之法，必用羅經測向，然盤針常有變差角度，即不能準，用何法以正之？

（续表）

類別	名稱
輿地	①問:《水經注》丹水入沟,沟水入沔,而《水道提網》入漢之水有丹無沟。孰誤孰是?
	②問:《水經注·沔水篇》自均口至夏口一段水道,所經之處有漏略者,能博采他書補之歟?
	③問:懷甯馬素臣與英國金約翰並有《長江圖說》,兩本孰優?
詞章	①漢昭烈感生髀肉賦(以題為韻)
	②擬《冼夫人廟碑》
	③擬吳梅村《宮扇》
出處	《申報》1901年7月25日《寧波辨志文會辛丑夏季課題》,第68冊,第515頁上欄

表 4-198 辨志文會光緒二十七年(1901)秋季課題

類別	名稱
經學	①《周禮·師氏》鄭注"國子公卿大夫之子弟"解
	②師氏居虎門之左解
	③保氏九數解
史學兼掌故	①漢魏相數,具漢興以來國家便宜奏請施行論
	②問秦孝公、趙主父兩君皆銳志變法,果孰為得失?
	③讀曾文正《請遣聰穎[1]子弟出洋肄業疏》書後
天文兼算學	①漢張衡著《靈憲》,謂攝提熒惑,地候見晨附於日,太白辰星見昏附於月,而後人遂誤為土木火三星祇見於晨,金水二星祇見於昏。能推時曆以辟其謬歟?
	②《授時曆》垛積招差以求氣朔消長,卽祖沖之《綴術》之遺說
	③今有分圓形,矢徑二十四尺,通弦九十六尺,求弧背及分圓積幾何?
輿地	①鄭、白二渠水道攷
	②六輔、靈軹、成國、漳渠水道攷
	③問《說文》"堪"字訓地突,徐楚《金系傳》云地穴出也,段懋堂謂地從高處突起,所申許義,兩解孰是?

（续表）

類別	名稱
詞章	①六臣注選賦（以後進英髦，咸資準的為韻）
	②食貨為生民之本論
	③四明懷古八首（用漁洋水繪園修禊韻）
出處	《申報》1901 年 9 月 28 日《寧郡辨志文會秋季課題》，第 69 冊，第 163 頁下欄。且云："限八月三十日繳卷，逾期不收。"

【校箋】

［1］聰頴：據文意，理當改作"聰穎"。

表 4-199　辨志文會光緒二十七年（1901）秋季課案

類別	等級	獲獎者姓名					小計
漢學	超等	陳漢章	高德馨	程起鵬	費廷璜	高人俊	10
		陳廷襄	秦鍾濠	范承登	韓雲駿	王秉衡	
	特等	江起鵬	王召宗	范玉森	張孔彰	黃彥和	10
		戴鴻鈞	陳　滋	王亨兆	王宗鄭	孫應邦	
史學	超等	張漢章	華　■	范玉森	沈啓防	吳佐清	10
		章大澍	唐　蓉	蘇象賢	江起鵬	戴鴻鈞	
	特等	徐志鴻	樂靖允	馮廷楊	洪　震	沈錫康	10
		董楊威	徐方來	童炳祺	俞鴻梅	吳兆祺	
算學	超等	尤金鏞	賀紹章	孫德隼	李炳年	陳尚志	10
		王汝成	徐爾康	陳賢佑	陳漢章	陳　畲	
	特等	江　蓀	胡美家	徐守乾	孫海環	姚家塘	10
		陳祥煦	蔡翊清	袁丙熊	陳　蓮	俞汝穌	
輿地	超等	陳漢章	王應賓	陳　畲	孫星環	王紹翰	10
		何後俊	李光瑩	楊忠超	王㦪軒	金學泗	
	特等	范承登	吳兆祺	毛思誠			3
詞章	超等	畢人麐	傅祿清	鄭之曦	吳兆甲	徐家光	5
	特等	徐名均	陳冠雲	王和之	戴鴻鈞	徐錫祺	5
合計		83					
出處		《申報》1901 年 12 月 19 日《寧波辨志文會秋季課案》，第 69 冊，第 675 頁上欄					

表 4-200 辨志文會光緒二十七年(1901)冬季課題

類別	名稱
經學	①王制諸侯五年一朝解
	②天子五年一巡守解
	③鄭注云："周則十二歲一巡守。"又云："侯、甸、男、采、衛、要服,六者各以其服數來朝。"試申鄭義
史學兼掌故	①李廣、程不識同為邊郡名將論
	②荀顗罪浮何曾說
	③內蒙古四十九旗考
天文兼算學	①今歲十月癸巳朔,實朔未正,浙江三限全見其帶食者,係何地?
	②問太陽歷晝夜十二時周星之行,而星歷晝夜一周行十一時四刻五十六分,每日較太陽少四分,試詳其理
	③今有開方式,二千一百六十為負實,九十為方正,六為負廉,一一為隅正,試演其草,開得幾何?
輿地	①問俄國由波羅的海達北冰洋,開通運河,所獲利益若何?
	②問美國由舊金山正埠而檀香山而飛獵濱以至沿海亞洲之口岸,製成海底電線,所獲利益若何?
	③問赤道北三十度內應恒年東北風,而印度洋恒有西南風,赤道南二十七度內應恒年東南風,而加洼海、奧大利耶大洲等處恒有西北風,能究其理歟?
詞章	①擬曾文正公入祀聖廟議(後列條欵)
	②倡辦畝捐議
	③感懷詩(用香山新樂府體,不拘首數)
出處	《申報》1901 年 11 月 20 日《寧波辨志文會冬季課題》,第 69 冊,第 499 頁上欄。且其文末云:"限十一月初五日繳卷,逾期不收。"

表 4-201 辨志文會光緒二十九年(1903)秋季課題

類別	名稱
經學	①《尚書》偽《舜典》正月上日受終于文祖解
	②如西禮釋文
	③方興本同解
	④教胄子解

（续表）

類別	名稱
史學兼掌故	①唐以詩書賜吐蕃論
	②史家有因事再見之例說
	③政務處緣起
天文兼算學	①問今歲九月初九日酉正，土星合月星，偏南五度半，星月經緯度當恒星何宮度分？試推之
	②黃道面因諸行星之攝助力而變，今黃赤大距漸小，以諸行星緯度之增損知之。問每年約差若干？其最大最小之中數幾何？試推之
	③權衡度量原於黃鍾，本有定數，今中國權衡度量隨地不同，茲立商部，宜設一齊同之制，試立法以準之
輿地學	①《史記·河渠書》《漢書·溝洫志》合論
	②張騫議開蜀道由身毒通大夏論
	③譯西書，地名皆譯音不譯義，而華字隨地轉音，譯者與讀者音難畫一，宜如何厘訂定章，以免紛歧策？
詞章學	①萬國公法源流攷
	②寧郡中學堂碑記
	③季真祠、虞喜宅、忠烈墓、義婦塚（七律四首不限韻）
出處	《申報》1903 年 12 月 27 日《辮志文會課題》，第 75 冊，第 811 頁，上欄。且云："寧波訪事人云：辮志文會五齋秋季課題已於日前發出，……限十一月初十日繳卷，逾期不收。"

參考文獻

[1] 宗源瀚. 頤情館聞過集[M]. 北京:北京出版社,2000.

[2] 宗源翰. 辨志文會課藝初集[M]. 上海:上海古典文學出版社,1880.

[3] 林華書院主人. 上海求志書院章程四則[M]. 上海:上海教育出版社,1992.

[4] 李伯元. 文明小史[M]. 北京:百花洲文藝出版社,2010.

[5] 楊泰享. 光緒慈谿縣志[M]. 台北:成文出版社,1975.

[6] 邵友濂、孫德祖. 光緒余姚縣志[M]. 上海:上海書店,1993.

[7] 陳婷. 晚清西方天文學在中國的傳播與影響[D]. 合肥:中國科學技術大學博士學位論文,2017.

[8] 釋敬安著,梅季校點. 八指頭陀詩文集[M]. 長沙:岳麓書社,2007.

[9] 陳訓正,馬瀛. 鄞縣通志[M]. 寧波:寧波出版社,2006.

[10] 陳訓正,沈雲龍. 近代中國史料叢刊:正編第 63 輯[M]. 臺北:文海出版社,1972.

[11] 張原煒,沈雲龍. 近代中國史料叢刊:正編第 87 輯[M]. 臺北:文海出版社,1972.

[12] 本書編寫組. 申報影印本[M]. 上海:上海書店,1983.

[13] 洪煥椿. 浙江省通志館館刊:創刊號[M]. 杭州:浙江古籍出版社,1997.

[14] 唐文治. 茹經堂文集[M]. 上海:上海書店,1996.

[15] 顧廷龍. 清代硃卷集成:第 7 冊[M]. 臺北:成文出版社,1992.

[16] 寧波市教育委員會. 寧波市教育志[M]. 杭州:浙江教育出版

社,1996.

[17] 唐曉明.晚清浙江書院教育的變革與傳承[M].寧波大學學報(教科版),2009(2).

[18] 韓昭慶.制圖六體新釋、傳承及其與西法的關係[J].清華大學學報,2009(6).

[19] 魯一帆.胡秉虔《說文管見》之管見[J].南陽師範學院學報,2010 年(4).

[20] 馮賢亮.從國家到地方:清代江南的府縣秩序與行政控制[J].《學術月刊》2010(5).

[21] 劉明.《格致書院課藝》研究[D].上海:上海社會科學院碩士學位論文,2015.

[22] 劉明.寧波辨志書院及其考課制度論述[D]寧波:第二屆全國區域文化研討會暨中國現代文化學會年會論文集,2016.

[23] 魯小俊.清代書院課藝序言的地域書寫[J].西南民族大學學報,2017(1).

[24] 魯小俊.清代書院的知識結構——以閱讀指南、課業設置和考課題目為考察視角[J].江西師範大學學報,2017(5).

後　記

　　相當長時期以來，學界內外舉凡談及浙東教育、浙東學術，必言稱教會辦學、浙東學派。這與其說是謹言慎行，毋寧說是不求甚解。對辨志文會原始本末的考察，無疑有助於彌補這一缺陷。

　　本書內分兩個部分，一是從文獻學角度整理與辨志文會相關的傳世資料，二是在此基礎上對這些傳世資料進行學術梳理。

　　與辨志文會有關的傳世文獻主要有兩種，一是光緒六年(1880)五月刊刻的《辨志文會課藝初集》，二是見載於《申報》的《增設辨志文會示》及 1879－1903 年間的歷年"課題"與"課案"。

　　《辨志文會課藝初集》作為辨志文會最早的檔案彙編，既收錄了創建者寧波知府宗源瀚撰寫的《辨志文會課藝初集序》，也保存了辨志文會創立初期六齋齋長的姓名、籍貫與身份，以及由六齋齋長所出的 86 道題目和 41 位優秀考核者遞交的 116 份答卷。此所謂"課題"，就是各時期各齋齋長的命題卷。藉由《申報》報導，辨志課題計有 112 篇流傳至今；至如"課案"，其實就是榮獲"超等"獎者和"特等"獎者的姓名錄，共計 88 份。

　　對於這些不同來源的材料，本書既加以電子化，又做了相應措置：①點校《辨志文會課藝初集》，並以"校箋"形式將校對結果置於篇末；②將"課題"與"課案"表格化，這類表格共計 200 份。此外，對於這些材料中的模糊不清之處和刊刻失誤，本書也主要通過前後上下的比較，做了力所能及的考證和補充。

　　在收集、整理上述資料的同時，本書又從下列四個方面對這些資料做了比較全面、系統的學術史考察：①剖析宗源瀚創辦辨志文會的用意及其變化；②辨析寧波辨志文會與上海求志書院之異同；③考察辨志文會的演進軌跡，厘清其階段性發展特徵;④著眼於學術與社會的共生互動關係,梳理並探討近代浙東學術圈與社會共生互動的脈絡及其内在機理。

在《辨志文會文獻整理與研究》行將付梓之際,一如既往地感謝王東、周志鋒等師友多年來的關心與支持,以及責任編輯柳強明先生的精心編校。由於初次接觸"漢學"文本且又缺乏相關知識,因而書中部分句讀不無問題,尚請博雅君子海涵。

陳君靜　唐燮軍
識於　寧波大學科學技術學院楊詠曼樓
2018.6.26